# LES ANNÉES-SANDWICHES

SERGE LENTZ

# LES ANNÉES-SANDWICHES

*roman*

ÉDITIONS ROBERT LAFFONT
PARIS

*Ce romant est de pure fiction. Toute ressemblance de noms, de caractères ou de situations ne pourrait être que le résultat d'une coïncidence.*



ISBN 2-221-00755-7

*A Charles et à Théa qui ont permis que ce livre existe,*
*à Éric qui l'a inspiré*
*bien plus qu'il ne pourrait le penser,*
*à Tina pour ses accès de patience,*
*à Robert pour son amitié...*
*ainsi qu'à Tchekhov, Alibi, Marguerite,*
*Chiffon, Hercule, Marif et Mademoiselle Agathe*
*sans qui la vie serait certainement moins plaisante*
*qu'elle ne mérite de l'être.*

— Vous allez loin ?
— Je ne sais pas trop... assez loin.

JOHN DOS PASSOS
*Manhattan Transfer*

# I

# *ALLONS ENFANTS...*

# FÉLIX

Au début du mois de juillet 1947, Félix quitta son élégant collège de Normandie pour rejoindre sa famille dans la propriété solognote qui abritait leurs vacances depuis quatre générations.

Le lendemain de son arrivée, vers onze heures du soir, à proximité du mur qui longeait la vieille ferme, derrière la maison principale, Félix éventra un dogue allemand de soixante-douze kilos à l'aide d'un coutelas de chasse forgé à Vérone en 1651 par Matteo Lambruschini.

Ayant accompli son crime, Félix perdit la lame dans un fourré et cela n'arrangea nullement ses affaires. Il fallut mener de patientes recherches avant de retrouver l'arme pour laquelle le père de Félix avait un attachement assez vaniteux : « Une pièce extraordinaire, disait-il volontiers à ses invités. Elle a probablement appartenu au Grand Condé. »

Le massacre d'un animal de prix par un garçon de quatorze ans qui pesait vingt kilos de moins que sa victime, le caractère vraisemblablement historique de l'arme utilisée, tout cela eut un certain retentissement dans le village. L'instituteur alla même jusqu'à comparer cet exploit à celui de Charlemagne égorgeant son premier ours à un âge encore tendre. Cette évocation provoqua quelques haussements d'épaules, mais elle ne surprit personne. L'instituteur était originaire de Manosque et au milieu de ces Solognots massifs et taciturnes, son bouillonnement méridional et un goût immodéré des grands poètes lyriques l'avaient définitivement classé au rang des farfelus incurables.

C'est en descendant de la voiture qui l'amenait de la gare que Félix rencontra l'énorme chien pour la première fois. L'animal était enfermé dans le chenil qui flanquait l'aile gauche de la maison. Fasciné par la taille gigantesque du dogue, Félix s'approcha lentement et l'autre, immobile, le regarda venir avec un œil torve. Lorsque le jeune garçon ne fut plus qu'à deux mètres du fauve, celui-ci attaqua le grillage qui les séparait avec une violence et une sauvagerie qui firent bondir Félix en arrière avec le cœur battant et une brutale envie de faire pipi. A une humidité subite qu'il sentit le long de sa cuisse, il comprit qu'une partie de son envie était déjà répandue dans son pantalon. Il en fut humilié et furieux. Il prit une profonde inspiration et fit un grand effort sur lui-même pour retrouver un semblant de calme. Puis, tandis que Thérèse, la cuisinière, sortait sa valise de la voiture et la portait dans la maison, Félix s'approcha à nouveau du chien qui continuait de gueuler sur un ton de basse chantante. Posément, avec des gestes volontairement lents, Félix déboutonna sa braguette et pissa le reste de son envie sur le grillage du chenil.

Les aboiements cessèrent aussitôt.

L'animal s'approcha, pencha son mufle sur le liquide encore mousseux, le renifla bruyamment, puis leva la patte et noya la maigre pisse de Félix sous une cataracte puissante, fumeuse et prolongée. Ayant ainsi obtenu le dernier mot, il revint se planter devant le jeune garçon et échangea avec lui un long regard hostile.

Désormais, entre ces deux-là, il existait un état de belligérance irrévocable.

Olivier, le frère aîné de Félix, sortit de la maison et vint le rejoindre devant le grillage. Il entoura les épaules de son cadet et lui dit sur un ton goguenard :

— Mais tu es tout pâle, mon biquet. Elle t'a fait peur, la grosse bête ?

Félix libéra ses épaules d'une secousse et sans quitter l'animal du regard, il répondit :

— Ce chien, je l'emmerde ! Et toi, je t'emmerde aussi.

Puis il vira sur les talons et partit vers la maison au pas de charge.

Ses parents étant absents pour la journée, c'est Thérèse qui lui expliqua la présence du dogue allemand.

Quatre semaines auparavant, deux miliciens au passé très chargé s'étaient évadés de la prison d'Orléans où ils attendaient une condamnation à mort pratiquement certaine. Depuis, ils rôdaient dans la région et à plusieurs reprises, ils avaient attaqué des maisons isolées afin de se procurer de quoi survivre. N'ayant plus rien à perdre, ils ne s'embarrassaient pas de politesses et leur système de ravitaillement avait déjà fait un mort et trois blessés. Le préfet avait lâché à leurs trousses un appareil considérable mais confus et mal organisé. Des centaines de gendarmes et de gardes mobiles patrouillaient dans tous les sens, mais l'été était très chaud, les clairières étaient accueillantes et le muscadet sortait bientôt des musettes pour aller fraîchir dans les ruisseaux.

Pendant ce temps, les deux miliciens couraient toujours et l'on apprenait bientôt que telle ferme ou tel manoir avait reçu leur visite dévastatrice.

Obéissant aux demandes stridentes de son épouse, le père de Félix se rendit dans un élevage de Pithiviers où il acquit, pour un prix excessif, un chien d'attaque déjà dressé.

— Vous serez content, lui dit l'éleveur. C'est une bête fauve, un vrai tueur. Il vous bousille un bonhomme en trente secondes.

En revenant à la maison, le père de Félix rapporta les paroles de l'éleveur et le lendemain, lorsque le chien fut livré, il était déjà chargé de l'antipathie inquiète de tout le monde, hormis celle de Thérèse.

Elle contempla l'animal dans sa cage et hocha la tête avec tristesse.

— Pauvre bête ! C'est dommage de transformer un beau chien comme ça en machine à tuer.

— Et si les miliciens nous rendent visite, répondit Olivier, avec quoi est-ce que tu comptes leur faire peur ? Avec ta cuillère en bois ?

Thérèse hocha encore la tête sans répondre et retourna dans sa cuisine. L'éleveur fit sortir le chien de sa cage et le mena dans le chenil dont il referma la porte. Puis avec un geste large, il le présenta à la famille : « Titus ! »

Et la grand-mère qui était un peu dure d'oreille s'écria d'une voix choquée :

— Typhus ? Mais ce n'est pas un nom de chien, ça !

Tout le monde s'esclaffa et cela détendit un peu l'atmosphère. Le père de Félix expliqua :

— Titus, mère. Ti...tus ! C'est le nom d'un empereur romain.

— Mais oui, je sais, je sais, répondit la grand-mère agacée.

Au moment de partir et tandis qu'il recomptait soigneusement les billets que le père de Félix venait de lui remettre, l'éleveur fit une dernière remarque :

— Dans le fond, ce serait assez marrant que des salopards de la Milice se fassent bouffer par un chien boche. Ça prouverait qu'il y a une certaine justice, après tout.

Le soir, lorsque le mari de Thérèse alla libérer le chien pour la nuit, toute la maisonnée le regardait depuis les fenêtres du salon. Gustave n'en menait pas large, et cela se sentait.

— Ne vous inquiétez pas, lui criait le père de Félix. Vous ne risquez rien.

Et Gustave, tout en fourrageant dans la serrure du chenil, grondait à voix basse.

— J'risque rien, j'risque rien... c'est encore à voir. L'a qu'à y venir lui-même si on risque rien.

Finalement, il ouvrit la porte et se cacha prestement derrière le battant, à la manière des valets de corridas lorsqu'ils lâchent les taureaux dans l'arène. Le chien sortit en trottant à longues enjambées souples et

Gustave attendit qu'il se soit éloigné vers le bout du parc avant de se précipiter dans la maison, à l'abri.

Plus tard, dans la cuisine, il continuait de rouspéter, les pieds posés contre les deux épagneuls qui dormaient sous la table :

— On est bien avancé, maintenant. L'autre, il est enfermé dehors et nous, on est enfermé dedans. On peut même plus aller fumer sa pipe au grand air sans risquer de se faire enlever une fesse. Sans compter que ces deux-là, ils vont pisser partout dans ta cuisine.

— T'as qu'à réparer le vieux poulailler, répondit Thérèse. Ça fera un chenil, en attendant.

— En attendant quoi ?

— Te tracasse donc point. Pendant que je servais le dîner, Monsieur a dit qu'il se débarrasserait du chien dès que les miliciens seraient arrêtés.

— Avec les forêts, les étangs et tout le reste, ils peuvent bien courir jusqu'à l'hiver avant qu'on les retrouve, ces malfaisants. A admettre seulement qu'on les retrouve un jour.

En fait, on ne les retrouva pas et c'est par hasard qu'en 1967, un journaliste de *Paris Match* rencontra l'un d'eux en Argentine. Il était maître d'hôtel dans un luxueux restaurant de Rosario tenu par un ancien SS de la division Das Reich. Le milicien affirma qu'il n'était pas responsable des sévices qu'on lui reprochait. C'était l'autre, un fou, un obsédé de la gâchette, un dangereux maniaque qui ouvrait le feu pour un rien... c'était l'autre qui avait tout fait. Où était-il ? Au fond d'un étang, près de Lamotte-Beuvron. Il s'était noyé bêtement. Bêtement ? demanda le journaliste. Oui, répondit le milicien en regardant ses chaussures vernies. Bêtement !

***

Le lendemain matin, en ouvrant les volets de sa chambre au premier étage, le père de Félix vit que le chien était revenu de lui-même dans le chenil. Il appela Gustave pour lui demander de refermer la porte et comme l'autre ne semblait pas l'entendre, il se pencha un peu au-dehors et découvrit, juste à l'aplomb de sa fenêtre, les restes d'un chat qui n'avait plus de tête. Gustave sortit de la maison à ce moment-là et vit aussitôt l'écœurant spectacle.

— Ramassez ça en vitesse, dit le père de Félix. Que Madame ne le voie pas, surtout.

— Vous n'avez rien entendu, cette nuit ? demanda Gustave.

— Non, rien. J'aurais dû, pourtant.

— Pas sûr. C'est un fauve. Il tue silencieusement.

— Mais le chat ?

— Le pauvre. Il n'a sûrement pas eu le temps de dire grand-chose.

C'est en milieu de matinée qu'on découvrit toute l'étendue du carnage : trois poules, un lapin blanc et un autre chat dont les cadavres étaient éparpillés aux alentours de la vieille ferme. Les poules étaient relativement intactes, mais le lapin n'était plus qu'une bouillie de poils et de viscères.

A la table du déjeuner, l'ambiance était morose.

— Décidément, prononça Olivier, c'est grand-mère qui était dans le vrai en le baptisant Typhus. Ce chien est un véritable fléau.

— Il ne faut rien exagérer, protesta le père de Félix. Tous les chiens s'attaquent aux chats, aux poules et aux lapins. C'est normal.

C'est alors que la mère de Félix leva un regard de myosotis et dit avec son roucoulant accent russe :

— André, jé crois qué cé chien mé fait peur.

La voix était trop calme. C'était inhabituel. Connaissant sa femme, le père de Félix aurait dû se méfier. Au lieu de cela, il répondit en souriant :

— Tranquillisez-vous, il n'y a rien à craindre. A condition d'être prudent et organisé, il n'y a aucun danger.

— André ! Jé vous dis qué cé chien mé fait peur. Il faut l'abattre !

Le père de Félix sursauta. Malgré vingt et une années de mariage, il lui arrivait encore de se laisser surprendre par les sorties de son imprévisible épouse et par les solutions extrêmes qu'elles entraînaient. Il resta sans voix.

— Vous entendez cé qué jé vous dis. C'est une animal sanguinaire. Il faut l'abattre.

— Mais c'est absurde, explosa enfin le père de Félix. Vous n'y pensez pas. D'ailleurs, c'est vous-même...

— André ! cria sa femme. Jé né resté pas dans ce maison avec une animal féroce. Si vous n'abattez pas, jé rentre à Paris cé soir même.

Lorsque ce genre de discussion s'engageait, le père de Félix dérivait très vite vers une lasse indifférence. Il laissait tempêter son épouse en se contentant de corriger intérieurement les fautes de français qui ponctuaient son impatience. En période calme, elle pratiquait une langue parfaite et même un peu précieuse qu'elle détaillait avec un soin parfois exagéré. Toutefois, la colère, le plaisir intense ou l'enthousiasme avaient, sur son langage, un pouvoir de régression proportionnel à l'intensité de l'émotion : au paroxysme de la rage ou du bonheur, Katia, la mère de Félix, oubliait tout et s'exprimait subitement en petit nègre.

La qualité variable de son français et l'accent prononcé qui le marquait étaient les résultats d'une escroquerie mineure.

Katia Alexandrovna Roubaïev était issue d'une famille de boyards comparativement modestes, mais bourrés d'ambition. Ils possédaient une douzaine de villages situés dans la région d'Otchakov, à l'embouchure du Dniepr, sur la mer Noire. Une année, les récoltes s'étant révélées particulièrement fastes, les Roubaïev décidèrent de donner une gouvernante française à leurs enfants : Alexandre Alexandrovitch l'aîné, Constantin qui ne répondait qu'au diminutif de Kostia et que l'on appelait aussi le renardeau pour son caractère espiègle et un peu truqueur, Katia aux yeux si bleus et la petite Ludmilla qui n'avait que deux ans à cette époque.

Une gouvernante française était le couronnement de la respectabilité, surtout à Otchakov. C'était pourtant une mode établie et dans certaines familles, cela relevait même des nécessités fondamentales. A Saint-Pétersbourg, dans les cercles nantis, la pratique du français primait couramment celle du russe, considéré comme une langue sans élégance essentiellement destinée à l'usage du peuple.

Malheureusement, Otchakov était fort loin du soleil froid de Pétersbourg, et les gouvernantes françaises y apparaissaient sous une forme presque mythique. La seule qui se soit jamais aventurée dans ces confins était une Versaillaise chétive qu'un voisin, le comte Potrovski, avait ramenée de son unique voyage à Paris. La pauvre n'avait pas duré bien longtemps : dix-huit mois après son arrivée, elle succombait à une phtisie galopante compliquée de langueur inexplicable. Ce décès plongea Potrovski dans une crise de culpabilité bien conforme aux modes littéraires de son temps.

— C'est un Polonais, jugea froidement le père de Katia. C'est donc un faible !

Quoi qu'il en soit, à la suite de cette affaire, Potrovski n'avait pas dessoûlé depuis quatorze ans... mais cela est une autre histoire.

Ainsi donc, la mère de Katia, Sonia Dimitrievna, se rendit timidement dans la grande ville et là, elle passa en revue diverses candidates bien que sa connaissance très embryonnaire du français ne lui permît guère de juger en bonne connaissance de cause. Pensant à l'épisode navrant de la Versaillaise, son mari lui avait recommandé de choisir dans le robuste. Se basant principalement sur ce dernier critère, Sonia Dimitrievna jeta son dévolu sur une grande femme aux allures un peu masculines. Outre sa santé évidente, M$^{me}$ Guillemin était la seule candidate dont la mère de Katia soit parvenue à comprendre le russe avec facilité.

Sonia Dimitrievna revint donc à Otchakov en compagnie de M^me^ Guillemin qui, le jour même de son arrivée, entreprit d'enseigner les premiers rudiments de la langue souveraine aux enfants Roubaïev.

Cinq ans plus tard, un ingénieur agronome français égaré en Russie pour le compte du Crédit Lyonnais vint à passer dans la région. Il était en mission dans le Sud depuis près de trois mois et l'immensité des terres, le caractère déroutant de ses rares habitants, les éternels repas de pommes de terre et la crasse parfois abominable des auberges avaient mené le pauvre ingénieur au bord de la dépression. C'est donc avec ivresse qu'il apprit, en arrivant à Otchakov, la présence d'une compatriote dans le voisinage. Il se précipita chez les Roubaïev, demanda à rencontrer la gouvernante et c'est ainsi qu'au cours d'une scène pénible, pleine de cris et de confusion, on apprit avec cinq ans de retard que M^me^ Guillemin n'était pas plus française qu'un samovar.

Elle était la veuve d'un cuisinier marseillais qui avait servi au palais Cheremetieff et sa connaissance de la langue, pour être acceptable, n'en était pas moins déformée par un redoutable accent moscovite... accent qu'elle avait communiqué aux enfants et dont aucun ne put jamais se défaire.

Au reste, ce fut une bénédiction déguisée car en arrivant en France, quelques années plus tard, Katia découvrit que cet accent était un inestimable capital au sein d'une société parisienne follement éprise de russeries.

Quant à M^me^ Guillemin, c'était dans le fond une brave femme qui avait tout perdu en perdant son mari. Devenue veuve, elle avait eu assez d'intelligence pour comprendre qu'en restant russe, elle s'exposait à un avenir relativement misérable. Tandis qu'en se faisant française...

Les enfants lui vouaient un grand attachement et c'est cela qui lui évita de se faire chasser de la maison à coups de fouet, ainsi que le père de Katia en avait exprimé la farouche détermination. Lorsque les esprits furent calmés, on lui offrit même de rester. Mais le charme était rompu, le ridicule rôdait autour de la famille et le prestige de la pauvre femme était irrémédiablement détruit. Elle devait partir.

Par un revirement d'opinion très caractéristique chez les Roubaïev, le père de Katia oublia qu'il avait envisagé de marquer la gouvernante jusqu'au sang et lui fit don d'un confortable viatique. Finalement, c'est au milieu des pleurs et des regrets que M$^{me}$ Guillemin partit pour Odessa. Là, elle espérait trouver un bateau qui l'amènerait à Marseille rejoindre la famille de son défunt mari.

Après son départ, on envisagea d'engager une nouvelle gouvernante, mais une grande guerre menaçait au nord et, à soixante lieues d'Otchakov, à Ekaterinoslav, quelques chenapans à casquettes plates venaient de déclencher une émeute au nom d'idées assez fumeuses et prétendues révolutionnaires. La police impériale avait bien réussi à en arrêter trois ou quatre, mais les autres avaient disparu et l'on craignait qu'ils ne renouvellent leurs frasques ailleurs. A Otchakov, peut-être.

L'avenir était désagréablement flou, le père de Katia était perplexe. Le souci des gouvernantes françaises passa au second plan.

*
* *

Jusqu'à la fin du déjeuner, le père de Félix opposa une apparente froideur à l'orage verbal de sa femme et dissimula son impatience de quitter la table en se servant une deuxième portion de crème caramel.

— Jé vous préviens qué jé pars dés ce soir, menaça Katia pour la cinquième ou sixième fois.

— A votre aise, répondit le père de Félix en sachant qu'elle n'en ferait probablement rien.

Puis il se leva de table, sortit de la maison, siffla les épagneuls et partit se rafraîchir les nerfs dans une longue promenade vers l'étang de la Baste. De son côté,

Olivier prit sa bicyclette et se rendit chez les Pommier où l'attendaient une partie de tennis et la pudeur hypocrite de Béatrice, une grande fille trop blonde qu'il rêvait de saccager depuis l'âge de treize ans.

La grand-mère s'installa dehors sous un vaste parasol vert avec le dernier roman de François Mauriac.

La maison fut livrée à Katia qui en arpenta furieusement les vastes pièces en dérangeant les objets et en grommelant des choses fort désobligeantes sur la molle indifférence des Français.

En fin d'après-midi, la demeure retrouva son calme. La grand-mère avait refermé Mauriac et somnolait sur sa chaise longue. Sous un autre parasol, le père de Félix fronçait les sourcils devant la partie d'échecs qui l'opposait à Katia. Il était en mauvaise posture : sa reine et l'un de ses fous étaient bloqués en A6 et en B2, il avait perdu ses cavaliers et à moins d'un miracle très improbable, sa ligne de défense allait se faire défoncer dans peu de temps. C'était une situation relativement coutumière : malgré un don certain pour le raisonnement mathématique et des qualités indiscutables de logique déductive, le père de Félix se faisait assez couramment humilier par son épouse. Il se concentrait, étudiait longuement toutes les alternatives du jeu, échafaudait des attaques méticuleuses, s'offrait encore quelques minutes de réflexion puis, certain d'avoir tout vu et tout compris, il déplaçait lentement sa pièce en gardant un doigt sur le pion et en ne l'ôtant qu'à regret. Katia levait alors son regard du châle qu'elle tricotait, jetait un œil rapide sur l'échiquier, déplaçait la pièce de son choix et reportait aussitôt les yeux sur son ouvrage. Cela lui prenait rarement plus de dix secondes et le père de Félix contemplait alors une situation complètement inattendue. Le jeu de Katia était fulgurant et irrationnel, mais terriblement efficace. Parfois, elle poussait l'insolence jusqu'à examiner le jeu un peu plus longuement puis à reprendre son tricot sans même bouger un pion :

— Mon pauvre chéri, vous avez perdu.

— Comment ça, comment ça ? s'énervait le père de

Félix qui pensait au contraire détenir une position à la fois subtile et forte.

— Mais regardez vous-même. Vous êtes mat en trois coups.

Elle détaillait alors la suite en promenant un doigt agile entre les cases. Son mari protestait, assurait qu'il n'avait nullement l'intention de jouer comme elle le prévoyait, allons donc ! Alors la partie se poursuivait et le père de Félix se retrouvait mat en trois coups.

Aux échecs, Katia avait une mentalité de tueur sans pitié.

Il arrivait tout de même que le père de Félix remporte une victoire de temps en temps. Cela lui procurait une jubilation intense vite tempérée par la mauvaise foi de son épouse : « C'est normal. J'ai une migraine atroce, aujourd'hui. »

Parfois encore, la partie était compliquée, l'issue était incertaine et d'un côté comme de l'autre, il fallait se battre pour arracher un avantage. Alors, Katia perdait sa fausse indifférence, jetait son châle dans le panier à ouvrage, faisait mine de cracher dans ses mains et attaquait comme un cosaque, ponctuant chacun de ses coups par des exclamations de bande dessinée : « Bang et hop », criait-elle en déplaçant une tour et en raflant un fou au passage, « Paf ! Echec mec ! », ou encore « Mon pauvre chéri, vous jouez vraiment comme un paysan. Vlan ! »

Selon ses humeurs, le père de Félix était partagé entre la rage et le rire, mais dans l'un ou l'autre des cas cela n'améliorait pas son jeu. Lorsque finalement, Katia trouvait une issue favorable, elle se dressait sur sa chaise, se penchait par-dessus l'échiquier, embrassait son mari sur le front et annonçait : « Echec et mat, mon chéri » avec une voix et un sourire qui se voulaient tendres mais qui étaient plus souvent narquois.

Ce jour-là, il en alla de même et le père de Félix s'offrit une mince vengeance en demandant insidieusement :

— Vers quelle heure comptez-vous repartir pour Paris ?

— Jé né pars plus, répondit Katia sans se démonter. Félix doit arriver dans quelques jours et jé né voudrais pas lé décévoir par mon absence.

Le père de Félix eut un sourire, mais sa satisfaction fut aussitôt combattue par Katia qui ajouta :

— Jé constate tout dé même qué lé bien-être d'un chien barbare vous est plus précieux qué la tranquillité dé votre famille.

Toutefois, cette dernière égratignure n'entama pas le sourire de son mari. L'air était doux et la fin du jour irisait les bordures de la forêt; bientôt vingt-trois ans...

... bientôt vingt-trois ans, par une fin de journée semblable, dans le parc des Willighausen à Berlin.

Près d'un bosquet, sous un dais de toile blanche, un quatuor détaillait une mélodie de Schumann. A l'aplomb des terrasses, des valets à la française finissaient d'apprêter le buffet sous une large tente grège ornée de cordelières dorées. Au fond du parc, une douzaine de spécialistes préparaient le feu d'artifice et un peu partout, des balancines de velours grenat coiffées de lanternes chinoises attendaient les promeneurs. Sur la pelouse centrale, dix tables ovales nappées de dentelles accueilleraient les invités à l'issue du concert. Les musiciens arrivaient de Prague, les robes venaient de Paris, l'argenterie était anglaise et les verres avaient été taillés en Bohême.

Tout indiquait que cette maison était fort peu touchée par le drame économique qui frappait le reste de l'Allemagne.

Le père de Félix souffrait. Il n'avait, pour Schumann, qu'un intérêt mesuré et vite fatigué. Sa chaise était inconfortable et les chaussures que le bottier Steinhelter lui avait livrées le matin même lui serraient douloureusement les pieds. Surtout la gauche.

Il se pencha pour la délacer puis, après avoir jeté un coup d'œil autour de lui et s'être assuré que personne ne le voyait, il entreprit de dégager son pied à l'aide du talon droit.

Une éternité plus tard, le concert se termina enfin et

pendant que l'assistance applaudissait le quatuor, le père de Félix tenta de réintégrer sa chaussure. Il n'y parvint pas. Autour de lui, les invités se levaient en discutant et le père de Félix s'acharnait frénétiquement à faire entrer un pied gonflé dans une chaussure qui, elle, semblait avoir subitement rétréci. Oubliant toute retenue, il y mit les deux mains, tirant, poussant, maudissant Steinhelter et sa propre coquetterie.

— Vous êtes français, n'est-ce pas ?

Il leva la tête, interloqué, et c'est ainsi qu'il rencontra pour la première fois le regard bleu et le sourire de Katia Roubaïev.

— Il paraît que les Français ont toujours mal aux pieds, poursuivit-elle. Tenez, prenez mon programme.

Rougissant jusqu'aux cheveux, le père de Félix prit le carton glacé et s'en servit en guise de chausse-pied. Puis il se leva, remercia et se présenta.

— Je sais, répondit Katia. Rudi von Willighausen m'a parlé de vous. Vous êtes le seul Français ici, ce soir. J'ai si rarement l'occasion de parler français. Voulez-vous que nous parlions ensemble ? Nous marcherons lentement.

Il serait difficile de dire si le père de Félix vit son destin à ce moment-là. En revanche, il serait hasardeux de douter de la détermination de Katia. Bien des années plus tard, alors qu'elle racontait à des amis les circonstances de leur première rencontre, le père de Félix commenta en souriant : « Dans le fond, je me suis fait lever comme un garenne. »

Mais pour l'heure, il ne voyait que les yeux de Katia. Le visage était harmonieux, les pommettes légèrement saillantes, la bouche un peu grande et les lèvres trop pleines, mais les yeux... les yeux étaient fascinants.

Ils se mirent, bien entendu, à la même table et plus un seul instant, le père de Félix ne pensa à ses pieds. Katia parlait sans reprendre souffle et le père de Félix l'écoutait avec ravissement, oubliant les usages les plus élémentaires et ignorant totalement sa voisine de droite, une Bavaroise d'ailleurs sans intérêt.

A la fin du dîner, tandis que Katia s'absentait pour

aller se repoudrer, Rudi von Willighausen s'approcha du père de Félix.

— J'ai vu que vous avez fait la connaissance de Mlle Roubaïev.

— Elle est charmante, répondit le père de Félix.

Willighausen eut un sourire aigu.

— Elle est russe, dit-il comme si cela devait tout expliquer.

Quelque temps après son mariage, le père de Félix comprit qu'effectivement, cela expliquait beaucoup.

On pourrait évoquer bien des clichés pour raconter le reste, mais le plus habituel fera fort bien l'affaire : la soirée fut un rêve.

Vers minuit, il raccompagna Katia jusqu'à la porte de la petite maison de Scharnhorst où elle vivait chez une cousine éloignée. Il lui tint longuement la main tandis qu'elle n'en finissait pas de lui dire bonsoir. Dans son esprit, il composait déjà la dépêche qu'il enverrait à Paris pour annoncer la prolongation de son séjour à Berlin.

Ils se revirent le lendemain et tous les jours qui suivirent. Ils visitèrent ensemble des musées dont ils ne virent absolument rien, se gavèrent de pâtisseries dont ils ne conservèrent pas le goût et firent d'immenses promenades à l'issue desquelles ils se trouvaient régulièrement perdus. Un soir, ils allèrent même s'aventurer dans l'ambiance un peu crapuleuse du Blue Cat et le père de Félix put devenir un héros aux yeux de Katia en giflant un consommateur insolent.

Deux semaines plus tard, elle devint sa maîtresse.

Pour le père de Félix, ce fut une démarche décisive. Il était subjugué, débordé, presque anéanti par la fougue de Katia. Il n'avait jamais imaginé que tant de choses puissent se passer dans un lit.

Certes, il n'était pas le premier... mais Katia lui assura qu'il n'était que le second. L'autre, l'initiateur, était un jeune officier tchèque rencontré à Varsovie dans les désordres de l'exil. Les circonstances bien plus que les sens avaient poussé Katia dans la faute.

Le père de Félix voulut la croire et il y parvint sans peine. Il avait d'ailleurs raison.

Ils connurent dix jours de bonheur parfait jusqu'à l'arrivée d'une dépêche impérative réclamant la présence du père de Félix à Paris. Il fallut se résoudre à la séparation, mais elle ne serait que provisoire. Le père de Félix était parfaitement résolu. Il revint à Paris et annonça aussitôt à sa mère qu'il allait se marier.

Celle-ci écouta attentivement le flot de paroles incohérentes qui suivit cette première déclaration et dans lequel le père de Félix mêlait confusément la soirée des Willighausen, la musique de Schumann que désormais il adorait, les douceurs d'Unter den Linden, les pâtisseries viennoises... mais au bout d'un moment, sa mère l'arrêta brutalement. Pensant à son mari fauché par une mitrailleuse prussienne durant une mission de liaison sur les coteaux de Malmédy, elle demanda d'une voix coupante :

— C'est une Allemande ?

— Non mère. Elle est russe. C'est un être exquis et je n'ai jamais...

— Noble ?

— Pardon ? demanda le père de Félix brutalement interrompu dans son élan descriptif.

— Est-elle noble ? insista la mère.

— Euh, oui, je crois... un peu. Mais quelle importance ?

— Je vois, trancha la mère. Petite noblesse. Elle n'est pas juive, au moins ?

— Euh, non... je ne crois pas, répondit le père de Félix en réalisant subitement qu'il ne savait pas grand-chose des origines de Katia.

Elle ne lui avait parlé de sa famille que pour évoquer la figure de son arrière-grand-père Vladimir. C'était un colosse de deux mètres dont ses paysans disaient qu'il était tellement puissant et tellement fier qu'il ne se baissait jamais pour franchir une porte trop basse ; la légende prétendait que Vladimir brisait le chambranle d'un seul coup de tête plutôt que de consentir à s'incliner.

Et puis, Katia avait également raconté cette soirée tragique durant laquelle un groupe de déserteurs ukrainiens s'étaient abattus sur la maison d'Otchakov. Ils étaient plus de trente, disait Katia d'une voix sourde... ils ont d'abord égorgé les chiens, puis ils ont massacré les enfants et les domestiques. Enfin, après avoir pillé la maison et brisé les meubles, ils ont ligoté les parents sur un banc du jardin, leur ont attaché une grenade autour du cou en reliant la goupille à une longue ficelle. Ensuite, ils sont allés s'abriter derrière le grand portail et... Katia, livide mais sans une larme, ajoutait que ses parents n'avaient probablement pas souffert. Seuls, elle-même et son frère Kostia avaient échappé à cette tuerie en se cachant à la cave dans un vieux tonneau de concombres.

La mère resta silencieuse. Elle reprit au bout d'un moment :

— A-t-elle de la famille à Paris ?

— Oui, un oncle, je crois.

— Tu crois beaucoup mais tu n'es sûr de rien.

— Je suis sûr de l'aimer, répondit sèchement le père de Félix.

— Oh, l'amour est une chose bien mouvante, jugea la mère. As-tu seulement réfléchi ? Le mariage est une affaire grave.

— Je l'aime et je vais l'épouser, trancha le père de Félix. Et il quitta la pièce en claquant la porte pour la première fois de sa vie.

L'amour, pensa la mère, quelle curieuse idée !

Elle-même ne se souvenait avoir éprouvé que des affections et des devoirs. Certes, il y avait bien le souvenir devenu imprécis de ce jeune cousin blond dont le sourire et la moustache avaient troublé ses crises de mysticisme. Mais ce n'avait été qu'une vague faiblesse ; à cette époque, elle avait douze ans et n'aimait que Jésus-Christ. Elle envisageait d'entrer dans les ordres hospitaliers. Elle abandonna cette idée la première fois qu'elle visita un hôpital et qu'elle y vit une bonne sœur se faire insulter par un ouvrier qui venait de perdre ses deux jambes dans un accident de tramway. Plus tard, sa famille arrangea un mariage pratique, avantageux mais sans grand éclat émotionnel. Elle honora son époux de trois fils et d'une fille. Le premier se tua dans un accident de cheval, le second mourut à onze ans de la typhoïde, la fille épousa un administrateur colonial et alla vivre en Cochinchine... et il ne lui resta que le père de Félix. La guerre fit d'elle une veuve encore plaisante, mais à aucun moment, elle n'envisagea de reconstruire sa vie. Trop de patience, trop de deuils... un mariage suffisait et par voie de conséquence un peu illogique, l'attitude de son fils lui paraissait incongrue.

Par ailleurs, elle avait formé pour lui d'autres projets. La famille tirait sa prospérité d'une importante manufacture de papier créée en 1854, à Ivry. Le concurrent le plus direct était installé à Gennevilliers et ses origines ne remontaient qu'à 1892. Néanmoins, il avait une fille unique et cette situation laissait entrevoir les germes d'une concentration industrielle qui occupait sérieusement les pensées de la mère. Elle n'était donc guère enchantée par la perspective d'une alliance avec une étrangère désormais sans fortune et qu'elle soupçonnait, fort justement, d'avoir séduit son fils par des méthodes radicales. Elle décida de s'en remettre au temps et de faire en sorte que le futur père de Félix ne puisse retourner à Berlin aussi promptement qu'il en avait formé le projet.

Ce purgatoire dura huit mois. Huit mois peuplés de lettres presque quotidiennes, de coups de téléphone prolongés et terriblement coûteux. Finalement, il fut convenu que Katia viendrait à Paris et séjournerait chez son oncle.

Elle arriva en avion.

Pour l'époque, c'était à la fois une excentricité et un acte de courage. La future belle-mère fut partagée entre l'agacement et une certaine admiration. Elle nota aussi que Katia respirait la santé, qu'elle avait de fort belles dents et qu'elle ferait certainement de beaux enfants. Et puis, malgré sa méfiance, elle se laissa prendre comme tout le monde au charme acidulé de

Katia Alexandrovna Roubaïev. Comme tout le monde, elle découvrit plus tard les côtés explosifs de ce charme, mais curieusement elle n'en fut que rarement choquée. Elle y voyait une marque de caractère, un certain brevet d'indépendance. Certes, elle déplorait que son fils se fasse parfois houspiller avec violence, mais elle se réjouissait secrètement de voir à l'œuvre une femme qui n'était pas totalement soumise à l'appareil masculin. Sans le savoir, la belle-mère de Katia pratiquait une certaine forme de féminisme vengeur. Contrairement aux situations habituelles de conflit entre mère et bru, il se créa entre les deux femmes une complicité silencieuse dont ni l'une ni l'autre n'auraient pu définir le fondement. C'est ainsi que la belle-mère devint rapidement le seul être capable de bloquer les excès de Katia. Lorsque celle-ci se préparait à dépasser les bornes, la vieille dame intervenait d'une voix sèche : « Katia ! Du calme, s'il vous plaît ! » Et, à la stupéfaction générale et toujours répétée, Katia se calmait aussitôt. La belle-mère ne comprenait pas plus que les autres les raisons de ce pouvoir. En réalité, il s'agissait d'un phénomène purement phonique. Lorsqu'elle ramenait sa bru au bon sens, la vieille dame avait une voix et un ton étrangement similaires à ceux que Sonia Dimitrievna prenait pour corriger les écarts de sa fille. En obéissant à sa belle-mère, Katia obéissait en fait au souvenir des sonorités maternelles.

Le jour de son arrivée au Bourget, Katia descendit de l'avion enveloppée de renard gris et coiffée d'une toque russe qui fit chavirer définitivement le cœur du père de Félix.

La mère dut se rendre à l'évidence. Aucune raison et nul projet de concentration industrielle ne guériraient son fils de cette passion. Au bout de quelques jours, elle admit prudemment que la jeune femme avait de la finesse et du tempérament. En privé, elle parla un peu de ce célèbre charme slave qu'elle rencontrait pour la première fois et dont elle ignorait encore ce qu'il pouvait contenir de redoutable égoïsme.

Ne voulant négliger aucune précaution, la mère insista tout de même pour de longues fiançailles. Son fils tourna cette exigence en louant discrètement un ravissant meublé de la rue de Penthièvre où Katia le rejoignait presque chaque jour.

Ils se marièrent doublement l'année suivante, d'abord à Saint-Augustin et ensuite à l'église orthodoxe de la rue Daru. Puis ils partirent en voyage de noces pour l'Italie où Katia provoqua un scandale lorsqu'elle se vit refuser la visite du lupanar de Pompéi par un gardien un peu borné.

— C'est interdit aux femmes, disait le gardien en italien.

— Espèce de porc galeux ! répliquait Katia en russe.

— C'est le règlement, insistait le gardien.

— Que la vérole te mange les yeux, hurlait Katia.

Deux Anglaises quinquagénaires prirent son parti et le soir même, suivies du père de Félix qui hésitait entre le fou rire et l'inquiétude, les trois femmes soudoyèrent un serrurier local et visitèrent le lupanar à la lueur des lanternes.

Katia détailla les fresques érotiques avec une grande attention, mais la lumière était mauvaise et finalement, elle décréta que tout cela était très abîmé. En sortant du lupanar, elle déclara aux étoiles que les Italiens n'étaient qu'une vilaine race de cochons lubriques et peu soigneux.

La lune de miel se prolongea en Grèce, puis à Istanbul où un antiquaire reçut un violent coup d'ombrelle sur le nez pour avoir osé enchâsser quatre petites icônes dans une boiserie musulmane.

Lorsqu'ils revinrent à Paris, les jeunes mariés avaient huit semaines de retard sur leur programme initial.

Durant près de trois ans, l'immense appartement du parc Monceau fut le théâtre de soirées grandioses dans lesquelles Katia mérita amplement le sobriquet de « tornade slave », qui lui fut rapidement attribué. La belle-mère s'inquiétait de voir son fils entraîné dans ce tourbillon étourdissant et passablement ruineux, mais lui n'en avait cure. Ses affaires florissaient, sa femme était une des reines de Paris, il en demeurait très amoureux malgré les orages, et elle-même vouait à son mari une affection désordonnée, tempétueuse mais paradoxalement sincère.

Olivier naquit en 1929 et Katia calma un peu ses ardeurs mondaines.

Cinq ans plus tard, elle mit au monde un autre garçon. Par une de ces lubies auxquelles son mari obéissait encore, elle insista pour que le nouveau-né se prénommât Félix. Elle prétendit que l'étymologie de ce prénom disposerait l'enfant au bonheur naturel.

En fait, ce prénom était celui du jeune officier tchèque rencontré un soir dans la porte à tambour d'un hôtel de Varsovie.

Deux ans après la naissance de l'enfant, le père de Félix offrit à sa femme une parure d'émeraudes qu'il acquit chez Chaumet pour un prix qui donna des vapeurs à la grand-mère. Emue par le cadeau, Katia se livra à l'un de ses rares examens de conscience et décida que le prénom évocateur de son cadet était finalement une idiotie. Elle s'en déculpabilisa en laissant son mari gagner aux échecs durant plusieurs semaines.

Au reste, ce fut un bref entracte. La tornade slave restait entière dans ses affections brusques, ses colères foudroyantes et ses revirements illogiques.

A mesure qu'il grandissait, Félix observait les éclats de cette personnalité fracassante et graduellement il en vint à se bâtir la conviction bientôt inébranlable que sa mère était folle à lier.

*
* *

En arrivant dans sa chambre, Félix retira ses vêtements souillés d'urine et les jeta dans un coin en plissant la bouche de dégoût. Puis il se lava longuement, se sécha et alla ensuite s'allonger sur le lit.

Il contempla sa chambre et pour la première fois, il n'y vit que des souvenirs de petit garçon : des jouets délaissés depuis longtemps étaient empilés au sommet de l'armoire ; il y avait aussi une vieille carlingue de planeur, des livres de la Bibliothèque Verte, une photo de sa mère en robe de bal, un vieux phonographe à manivelle et une antique raquette de tennis aux cordes complètement ramollies... vestiges d'un autre temps.

Les choses ne seront plus ce qu'elles étaient, soupira Félix pour le seul plaisir de formuler une phrase un peu définitive.

Il avait du goût pour les mots et leurs associations. Il s'ingéniait ainsi à construire des déclarations souvent pompeuses qu'il roulait dans sa tête, puis dans sa bouche avec une délectation un peu morose.

A d'autres moments, il aimait imaginer des dialogues où il se réservait toujours la réplique triomphante. C'était une forme de revanche générale : dans l'atmosphère batailleuse du collège, lorsque Félix se trouvait mêlé à une discussion serrée, il enrageait de ne pas trouver immédiatement l'argument qui clouerait son adversaire sur place. Il pataugeait, rougissait et s'en sortait généralement par une grossièreté. Mais le soir, dans son lit, il ressassait l'échange et alors, la réponse lui venait presque automatiquement. Elle était toujours lumineuse, péremptoire, tranchante comme un rasoir, formulée intérieurement d'une voix méprisante et souveraine. Et, bien entendu, il avait toujours le dernier mot. Ensuite, il s'endormait avec le sentiment satisfait d'avoir redressé un tort et retrouvé le respect de lui-même.

Malgré ces victoires différées, Félix souffrait de n'avoir l'esprit de repartie qu'à retardement, de n'être brillant qu'a posteriori.

Parfois, au lendemain d'une escarmouche, il s'aventurait à remettre le sujet sur le tapis afin de pouvoir utiliser les phrases qu'il avait soigneusement ciselées la nuit précédente. Mais les choses ne marchaient presque jamais comme il l'espérait. Son adversaire le regardait avec des yeux ronds tandis que Félix débitait de longues tirades auxquelles l'autre ne comprenait plus rien.

Félix avait le don d'être souvent à côté de la plaque et, au sein du collège, il passait pour un drôle de zigue.

Son imagination fonctionnait trop vite et le fourvoyait dans des sentiers souvent inattendus. Cela lui jouait des tours, même dans ses dissertations. Nul autre dans sa classe ne savait mieux que Félix oublier le sujet traité pour aller s'égarer autour d'une idée fixe. A la lecture des copies, son professeur de français, M. Charlet, prenait alors des accents sarcastiques pour commenter le travail.

— M. Félix Beauchêne s'est encore trompé d'aiguillage. N'est-ce pas, monsieur Beauchêne ? On est allé battre la campagne une fois de plus, monsieur Beauchêne. Je propose un commentaire sur un vers de Racine et monsieur Beauchêne me sert un discours électoral sur la protection des animaux. C'est très bien. C'est parfait. Néanmoins, vous aurez l'extrême obligeance de me refaire ce sujet dimanche prochain, monsieur Beauchêne.

Bien entendu, ce jugement était souvent ponctué de quelques ricanements venus du fond de la classe et dont Félix cherchait aussitôt les auteurs d'un regard furibond.

Les ricanements ne duraient pas. A défaut d'avoir le sens de la réplique immédiate, Félix possédait celui de la riposte instantanée et son coup de poing jouissait d'une certaine renommée.

Mais Félix comprenait mal pourquoi M. Charlet le retenait après la classe pour lui dire sur un ton très différent :

— Vous avez de l'imagination et du style, Félix. Si seulement vous pouviez obéir aux sujets que je vous donne. Allez, je ne suis pas mauvais bougre ; je vous décharge de votre pénitence.

Félix ne comprenait pas cette dualité de traitement. Pourquoi cette humiliation en public et ces compliments en privé ?

Le soir même, dans son lit, Félix plongeait M. Charlet dans l'embarras.

— La pensée véritable n'a pas de carcan, monsieur le Professeur. C'est une source libre qui suit une voie tracée par Dieu, non par les manuels. Je hais les contraintes qui déforment mes lignes.

Puis, se tournant sur le côté gauche en entortillant ses draps, il invectivait les ricaneurs :

— Quant à vous, messieurs les rieurs, je vous méprise. La raison et le génie de l'homme ne seront jamais tributaires des bouffonneries de quelques... bouffons... non, quelques... quelques olibrius qui... que... euh... ah zut !

Les choses ne venaient pas toujours d'un seul jet. Il fallait peaufiner. Alors Félix se rejetait sur le côté droit et reprenait :

— ... quelques bouffons ne sauraient ternir la lumineuse conscience et... euh... ah et puis merde !

Effectivement, parfois ça ne venait pas du tout.

Félix avait ainsi des surprises. Certes, il n'aboutissait pas toujours dans le vide, mais les caprices de son imagination avaient souvent des tours curieux. Il partait dans le lyrique et sans savoir pourquoi, malgré lui, il lui arrivait de finir dans le grotesque ou l'incohérent. Témoins ces quelques alexandrins griffonnés un soir sur le perron du collège :

*Je m'en allais vaillant, ainsi qu'un métronome,*
*Le nez dans les étoiles, saluant les gorgones,*
*Lorsqu'au détour d'un bois, figé dans sa détresse...*
*... je vis un philosophe qui se mordait les fesses !*

Et Félix relisait le dernier vers avec stupéfaction. Mais d'où est-ce que ça sort, ce truc-là ? Je dois vraiment avoir une case de vide.

Il frissonnait. Convaincu d'être le fils d'une folle, il se demandait s'il n'était pas victime d'une féroce hérédité. Mais très vite, il se reprenait. Non, ce serait trop bête. M. Charlet lui avait un jour parlé de fantaisie naturelle. Oui, c'est cela : une fantaisie naturelle.

Aucun rapport avec la folie bourdonnante de sa mère, Dieu merci.

Allongé sur son lit, Félix laissa errer son regard sur le plafond tandis que des bribes de phrases se construisaient dans sa tête. Il ferma les yeux et pensa aux personnages de ce livre admirable que Brideaux, son voisin de chambre, lui avait prêté : *Manhattan Transfer...* un auteur américain, John Dos Passos. Quelle chose extraordinaire. Quel monde ! Grâce à Brideaux, Félix n'était pas loin de penser qu'il aurait désormais une conscience sociale. Il était surprenant que Brideaux eût un tel livre en sa possession. Cela ne cadrait pas avec le personnage, une sorte d'obsédé qui ne pensait et ne parlait que des choses du sexe, qui se masturbait trois ou quatre fois par jour et promenait un regard fiévreux dans un corps maigrichon. Sacré Brideaux !

Félix s'endormit.

Il fut réveillé en sursaut par l'arrivée tonitruante de sa mère qui revenait d'une garden-party chez des voisins. Elle entra dans la chambre en criant :

— Félioucha ! Mon trésor ! Viens m'embrasser !

Mais avant que Félix pût se redresser, sa mère était sur lui et le barbouillait copieusement de rouge à lèvres tandis qu'il agrippait désespérément le dessus-de-lit pour cacher sa nudité intime.

— Mais tu es tout pâle, mon pigeon. Et pudique avec ça. Tu as mauvaise mine. Ils né té nourrissent pas dans cé collège ? Tu vas voir, Thérèse va bien s'occuper de toi. Où est Olivier ? Jé né sais jamais où est cé garçon. Ah mon Dieu... jé suis morte. Il faisait une chaleur chez les Mortaigne. Ils m'ont demandé dé tes nouvelles. Tu té souviens dé leur neveu ? Lé petit roux... un peu bébête. Tu sais, célui qui avait des culottes trop longues. Ah oui, c'est vrai, j'oubliais qu'Olivier était invité chez les Pommier, une fois dé plus. Il passe sa vie chez eux. Jé mé demande si il n'y a pas anguille sous roche avec Béatrice. Dé toute manière, ils sont encore trop jeunes tous les deux. Et puis, cette pétite Béatrice, jé lui trouve un air sournois. Tu né trouves pas ?

Voyons, qu'est-cé que jé disais ? Ah oui, lé neveu. Tu té souviens ? Tu l'as rencontré l'année dernière... ou l'année d'avant, jé né sais plus. Jé té trouve vraiment mauvaise mine. Enfin bref, il est chez eux. Mais non, pas Olivier. Lé neveu rouquin. Olivier est chez les Pommier, jé viens dé té lé dire. C'est un charmant garçon, tu dévrais l'inviter. Ou plutôt non, il faudrait aussi inviter les Mortaigne et on les voit déjà trop souvent. D'ailleurs, jé n'aime pas les rouquins. Jé né sais pas pourquoi. Oh mon Dieu, il faut qué jé dise quelque chose à Thérèse. Tu n'es pas malade, au moins ?

Et sans attendre la réponse, elle sortit de la chambre en criant : « Thérèse, Thérèse... »

Félix s'assit lentement sur le lit et secoua la tête avec résignation. Complètement folle.

Il se leva et alla vers le lavabo. Il contempla son visage maculé de rouge à lèvres framboise, prit une serviette et s'essuya avec rage. Puis il fouilla dans sa valise, sortit un nouveau pantalon et des espadrilles, noua un pull-over autour de son cou et descendit à la cuisine où il se servit un verre de lait. Quelque part dans la maison, il entendit la voix de sa mère au téléphone.

— Oui, Félix sérait ravi dé lé voir. Vénez donc déjeuner démain... non, pas démain. J'oubliais qué nous sommes déjà pris. Voyons... ééééh... jé vous téléphonérais, voilà ! Ou plutôt non, disons après démain. Ah, vous né pouvez pas. Bon ça né fait rien...

Félix sortit de la cuisine et alla chercher son vélo dans le garage. Il l'enfourcha et partit vers le village en pédalant furieusement.

*
* *

Assis sur le grand banc de pierre, derrière l'église, Félix renouait connaissance avec les amis qu'il retrouvait à chaque période de vacances, depuis l'enfance.

Il y avait Chotard, le fils un peu obèse du pharmacien... le potard Chotard, comme disaient les villageois. Il y avait aussi Gallois dont la famille élevait des truites au Moulin des Canettes — ainsi que les jumeaux Schraeder, Pierre et Matthieu, deux gaillards solides comme des arbres dont les parents exploitaient l'auberge du Bon Gîte depuis leur fuite d'Alsace, en 39.

Il y avait surtout Clarisse.

En réalité, Clarisse se nommait Bernadette. Elle avait trouvé ce nouveau prénom dans un roman de Max du Veuzit dérobé à sa mère. Clarisse avait du chic et de l'élégance tandis que Bernadette sentait un peu trop l'eau bénite. Or, la fillette se sentait déjà plus proche des mondanités que du catéchisme. Elle imposa donc Clarisse à ses amis.

Clarisse, Bernadette... Pourquoi pas ? pensèrent les garçons en se disant que les filles avaient vraiment de drôles d'idées. Puis un jour de verve, aux dernières vacances de Pâques, Matthieu Schraeder eut une illumination et contracta les deux prénoms en un seul sobriquet : Clarinette !

La chose eut un succès très vif et très bref. Matthieu reçut une gifle bien appliquée. Clarisse n'était pas disposée à admettre que l'on fasse de l'humour avec son nouveau prénom. Désormais, Clarinette ne fut utilisé qu'en l'absence de l'intéressée.

Pour l'heure, la conversation tournait autour du nouveau chien des Beauchêne.

— Il paraît qu'il est aussi grand qu'un veau, disait Chotard. C'est le facteur qui l'a dit à mon père.

— Il paraît aussi qu'il a coûté très cher, ajouta Pierre Schraeder qui avait le respect de l'argent.

— C'est vrai qu'il a tué toutes les poules ? interrogea Clarisse.

— Non, répondit Félix. Quelques-unes seulement.

— Ben dis donc, reprit Chotard, moi je ne serais pas rassuré avec un bestiau comme ça dans la maison.

— L'embêtant, constata Gallois, c'est que tu ne vas plus pouvoir venir aux séances du Conseil.

Le Conseil était une institution que les six amis avaient formée deux étés plus tôt. C'était une société évidemment secrète dont l'activité principale consistait à refuser tout nouveau membre, à fumer des cigarettes et à boire la goutte. Les réunions avaient lieu, le plus souvent possible, dans un abri de chasse près de l'étang des Baudes. Clarisse avait inauguré la première séance du Conseil en baissant sa culotte devant un public figé de respect. Ce fut un événement d'autant plus considérable qu'il ne fut jamais répété. Malgré les multiples demandes, Clarisse refusa toujours de renouveler le spectacle.

— C'est sûrement pas un chien qui m'empêchera de venir, annonça Félix.

— Ouais, tu dis ça, répondit Gallois. Mais quand même...

— Je vous dis que je viendrai, insista Félix.

Il y eut un long silence pensif.

— Je crois pas que tu aies raison, avança Clarisse. C'est dangereux. On sait jamais avec ces animaux-là.

— Moi je te dis que c'est pas ça qui m'empêchera de venir.

— D'autant que ce serait dommage, dit Chotard. J'ai piqué un paquet de Gauloises dans la blouse de mon père. Il en reste plus de la moitié.

Les cigarettes, c'était le plus difficile. Pour la goutte, il n'y avait pas de problème : les jumeaux Schraeder puisaient tranquillement dans les caves de l'auberge paternelle et leur choix était d'un éclectisme parfois ravageur. Tous gardaient le souvenir nauséeux d'une soirée placée sous le signe d'une crème de banane et d'un Pastis dont le mariage avait provoqué quelques dégâts.

— Comment tu vas faire ? demanda Gallois.

— T'inquiète pas. Je serai là.

Plus tard, en pédalant vers la maison, Félix pensa que l'orgueil est une qualité bien redoutable.

En arrivant, il rangea la bicyclette dans le garage et alla voir le dogue dans son chenil. Il l'observa d'un œil critique. C'était vraiment un gros morceau. Il y avait quelque chose de mystérieux dans cette puissance et Félix pensait à une réflexion de Gustave, dans la voiture, en venant de la gare.

— Il me fait peur, ce chien. Mais ce qui m'impressionne le plus, c'est qu'on l'a dressé à attaquer en silence. Tu imagines un truc comme ça qui te tombe dessus, en silence ?

Félix commençait effectivement à imaginer.

Il réfléchit longuement, puis il retourna au garage, prit à nouveau sa bicyclette, contourna le mur d'enceinte de la vieille ferme et alla cacher l'engin dans un taillis. De l'autre côté du mur, du côté dangereux, il y avait un ancien éboulis qui permettait à Félix d'atteindre le faîte assez facilement. C'était la seule voie de sortie. Toutes les issues de la propriété seraient verrouillées par Gustave avant de lâcher le chien.

Félix se plaça devant l'éboulis et mesura du regard la distance à parcourir : environ cent cinquante mètres en filant par la fenêtre de la cuisine.

Cent cinquante mètres.

Quel dommage que l'ancienne porte du fond de l'aile ait été condamnée. Cela lui aurait économisé cinquante mètres.

Il reconnut soigneusement le terrain en arpentant le chemin à trois reprises dans chaque sens. Il écarta plusieurs pierres susceptibles de le faire trébucher, prit quelques points de repère, puis il retourna dans la maison, se rendit discrètement dans la lingerie et en sortit avec deux couvertures qu'il alla dissimuler de l'autre côté du mur, près de la bicyclette.

Ensuite il monta dans sa chambre afin de mettre une cravate pour le dîner.

A présent, il se sentait résolu. La décision était prise, il n'y reviendrait pas. Il éprouvait même une certaine impatience. L'attente serait longue jusqu'à onze heures du soir. Il aurait voulu affronter l'épreuve tout de suite.

Le dîner se passa tranquillement et le silence de Félix fut mis sur le compte de sa fatigue du voyage.

Après le repas, la grand-mère se mit au piano et

entreprit un « quatre mains » avec Katia tandis que le père lisait ses journaux. Olivier était plongé dans *Moby Dick* et Félix, le regard un peu fixe, assis avec raideur au bord d'une bergère observait sa mère.

Elle avait tant de grâce quand elle le voulait. Elle jouait en balançant harmonieusement sa tête au rythme de la musique. Ses cheveux blonds accrochaient la lumière et elle élevait des mains merveilleusement fines au-dessus du clavier.

Katia sentit le regard de son fils et leva les yeux. Elle lui décerna un parfait sourire et le cœur de Félix se serra.

Quel dommage...

Lorsque le morceau fut achevé, Félix se leva, et prit congé. Toutefois, avant de quitter le salon, il se retourna et embrassa du regard l'atmosphère paisible de la pièce. Puis il monta l'escalier avec l'impression de partir pour la guerre.

Dans sa chambre, Félix sortit un gros cahier dissimulé entre les plis d'une chemise et alla s'installer à sa table de travail, devant la fenêtre.

Le cahier contenait le texte d'un drame historique en cinq actes sur lequel Félix peinait déjà depuis plusieurs mois. Cela s'intitulait : *Le Festin de Sang*.

C'était l'histoire d'Odoacre, fils d'Edécon, chef de la tribu des Scyrres et ministre d'Attila. Félix avait découvert son héros à travers l'œuvre pourtant indigeste d'un obscur académicien du XIX$^{e}$ qui sommeillait dans la bibliothèque paternelle. Il en était arrivé à la fin du deuxième acte. Après avoir mis un point final à l'histoire de l'Empire romain, Odoacre est proclamé roi d'Italie par ses soldats. Toutefois, il refuse d'arborer le titre et les ornements impériaux et tend à s'abandonner aux plaisirs terrestres.

Félix relut les derniers vers :

GALIFAN (confident d'ODOACRE) :

*Vous nous devez, Seigneur, de plus amples travaux*
*Et le fils d'Edécon a de plus grands devoirs*
*Que la pratique des femmes et la chasse aux oiseaux.*

Odoacre (songeur) :

*Je suis las de la guerre et je ne souhaite rien*
*Que le repos de l'âme et celui du guerrier.*
*Je sais que mes soldats, dont je garde le soutien,*
*Ont eux-mêmes très envie de poser l'bouclier.*

Félix fit une grimace. Les nécessités de l'alexandrin donnaient à ce dernier vers une allure peu classique, même dans la bouche d'un chef barbare. Cela chiffonnait l'esprit perfectionniste du jeune auteur.

Il tenta de recomposer les pieds en pianotant la cadence sur sa cuisse, mais ça ne venait pas. L'esprit était ailleurs, dans le parc, avec le dogue allemand.

Félix referma le cahier sans avoir trouvé de solution satisfaisante, éteignit la lumière et alla s'allonger sur le lit, les yeux écarquillés dans l'obscurité.

Peu avant onze heures, il se leva, enfila un large blouson de toile dans lequel il enfourna ses chaussures et sortit de la chambre en refermant la porte à clé.

Il avança très lentement jusqu'à l'escalier en marchant contre les plinthes pour éviter de faire craquer le plancher. C'était le seul passage difficile ; au rez-de-chaussée, le sol était recouvert de dalles. Il se laissa glisser sur la grosse rampe de chêne jusqu'à mi-chemin. De là, il pouvait observer le hall.

Il n'y avait personne. Quelques sons de voix venaient du salon. La famille faisait un bridge. Félix dévala les marches restantes et fila rapidement dans le petit couloir qui menait à la cuisine. Il ouvrit la porte avec des gestes très lents et en plissant le visage dans la crainte d'un grincement. Les gonds étaient bien huilés. Il entra, referma la porte et alla vers la fenêtre. Il écarta le rideau de grosse dentelle et regarda au-dehors. L'horizon était très limité. Impossible de voir si le chien n'était pas caché par l'un ou l'autre des angles de la maison. Si c'était le cas, Félix n'aurait pas le temps de lui échapper et l'autre serait sur lui en quelques bonds. Non, il fallait d'abord repérer l'animal, s'assurer qu'il était loin et ensuite seulement filer à toute vitesse vers le mur.

Félix frotta ses paumes moites et tenta d'ordonner ses idées. Voyons, comment faire ? De la cuisine, il ne pouvait rien voir. Seule la petite fenêtre de hall lui permettait d'avoir une vue assez large du parc. Dieu merci, la nuit était claire.

Il retourna vers le hall. Près de la porte du salon, il tendit l'oreille. Bien, ils en sont aux annonces. Il se glissa jusqu'à la petite fenêtre et fouilla le parc du regard.

Rien ! Absolument rien ! Pas plus de dogue allemand que de beurre en broche. Où est-il, ce salopard ? Probablement derrière l'aile droite, vers la rivière... ou bien de l'autre côté de la maison, auquel cas il se trouverait entre la cuisine et la vieille ferme. J'ai été bien inspiré de ne pas y aller directement.

Félix retourna mettre l'oreille dans l'entrebâillement de la porte du salon. Bon, de ce côté-là, tout va bien. Il revint vers la fenêtre, regarda à nouveau et faillit s'exclamer. Le chien était là, à l'angle de l'aile, près du bassin de pierre. La grande silhouette souple traversa la pelouse et entra dans le chenil. Puis, l'animal gratta la terre près du seuil et se coucha, pattes jointes et tête dressée. Parfait ! Félix repartit vers la cuisine en courant sur la pointe de ses chaussettes, ouvrit la porte et fonça vers la fenêtre en fouillant dans le blouson pour en extraire les chaussures. Il les enfila sans serrer les lacets, ouvrit la fenêtre et se préparait déjà à bondir lorsqu'une pensée lui traversa l'esprit : Et si le chien avait bougé, entre-temps ? Un peu moins d'une minute s'était écoulée depuis qu'il l'avait vu dans le chenil, mais sait-on jamais ce qui peut se passer dans la tête d'un fauve ? Certes, il y avait au moins deux cents mètres entre eux, mais tout de même.

Félix réfléchit. Il fallait éliminer les obstacles. Laisser la porte et la fenêtre ouvertes, s'assurer que le chien était toujours au même endroit, ensuite revenir à fond de train, sauter dehors et sprinter vers le mur. Il n'aurait pas le temps de mettre ses chaussures, mais tant pis. A la guerre comme à la guerre. Allons-y !

Félix se déchaussa à nouveau, prépara le terrain et retourna vers la fenêtre du hall. Le chien était toujours là. Félix démarra en trombe jusqu'à la cuisine, bondit par la fenêtre et galopa à toutes jambes vers le mur. Il courait de toutes ses forces et le trajet lui paraissait interminable... plus que cent mètres... encore cinquante... nom d'un chien, que c'est loin... il arriva enfin au mur, sauta sur l'éboulis, s'écorcha le pied sur un caillou aigu, souffla un « merde » bien senti, se hissa sur le faîte en une seule traction et passa les jambes de l'autre côté. Au moment de se laisser retomber, il regarda derrière lui.

Le chien était au pied du mur.

Le cœur du jeune garçon se mit à battre follement. Il réalisa que son plan était absurde et qu'il avait négligé un détail fondamental : si, grâce à l'éboulis, le mur n'était pas un obstacle pour lui, ce n'était pas non plus un obstacle pour l'animal. Pétrifié, Félix se voyait déjà déchiqueté par les puissantes mâchoires.

Mais curieusement, le chien ne bougeait pas. Les pattes de devant posées sur l'éboulis, il regardait Félix par-dessous ses paupières molles.

Il se passa ainsi plus d'une minute. Le chien demeurait immobile. Très lentement, Félix se souleva sur les mains et commença de se laisser glisser de l'autre côté du mur. Le chien ne bougeait toujours pas et Félix ne le quittait pas des yeux.

Accroché par les avant-bras au sommet du mur, il prit une profonde respiration et après un dernier regard, il se laissa tomber dans les ronces. Il se jeta aussitôt sur la bicyclette, trébucha dans les couvertures, se dégagea en jurant, arracha la bécane du fourré, la lança sur le chemin, l'enfourcha en voltige et partit comme un fou.

Cent mètres plus loin, il tourna la tête pour regarder derrière lui. Le chien ne l'avait pas suivi.

Félix pédala ainsi sur plus d'un kilomètre avant de s'arrêter. Il posa la bicyclette sur le côté et alla s'asseoir sur le talus. La plante des pieds était douloureuse d'avoir appuyé sur les pédales en acier.

Il retira ses chaussettes pour examiner les dégâts. Rien de grave, mais ça piquait. Il remit ses chaussettes, sortit ses chaussures du blouson, les enfila en sifflant de douleur puis reprit le vélo et repartit en s'efforçant de pédaler avec les talons.

Un quart d'heure plus tard, il atteignit l'étang des Baudes.

*
* *

Pour Félix, le monde était une palette teintée de couleurs franches bien séparées les unes des autres. Les choses étaient blanches ou noires, bonnes ou mauvaises, gaies ou tristes. Il ignorait les nuances et ses jugements étaient catégoriques. Chaque acte de son existence, chaque membre de son entourage portait une étiquette parfaitement libellée. Plus tard, bien sûr, il connaîtrait le doute sous toutes ses formes, mais à quatorze ans Félix n'avait que des certitudes.

Ce soir-là, en arrivant aux Baudes, il savait que sa vie venait de connaître un tournant décisif. Pour la première fois, il avait affronté sciemment un danger réel et peut-être mortel dont il s'était sorti par la seule force de son énergie et... pourquoi pas... de son courage ! Oui, de son courage. Il en fallait pour prendre ainsi le risque de se faire déchirer par une bête féroce.

Il sentait que désormais, les personnages de son drame en cinq actes auraient des dimensions plus exactes. Ils ne seraient plus seulement les vases dans lesquels il faisait couler les subtilités d'un exercice purement littéraire. Comme eux, il savait maintenant ce qu'étaient la peur, le danger et l'audace. Là-haut, sur son mur, durant un bref instant, il avait reniflé l'haleine fétide de la mort.

... l'haleine fétide de la mort !

Il compta sur ses doigts. Huit pieds ! Dommage, la

phrase était intéressante. A moins qu'en renversant les mots, peut-être...

... reniflant de la mort, la fétide haleine.

Il fallait prononcer « halei...ne », mais c'était mieux que rien.

Dans l'abri de chasse, le Conseil était assemblé autour d'une bougie fichée dans le goulot d'un magnum de Rœderer, souvenir d'un larcin particulièrement somptueux des frères Schraeder.

Sur une caisse en carton, un paquet chiffonné de Gauloises vertes voisinait avec une boîte d'allumettes de cuisine, quelques verres à moutarde et une bouteille de rhum bien entamée.

Lorsque Félix arriva, les autres membres du Conseil étaient déjà là. Matthieu Shraeder fit un geste vers la bouteille entamée en s'excusant :

— On a commencé sans toi. On pensait vraiment pas que tu viendrais.

— C'est pas vrai, protesta Clarisse. Moi j'étais sûre qu'il arriverait.

Vexé, Félix alla s'asseoir dans le cercle sans répondre. Il saisit l'un des verres et le tendit impérieusement vers Matthieu. L'autre prit la bouteille et versa une copieuse ration de rhum. Chotard sortit une Gauloise du paquet et la tendit à Félix qui la mit entre ses lèvres et attendit. Clarisse comprit qu'il était irrité et qu'il ne bougerait pas pour prendre les allumettes. Elle se pencha et lui donna du feu avec sa propre cigarette. Félix tira deux larges bouffées successives et la tension très perceptible qu'il avait amenée avec lui dans l'abri se dissipa un peu.

— Comment ça s'est passé ? demanda Chotard.

— Bien, répondit Félix en buvant une gorgée de rhum.

— Tu t'es écorché les mains, observa Clarisse.

— Oh ça, ce n'est rien, répondit Félix. Tu devrais voir mes pieds.

— Tu t'es blessé les pieds ? Raconte !

— Il n'y a pas grand-chose à raconter. Le chien était dans le chenil, je suis sorti par la fenêtre de la cuisine et j'ai couru jusqu'au mur de la vieille ferme. Je suis passé par-dessus, j'ai pris mon vélo et je suis venu. Voilà !

— C'est tout ? demanda Gallois un peu déçu.

— Presque.

— Qu'est-ce qui s'est passé d'autre ?

— Eh bien, j'ai failli me faire tuer.

Et Félix jugea avec satisfaction de l'effet dramatique produit sur ses amis. Ils le pressèrent de questions et Félix raconta tout, en reprenant depuis le début.

Il parlait en détachant bien les phrases, en choisissant ses mots, conscient que la relation d'un tel événement méritait un soin particulier. Il n'alla tout de même pas jusqu'à évoquer l'haleine fétide de la mort, car à défaut de nuance il estimait avoir de la mesure.

Lorsque le compte rendu fut terminé, le Conseil observa un long silence.

Puis, Matthieu reprit la bouteille et fit mine de servir une nouvelle tournée.

— Moi j'en veux pas, refusa Chotard. C'est de la pisse d'âne ton machin ; ça râpe trop.

— De quoi ? s'insurgea Matthieu. De la pisse d'âne ? C'est du vrai rhum d'avant-guerre, eh banane ! Tu sais pas ce qui est bon.

— Je m'en fous qu'il soit d'avant-guerre. Je te dis qu'il râpe.

— Moi je vais te râper la tête, tu vas voir. Du vrai rhum d'avant-guerre, dis donc.

— Oh, arrêtez de vous chamailler, jeta Clarisse sur un ton un peu méprisant.

Félix prit une mince gorgée de rhum, regarda le plafond de l'abri en faisant claquer ses lèvres et décréta :

— C'est vrai qu'il est un peu râpeux.

Tous le regardèrent aussitôt avec attention. Félix trempa de nouveau ses lèvres dans le verre, subitement conscient que son jugement serait déterminant.

— Oui, prononça-t-il avec une calme certitude. Il râpe !

— Tu es sûr ? demanda Matthieu d'une voix inquiète.

— Aucun doute. Il est râpeux.

— Tiens ! s'exclama Chotard. Qu'est-ce que je disais !

— Ah ben merde alors, se désola Matthieu. Tu te rends compte ? Du vrai rhum d'avant-guerre. J'en reviens pas.

— Oh, il a peut-être tourné, proposa Pierre pour consoler son jumeau. C'est des choses qui arrivent.

— Mais alors, demanda Matthieu en regardant la bouteille avec un œil féroce. Qu'est-ce qu'on va en foutre de cette saloperie, maintenant ?

— Y a qu'à le brûler, proposa Gallois.

Le Conseil adopta l'idée à l'unanimité et décida que ce serait une excellente manière de clore la séance. Il se faisait déjà tard.

Ils sortirent de l'abri et choisirent un buisson de genêts près de l'étang. Matthieu vida la bouteille sur les branches et y jeta une allumette, mais le résultat fut très décevant. Il y eut bien une grande flamme bleue, mais elle s'éteignit presque aussitôt. Matthieu prit une autre allumette, mais le résultat ne fut pas meilleur. De rage, il jeta la bouteille dans l'étang.

— Elle vaut rien, cette camelote !

Et tous restèrent autour du buisson, regardant les maigres petites flammèches bleues qui finissaient de se consumer.

— Tout de même, dit Pierre avec l'œil vague, c'est drôlement culotté ce que tu as fait ce soir.

— Oui, renchérit Chotard. C'est pas des choses à recommencer.

Plein de l'ascendant qu'il venait de prendre sur ses amis, Félix répondit avec assurance :

— On recommencera quand je voudrai.

— C'est pas prudent, dit Clarisse.

— Quand je voudrai !

— Demain ? proposa Gallois.

Félix le regarda avant de répondre. Il sentait que Gallois jalousait un peu son autorité toute neuve.

— Demain, si tu veux, répondit-il.
— Chiche ! ajouta Gallois un peu inutilement.
— Qu'est-ce que tu paries ?
— Mon stylo avec la plume en or.
— Montre !
Gallois sortit le stylo de sa poche, dévissa le capuchon et montra la plume à la ronde tandis que Matthieu craquait des allumettes afin d'éclairer le tableau.
Félix fit la moue.
— J'en ai un aussi et il est plus beau que le tien.
— Alors quoi ?
Félix réfléchit en regardant Gallois dans les yeux. Il fallait le mater, celui-là.
— Si je gagne, je veux que tu traverses les Baudes à la nage, en pleine nuit.
— Mais c'est plein d'herbes et de cochonneries, là-dedans. Et puis y a des serpents.
— Y a pas de serpents dans les Baudes, assura Pierre.
— Qu'est-ce que t'en sais ? T'es allé y voir ?
— Oui, monsieur, j'y suis allé et je te dis qu'il n'y a pas de serpents... mais il y a plein d'autres bestioles, ajouta-t-il avec un étroit sourire.
Gallois regarda l'étang et pensa qu'il venait de perdre une belle occasion de se taire.
— Alors ? demanda Félix. Tu te dégonfles ?
— Moi ? Non non, je me dégonfle pas. Je tiens le pari.
— Alors tope ! dit Félix en tendant la main.
Et Gallois, la mort dans l'âme, topa en se demandant ce qu'il pourrait bien inventer pour se sortir de ce guêpier.
Puis chacun s'en retourna chez soi.
Félix pédala jusqu'à l'angle de la grille du parc et là, il continua à pied en poussant le vélo par le guidon. Il arriva près du mur de la vieille ferme, rangea la bicyclette dans le fourré et chercha à tâtons les couvertures qu'il y avait laissées. Il les ramassa, traversa le chemin et entra dans la forêt. Il marcha un

bon kilomètre jusqu'à la clairière des Thibaudes où se dressait une cahute de garde à demi détruite. Félix entra, nettoya un coin de la baraque, étendit l'une des couvertures sur le sol et se coucha en se couvrant avec l'autre après avoir roulé son blouson en guise d'oreiller.

Il se mit en chien de fusil, poussa un grand soupir satisfait et s'endormit presque aussitôt.

*
* *

Aux environs de sept heures, Gustave enferma le dogue dans son chenil et alla ensuite ouvrir la grille de la vieille ferme.

Quelques minutes plus tard, Félix rangea les couvertures près du vélo dans le fourré et se faufila dans la propriété. Il entra dans la maison par la petite porte qui donnait dans la salle de billard, traversa la bibliothèque et le salon, puis s'arrêta un instant dans le hall pour entendre Thérèse qui accusait Gustave d'avoir oublié de refermer la fenêtre de la cuisine, la veille. L'autre se défendait, mais Thérèse refusait de le croire.

— Tu vieillis, mon pauvre Gustave. Tu sais plus ce que tu fais, à c't'heure.

Félix étouffa un sourire et monta dans sa chambre. Il retira ses vêtements et fit une grande toilette. Ensuite, il badigeonna soigneusement ses pieds au mercurochrome. Puis il enfila des vêtements frais et descendit à la cuisine.

— Te v'là bien matinal, dit Thérèse.

Félix l'embrassa sur la joue sans répondre et alla se verser un grand verre de lait. Installé au bout de la table, Gustave lisait les journaux que le père de Félix avait abandonnés dans le salon.

— Tous ces communistes, à Paris, c'est bien canaille et compagnie. Ils savent qu'embêter le peuple avec leurs manigances.

Félix vint s'asseoir près de lui et prit l'un des journaux. Gustave continuait de ronchonner :

— Si y avait pas Ramadier, c'est sûrement pas eux qui auraient mis le tabac en vente libre. Ils l'auraient plutôt envoyé chez les bolcheviks. Hein ? Qu'est-ce que t'en penses ?

Félix n'en pensait pas grand-chose. La lecture de *Manhattan Transfer* avait peut-être éveillé en lui un embryon de conscience sociale, mais il n'en était pas encore arrivé à lier cela au jeu politique. Il s'intéressait plus aux péripéties du tour de France où René Vietto venait de reprendre le maillot jaune à Brambilla dans l'étape Briançon-Digne.

Gustave vitupérait encore.

— C'est comme les fonctionnaires. Regarde-moi ça ! Toujours en grève. C'est bien tout ce qu'ils savent faire, ces fainéants.

Puis, sans lever les yeux de son journal, il tira vers lui une assiette sur laquelle reposait un morceau de lard maigre. Il sortit son canif, l'ouvrit, essuya la lame sur son gros pantalon de velours, prit le lard à pleines mains et tailla un copeau très mince qu'il tendit à Félix :

— T'en veux pas un ch'ti ?

— Mais laisse-le donc, gronda Thérèse qui œuvrait au-dessus de l'évier. Du lard cru, comme ça, le matin... c'est pas des manières.

Félix eut un sourire et prit le morceau de lard.

— A la bonne heure, approuva Gustave.

Il saisit ensuite la bouteille de vin qui trônait devant lui et en versa un fond de verre qu'il poussa vers Félix.

— Un ch'ti bout de lard et un coup de picrate, y a rien de mieux pour réveiller un homme.

Thérèse se retourna vers lui comme une furie :

— L'a pas besoin de ça pour se réveiller, lui. C'est un jeune monsieur, c'est pas un sauvage. Félix ! Laisse ça ! Tu vas pas boire du vin sur du lait.

— T'en fais donc point, dit Gustave en riant. Du moment que c'est bon, ça fait rien que ça se mélange.

— Non merci, dit Félix en levant la main pour refuser le vin.

Gustave haussa les épaules et sécha le verre d'une seule lampée. Puis il tailla un épais morceau de lard qu'il enfourna tout entier dans sa bouche. Il se leva, referma son canif et tira un grand coup sur la ceinture de flanelle qu'il portait par-dessus son pantalon.

— Bon, c'est pas tout ça. Faut que j'aille redresser le grillage du potager. Les épagneuls l'ont encore foutu par terre.

— C'est ça, maugréa Thérèse. Va te rendre utile.

Vers huit heures trente, Félix prit son petit déjeuner dans la salle à manger en compagnie de son père, de sa grand-mère et d'Olivier. Katia était encore plongée dans son « beauty sleep » dont elle n'émergeait qu'aux environs de dix heures lorsque Thérèse venait lui porter son thé dans la chambre.

En fin de matinée, la famille se rendit en voiture chez les Pommier qui donnaient un déjeuner sur l'herbe où il serait question des prochaines chasses aux alebrans. Félix échappa à la corvée en prétextant une autre invitation chez les jumeaux Schraeder.

Vers trois heures, Gustave dormait à l'ombre d'un grand chêne au fond du parc tandis que Thérèse ravaudait des torchons sur la terrasse.

Le terrain était libre.

Félix enfila des sandales de tennis et monta au grenier. Là, il entassa deux grosses malles et alla décrocher un rouleau de cordage qui pendait dans un coin. Il mit le rouleau en bandoulière, escalada les malles, ouvrit un vasistas et se hissa sur le toit. La pente était forte et Félix se glissa jusqu'au sommet avec des mouvements lents et prudents. Puis il se mit à quatre pattes et progressa en s'appuyant sur les mains et les genoux jusqu'à l'extrémité de l'aile qui arrivait près de la vieille ferme. Là, il se mit à cheval sur l'arête des tuiles et attacha un bout de la corde à une grosse cornière de pierre qui couronnait le toit. Il tira fortement sur le nœud pour en éprouver la solidité, puis il jeta le reste de la corde dans le vide. Il se pencha et vit qu'elle arrivait à un mètre du sol, à peu près.

Félix était en nage. Il transpirait à la fois de chaleur et d'appréhension. Bien qu'il ne ressentît aucun vertige, il trouvait que le sol était tout de même très loin. Il se passa l'avant-bras sur le visage pour essuyer la sueur puis, saisissant la corde à pleines mains, il se mit à plat ventre sur le flanc du toit, passa une jambe dans le vide et après une profonde inspiration, il passa l'autre. Une folle panique lui serra la poitrine. Il avait compté sans le ballant de la corde qui l'avait fait tomber d'un bon demi-mètre et le faisait penduler contre le mur avec les jointures frottant douloureusement la pierre. Il enroula frénétiquement ses jambes autour du cordage. Son cœur cognait à grands coups et il ferma fortement les yeux.

Finalement, la corde se stabilisa et lentement, Félix rouvrit les yeux. L'arête du toit était à un mètre au-dessus de sa tête et il apparaissait plus risqué de vouloir remonter que de se laisser descendre. Il regarda vers le sol et fut effrayé par l'altitude. Il se mit à glisser sur quelques centimètres d'abord, puis petit à petit, il reprit un peu de confiance et entama la descente en se brûlant les cuisses et les mains sur le chanvre. Lorsqu'il ne fut plus qu'à deux mètres du sol, il s'arrêta. Son cœur battait toujours très fort et son visage ruisselait, mais à cette hauteur il ne risquait plus grand-chose. Comme il l'avait espéré, il constata que de cet endroit, il pourrait voir l'ennemi arriver de loin. En outre, il économisait plus de cinquante mètres dans sa course vers l'éboulis.

Il descendit encore un peu et se laissa tomber sur le sol. Tout de suite, il lécha les paumes de ses mains pour tenter de noyer la brûlure. Puis il s'épousseta et leva son regard vers le mur.

Pour descendre, ça irait très bien, pensa-t-il. Mais pour remonter, macache ! Si le chien arrivait pendant qu'il était accroché contre la paroi de la maison, il lui serait pratiquement impossible de revenir sur le toit. Il n'y avait que Zorro pour réussir des coups pareils.

Félix savait qu'il en était incapable. A moins de faire des nœuds dans la corde... C'est ça ! Il faut trouver une corde plus longue et faire des nœuds tous les mètres. Cela facilitera la descente et au cas où il faudrait remonter, ce sera une simple promenade... enfin, peut-être pas une promenade. On verra !

Félix jeta un dernier regard vers l'arête du toit et jugea qu'il venait d'accomplir un bel exploit.

Il retourna dans la maison et s'activa discrètement. Une heure et demie plus tard, tout était prêt. Entre-temps, il était remonté sur le toit pour détacher la première corde et la ramener dans le grenier. Il avait également fouillé dans la chambre d'Olivier pour y retrouver une vieille paire de gants en pécari dont son frère se servait autrefois pour tirer à l'arc.

Lorsque la corde à nœuds fut prête, Félix tenta de la passer par le vasistas, mais le volume était trop important et il n'y parvint pas. Il essaya plusieurs méthodes, mais à chaque fois la corde fouettait les tuiles et faisait beaucoup trop de bruit. De plus, il était déséquilibré par le poids. Il fallait trouver autre chose.

Il prit le cordage à bras-le-corps et, avec des prudences de Sioux, il alla le porter au pied de la façade. Il fouilla ensuite dans l'atelier de Gustave et en sortit avec une grosse pelote de ficelle qu'il ramena sur le toit, jusqu'à la cornière. Il lia un bout de la ficelle à la pierre et laissa tomber le reste de la pelote jusqu'au sol. Il revint dans le grenier, sortit de la maison, courut jusqu'au point de chute et attacha la ficelle à l'extrémité de la corde à nœuds. Puis il remonta sur le toit et hissa la corde vers lui.

C'était extrêmement lourd et à mi-chemin la ficelle cassa.

Félix eut un sentiment de découragement. Mais ce ne fut pas très long. Avec une sorte de rage, il repartit et reconstruisit son dispositif en doublant la ficelle pour plus de solidité.

Lorsque la corde fut finalement arrimée à la cornière, Félix était complètement épuisé. Il avait voyagé sur l'arête du toit une bonne douzaine de fois. La pratique aidant, il s'y déplaçait maintenant avec la souplesse et l'assurance d'un chat. L'intensité qu'il apportait à sa tâche avait presque entièrement effacé son appréhension et c'est avec un sang-froid relatif qu'il essaya la corde à nœuds. Il comprit tout de suite qu'il tenait la solution idéale. Il descendit et remonta sans autre problème qu'une douleur dans les muscles des bras. Il rassembla le cordage sur le toit, derrière la cornière et retourna dans sa chambre où il s'effondra sur le lit en gémissant. Il était presque six heures ; tous les muscles du corps lui faisaient mal mais il était gonflé d'une satisfaction immense et orgueilleuse.

A aucun moment, il ne se demanda si l'économie de cinquante mètres de course valait bien tous ces efforts.

Le soir, après le dîner, il se couvrit de ridicule dans une partie de crapette d'où son esprit était totalement absent. Aux questions inquiètes de sa mère, il répondit que les écorchures qu'il avait aux mains étaient le résultat d'une chute de vélo dans les ronces.

La journée avait été longue pour tout le monde. Olivier s'était dépensé sur cinq sets de tennis et sa mère ramenait du déjeuner sur l'herbe une certaine raideur dans les reins. La grand-mère était vaincue par Mauriac et le père avait dans les jambes la fatigue de plusieurs kilomètres parcourus à la suite de Pommier autour des étangs à alebrans.

Vers dix heures trente, la famille se retira dans ses quartiers respectifs. Pensant qu'il ne fallait négliger aucune précaution, Félix ressortit de sa chambre quelques minutes plus tard et se glissa à la cuisine où il fouilla parmi les couteaux de Thérèse. Il explora soigneusement tous les tiroirs mais rien ne semblait faire l'affaire : des lames vulgaires, pas assez de style. Soudain, il pensa au coutelas du Grand Condé qui trônait dans un rayon de la bibliothèque.

Il alla le chercher.

C'était une arme redoutable dont la lame finement damasquinée mesurait près de trente centimètres. Malgré son âge, elle était parfaitement affûtée et glissait souplement dans son fourreau de cuir repoussé. L'outil était à la fois superbe et inquiétant ; c'est avec une sorte de crainte mêlée de respect que Félix le ramena dans sa chambre. Il se campa devant le miroir de son armoire et plaça le coutelas nu dans sa ceinture. Cette position encombrait ses mouvements. Il passa la lame dans le dos et la fixa sur ses reins, mais elle était tellement longue qu'il pensa en souriant que le seul fait de s'asseoir sur son lit suffirait pour poignarder le matelas. C'est alors qu'il se souvint d'un personnage aperçu dans un film de Jim la Jungle et qui portait son couteau sur la cuisse. Félix adopta ce système et lia le fourreau sur sa jambe droite à l'aide de deux sangles de classeur.

Puis il s'exerça plusieurs fois à dégainer devant le miroir.

C'était parfait à condition de mesurer les gestes. Il s'en fallut de peu pour que Félix découvrît qu'un mouvement trop ample et trop rapide pouvait fort proprement lui trancher une oreille. Vers onze heures, il était prêt.

Ce qui se passa par la suite demeura toujours un peu confus dans la mémoire de Félix. Il se souvint longtemps avec précision qu'en se hissant au-dessus du vasistas, il fut frappé par la fraîcheur de l'air et que les tuiles étaient un peu glissantes. Mais le reste ne devint pour lui qu'une suite de sensations désordonnées, brutales et hurlantes.

Arrivé à la cornière, il jeta la corde dans le vide et commença sa descente avec le sentiment trouble et mal défini de commettre une énorme bêtise. Il se laissa glisser en fouillant du regard le terrain qui l'entourait. Tout semblait calme mais Félix sentait monter en lui une certitude inquiète : le chien était là, tout près, il le savait. Lorsqu'il arriva près du bout de la corde, ses mains s'ouvrirent malgré lui et il se lâcha d'un peu trop haut. Il roula sur le sol, perdant ainsi trois précieuses secondes. Il se releva et se mit à courir vers l'éboulis, certain à présent que le chien allait l'attaquer d'un instant à l'autre, entièrement convaincu que la chose était inévitablement inscrite dans les astres.

Il eut tout de même un choc au cœur lorsqu'il vit le dogue débouler vers lui depuis l'angle de la vieille ferme. Il comprit immédiatement que l'animal allait lui couper la route, mais il fut incapable de changer sa course et par une sorte d'obstination fataliste, il continua de se ruer vers le mur en bataillant pour dégager le coutelas de son fourreau.

Dix mètres plus loin, le chien arriva sur lui. En voulant lui échapper, Félix fit un écart, trébucha sur une racine et s'étala violemment sur le sol.

Cette chute lui sauva probablement la vie. Le dogue le rata d'un bon mètre et alla bouler brutalement dans une souche. Il se retourna aussitôt, mais lorsqu'il plongea de nouveau vers Félix, celui-ci tenait le coutelas à deux mains et le pointait aveuglément vers l'animal.

En fait, le chien s'éventra lui-même en tombant de tout son poids sur la lame. Ses mâchoires claquèrent à quelques millimètres de la tête du jeune garçon. L'animal poussa un hurlement effrayant en allant rouler sur le sol. Sous le choc, le coutelas avait échappé des mains de Félix qui le reprit en tâtonnant. Le chien se releva de nouveau et fonça en refermant ses crocs sur l'arme gluante qu'il arracha. Deux fois encore il bondit sur Félix, mais à chaque fois il manqua son but. Electrisé par la terreur, Félix roulait de part et d'autre de la souche.

Puis, le chien s'arrêta, trébucha, se releva et se mit à tourner sur lui-même en mordant sa blessure d'où les viscères commençaient à s'échapper.

Se poussant sur les mains, Félix glissa en arrière hors de la portée de l'animal qui emplissait la nuit de clameurs sauvages.

Une fenêtre s'ouvrit avec violence au premier étage de la maison et Gustave se pencha avec son fusil, tentant de voir ce qui se passait. Au jugé, il tira un coup de feu dans la direction des cris et la décharge frappa un arbre à quelques mètres de Félix qui poussa un hurlement à s'en éclater la poitrine.

— Félix ! cria Gustave.

Quelques secondes plus tard, il sortit de la maison en courant. Le chien se traînait en rond autour de ses tripes. Sans réfléchir, Gustave posa le canon de son fusil sur la tête de l'animal et tira.

Puis il se précipita vers le jeune garçon et tomba à genoux près de lui.

— T'es blessé ? Dis Félix... t'es blessé ?

C'est à ce moment que le père de Félix arriva en courant avec un fusil dans chaque main. Lorsqu'il vit son fils, il jeta les armes, souleva le jeune garçon entre ses mains et le traîna à l'écart du chien. Puis il le reposa sur le sol et se mit à le tâter avec des gestes saccadés.

— Tu n'as rien ? Dis-moi... Dis-moi... Est-ce que tu as mal quelque part ? Félix, mon petit...

Puis il le souleva à nouveau et le serrant contre lui avec un sanglot, il porta son enfant encore plus loin. Gustave vint le rejoindre en répétant comme une litanie : « Ah nom de Dieu de nom de Dieu de nom de Dieu de nom de Dieu... »

Finalement, le père de Félix souleva son fils dans ses bras et le porta en courant dans la cuisine où il l'allongea sur la table.

Réfugiée sur le palier du premier étage, Katia criait pour demander ce qui se passait. Olivier arriva dans la cuisine, vit le spectacle et clama dans le couloir : « C'est Félix ! »

Un hurlement de louve lui répondit et quelques secondes plus tard, Katia déboula dans la cuisine comme une explosion. Elle bouscula les hommes et prit la tête de Félix dans ses bras en psalmodiant :

— Félioucha, Félioucha, mon trésor...

— Il n'a rien. Je crois qu'il n'a rien, dit le père de Félix en saisissant les épaules de sa femme.

Il dut répéter la phrase plusieurs fois avant qu'elle ne l'entende.

Félix se redressa sur la table en se débattant de l'étreinte de sa mère dans laquelle il étouffait.

— Je n'ai rien, je vous assure. Je n'ai rien.

— Mais qu'est-ce qui s'est passé ? demanda enfin Katia à son mari. Les miliciens ?

— Non, répondit-il. C'est le chien. Je crois qu'il a attaqué Félix.

Katia se redressa d'un seul bloc.

— Un fusil ! Donnez-moi un fusil !

— Calmez-vous, madame, dit Gustave. Il est déjà mort.

— Je veux un fusil !

— Il est mort, madame.

Perdue dans sa rage meurtrière, Katia ne comprenait pas ce qu'il disait et criait d'une voix stridente :

— Donnez-moi un fusil... un fusil !

Son mari tenta de la prendre dans ses bras mais elle se débattait.

— Un fusil...

— Il est mort, beugla le père de Félix. On vous dit qu'il est mort. Le chien est mort !

Bref, ce fut un beau désordre.

Lorsque le calme fut un peu revenu, on coucha Félix et sa grand-mère resta à son chevet en lui tenant la main et en appliquant des compresses froides sur son front.

La maisonnée resta dans la cuisine autour du cognac qu'Olivier était allé chercher dans la bibliothèque. Chacun but un verre ou deux en silence, puis tous se rendirent sur les lieux du drame avec des lampes électriques. Gustave secoua la tête en regardant le chien.

— Sacré nom ! Même en le voyant, j'ai du mal à y croire.

On découvrit la corde à nœuds pendant le long du mur et grâce à Olivier qui était vaguement informé de l'existence du Conseil, on parvint un peu à reconstruire l'histoire.

— Ce garçon est complètement fou, grogna le père de Félix.

— Oui, enchérit Katia sur un ton toutefois différent. Il est fou comme son ancêtre Vladimir. Celui qui tuait les loups à coups de poing.

— Ah, je vous en prie ! explosa le père.

Katia haussa les épaules et retourna dans la maison en pensant que le sang des Roubaïev coulait chez Félix avec bien plus de force que celui des Beauchêne.

Au même moment, à moins de deux kilomètres, claquemuré dans sa maisonnette, un homme tremblait de peur.

C'était Bergaut, le cantonnier.

Il avait entendu les hurlements et les coups de feu. Il croyait que les miliciens avaient attaqué la maison des Beauchêne. Il passa une nuit blanche à se demander ce qu'il devait faire. Tout le poussait à courir chez les gendarmes afin de les prévenir, mais une frousse intense le ligotait sur son lit. Ce n'est que vers six heures du matin qu'il trouva le courage de galoper jusqu'au village.

Les gendarmes arrivèrent une heure plus tard avec un détachement de gardes mobiles et c'est Gustave qui les reçut dans la cuisine. Il leur raconta l'aventure et leur montra le tumulus de terre fraîche sous lequel il venait d'enterrer le chien. On échangea de part et d'autre des commentaires appropriés et les gendarmes repartirent avec leur escorte.

En fin de matinée, le village entier connaissait l'histoire.

***

Lorsque Félix descendit pour le petit déjeuner, la famille l'attendait au grand complet. Devant l'importance de l'événement, Katia avait renoncé à son « beauty sleep ».

Elle trônait avec raideur et lorsque son fils pénétra dans la salle à manger, elle le couvrit d'un regard glacial.

Félix alla s'asseoir en gardant les yeux baissés. Ce fut sa mère qui parla la première :

— Félix ! Hier soir, vous avez commis une grave inconséquence.

Elle observa un temps théâtral et se préparait à reprendre son discours lorsque son mari lui coupa l'herbe sous le pied en annonçant sèchement :

— Tu es privé de vacances ! Tu iras travailler à l'usine d'Ivry jusqu'à la rentrée des classes. Je te renvoie à Paris par le train de onze heures quarante. Tu as compris ?

— Oui, papa.

— Très bien ! Maintenant, fiche-moi le camp ! Tu prendras ton petit déjeuner dans la cuisine. Allez, file !

— C'est ça, approuva Katia prise de court. File !

Félix se leva et quitta la pièce. Dans la cuisine, Thérèse l'accueillit dans un silence lourd mais lui servit néanmoins un petit déjeuner pantagruélique. Lorsqu'il eut terminé, elle débarrassa la table en maugréant :

— Espèce de sale gosse. Tu devrais avoir honte de nous faire des émotions pareilles. A la place de ton père, moi je t'aurais battu comme plâtre.

Félix ne répondit pas et remonta dans sa chambre. Il prépara sa valise et s'assit ensuite à la table de travail où il gribouilla des dessins informes en promenant un regard vague sur le paysage qu'il découvrait de sa fenêtre.

Sa grand-mère entra silencieusement dans la chambre. Elle referma la porte, puis se dirigea vers Félix et l'embrassa légèrement sur le front. Elle prit dans sa poche une petite liasse serrée de billets qu'elle lui glissa dans la main.

— Tiens, prends ça ! Mais surtout, ne dis rien à ton père.

Elle se retira sans autre discours et quelques instants plus tard, Katia pénétra à son tour dans la chambre. Elle serra la tête de Félix contre sa poitrine et le berça en lui parlant d'une voix douce :

— Félioucha, mon bébé... espèce de bandit... assassin. jé té pardonnerai jamais la peur que j'ai eue.

Elle sortit de sa ceinture une enveloppe qu'elle glissa dans la chemise du jeune garçon.

— Jé t'ai mis un peu d'argent dédans. Mais n'en parle pas à ton père.

Au moment des adieux devant la maison, le père de Félix sortit son portefeuille et compta quelques billets qu'il tendit à son fils avec une mine bourrue.

— Voici pour tes frais. En arrivant à Paris, tu rentres directement à la maison. Clémence a préparé ta chambre. Demain matin, à sept heures et demie, tu te présenteras à l'usine et tu demanderas à voir le chef de fabrication. Il se nomme Liotard. M. Liotard. Il est prévenu et il t'attend. Allez, et que ça te serve de leçon.

Gustave le conduisit à la gare dans la vieille Hotchkiss et durant tout le trajet, Félix conserva l'expression morose et fermée qu'il arborait depuis le matin.

— Allez, dit Gustave sur un ton d'encouragement. Fais pas la gueule. Deux mois d'usine, c'est pas la mer à boire. Ça te fera les muscles et le jugement.

Le train arriva et Gustave installa Félix dans un compartiment vide. Il lui tendit son billet en lui recommandant de ne pas le perdre et retourna sur le quai pour attendre le départ. Gustave avait la gorge un peu serrée et tortillait nerveusement sa grosse moustache en jetant de fréquents coups d'œil vers la locomotive. Lorsque le train s'ébranla enfin, il fit quelques pas pour accompagner le wagon de Félix, puis il s'arrêta et leva la main dans un geste seulement esquissé qui ressemblait à un adieu.

Le train quitta la gare et prit de la vitesse. Durant quelques minutes, Félix demeura assis à l'extrême bord du siège, raide et figé. Puis il s'installa plus confortablement, étendit ses jambes sur la banquette qui lui faisait face et tourna les yeux vers le paysage.

Lentement, presque au ralenti, son visage s'éclaira d'un immense sourire.

# VICTOR

En 1947, Victor avait quatorze ans.

Un dimanche soir, derrière la palissade qui cachait le terrain vague de la place Baudin, à Aubervilliers, il se fit traiter de « sale youpin » par un clochard homosexuel que tout le monde appelait Clara.

Pour l'époque, l'insulte était inattendue. La découverte encore récente des massacres nazis avait mis une épaisse sourdine à toutes les formes d'antisémitisme. Les termes de « youtre » et de « youpin » étaient devenus provisoirement choquants et incongrus.

Mais pour Clara, ce moratoire n'existait pas ; il naviguait depuis dix ans dans une stupeur faite d'éthylisme et de désespoir. Les finesses du remords public lui échappaient complètement. Il en était resté à ce qui se disait au temps où il avait encore conscience du monde dans lequel il vivait. En ce temps-là, un juif était souvent un « sale youpin », et pour Clara il n'y avait rien de changé. La guerre et l'occupation avaient été des choses vaguement perçues mais non assimilées.

Bien plus que l'injure, c'est la voix de Clara qui surprit Victor. Il ne l'avait jamais entendue.

Pourtant, il voyait le clochard presque chaque jour. Après sa tournée des poubelles, Clara arrivait, tôt le matin, dans le fouillis de la boutique de brocante et de récupération du vieux Max. Il avait une allure invraisemblable : les yeux étaient soulignés au charbon, les joues étaient enduites de minium, il avait un chapeau cloche orné de plumes et de fleurs défraîchies en papier de soie. Par tous les temps, il était enveloppé de six ou sept couches de lainages loqueteux par-dessus lesquels il portait une longue jupe de rayonne noire d'où dépassaient des escarpins éculés. Il poussait devant lui un landau défoncé qui contenait toutes ses possessions. Il y entassait ses trouvailles de la nuit. Malgré les épaisseurs de vêtements qui le recouvraient, on devinait un homme frêle et Victor avait souvent été frappé par la finesse des poignets de Clara. Il avait de longues mains étroites couvertes de crasse avec des ongles très longs également peints au minium.

Lorsqu'il venait au magasin, il attendait patiemment sur le seuil que Max lui fît signe d'entrer. Alors, Clara sortait de son landau la brassée de déchets métalliques qu'il avait dénichée et allait la poser sur le plateau de la grosse balance qui trônait près de la porte de la remise. Max se levait de son fauteuil de bois, allait vers la balance et triait le butin du bout de sa canne. Puis il sortait quelques pièces de sa poche et les tendait à Clara. L'autre les recevait dans sa paume ouverte, refermait le poing dessus, sortait du magasin, traversait la rue et entrait directement dans le café du mari à Simone. Là, il ouvrait le poing et répandait les pièces sur le comptoir en zinc. Le mari à Simone les comptait du bout de l'index. Clara sortait ensuite de sa musette une bouteille vide dans laquelle, avec un entonnoir, le mari à Simone faisait couler une quantité variable de vin rouge. Les jours fastes, la bouteille était pleine, mais le plus souvent elle n'était remplie qu'à la moitié. Clara prenait la bouteille, pêchait un bouchon au fond d'une de ses innombrables poches puis retraversait la rue et repartait en poussant son landau.

Toutes ces transactions se faisaient sans une parole.

Clara n'avait pas d'âge et personne ne savait d'où il venait ; à vrai dire, tout le monde s'en fichait. Il faisait partie du décor, au même titre que les piliers du marché couvert et les trois arbres étiques de la place Baudin. Il était, bien entendu, la cible favorite des voyous de la communale qui lui jetaient parfois des pierres, mais dans l'ensemble Clara jouissait d'une paix relative. Les gens du quartier avaient pour lui une tolérance issue de l'habitude et de l'indifférence.

Mais nul ne connaissait sa voix et l'on disait que Clara était probablement muet.

Ce dimanche soir, l'air était doux, et Victor se promenait sur les fortifications avant de rentrer se coucher dans le lit-cage que Max lui avait installé dans la petite chambre, au-dessus de la remise.

Les promenades de Victor étaient généralement conduites par les curiosités de la puberté. Dans les recoins des vieilles murailles, il se passait des choses furtives et chuchotées qui intriguaient le jeune garçon. Il aurait bien voulu voir ce qui se déroulait, mais lorsque par hasard il tombait sur un couple au travail, il hâtait le pas et passait en se forçant à regarder ailleurs.

C'est en revenant de sa promenade qu'il longea les palissades de la place Baudin. Derrière les planches, il entendit un remue-ménage ponctué de petits cris étouffés qui ressemblaient à des plaintes.

Victor s'arrêta.

A défaut d'en connaître la pratique, Victor était assez familiarisé avec les sons de l'amour. Mais ce qu'il entendait là, c'était autre chose. Il se faufila par une brèche et découvrit un spectacle étonnant : Clara, troussé jusqu'au cou, était maintenu sur le sol par deux jeunes Arabes tandis qu'un troisième le besognait en gémissant. Les trois jeunes gens ne virent de Victor qu'une ombre indistincte mais qui dut leur paraître menaçante. Ils se relevèrent aussitôt en jacassant et filèrent à toutes jambes.

Stupéfait par ce qu'il venait de voir, Victor s'approcha de Clara qui rabattait sa jupe de rayonne sur ses jambes maigres.

— Vous êtes blessé ? demanda Victor.

L'autre le regarda avec un œil noyé mais féroce.

— De quoi tu te mêles, sale youpin ? Fous le camp !

La voix était fluette, presque aiguë. Victor recula lentement puis, saisi par une sorte d'horreur, il se rua à travers la brèche en se raclant les épaules et partit en courant.

Plus tard, couché dans le lit-cage, il regardait fixement les solives de la vieille remise et tentait de refouler le dégoût et la peine qui l'étouffaient.

Du fond de sa déchéance, un être vaincu venait de l'injurier. Un rebut humain pétri de misère et d'abjection l'avait abaissé et humilié en le traitant de « sale youpin ». Et Victor répétait ces deux mots à voix basse en étirant les lèvres et en serrant les dents :

— ... saaaale youpiiin... saaaale youpiiiin...

Brusquement, il se débattit hors des couvertures et se précipita vers le seau de toilette où il se mit à vomir à longs traits douloureux.

Il resta longtemps prostré sur le sol, la joue posée contre la paroi fraîche du seau émaillé. Puis, très lentement, il se redressa et retourna se coucher. Il se mit en boule dans le lit, le menton sur les genoux et les poings serrés contre le front. Il ferma les yeux et, insensiblement, il s'endormit.

C'est ainsi qu'un dimanche soir, à l'âge de quatorze ans, trois mois et quelques jours, Victor comprit enfin ce que cela pouvait signifier d'être juif.

Il est surprenant qu'il ne l'ait pas compris plus tôt. Tous les événements importants de sa vie lui avaient clairement énoncé la vérité, mais Victor était resté étrangement imperméable au message. Il se savait juif, bien sûr, mais il ignorait ce que cela pouvait représenter.

A l'inverse de Félix, Victor ne vivait pas au sein d'une palette de couleurs franches. Certes, il avait bien quelques convictions, mais il s'en méfiait farouchement. Il trouvait plus prudent d'additionner les doutes et de s'en faire des croyances provisoires et instables. Cet incident changea beaucoup de choses dans sa manière de voir.

Ainsi donc, Victor devint brutalement juif et comme d'habitude, cette prise de conscience s'imposa comme une révélation subite. Chez lui, le raisonnement déductif n'était pas le résultat d'une lente digestion. Il ignorait tout des patientes progressions de la pensée.

Victor était entièrement une créature d'instincts et il ne marchait qu'à coups d'illuminations soudaines. Les réalités de la vie lui tombaient dessus comme des murs de briques. Il en sortait couvert par la poussière des notions anciennes, un peu étonné, parfois meurtri, rarement désespéré.

Pour un homme dont on dirait plus tard qu'il se plaignait toujours de tout, Victor jouissait en fait d'une résistance au malheur qui touchait à l'extraordinaire. Il possédait au plus haut point une mentalité de survivant.

Lorsqu'il se réveilla, le lendemain, il se dressa sur son lit et admit à contrecœur qu'il était irrémédiablement juif : « C'est une vraie vacherie, pensa-t-il, mais il faudra bien faire avec ! »

Puis il se leva, fit une toilette de chat et descendit balayer le magasin avant d'ouvrir les grilles et d'aller prendre son petit déjeuner en face, chez le mari à Simone.

*
* *

Victor était encore dans le café lorsque Clara arriva, quelques instants plus tard. Le cérémonial quasi quotidien se déroula comme à l'accoutumée. Lorsque le clochard traversa la rue, Victor quitta la table où il buvait son café-crème et vint se planter contre le comptoir en serrant les poings. Clara entra, l'effleura d'un regard mouillé sans paraître le voir, répandit ses quelques pièces sur le zinc, prit sa bouteille et s'en alla.

Victor regarda ses poings crispés. Puis il haussa les épaules et sortit du café sans finir son crème.

En milieu de matinée, tandis qu'il était mollement occupé à nettoyer un vieux poêle Godin, Max le surprit à rêvasser et lui servit aussitôt une de ses fameuses remarques acerbes :

— Tu rêves, tu rêves... tu rêves tout le temps ! Si tu veux rêver, va sur une île déserte. Dieu ne t'a pas mis sur terre pour rêver. S'il avait voulu que tu rêves, il aurait fait de toi un *goy* dans une grande maison.

— Je m'emmerde, répondit Victor.

— C'est très bien comme ça ! Dieu a fait de toi ce que tu es pour être sûr que tu seras emmerdé. Tu seras emmerdé toute ta vie, par ta femme, par tes enfants, par tout le monde. Comme ça, Dieu est certain que tu ne pourras pas rêver. Un juif qui rêve, c'est un juif qui prend des risques. Il est pas fou, Dieu. Il sait ce qu'Il fait.

— Mais pourquoi veut-Il que je sois toujours emmerdé ? demanda Victor d'une voix plaintive.

— Parce qu'Il a décidé, répondit Max. Parce que c'est comme ça. Parce que Lui aussi est un emmerdeur... Béni soit son nom !

Et Victor se disait qu'être juif, dans le fond, c'était avoir une grosse migraine depuis le jour de sa naissance... une grosse migraine permanente qu'il traînerait dans sa tête jusqu'à l'instant de sa mort... et encore ! Peut-être bien que dans cette religion de fous, la migraine existe aussi dans l'au-delà. Quelle vacherie !

Max semblait avoir décidé d'enfermer Victor dans un carcan d'humilité et de prudente résignation. C'était peine perdue. Victor avait déjà trop d'humour et les foudres tonitruantes du vieil homme étaient loin d'obtenir l'effet escompté. Mais Max s'obstinait. Il ne perdait jamais une occasion de bousculer le jeune garçon sous les prétextes les plus minces. Exemple : Victor debout, appuyé contre le mur derrière la caisse, les bras croisés et la tête ailleurs.

— Victor, qu'est-ce que tu fais ?

— Je pense.

— Tu penses ? Tu penses à quoi ?

— A rien ! Je pense, tout simplement.

— Il pense, tonnait Max en prenant à témoin une grosse cuisinière en fonte. Monsieur pense. Et en plus, il pense à rien ! Je vais te dire une bonne chose, Victor :

même quand tu penses à rien, tu penses trop. Si Dieu avait voulu que tu penses, tu t'appellerais Einstein, pas Rabinski ! Allez, ne pense pas tellement et balaye le magasin. Il est tellement sale que même un cheval ne voudrait pas pisser dedans.

Avec Victor, Max vivait en état d'alerte constante. Il attaquait les notions les plus sommaires du jeune garçon comme autant d'hérésies redoutables qu'il fallait absolument extirper de son esprit. Autre exemple :

Un jour, à l'issue d'une lecture à l'eau de rose qu'il avait pêchée dans un lot de vieux bouquins, Victor évoqua l'idée de bonheur et Max le fusilla sur place :

— Pfêh ! Le bonheur... tu parles !

— Ben quoi, se rebiffa Victor. Ça existe, quand même !

— Peut-être, mais c'est une foutue idiotie.

— Dans ce cas, je veux bien vivre idiot jusqu'à la fin de mes jours.

— Tu es malheureux, ici ? Avec moi ?

— Non, répondit Victor, mais le bonheur ; c'est sûrement autre chose.

— Ecoute-moi bien, pauvre *schmok !* La vie, c'est le pain. Le bonheur, c'est la crème. Le pain, ça se mange tous les jours... mais si tu manges de la crème tous les jours, tu finiras par chier de la flotte, espèce de *potz !*

Victor n'avait pas mis bien longtemps à se familiariser avec le vaste répertoire des insultes yiddish de Max. Les *potz,* les *schmok,* les *schlemil* et autres *schtick feyt* n'avaient pas de secret pour lui. Il s'amusait de constater que ces apostrophes, malgré leur grossièreté, n'avaient pas de caractère vraiment agressif... Max s'en servait un peu comme les méridionaux, lorsqu'ils se couvrent de bonhomie pour se traiter de couillons.

Dans l'esprit de Max, cette brutalité de langage et d'argument n'était qu'un moyen un peu élémentaire d'endurcir le garçon, de lui tanner le cuir afin qu'il sache, plus tard, résister aux assauts de la vie. Ces engueulades, cette mauvaise foi systématique et cette logique boiteuse n'étaient autres que d'étranges outils pédagogiques. Sans doute étaient-ils aussi des paravents dressés par la réelle pudeur de Max afin de dissimuler à Victor qu'il l'aimait comme un fils et n'aimait que lui.

Max avait trop longtemps voyagé sur les faces obscures de la terre pour ne pas redouter ses mouvements d'affection. Mais en fait, au fond de cette vieille carcasse ridée et grondante, il y avait une tendresse de midinette et ses coups de gueule étaient de grinçants cris d'affection.

Victor ne fut jamais dupe.

***

Neuf ans plus tôt, peu avant la guerre, Victor et ses parents venaient d'emménager au quatrième étage d'une vieille maison de la rue de Trévise, à quelques pas des Folies-Bergère. Pour eux, c'était un voisinage qui sentait l'accomplissement social. Ils arrivaient d'Aubervilliers.

Le père de Victor était un homme précocement chauve, un peu voûté et dont la voix, au premier abord, semblait curieusement aigrelette. Il était originaire du quartier de Nalewki, à Varsovie, et dès son plus jeune âge il avait entendu parler de la France comme d'un véritable paradis. Heureux comme Dieu en France, disait le vieux dicton juif et le père de Victor en rêvait. Paris était devenu son but ultime. Ah, quitter cette Pologne bigote où il n'était qu'un citoyen de seconde zone soumis à toutes les vexations, aller respirer librement à l'ombre de la tour Eiffel et devenir enfin un être humain à part entière. A vingt-deux ans, il était parvenu à économiser quelques zlotys mais rien de suffisant pour entreprendre le voyage. Il partit tout de même et fit la moitié du chemin à pied.

A présent, il était maître coupeur et travaillait pour un confectionneur philosophe de la rue Richer.

— Monsieur Rabinski, disait le confectionneur philosophe, savez-vous ce que nous sommes ? Nous sommes des oranges, monsieur Rabinski.

Et le père de Victor, formé par l'habitude, levait les yeux de son travail et demandait avec une obéissance un peu lasse :

— Et pourquoi sommes-nous des oranges, monsieur Farb ?

— Je vais vous expliquer, monsieur Rabinski.

Alors, le travail s'arrêtait dans l'atelier tandis que le confectionneur philosophe exposait sa thèse avec la pomposité des grands penseurs.

— Vous prenez un panier d'oranges et vous en choisissez une, n'importe laquelle. Vous la prenez en main et vous l'examinez soigneusement. Vous la détaillez dans ses moindres aspects. Pendant une heure, vous regardez sa forme, ses bosses, ses creux, le grain de l'écorce. Elle devient votre fruit à vous. Ensuite, vous remettez l'orange dans son panier. Alors moi j'arrive et je mélange les oranges. Maintenant, monsieur Rabinski, pouvez-vous me dire laquelle est *votre* orange ? C'est facile. Vous la connaissez bien, vous l'avez examinée pendant un long moment. Pouvez-vous donc me dire laquelle est la vôtre ? Eh bien non, monsieur Rabinski, vous ne pouvez pas car elles sont toutes semblables. Et nous, les hommes, au regard de Dieu, nous sommes comme autant d'oranges. Voilà !

Le soir, à la maison, le père de Victor racontait les crises philosophiques de son patron et la cuisine résonnait des éclats de rire de son épouse.

C'était une femme petite mais très belle, une brune aux yeux clairs. Son rire cascadant était célèbre dans la maison de la rue de Trévise.

Le père de Victor partait très tôt pour son travail, mais juste avant, il entrait dans la chambre de son fils pour le regarder dormir. Il s'approchait tout doucement, sans faire de bruit pour ne pas le réveiller, mais la plupart du temps Victor ne dormait plus. Tourné vers le mur, il ouvrait un œil qu'on ne pouvait voir et regardait fixement le papier peint tandis que son père s'attendrissait sur son sommeil Victor ne dormait pas, mais rien au monde ne l'aurait incité à le manifester Il aimait ces instants de contemplation silencieuse. Il se laissait adorer, un œil fixé avec intensité sur le papier peint.

Son père rentrait tard de l'atelier, jamais avant sept heures, le menton bleui par la barbe. Victor venait s'accrocher à son cou et se laissait pendre, jambes relevées, les mains croisées derrière la nuque. Puis, lorsque son père s'asseyait en le prenant sur ses genoux, Victor frottait sa joue contre la joue râpeuse, avec délice. Il respirait chaque soir une odeur indéfinissable, une odeur propre mais qui avait quelque chose de vécu, d'utilisé... une odeur que Victor ne retrouva jamais mais qu'il eût pu reconnaître sans peine.

— Alors, demandait le père, comment vont les affaires à l'école ?

C'était la plaisanterie quotidienne, presque rituelle. En fait, à l'école, les affaires allaient plus ou moins bien mais cela ne se voyait pas dans le carnet de notes. En classe, Victor s'appliquait honnêtement et se rangeait dans la bonne moyenne. C'est à la récréation et à la sortie que les choses prenaient un tour inconfortable.

Sa mère envoyait Victor à l'école dans un col blanc amidonné qui dépassait du pull bleu roi un peu étroit qu'elle avait elle-même tricoté. Ce col blanc embarrassait Victor. Il le classait à part. Il enviait la blouse grise de ses camarades ; elle lui semblait plus anonyme. Sorti de chez lui, il ne voulait être que cela, anonyme, semblable. Mais seul le col blanc était digne du fils d'un homme venu de Pologne à pied. Ceci symbolisait cela.

A la communale de la rue Milton, ce col ajouté à son drôle de nom (Ra-bin-ski... chie-en-ski !), ce col et ce nom le plaçaient dans une situation délicate, à la fois subtile et explosive, une situation qu'il lui fallait manier avec toutes les ressources de son instinct. Il savait admirablement se taire à temps, éviter dans les rangs le voisinage du garçon pressenti hostile, esquiver la question directe et rire avec les autres aux obscénités qu'il ne comprenait pas. Il savait tout cela admirablement... et sans savoir pourquoi !

Merveille de science ancestrale, miracle de ces gènes de prudence transmis de juif en juif, siècle après siècle. Victor se méfiait farouchement, mais il ignorait les raisons de cette méfiance. Dès la fin des classes, il rentrait vite rue de Trévise, dans son délicieux univers de fils unique.

Parfois, on le provoquait directement. Quelques garçons venaient l'entourer pendant la récréation. Des cris fusaient, des crachats étoilaient ses chaussures et le meneur le faisait reculer vers le préau en lui bourrant les épaules et en lui demandant pourquoi il avait tué Jésus-Christ. Le plus souvent, Victor se laissait bousculer sans réagir. Il se laissait repousser vers le préau, bouchon dérisoire, les dents serrées, refoulant sa rage et sa peur.

Une fois seulement, il se rebiffa, comme seuls les timides savent le faire, avec fureur, en cassant tout, aveuglément. Ce fut un carnage de missionnaires en blouse grise. Victor frappait, mordait et bottait de tous les côtés à la fois. Il avait dix jambes et dix bras, il était invincible mais malheureusement, les larmes lui brouillaient le paysage et de nombreux coups ne rencontraient que le vide. Ce fut tout de même une belle hécatombe dont il sortit douloureusement accroché par l'oreille à la griffe d'une pionne en lunettes qui l'emmena, ainsi suspendu, jusqu'au bureau du directeur. Ce dernier, qui n'était pas bête, regarda Victor avec une certaine perplexité.

— Bon, je ne dis rien pour cette fois. Mais ne recommence pas, sinon je le dirai à tes parents. Et si on vient encore t'embêter, tu n'as qu'à venir m'en parler.

Ce fut tout.

Le dimanche, il partait avec ses parents dans la vieille C4 d'occasion. Ils allaient passer la journée à Brunoy, dans le pavillon du cousin riche. C'était une petite maison entourée d'un jardinet qui se prolongeait en potager. Près de la porte d'entrée, le cousin riche avait cloué dans le mur une petite plaque émaillée sur laquelle on lisait : « Laissez-les dire. » C'était le nom de la maison.

Pour Victor, ce pavillon était le sommet du luxe, l'aboutissement de tous les désirs. Bien entendu, il était amoureux de sa cousine, une sauterelle maigrichonne, rousse et turbulente. Elle lui faisait faire ses quatre volontés tout en se laissant dire des fadaises par le fils du charcutier qui vivait un peu plus bas, dans la rue. Victor acceptait cela avec noblesse ; il laissait la fillette se fourvoyer dans des amitiés indignes, persuadé que sa grandeur d'âme lui ramenait forcément l'amour de sa cousine Suzanne, convaincu qu'on ne pouvait pas lui préférer un fils de charcutier... un marchand de jambon !

Et tandis que Suzanne allait se promener dans la forêt de Sénart avec son charcutier, Victor s'asseyait au milieu des choux-fleurs et rêvait du jour où il épouserait enfin sa cousine, à Notre-Dame, avec des suisses, des hallebardes, durant une grand-messe célébrée par un évêque qui ressemblait curieusement au directeur de la communale.

Suzanne ! Suzanne et ses taches de rousseur ! Suzanne-l'espiègle et Victor-la-poire : « File-moi dix sous et t'auras un cyclorameur. » Un cyclorameur ? Victor rêvait d'un cyclorameur. Victor aurait donné ses dents pour un cyclorameur et Suzanne-la-petite-bourrique le savait fort bien. Alors il cherchait, il se dépensait, il flattait, il séduisait, il implorait et finissait par arracher les dix sous à son père. Suzanne les empochait, disparaissait et revenait avec un cyclorameur maladroitement dessiné sur une feuille de cahier. Puis, laissant Victor muet, confus et frustré, Suzanne retournait voir son charcutier, les poches de son tablier bourrées par dix sous de sucettes.

Et puis, il y eut des voyages précipités à la traîne du cousin riche. On appelait ça l'exode, une fuite éperdue et incompréhensible que Victor passa en compagnie d'un petit matelas plié sur le siège arrière de la C4.

Il jouait à la guerre : tantôt il se cachait sous le

matelas pour se protéger des mitrailleuses d'avion qui crépitaient dans son imagination, et tantôt il s'avachissait dessus, yeux fermés et bouche ouverte, frappé à mort par une balle perdue.

Contrairement à d'autres exodards moins chanceux, leur convoi ne fut jamais attaqué, et bientôt ce fut le retour à Paris et à la communale de la rue Milton.

A présent, on ne bousculait plus Victor au nom de Jésus-Christ. En revanche, on lui reprochait d'avoir perdu la guerre. Lui, pensant à ses comédies morbides sur le petit matelas de la C4, sentait monter le doute coupable. Et si c'était vrai ? Et s'il suffisait de faire le mort pour perdre une guerre ?

Victor nageait en pleine confusion.

Un jour, en revenant de l'école, il vit au coin de la rue Lafayette et de la rue Bleue deux hommes en uniforme noir ouvert au cou. Ils étaient beaux. Ils respiraient la force et dégageaient une forte odeur de savon noir qui lui flattait agréablement les narines. Le copain Boutut qui demeurait également rue de Trévise lui donna un coup de coude et prononça sur un ton important : « C'est des tankistes. »

Victor remonta lentement dans son quatrième étage en se jurant que plus tard lui aussi serait tankiste dans un bel uniforme échancré au cou.

Les drapeaux rouges à croix gammée fleurissaient un peu partout. Des panneaux de bois portant des mots étranges sanctionnaient les carrefours. Des officiers superbes passaient en voitures décapotables dans la rue Lafayette. Tout cela était impressionnant et forçait le respect. Victor admirait les uniformes, les allures fières et invincibles, et toujours cette odeur de savon noir que laissaient derrière eux ces guerriers magnifiques. Chez lui, il s'irritait des regards silencieux qu'opposait sa mère à ses émerveillements ; il lui en voulait un peu de ne pas participer à ses enthousiasmes.

Paris était vide et les parents de Victor devenaient fébriles. Son père rentrait de plus en plus tard et s'enfermait avec sa femme dans la cuisine pour y échanger de longs et obscurs conciliabules. Victor se voyait expédier de plus en plus souvent au square Montholon. C'était un endroit qu'il n'aimait guère ; il y retrouvait les mêmes têtes qu'à l'école et cela ne l'enchantait pas.

Pourtant, à l'angle du square, il y avait un grand hôtel blanc où flottait un immense drapeau rouge frappé du signe noir. Parfois, avec Boutut, Victor s'en approchait timidement, jamais à moins de cinquante mètres. De loin, les deux garçons regardaient, béats, cette activité intense et mystérieuse, ces voitures qui venaient et repartaient, ces officiers pressés, ces sentinelles raides et figées qui présentaient les armes avec des claquements de main sur le cuir, des claquements de cuir sur le sol... tout cela claquait, superbement !

Lorsque Victor rentrait dîner, l'appartement lui semblait soudain étriqué. D'un œil critique, il comparait son père à ces soldats. La comparaison ne l'avantageait pas. Victor savait vaguement que son père avait voulu s'engager dans l'armée mais qu'il en avait été refoulé pour des histoires d'asthme et de pieds plats. Une fois, Suzanne lui avait montré une photo de son propre père en uniforme. Victor avait vu un deuxième classe un peu obèse en bandes molletières, appuyé du coude sur une colonne en stuc et fixant la ligne bleue des Vosges avec un drôle de machin à deux pointes sur la tête.

Non, vraiment, les tankistes avaient une autre allure.

Puis subitement, les choses changèrent à la maison. Le père de Victor disparut pendant trois jours et revint rue de Trévise, plus fébrile que jamais. A présent, dans les conciliabules de cuisine, le nom de Toulouse revenait sans cesse ; des histoires de passeurs, de zone libre, de Portugal...

Un matin, en se levant, Victor fut tout surpris de voir que son père était encore à la maison. La veille, le confectionneur philosophe avait réuni l'ensemble de ses six employés. Ceux-ci s'attendaient encore à quelque longue tirade morale, mais pour une fois M. Farb fut très concis.

— Les barbares sont parmi nous et bientôt, mes chers amis, nous ne pourrons plus travailler. A partir de ce soir, la maison Farb n'existe plus.

Ensuite, il remit à chacun une enveloppe qui contenait trois mois de salaire, serra silencieusement la main de tout le monde puis, devant le personnel assemblé sur le palier, il ferma à clé la porte de l'atelier et descendit l'escalier en sanglotant.

Quelques jours plus tard, Victor se leva pour aller à l'école, mais on le fit rester. Il n'était pas vraiment question de s'en plaindre, mais l'aubaine avait tout de même un parfum désagréable. Il se passait des choses étranges.

De ce jour, Victor ne retourna plus rue Milton et son père ne quitta plus l'appartement. Tous les matins, ils guettaient la concierge avec le courrier. C'était devenu une manière de rite auquel participait toute la famille. La mère de Victor demeurait légèrement en retrait tandis que son père collait l'oreille contre la porte, surveillant les pas de la concierge dans l'escalier. Lorsqu'elle arrivait au quatrième, les souffles se bloquaient. Allait-elle s'arrêter devant la porte et remettre cette lettre mystérieuse qui conditionnait leurs existences ? Victor n'avait aucune idée de ce qui pouvait se tramer, mais il ressentait une angoisse indéfinie. Son cœur battait la charge, ses paumes devenaient humides et le bruit, ce bruit capital de pas résonnait devant leur porte... et ne s'arrêtait pas. Le père de Victor se redressait alors avec un soupir, il étreignait sa femme et lui disait d'une voix douce : « Demain. »

Dès que cette cérémonie était terminée, on servait à Victor deux tartines et un bol de café, puis on l'expédiait au square Montholon avec la tête farcie d'interdictions : interdiction de revenir avant le déjeuner, interdiction de parler aux adultes, interdiction de donner son nom et son adresse si on les lui demandait. Il revenait pour le déjeuner et aussitôt après on le renvoyait au square en dépit de ses protestations.

Malgré la proximité du grand hôtel blanc, Victor finissait par détester la verdure miteuse du jardin.

Victor s'ennuyait.

Même les manœuvres des sentinelles lui semblaient maintenant moins fascinantes... Han ! Han ! Clac ! Clac !... Cela devenait monotone. Victor regardait le spectacle d'un œil blasé et se détournait en chuchotant très bas ce mot étrange : « Boche. » Il n'en comprenait pas la signification exacte, mais il était curieusement choqué que cela rimât avec moche. Il sautillait sur un pied en suivant un dessin de marelle à demi effacé et il scandait ses sauts en soufflant : « Moche... Boche... Moche... Boche... »

Faute de mieux, les bruits de bouche occupaient une grande place dans sa vie de jardin.

Puis, un soir de mai, il n'eut plus besoin de retourner au square. En rentrant à la maison, il fut happé par la concierge qui lui cacha la tête dans son tablier avec une brusquerie presque hystérique et le fit entrer dans sa loge en répétant comme une litanie : « Pauvre petit, pauvre petit... »

Elle le fit asseoir et lui raconta que ses parents étaient partis pour un long voyage et qu'il devait être très sage.

En fait, sans pouvoir le formuler, Victor savait bien à quoi s'en tenir. Une sorte de gros galet noir et rugueux vint se nicher dans sa tête, un caillou d'ombre et de désespoir qui, dès cet instant, bloqua définitivement une partie de ses pensées.

***

Dans la maison de la rue de Trévise, le deuxième étage à droite était occupé par une vieille dame qui vivait en compagnie d'un énorme chat gris curieusement nommé Monsieur.

La concierge ayant jugé que sa loge était un endroit

trop exposé pour y cacher Victor, c'est la vieille dame qui l'hébergea sans la moindre hésitation.

Le transfert entre la loge et l'appartement se fit dans le plus grand secret. La concierge pensait, à juste titre, que les parents de Victor avaient été dénoncés par un locataire de l'immeuble. Psychologue autant que perspicace, elle soupçonnait le célibataire du sixième, employé à la perception de l'arrondissement et pétainiste convaincu.

Afin d'éviter toute rencontre dangereuse, c'est vers onze heures du soir que Victor fut expédié en chaussettes vers le deuxième étage.

Il pénétra dans un endroit impressionnant.

M^me^ Collignon était la veuve déjà ancienne d'un médecin militaire, et son appartement se présentait comme une vaste et sombre caverne emplie de lourdes tentures et de gros meubles en bois sombre. Elle referma silencieusement la porte derrière Victor et le fit entrer dans le salon dont elle avait clos les rideaux.

— Te voilà à l'abri.

Debout au milieu de la pièce, Victor examina le décor avec timidité. Il n'avait jamais rien vu de semblable. Hormis une collection de porcelaines fines qui trônait dans une vitrine en bois de rose, tout était massif et écrasant. Même le chat.

Blotti sous une grosse lampe à abat-jour, Monsieur regardait fixement Victor. Celui-ci interrogea M^me^ Collignon de l'œil :

— Mais oui, dit-elle, tu peux le caresser à condition de ne pas le brusquer. Il est gentil mais il est comme moi, il déteste les familiarités. N'est-ce pas, Monsieur ?

Victor s'approcha avec prudence. Il n'avait aucune pratique des animaux et ce gros matou le fascinait. Il tendit une main hésitante.

— Vas-y, l'encouragea M^me^ Collignon. N'aie pas peur. Il adore les caresses.

Et l'enfant posa sa main sur la fourrure soyeuse du chat. Presque aussitôt, Monsieur se mit à ronronner sur un registre grave. Victor tourna son visage vers la vieille dame et lui offrit son premier sourire. Elle le regarda avec une sorte d'étonnement puis détourna très vite la tête en sentant ses yeux s'embuer.

Deux étages plus haut, des rubans rouges maintenus par des cachets de cire scellaient la porte des Rabinski.

***

Le lendemain matin, la vieille dame sortit de son lit dans une colère bouillonnante. Elle avait à peine dormi et toute sa nuit s'était passée à pester contre la cruelle stupidité des hommes.

Elle réveilla Victor qu'elle avait installé dans l'ancien bureau de son mari et lui servit un café ersatz blanchi de lait en poudre. Puis elle se coiffa d'un large chapeau noir aux allures un peu masculines et fit des recommandations précises à l'enfant :

— Ne t'approche pas des fenêtres. Si on sonne à la porte, ne réponds pas. Ne fais pas de bruit. N'allume pas la radio. Sois très sage et très silencieux. Installe-toi dans le bureau. Il y a des quantités de livres. Je ne serai pas très longue à revenir.

Puis, tandis que Victor tentait de trouver une lecture intéressante au milieu des traités médicaux, M$^{me}$ Collignon se rendit chez un vieil ami de son mari qui occupait un poste important à la préfecture.

— Rabinski, dit-elle. Une famille juive qui demeure dans mon immeuble. Ils ont été arrêtés hier après-midi, chez eux. Ce sont des gens tout à fait inoffensifs. Ils n'ont rien fait. Il faut absolument les sauver.

— Mais Cécile, raisonnait le vieil ami, c'est impossible. Ils sont plusieurs milliers dans le même cas. Je ne peux rien faire.

— Il *faut* faire quelque chose.

— Je vous répète que c'est impossible. A l'heure qu'il est, ils ont probablement été transférés au camp de Drancy. Mais d'ailleurs, pourquoi vous mettre dans un tel état ? Ce sont des juifs, après tout.

— Et alors ? demanda la vieille dame.

— Alors, alors... nous vivons tous des moments difficiles. Et puis, ce n'est pas très prudent de vous occuper de ces affaires.

— J'ai soixante-douze ans, mon bon ami. Bientôt soixante-treize. A mon âge, la prudence consiste surtout à ne pas prendre froid.

— Mais enfin, tenta de sermonner le vieil ami, qu'est-ce qui vous prend ? Savez-vous bien de quoi vous vous mêlez ? Il existe un problème juif, vous ne pouvez pas le nier.

— Je ne comprends rien à ces choses. Pour moi, ce sont des gens comme les autres.

— On voit bien que vous ne les connaissez guère.

Mme Collignon eut une poussée de colère.

— Mais que peut-il y avoir à connaître ? Ce sont des gens modestes, des artisans. Ils vivent entre eux et ne demandent rien à personne. Comment peuvent-ils menacer qui que ce soit ?

— C'est bien plus compliqué que ça.

La vieille dame eut un geste de découragement, mais elle se reprit aussitôt :

— Bertrand, je vous en supplie. En souvenir de mon mari qui était votre ami... Faites quelque chose. Sauvez ces pauvres gens. Il y a un enfant...

Le vieil ami quitta son fauteuil ministre et alla se planter devant la fenêtre en tournant le dos à sa visiteuse.

— C'est extrêmement délicat ce que vous me demandez là. Je ne suis pas du tout convaincu qu'il m'appartienne de...

— Je vous en prie.

Le vieil ami se retourna avec un soupir.

— Bon, c'est entendu. Je vais voir ce que je peux faire. Mais je ne vous promets rien.

Quinze jours plus tard, une estafette vint déposer un pli rue de Trévise :

*Chère Cécile,*

*On m'apprend à l'instant que malgré mes démarches, les personnes auxquelles vous avez eu la générosité de vous intéresser se trouvent désormais hors de notre juridiction.*

*Leur nom figure sur la liste d'un convoi qui est parti pour l'Allemagne hier matin.*

*Croyez bien que je regrette de n'avoir pu vous être de quelque assistance dans cette pénible affaire.*

*Recevez, chère amie, l'assurance de mon amicale considération.*

M$^{me}$ Collignon froissa la lettre dans sa main. « Pauvres gens, pensa-t-elle. Que va-t-il leur arriver, maintenant ? »

Puis elle relut la dernière phrase et ressentit une pointe de rage : « Amicale considération ! Vieil imbécile ! A qui croit-il écrire ? A une domestique qui part en retraite ? »

Elle se rendit dans le bureau où Victor était plongé avec avidité dans les aventures du *Mouron Rouge* tandis que Monsieur ronronnait contre sa cuisse. A son entrée, il leva la tête et lui sourit, entièrement confiant.

La vieille dame se sentit submergée par sa propre faiblesse.

— Mon petit Victor, commença-t-elle.

Et puis non. Il ne fallait rien lui dire. A quoi bon ? Il ne comprendrait probablement pas. Mais que faire de lui, à présent ? Le garder chez elle était trop risqué. Déjà, depuis deux semaines, l'épicier s'étonnait de l'importance de ses achats.

— Vous avez de la visite, en ce moment ?

Les tickets de rationnement seraient insuffisants pour deux et bientôt, les locataires de l'immeuble se douteraient de quelque chose, surtout ce mouchard probable, au sixième.

M$^{me}$ Collignon jouissait d'une modeste fortune que les ragots du voisinage avaient transformée en magot mirifique. C'est également ce que croyaient ses cousins de province qui étaient moins bien nantis. Etant les derniers membres vivants de la famille, ils pouvaient espérer l'héritage bien qu'ils ne soient guère plus jeunes que la vieille dame.

Il y avait là un rapport de force que Mme Collignon n'ignorait pas. Elle résolut de s'en servir et c'est ainsi que Victor se retrouva chez les cousins, dans un gros bourg de l'Indre.

Mme Collignon l'accompagna et, entre cousins, on inventa une histoire pour les voisins — le père prisonnier, la mère en sanatorium, pas de famille, la misère quoi !

En outre, afin d'éviter les gaffes que Victor n'aurait pas manqué de commettre en allant à l'école, on l'affubla d'une santé incroyablement fragile qui nécessitait des soins constants et lui interdisait de quitter la maison.

Au bout de trois jours, la vieille dame s'en retourna à Paris. Elle serait volontiers restée plus longtemps ; l'enfant lui inspirait un certain attachement. Mais elle ne supportait pas ses cousins ; elle les trouvait cupides et pusillanimes. Certes, il était regrettable d'abandonner Victor dans ce cadre confiné, mais elle n'avait guère le choix. Seule la perspective du legs évoqué à mots couverts lui assurait que l'enfant serait bien traité.

Elle reprit le train en pensant que ce serait une idée cocasse de modifier son testament au bénéfice de Victor. En pensant à la tête que feraient ses cousins, elle ne put réprimer un bref éclat de rire et cela lui valut le regard intrigué d'un curé de campagne qui voyageait en face d'elle. Elle se força à reprendre son sérieux, mais se promit de réfléchir soigneusement à la chose.

La vieille dame était un peu sévère pour ses cousins.

Les Roussel étaient de braves gens douloureusement partagés entre la frousse et la pitié. Avant l'arrivée de Victor, ils s'apprêtaient à vivre une retraite paisible, malgré la guerre. Au lieu de cela, ils se trouvaient jetés dans une situation qu'ils n'avaient absolument pas souhaitée et qu'ils subissaient désagréablement. Ils se consolaient en espérant que le séjour de l'enfant serait de brève durée. Avec une certaine hypocrisie, Mme Collignon leur avait promis qu'elle trouverait bientôt une solution moins inconfortable.

En attendant, ils pataugeaient dans l'inquiétude. A l'égard de Victor, cela se traduisait par un régime de douche écossaise assez incohérent : lorsque les Alliés débarquaient en Sicile, sa cote montait ; mais il suffisait qu'un bataillon allemand traverse le village pour que l'hostilité devienne palpable devant la soupe du soir. Si Radio-Londres faisait cocorico, Victor avait droit à une caresse dans les cheveux et un grand verre de Quintonine... en revanche, si les Russes se faisaient matraquer dans un coin perdu d'Ukraine, on lui faisait sourdement la gueule.

Certains soirs, Victor se demandait s'il n'était pas en train de perdre la guerre, une fois de plus.

Mais la plupart du temps, les Roussel étaient gentils, à leur façon. N'ayant jamais eu d'enfant, ils ignoraient le mode d'emploi et manifestaient une tendresse bourrue et maladroite qui paralysait Victor. Du coup, il s'exprimait fort peu. Les Roussel le lui reprochaient d'ailleurs souvent : « Mais dis donc quelque chose, bon sang de bonsoir ! Tu ne dis jamais rien. Tu as donc si peur, petit sauvage ? »

Non, il n'avait pas peur. Mais ses parents lui manquaient désespérément et il réalisait pleinement qu'il n'était pas aimé. Seulement toléré.

Finalement, cela peut se comprendre : les Roussel étaient déjà âgés ; la présence de Victor venait troubler un égoïsme bien rodé et les représailles qu'elle risquait d'entraîner leur coupaient bien souvent le boire et le manger. Grâce à lui, ils vivaient dans une crainte quasi permanente, une crainte dont Victor percevait jusqu'à l'odeur, comme les chiens.

Quelques jours après son arrivée, il les détestait avec une secrète mais vigoureuse intensité.

Si les voisins des Roussel étaient prêts à admettre que Victor n'allât pas à l'école, ils n'eussent probablement pas compris qu'avec une santé aussi précaire et une situation de famille aussi désastreuse il n'allât pas au moins à l'église.

Dans cette partie de l'Indre, on ne plaisantait pas avec les devoirs de la foi, surtout parmi les couches les plus âgées de la population. Il fallait que Victor aille à l'église. Le problème immédiat consistait donc à transformer très rapidement le petit juif en jeune catholique crédible.

Confiants dans la force du secret professionnel, les Roussel mirent le curé dans la confidence des origines de l'enfant et lui confièrent le soin d'opérer sa transmogrification spirituelle.

Le père Marcel était un homme admirable qui avait servi comme lieutenant de spahis. Il avait gardé de son passage dans l'armée un langage très direct qui froissait parfois la piété de ses paroissiens. Durant tout un après-midi, il entreprit d'enseigner à Victor les rudiments de sa mystérieuse religion ainsi que le maniement du signe de croix.

Le signe de croix posait d'importants problèmes. Au nom du Père, du Fils... jusque-là, ça allait très bien, toutefois, dès qu'on parvenait au Saint-Esprit, Victor perdait les pédales et ne savait plus s'il devait aller à droite ou à gauche.

Le curé s'énervait ; il prenait la main de l'enfant dans sa grosse pogne et la menait avec autorité : « Au nom du Pèèèère, du Fiiiils... et du Saint-Esprit... ainsi soit-il, nom de d'là ! » Et Victor, secoué par la vigueur du père Marcel, se voyait faire des vastes signes de croix qui lui entrechoquaient les genoux.

— Tu as compris ?

— Oui, m'sieur le Curé.

— Tu es sûr ?

— Oui, m'sieur le Curé.

— Bon, pose-toi là. Je vais te parler du petit Jésus.

Le père Marcel avait un grand talent d'évocation, et dans sa bouche l'Evangile devenait une fresque pleine de vacarme et de rebondissements.

Victor l'écoutait avec stupeur : un bonhomme qui marche sur l'eau, qui ressuscite les morts et fait pleuvoir des poissons et des petits pains... ça alors !

Puis, en plein milieu d'une phrase, tandis que Victor

l'écoutait en écarquillant les yeux, le curé lui criait tout à trac : « Fais-moi un signe de croix ! Tout de suite ! Sans réfléchir ! » Et Victor, au bord de la panique, lui faisait un signe de croix, tout de suite, sans réfléchir... et à l'envers.

Alors le père Marcel devenait tout rouge ; il regardait l'enfant avec sévérité et il grondait :

— Tu le fais exprès !

— Mais non, m'sieur le Curé.

— Si, tu le fais exprès. J'en suis sûr. Je ne peux pas croire que tu sois aussi niais. C'est pourtant pas compliqué. Au nom du Père, là !... Au nom du Fils, là !... et-au-nom-du-Saint-Esprit-ainsi-soit-il-bonsoir-de-bonsoir ! C'est bête comme chou ! D'ailleurs, je me demande bien pourquoi je me fatigue avec toi. Tout le monde sait bien que tu es un petit juif.

Eh oui, tout le monde le savait. Sauf Victor.

La messe du dimanche et ses leçons clandestines de catéchisme étaient ses seules sorties hors du cadre de la maison Roussel.

Le reste du temps, il lisait.

Il lisait comme un fou. Le grenier des Roussel était une grotte magique qui contenait des piles énormes de revues oubliées et de livres écornés que Victor dévorait sans discrimination. Il passait ainsi de *l'Illustration* de 1928 au *Précis de Botanique* de MM. Sanglard et Michalet, et se construisait une érudition hétéroclite et bâtarde. Celle-ci faisait merveille dans les discours de réception à l'Académie française que Victor s'adressait à lui-même en chuchotant, juché bien haut sur une vieille malle en osier qui dominait la brillante assemblée :

« Monsieur le Maréchal, Mesdames, Messieurs...

A l'aube de cette auguste journée qui marque enfin, comme dit le poète, le triomphe de la sagacité et de la raison, je ne puis m'empêcher d'évoquer le souvenir brûlant de M. Sébastien Villedieux dont les découvertes bouleversantes sur l'habitat du *Bombyx majesticus* ont donné à ce siècle de lumière les lettres de noblesse que d'autres, avant moi, ont célébrées avec ivresse dans le secret de leurs laboratoires vétustes et décharnés par la crise économique qui agite le monde du travail prolétaire et... euh ! »

Comme Félix, à la même époque probablement, Victor ne savait pas conclure ses phrases. Mais à l'inverse de Félix, c'est avec délectation qu'il se mélangeait les pattes. Il se fourvoyait avec bonheur dans des formules tarabiscotées qu'il ne parvenait pas à terminer. Il étouffait des crises de rire puis il se reprenait, non sans avoir préalablement consulté quelque ancien discours de Briand ou de Poincaré... bref, il s'amusait et tout compte fait, la vie n'était pas désagréable. Il attendait qu'il se passe quelque chose mais il n'était pas pressé. Le grenier était son royaume et à l'heure des repas, c'est en rechignant qu'il descendait vers la cuisine et le silence.

Huit mois après son arrivée, la vieille dame du deuxième étage mourut sans prévenir et d'une manière si subite qu'elle n'eut pas le temps de modifier son testament ainsi qu'elle en avait formé le projet encore incertain.

Victor fut bouleversé. Alors qu'il n'avait pas pleuré sur la disparition soudaine de ses parents — cela viendrait plus tard, bien plus tard — il alla sangloter longuement dans un coin du grenier sur le décès de la vieille dame. Puis il s'échappa par le fond du jardin et courut jusqu'à l'église. Là, il se prosterna sur un prie-Dieu situé un peu à l'écart, joignit les mains, ferma les yeux et pria à sa façon une déité bien indistincte.

Le père Marcel l'aperçut depuis la porte de la sacristie, mais il se méprit complètement sur les raisons de cette piété très nouvelle. Toutefois, il se garda de manifester sa présence. Ce n'est qu'au bout d'un long moment qu'il vint poser sa grosse main sur la tête de Victor.

— Relève-toi, mon petit. Il y a plus d'une heure que je te vois prostré comme ça. La vraie foi, ça se porte dans le cœur, pas sur les genoux.

— M$^{me}$ Collignon est morte.

— Ah, je vois, dit le curé qui n'avait jamais entendu

parler de la vieille dame. Et tu es venu prier pour elle. Bon, c'est très bien. Continue.

Mais pour Victor, ce n'était plus très bien. Le père Marcel avait brisé son isolement et, dès qu'il s'éloigna, Victor quitta l'église et retourna à la maison.

Pépé Roussel se rendit à Paris pour s'occuper des funérailles et encaisser l'héritage. Il revint quelques jours plus tard et, outre l'argent et les titres, il ramenait avec lui un monstre nouveau : la perplexité.

Il s'était renseigné. Personne ne connaissait la famille de Victor. On ne savait pas d'où il venait. Aucune nouvelle de ses parents. Le désert. Qu'allait-on faire de lui ? Une fois de plus, il y eut de longs conciliabules de cuisine dont Victor fut exclu. En collant l'oreille un peu partout, il parvint à apprendre qu'il existait une solution au problème mais il ignorait laquelle. En tout cas, pépé Roussel était pour. Mémé Roussel était contre, mais sans grande conviction.

— Il n'y a pas d'autre moyen, disait pépé.

— Je sais bien, mais quand même, répondait mémé. Cécile nous en aurait voulu.

— Cécile est morte et moi je ne suis plus un jeune homme. Je veux ma tranquillité.

Finalement, les objections de mémé Roussel furent balayées et un beau matin triste, après un dernier verre de Quintonine, Victor fut expédié à l'orphelinat de Courseuil.

Là, les choses allèrent rapidement de travers.

A la visite médicale, le médecin jeta un regard effaré sur la bistouquette de Victor et lui fit remonter sa culotte à toute vitesse. Il réfléchit un long moment, puis prenant l'enfant par le bras, il l'emmena vivement dans le bureau du directeur. Victor fut autorisé à s'asseoir tandis que les deux hommes discutaient âprement dans un coin de la pièce. Au terme de cet inquiétant débat, le directeur vint vers Victor et lui ordonna sur un ton abrupt :

— Baisse ta culotte !

Victor le regarda sans comprendre. Qu'est-ce que c'était que ces histoires ? Baisse ta culotte, remonte ta culotte... que pouvait-il y avoir de tellement intéressant dans sa culotte ?

Brusquement, Victor comprit tout. Il était malade ! Son cœur se serra et il se sentit devenir tout pâle... il avait une horrible maladie, une de ces affections atroces dont les garçons parlaient si souvent durant les récréations de la rue Milton. Certes, il n'avait mal nulle part, mais à voir le regard des deux hommes, il était convaincu que sa quéquette allait devenir toute noire, s'effriter et tomber par terre en un petit tas pathétique et répugnant... et puis après, ne pouvant plus faire pipi, il allait forcément mourir...

— Allons, s'impatienta le directeur. Baisse ta culotte !

Bien entendu, Victor éclata en sanglots et le médecin vint chuchoter avec violence dans l'oreille du directeur. Celui-ci devint soudain tout sucre et s'approcha de l'enfant.

— Allons, n'aie pas peur. Montre-nous ton petit oiseau.

Tout en sanglotant comme un perdu, Victor lui montra le petit oiseau en question. Malgré lui, le directeur le regarda comme un œuf avarié et ce regard doubla le désespoir de Victor.

— Mais pourquoi pleures-tu comme ça ?

— ... j'vais... j'vais mourir...

Le directeur sursauta comme si on venait de le piquer.

— Mourir ? Mais non, tu ne vas pas mourir. Qu'est-ce que c'est que cette ânerie ? Remonte ta culotte, maintenant.

A peine rassuré, Victor remonta sa culotte en reniflant à grands coups tandis que le directeur retournait discuter avec le médecin dans le fond de la pièce.

Enfin, sa décision fut prise. Il moucha Victor, sortit une petite barre de chocolat d'un tiroir de son bureau, et le regarda la manger en se tirant le nez. Puis il le prit par la main, l'emmena dans la cour, le fit monter dans une camionnette à gazogène et le ramena lui-même chez les Roussel. Pauvres Roussel !

Ils étaient effondrés.

Le directeur parlait, parlait... il se tirait le nez, il faisait craquer ses phalanges, il invoquait le plafond pour appuyer ses arguments.

— C'est très délicat, disait-il. Vous comprenez ?

Non, ils ne comprenaient pas. Ils se donnaient même un mal considérable pour ne pas comprendre, massifs et fermés. Inquiets.

Le directeur insistait :

— Mais si je le garde, je vais être forcé de le déclarer, voyons.

De la viande clandestine ! Victor était un veau frauduleux et contaminé qu'on essayait de se repasser derrière une grange au clair de lune. Le directeur s'énervait, mais les Roussel l'écoutaient avec le dos rond et le front bas :

— Ah, et puis ça va comme ça ! Moi, je ne peux pas le garder. Si vous voulez qu'il soit livré aux boches, faites-le vous-mêmes. Voilà !

Sur ces fortes paroles, il sortit en claquant la porte et en laissant Victor sous le regard extrêmement lourd des deux Roussel.

— Va te coucher, soupira mémé. On verra demain.

On ne vit rien le lendemain ni les jours suivants. A partir de ce moment, Victor fut une chose, un meuble qui vivait uniformément, sans histoires et sans paroles. Il retrouva le grenier, mais la grotte fabuleuse n'avait plus le même attrait. Il lisait toujours autant, mais il ne se livrait plus à ces cérémonies grandioses qui consacraient sa gloire immortelle. Les veaux de marché noir n'entrent pas à l'Académie. Désormais, ses rares théâtres étaient habités par des espions blessés, des maquisards en fuite, des réprouvés comme lui. La vieille dame du deuxième étage étant morte, il se savait désormais entièrement seul.

Ce n'était pas gai, mais ce n'était pas non plus insupportable. On peut même supposer que cela lui convenait assez. Il ne voyait personne, il ne parlait à personne et comme il n'allait toujours pas à l'école, il n'avait pas de camarade. Hors du grenier, il était tout gris, encoquillé, silencieux, fondu dans la masse de la maison et probablement satisfait de l'être. Les paroles que lui adressaient les Roussel se limitaient aux nécessités de base... va prendre le lait... va nourrir les poules... va te coucher... ça, il ne fallait pas le lui dire deux fois. Il allait se calfeutrer dans le petit lit qu'on lui avait installé derrière un paravent dans la chambre du fond, et là, il menait une vie intense émaillée de dialogues gris-rose avec la grosse poutre du plafond, le pied du lit, la chaise cannée...

Enfin, un jour ce fut la Libération et Victor devint un héros.

Là non plus, il ne comprenait pas très bien les raisons de sa soudaine popularité, mais il avait depuis longtemps dépassé le stade des étonnements. On découvrait la mort atroce de plusieurs millions d'êtres et par voie de conséquence directe, les Roussel devenaient les sauveurs de l'Homme.

Il ne fut plus obligé d'aller à la messe. Le dimanche matin, il restait désormais à la maison tandis que les Roussel se rendaient à leurs ablutions spirituelles. Il était le petit juif rescapé grâce au courage et à la générosité d'un couple de bons Français. Il eût été choquant et illogique qu'on persiste à le déguiser en chrétien. Une fois de plus, Victor se sentait classé à part, rejeté en dehors du coup. Avant, il était le juif qui allait à la messe, maintenant il était le juif qui n'allait plus à la messe.

En revanche, on l'envoya à l'école.

On peut penser que ce fut une mesure politiquement et psychologiquement désastreuse. Quelques mois plus tard, les remarques perpétuellement apitoyées des voisins, les attitudes contraintes de ses camarades et l'auréole de martyr que l'instituteur s'obstinait à lui coller sur la tête pour illustrer ses leçons d'histoire et de morale, tout cela le rejetait à nouveau dans le silence. Il n'avait pas une mentalité de victime et il découvrait qu'à tout prendre il était infiniment plus confortable d'être un meuble plutôt qu'un phénomène.

Il ne voulait vivre qu'avec lui-même.

C'est aussi le silence qu'il opposait au brave père Marcel lorsque celui-ci le coinçait sous les arcades de la Grand-Place pour l'inciter à rejoindre le troupeau des brebis chrétiennes. Victor avait lu quelque part qu'étant juif, il appartenait au peuple élu. Il n'avait guère de détails sur la chose et ses sources de renseignements sur le sujet étaient plutôt maigres, mais l'idée lui plaisait infiniment et lui forgeait une agréable détermination : « Moi je suis élu, pensait-il avec satisfaction. Et quand on est élu, on le reste. » Alors le curé, avec ses histoires, il pouvait bien aller se pondre un œuf. De plus, Victor avait en horreur le parfum de l'encens.

Le temps passait. Victor grandissait dans le mutisme, mais dans sa tête il se déroulait des quantités de choses.

Pépé se dépensait. Il envoyait et recevait un courrier considérable au sujet de Victor. Ses parents n'étaient pas revenus. On savait maintenant qu'ils ne reviendraient pas, mais ce sujet ne fut jamais abordé à la table des Roussel. Pour ce tact inattendu, Victor leur conserva toujours une gratitude immense. Mais cela ne les empêchait pas de se démener pour repasser le fardeau de son existence à quelqu'un d'autre.

Un jour, après l'arrivée d'une lettre frappée d'une étoile bleue, pépé Roussel annonça sur un ton guilleret que Victor partirait sans doute pour la Palestine.

La Palestine ?

A défaut d'autre chose, les Roussel lui avaient appris les réserves de la méfiance. Il posa des questions. Pourquoi la Palestine ?

— Parce que c'est un pays où on envoie tous les enfants juifs, expliqua pépé. Il y a toujours du soleil, tu mangeras des oranges à tous les repas et tu deviendras agriculteur dans une grande ferme collective.

— Qu'est-ce que c'est une ferme collective ?

— Je ne sais pas, au juste. Mais c'est sûrement très bien.

Cette histoire sentait la grosse embrouille. L'épisode de l'orphelinat de Courseuil était encore trop frais dans sa mémoire et il s'inquiétait sérieusement d'être expédié dans une grande ferme... collective, sans savoir où il allait mettre les pieds. A l'aide du gros dictionnaire qui séjournait dans l'armoire à vaisselle, il entreprit d'étudier la situation.

Voyons, Palestine, Palestine... Palerme, Paleron, Palès, Paleste... ah, voilà ! Palestine !

*Contrée de l'Asie que l'on appelle encore Terre Sainte et que les Arabes nomment Falesthinn. Elle est située dans la province de Syrie et bornée à l'ouest par la Méditerranée, au sud par l'Arabie, au nord par la Syrie propre, à l'est par les monts d'au-delà du Jourdain. C'est un pays aride, inculte et presque désert, habité seulement par des juifs pauvres, des Samaritains et des Chrétiens, infesté d'Arabes Bédouins dont les caravanes et les voyageurs sont obligés d'acheter la protection.*

Un vent de révolte se mit à souffler dans la tête de Victor. La chose était claire : on allait l'envoyer labourer le désert à l'autre bout de la Terre, dans un pays inculte et hostile où il se ferait rançonner par de féroces Bédouins... et comme il n'avait pas d'argent, on lui couperait forcément les oreilles. Il le savait. Il l'avait lu dans Victor Hugo.

Sa décision fut immédiate et irréversible. Il n'irait pas en Palestine. Tout, mais pas ça !

C'est ainsi que le destin de Victor fut scellé par deux centimètres de texte issus du Dictionnaire encyclopédique de M. Charles Saint-Laurent publié chez Guillaumin et Cie... en 1862 ! Dans une maison où l'on se flattait de faire durer le même tablier depuis plus de trente ans, il aurait dû se méfier. Voilà à quoi tiennent les choses.

Sur la cheminée de la cuisine, il y avait une vieille boîte à thé qui renfermait l'argent du ménage pour le mois. On était en début de mois et la boîte était bien fournie.

Le lendemain matin, très tôt, alors que les Roussel dormaient encore, Victor réunit ses deux chemises, son vieux pull-over, ses chaussettes de rechange et sa serviette de toilette dans une mallette en carton. Puis il se glissa à la cuisine et prit la boîte à thé.

Il l'ouvrit et réfléchit en regardant son contenu. Il compta l'argent et n'en prit que la moitié en espérant que cela suffirait. Puis il s'installa à la table et écrivit avec application sur une feuille de cahier :

*Cher Pépé et cher Mémé,*

*Je m'en vais parce que je veus pas allé en Palestine. Je vous écrirais quant je serais arrivé où je vais.*

*Je vous embrase très fort.*

*J'ai prit de l'argent dans la boîte mais je vous les rendrais quant je pourais.*

*Victor* (il hésita un moment avec la plume levée au-dessus du papier puis ajouta) *Rabinski.*

Il posa la feuille bien en évidence sur la table et se préparait à filer par le fond du jardin lorsqu'il aperçut sur le buffet l'enveloppe frappée de l'étoile bleue dont le contenu avait tant réjoui pépé Roussel. Il la regarda longuement sans la toucher. Puis il posa sa mallette sur le sol, retourna vers la cheminée, prit de nouveau la boîte à thé et la vida entièrement.

S'il lui fallait être maudit par les Roussel, autant l'être complètement. Je t'en ficherais de la Palestine.

Dix minutes plus tard, il arriva en courant à la gare. En milieu de matinée, après avoir changé de train, il se laissait secouer sur les sièges de l'omnibus Châteauroux-Paris, coincé avec délices entre un monsieur à parapluie roulé qui parlait d'Edouard Herriot et une grosse dame en noir qui le gavait de saucisson en l'appelant « sacré mistouflet ».

Victor était heureux.

Il avait volé, mais curieusement sa conscience ne le torturait presque pas. Certes, il savait qu'il était maintenant engagé sur la pente savonneuse et qu'il finirait forcément sur l'échafaud, mais en attendant cette fin inévitable, il était parfaitement heureux.

Il débordait d'une joie extraordinairement puissante

qui se trouvait relevée par la peur délicate et savoureuse du criminel en herbe. L'extrême incertitude de sa situation ne le troublait pas. Il était seul, libre et entier... Le monde était une huître, il en serait la perle. Désormais, aucune ambition n'était démesurée; il pouvait tout devenir, académicien, général, président de la République... Empereur du monde! A présent qu'il connaissait son signe de croix par cœur, il pouvait même devenir évêque, nom de d'la!

La vie était belle, le saucisson de la grosse dame en noir avait un goût étrangement adulte...

On était en juillet 1947 et Victor venait d'avoir quatorze ans.

qui se trouvait relevée par la peau délicate et savou-reuse du [illegible]. L'extrême [illegible] de sa [illegible] et [illegible], [illegible] la perle. Désormais, aucune ambition n'était démesurée ; il pouvait tout devenir, académicien, général, président de la République, empereur du [illegible] ! A présent qu' [illegible]

[illegible]

[illegible]

# II

# *LE HASARD ET LA PERPLEXITÉ*

En gare d'Orléans, le train de Félix fut envahi par une troupe exubérante de permissionnaires américains qui se rendaient à Paris.

Quatre d'entre eux vinrent poser leurs grandes carcasses dans le compartiment de Félix et dès qu'ils surent que le jeune garçon avait quelques notions d'anglais, ils lui demandèrent des adresses de bordels.

Félix ne comprenait pas.

— A cat house, insistait l'un des G.I., a crib, a stew !

Une maison de chat, un berceau, un ragoût... Félix était en plein brouillard.

— Yoshiwara, précisa un autre qui avait servi dans le Pacifique.

— Bordello ! dit enfin le dernier.

— Ah ! s'exclama Félix. Une maison close.

— What ?

— Closed house, reprit Félix.

Les quatre soldats se regardèrent avec inquiétude.

— What do you mean they're closed ?

— Yes, yes, dit Félix ravi d'avoir enfin compris, closed house, closed house...

Puis à son tour, il s'inquiéta des regards subitement sévères que les quatre hommes faisaient converger sur lui. Il estima qu'il s'était mépris sur les questions de ses compagnons de voyage et que ceux-ci étaient choqués qu'un jeune garçon puisse leur parler de maisons closes. Cela ne le troubla guère.

— Excuse me, dit-il avec un air faussement confus I do not speak english very well.

Et pour se faire pardonner, il voulut changer de sujet et aller dans le culturel.

— Do you know John Dos Passos ?

Non, ils ne connaissaient pas. Ils lui expliquèrent qu'il y avait plus de quatre mille soldats américains dans la région d'Orléans. Difficile de connaître tout le monde.

— No, no, protesta Félix en souriant. John Dos Passos... *Manhattan Transfer !*

Les permissionnaires ressentirent une pointe de découragement : c'était bien leur veine de tomber sur cet attardé mental qui leur annonçait en riant que les bordels étaient fermés et leur parlait ensuite de ce John Machin Chose qui travaillait dans les chemins de fer new-yorkais.

De son côté, Félix était à la fois surpris et déçu de constater que ces Américains ignoraient tout du grand écrivain.

Durant le reste du trajet, il s'appliqua à suivre le paysage tandis que ses compagnons décidaient de l'ignorer. En arrivant à la gare d'Austerlitz, ils se séparèrent froidement.

Félix se dirigea vers le métro et juste à l'entrée des couloirs, près des guichets, quelqu'un lui toucha l'épaule en bredouillant des mots indistincts. Félix se retourna et vit un jeune garçon aux cheveux très noirs qui le regardait avec des yeux agrandis par la timidité.

— Pour aller rue de Trévise, répéta le jeune garçon.

— Rue de Trévise ? Ah, je ne sais pas. Il faut demander à un agent.

— Bon, merci.

Félix le regarda un instant avec un œil intrigué, puis il alla chercher son billet. Au moment de prendre l'escalier qui menait aux quais, il vit que le jeune garçon aux cheveux noirs était toujours planté au même endroit et regardait autour de lui avec un air un peu égaré.

Félix hésita. L'autre avait l'air complètement perdu.

En effet, passé les premiers moments de folle allégresse qu'il avait connus dans le train, Victor se trouvait maintenant en déroute. En débarquant à Austerlitz, il avait été frappé par le bruit énorme qui résonnait sous les grandes verrières encore couvertes de la peinture bleue des années de guerre. Et puis cette foule compacte, indifférente et pressée — ces gens qui galopaient vers la sortie comme si quelque diable menaçait de fondre sur eux. Avant même d'être arrivé au bout du quai, Paris lui apparaissait soudain plus vaste et plus hostile que dans ses souvenirs.

En le quittant, la grosse dame en noir lui avait tapoté le bras en disant : « Dieu te garde, mon petit. »

« Dieu ? avait pensé Victor. Lequel ? »

C'est à ce moment seulement qu'il mesura pleinement les dimensions redoutables de son aventure. Il n'avait aucune notion de l'endroit où il pourrait aller. Où dormirait-il ce soir ? Où serait-il accueilli et protégé ? Il avait à présent une conscience aiguë de sa solitude et ressentait une peur mal définie, une glauque appréhension qui lui serrait les tripes. Durant le voyage, il s'était dit « on verra bien ». Maintenant qu'il était arrivé, il ne voyait rien du tout et nageait en pleine détresse. Certes, il y avait bien la concierge de la rue de Trévise ; elle aurait peut-être des nouvelles, une idée, quelque chose... mais personne ne pouvait lui indiquer le chemin à suivre pour se rendre chez elle. Il n'osait pas interroger un agent ; sa psychose lui faisait craindre que sa qualité de criminel se lise sur son visage. Si le flic posait des questions, il se troublerait, répondrait de travers et se ferait immanquablement arrêter.

Touché par l'embarras visible de Victor, Félix revint sur ses pas.

— Où allez-vous, déjà ?

— Rue de Trévise.

— C'est dans quel quartier ?

— Dans le IX$^{e}$ arrondissement.

— Bon, décida Félix. Attendez-moi là, je vais me renseigner.

Il revint quelques instants plus tard et entraîna Victor par le bras.

— C'est au métro Cadet. Il faut changer à la gare de l'Est. Je vais dans la même direction, mais moi je change plus loin, à Stalingrad. Vous avez un billet ?

Victor secoua la tête.

— Bon, alors il faut acheter un billet. Allez-y, je vous attends.

Victor se présenta au guichet.

— Un billet s'il vous plaît.

— Première ou seconde, demanda l'employé sans le regarder.

— ... euh, je ne sais pas.

L'employé leva un œil étonné et derrière Victor, un gros bonhomme s'impatienta en pianotant sur son journal.

— Ben, décide-toi, dit l'employé.

— Attendez, je vais voir.

Et Victor trottina vers Félix.

— Première ou seconde ?

Quel empoté, pensa Félix.

Finalement, ils arrivèrent sur le quai du métro, l'un et l'autre réfugiés dans un silence contraint.

— C'est la première fois que vous venez à Paris ? demanda Félix dans le seul but de dire quelque chose.

— Oh, non, répondit Victor.

— Vos parents habitent en province ?

— Oh, non.

— Ils habitent à Paris ?

— ... non, non !

Complètement empoté, vraiment.

— Mais alors, où habitez-vous ?

— ... rue de Trévise, lâcha Victor en réalisant avec gêne que ses paroles n'avaient aucun sens.

A ce moment, la rame entra en gare et Félix renonça à comprendre. Ils s'installèrent face à face sur deux banquettes opposées et restèrent silencieux durant un long moment. Victor regardait défiler les publicités inscrites dans le tunnel : « Dubo... Dubon... Dubonnet ». Pendant ce temps, Félix l'observait. Drôle de type ! On dirait qu'il a peur de quelque chose ; il dit n'importe quoi, mais il n'a pourtant pas l'air idiot. Félix voyait un garçon piteusement vêtu dont le regard avait effectivement quelque chose de traqué et qui serrait presque convulsivement sa mallette de carton sur la poitrine.

L'imagination romantique de Félix se mit en branle. Qui était-il ? Un orphelin évadé de l'Assistance publique ? Un quelconque *sciuscia* qui venait tenter sa chance dans la grande ville ? Victor lui rappelait le petit Irlandais de *Manhattan Transfer.* Il demanda sans grand espoir :

— Vous avez lu *Manhattan Transfer ?*

— John Dos Passos ? répondit immédiatement Victor.

Félix le regarda avec stupéfaction. Puis il s'enthousiasma aussitôt :

— Vous avez lu *Manhattan Transfer ?* répéta-t-il avec un bonheur encore incrédule.

Victor hocha la tête, mais avec une certaine réserve. Il connaissait le livre, mais il ne l'avait pas vraiment lu. L'ouvrage figurait dans la bibliothèque de feu le médecin-major Collignon. Durant son séjour chez la vieille dame du second étage, Victor en avait parcouru les premières pages, espérant que le titre américain recouvrait une histoire de gangsters. Il s'était rapidement découragé, mais le nom de l'auteur était resté gravé dans sa mémoire. C'était un nom étrange qui avait un plaisant parfum d'aventure. John Dos Passos, ça sonnait bien. C'était un beau nom qui sentait les grands espaces, les chevaux sauvages et les feux de camp. Victor aurait voulu s'appeler ainsi et il s'était promené dans l'appartement de la vieille dame en répétant sur des tons différents : John Dos Passos... John Dos Passos...

— Ah ça alors, s'émerveillait Félix. J'aurais jamais cru... je veux dire... enfin, c'est la première fois que je rencontre quelqu'un qui a lu *Manhattan Transfer.* Il est formidable ce bouquin, non ?

— Formidable, oui, répondit Victor en se demandant où tout cela allait l'entraîner.

— C'est le meilleur bouquin que j'aie jamais lu ! Vous vous souvenez du passage, quand ils sont dans la carriole et Jake dit à l'autre...

Et Félix s'emporta dans un long monologue où il détaillait ses moments favoris avec des mots pressés et bousculés. Victor ponctuait de temps en temps par des « oui, oui » bien polis tout en regardant son interlocuteur dans les yeux, des yeux inhabituels d'un bleu très pâle, presque gris. Félix était un peu plus grand que lui, plus costaud également. Il avait des cheveux blonds, courts et bouclés qu'il repeignait nerveusement avec ses doigts chaque fois qu'il terminait une phrase.

— Et puis, vous vous souvenez, quand il arrive complètement soûl et qu'il dit à Thatcher...

— Oui, oui, approuvait Victor qui commençait à se détendre en pensant que dans quelques stations, il en saurait probablement autant que s'il avait vraiment lu le livre.

C'est ainsi qu'ils dépassèrent la gare de l'Est sans s'en rendre compte. Ils faillirent également manquer Stalingrad et se précipitèrent sur le quai au moment où les portes du métro allaient se refermer.

— Excusez-moi, dit Félix. J'étais tellement emballé par mon sujet... Maintenant, il faut que vous repartiez dans l'autre sens pour prendre votre correspondance à la gare de l'Est.

— Comment on fait ? demanda Victor un peu désorienté.

Félix poussa un soupir.

— C'est vrai, j'oubliais que vous ne savez pas voyager dans le métro. Mais c'est pas très compliqué. Vous prenez le couloir où il y a le panneau orange, là où c'est marqué correspondance. Vous voyez ?

Félix voyait, mais son regard était redevenu inquiet. Avec quelque condescendance, Victor décida qu'il ne s'en sortirait jamais. Pour un gars qui avait lu *Manhattan Transfer*, il n'était pas très futé.

— Attendez, dit Félix. J'ai une idée.

Il tâta dans ses poches l'argent dont sa famille l'avait amplement pourvu et déclara avec une pointe de solennité :

— On va prendre un taxi.

— Un taxi ? s'effraya Victor. Mais c'est très cher.

— C'est pas grave, j'ai de l'argent. Allons-y !

Il fit deux pas et s'arrêta. Il tendit sa main vers Victor :

— Au fait, je me présente : Félix Beauchêne.

Victor serra la main.

— Victor... Victor Rabinski.

— Ah, vous êtes polonais ?

— ... euh non. Je suis français.

— Ah bon, excusez-moi. Je pensais que c'était un nom polonais.

— Mes parents...

— Vos parents sont polonais, je comprends.

— Non, ils sont naturalisés.

— Ah, d'accord. Alors ils sont français, comme tout le monde.

— Ben oui...

Décidément, pensa Félix, rien n'est simple avec ce bonhomme. Il ne dit pas grand-chose, mais dès qu'il ouvre la bouche, tout se complique.

Il voulut tout de même éclaircir un point et tandis qu'ils sortaient du métro, il demanda :

— Excusez-moi si je suis indiscret, mais il y a une chose qui me chiffonne. Vous m'avez dit tout à l'heure que vos parents n'habitent pas Paris, ni la province. Alors où habitent-ils ?

Victor sentit un courant glacé courir dans ses épaules. Il eut le sentiment pénible d'être cerné, piégé par la simple logique des événements. Que répondre ? Il se reprocha de n'avoir pas pensé à préparer une histoire plausible. Il envisageait difficilement de dire la vérité ; elle lui semblait suspecte. Car finalement, il n'avait jamais très bien compris pourquoi ses parents avaient été déportés. Dans son maigre entourage, personne n'avait osé lui expliquer la chose avec précision. Cela semblait trop cruel... ou trop difficile. Quant à lui, obstinément réfugié dans son mutisme, il ne posait pas de question. Il s'efforçait de ne pas y penser, mais malgré lui il y pensait tout de même et en retirait des impressions troublantes. Ainsi, en ce mois de juillet 1947, Victor nourrissait le sentiment mal défini que la déportation de ses parents correspondait au châtiment d'une faute inconnue. Un châtiment excessif, sans doute — un acte monstrueux, comme disait l'instituteur — mais un châtiment quand même. Victor en ressentait une gêne épaisse et collante. La simple réalité qu'on lui avait laissé entendre lui paraissait trop limitée. Il devait y avoir quelque chose de plus. Forcément ! On ne déporte pas les gens uniquement parce qu'ils sont juifs. Ça ne tient pas debout. D'ailleurs, que signifie tout cela ? Etre juif ? Ne pas être juif ? Qu'est-ce que ça veut dire ? Où est la différence ? Où réside le crime ? Autant de questions sans réponses. En revanche, Victor se souvenait fort bien d'un dicton très utilisé chez les Roussel : « Il n'y a pas de fumée sans feu », disaient-ils à propos de tout. Et cela, il le croyait volontiers. Sa religion du doute l'encourageait en ce sens : il n'y a pas de châtiment sans crime, pas de persécution sans cause...

Alors, si on avait déporté ses parents, c'est qu'il devait exister une raison. On avait quelque chose à leur reprocher... il n'y a pas de fumée sans feu !

Plus tard, bien sûr, Victor apprendrait que ce proverbe, comme beaucoup d'autres, était trop souvent le paravent imbécile des imaginations vides. Mais pour l'heure, il avait honte d'être orphelin — bien que personne ne lui ait jamais dit en termes concrets que ses parents étaient morts. Il avait honte d'être un enfant de déportés, de porter les stigmates de leur mystérieuse faute. Il fit semblant d'avoir mal compris la question de Félix.

— Je vous demandais seulement où habitent vos parents, répéta celui-ci.

— Je ne sais pas, répondit Victor.

Félix, intrigué, lui jeta un coup d'œil en biais.

— Mais alors, rue de Trévise, c'est quoi ?
— C'est là que j'habitais autrefois.
— Vous n'y habitez plus ?
— Je ne sais pas.
— Vous avez de la famille, là-bas ?
— ... non, je ne crois pas.
Félix s'arrêta et le regarda. Il sentait nettement que l'autre souffrait de toutes ces questions, mais il était dévoré de curiosité. La courtoisie la plus élémentaire lui commandait de se taire, de ne pas aggraver l'embarras de Victor... mais il soupçonnait quelque chose d'important, de grave peut-être : *Manhattan Transfer*, à Paris ! Un lourd secret, une situation romanesque... En dépit de ses scrupules, il insista :
— Vous allez chez des amis ?
— Non.
— Mais alors, qu'allez-vous faire rue de Trévise ?
Il y avait un banc près de la sortie du métro. Victor alla s'y asseoir avec raideur, en serrant sa mallette contre lui. Félix le rejoignit, un peu confus.
— Excusez-moi...
— Laissez-moi tranquille, murmura Victor. Allez-vous-en. Je me débrouillerai.
— Je vous ai fait de la peine ?
— Laissez-moi.
— Ecoutez, je suis vraiment désolé. Je ne voulais pas vous vexer...
— FOUTEZ-MOI LA PAIX ! hurla Victor avec désespoir.
Félix sursauta. Des passants se retournèrent brièvement sans s'arrêter. Victor pencha la tête et mordit fortement la poignée de sa mallette pour ne pas pleurer. Surtout ne pas pleurer...
Et il pleura.
Félix regarda autour de lui avec inquiétude. Les gens passaient en jetant un œil curieux sur la scène. Félix leur faisait des mimiques d'incompréhension, haussant à la fois les épaules et les sourcils. Une femme, probablement une mère de famille, dépassa le banc, hésita, revint sur ses pas et se pencha sur Victor.

— Il t'a battu ?

Victor secoua la tête tout en continuant de mordre la poignée de sa mallette.

— Tu as mal ?

Victor secoua encore la tête. Félix s'approcha de la femme.

— Je ne sais pas ce qui s'est passé. On parlait, et brusquement il s'est mis à pleurer.

— Tu es malade ? insista la femme sans écouter Félix.

Victor relâcha sa prise, renifla et s'essuya les yeux avec sa manche. Deux autres femmes vinrent se joindre à la première.

— Mais qu'est-ce qu'il a ?

Des regards accusateurs se posèrent sur Félix qui recula.

— Mais je vous assure... je ne lui ai rien fait. Il s'est mis à pleurer, comme ça, d'un seul coup. Je ne lui ai vraiment rien fait, je vous le jure.

— C'est ça, commenta l'une des femmes avec un regard féroce. Tu lui as rien fait. Et lui, il pleure parce que c'est la mode.

— Mais, madame...

— Ça va comme ça. Fiche le camp, morveux !

Félix, intimidé, s'éloigna de quelques pas.

— Allez, ouste, aboya la femme. Va-t'en !

— Mais je vous assure...

— Tu vas filer, oui ?

Et Félix s'éloigna lentement vers le coin de la rue tandis que les femmes finissaient de consoler Victor.

— Il est parti, tu n'as plus rien à craindre. Allez, mouche-toi et rentre à la maison. Il ne t'embêtera plus. Et puis arrête de pleurer. Tu n'es plus un bébé.

Victor sortit un mouchoir un peu douteux et s'essuya vigoureusement le nez. Après une dernière tape encourageante sur l'épaule, les femmes repartirent en échangeant des commentaires outrés sur ces sales gosses qui passent leur temps à se battre dans la rue... tous ces garnements qu'on se demande où ils ont été élevés.

Posté discrètement au coin de la rue, Félix regardait

tout cela avec des sentiments contradictoires. Il était navré de l'incident, mais après tout il n'avait rien fait. Seulement quelques questions de politesse et l'autre là, cet empoté qui se met à chialer comme s'il avait perdu sa mère. Il est complètement marteau, ce type.

Félix était tenté de quitter l'endroit, d'aller chez lui et d'oublier cette histoire de fou, mais quelque chose le retenait. Il s'assura que les femmes étaient bien parties, puis il retourna vers Victor et s'assit près de lui sans parler. Au bout d'un moment, l'autre releva la tête et le regarda avec des yeux encore mouillés.

— Ecoutez, dit Félix avec embarras, je suis désolé, mais je ne comprends pas ce qui s'est passé. J'ai dit quelque chose qui vous a fait de la peine ? Hein ?

Victor secoua la tête et s'essuya les yeux avec la main, un peu mortifié de s'être ainsi laissé aller.

— Bon, poursuivit Félix plein de prévenance. On fait comme on a dit. D'accord ? On va prendre un taxi et je vais vous déposer rue de Trévise. Et puis après, il faut que je rentre parce que mon père va sûrement téléphoner et si je ne suis pas à la maison, je vais me faire drôlement enguirlander. D'accord ? On y va ?

Il se leva et fit quelques pas pour entraîner Victor. L'autre le regarda encore, puis il se leva également et le suivit.

Dans le quartier Stalingrad, les taxis étaient rares et ils durent marcher longtemps avant de trouver une voiture en maraude. Félix ouvrit la portière et fit monter Victor qui s'assit timidement au bord de la banquette. Afin de mettre son compagnon à l'aise, Félix se vautra dans le siège bien plus qu'il n'était nécessaire pour son confort. Le taxi démarra et insensiblement, Victor se détendit et se laissa glisser dans une position moins raidie. Petit à petit, il se mit à profiter du voyage. Il tâta le velours de la banquette, respira l'odeur de tabac blond qui régnait dans la voiture et se prit à espérer que le trajet serait long jusqu'à la rue de Trévise. Ce luxe lui plaisait. Il esquissa un mince sourire en pensant que sur le plan matériel, au moins, sa nouvelle vie démarrait sous de bons auspices.

Félix qui n'osait plus dire un mot surprit le sourire de Victor et cela l'encouragea à lui parler :

— Vous savez, je m'excuse pour tout à l'heure.

Sans quitter la rue du regard, Victor eut un geste d'apaisement. Dehors, sur les trottoirs, Paris profitait de l'été. De larges concierges prenaient le frais devant leur porte cochère, des fillettes en nattes jouaient à la marelle, les terrasses des cafés étaient pleines de gens qui regardaient les passants... des odeurs variées changeaient à chaque carrefour, un parfum de guimauve, un relent d'essence, des senteurs mêlées d'asphalte et de tilleul... des hommes en tricot de corps à leur fenêtre, des éventaires de fruits et légumes, parfois un balcon abondamment fleuri.

Puis subitement, Victor se redressa sur son siège. Le paysage devenait familier : la rue Lafayette, la grande église blanche juchée très haut au-dessus de l'avenue, le square Montholon et la droguerie, juste en face, avec ses tours Eiffel miniatures et ses baromètres en bois... et là, le marchand de stylos... on allait tourner à gauche.

— C'est à quel numéro ? demanda le chauffeur.

— Après le croisement, répondit Victor. La première maison à côté de l'hôtel.

La voiture se rangea le long du trottoir.

Rien n'avait changé. Le vieux porche vert et ses grosses poignées de fonte noire, les barreaux poussiéreux qui gardaient les fenêtres du rez-de-chaussée et de l'autre côté, la boutique bleue de quincaillier avec ses batteries de cuisine accrochées de chaque côté de l'entrée. Victor eut une bouffée de joie. Il était chez lui. Chez lui ! A la maison. Il allait monter au quatrième étage dans le grand escalier ciré qui sentait toujours l'encaustique. Il frapperait à sa porte et... et sa mère ouvrirait, l'embrasserait... Il eut un espoir insensé. La guerre, les tankistes noirs... tout ce qu'il avait vécu n'était qu'un cauchemar. Ses parents étaient là, ils l'attendaient. Ils étaient de retour et la vie allait enfin recommencer. Victor saisit sa mallette avec des gestes précipités. Il sortit du taxi et dans sa hâte, il écrasa les pieds de Félix qui se contenta de grimacer en silence. Sur le trottoir, Victor remercia avec profusion, Félix, le chauffeur, le taxi... Il allait s'engouffrer sous le porche lorsque Félix l'appela :

— Eh ! Attendez une minute.

Victor se retourna, impatient.

— Je vais vous donner le numéro de téléphone de la maison, dit Félix en griffonnant sur une feuille de carnet. Si jamais vous avez besoin de quelque chose, un coup de main... je ne sais pas, n'importe quoi... vous me téléphonez. D'accord ?

— Oui, oui, d'accord, répondit Victor sur un ton pressé en prenant le bout de papier. Au revoir, merci. Merci beaucoup.

Puis il entra dans la maison à grands pas.

Même odeur tenace de soupe aux choux... la plaque de cuivre du notaire sur la porte du rez-de-chaussée, la grande baie vitrée qui donnait sur la cour, les deux marches de marbre et au fond, près de l'escalier, la loge.

Un petit panneau ovale collé contre le carreau avec une ventouse indiquait : « la concierge revient de suite ».

Victor hésita, puis il se précipita dans l'escalier et grimpa jusqu'au premier étage à toute vitesse. Il s'arrêta un instant mais repartit aussitôt. En passant au deuxième, il remarqua que la porte de M^me^ Collignon était fraîchement vernie. Il s'immobilisa juste avant de parvenir au quatrième palier, à court de souffle, le cœur battant et la poitrine un peu douloureuse. Il ne restait que quelques marches à franchir. Il voyait *sa* porte. Il la regardait avidement. Les traces des scellés étaient encore apparentes. Le large paillasson bordé de rouge était toujours là, mais en revanche Victor aperçut une sonnette toute neuve près du chambranle... un gros bouton noir qui jaillissait au milieu d'une coupelle de chrome.

Le regard de Victor se fixa sur la sonnette.

Sa bouche était sèche et il déglutit péniblement. Puis il monta lentement les dernières marches en gardant les yeux rivés sur la sonnette et vint se planter devant elle.

Lentement, comme un filet d'eau qui s'écoule d'une gourde percée, ses illusions l'abandonnèrent.

Il leva la main et caressa la sonnette, longuement, rêveusement. La lumière de la minuterie s'éteignit et il resta dans une demi-pénombre, la main sur la sonnette et la tête appuyée contre le chambranle.

Au moment de redescendre l'escalier, il entendit derrière la porte les pleurs d'un bébé et la voix aiguë d'une femme qui réclamait quelque chose à un certain Bernard.

En bas, chez la concierge, le panneau ovale était toujours à la même place, mais à présent il y avait de la lumière dans la loge. Victor frappa au carreau. Il y eut un remue-ménage de casseroles, une main souleva brièvement le rideau qui couvrait la vitre, puis la porte s'ouvrit et Victor vit apparaître une femme qu'il ne connaissait pas.

— Oui, c'est pourquoi ?

— Madame la concierge, s'il vous plaît.

— C'est moi, répondit la femme.

— ... la dame qui était là, avant.

— Ah, Mme Brézé ? Elle a pris sa retraite l'année dernière. Elle est retournée chez elle, en Bretagne. C'est elle que tu voulais voir ? Attends, je dois avoir son adresse quelque part, bouge pas.

Elle alla farfouiller dans le casier à courrier et en sortit un petit carton.

— Tu as de quoi écrire ? Non ? Bon, je vais te noter ça sur un morceau de papier.

Elle déchira un coin de journal et inscrivit l'adresse dans la marge. Victor la fourra dans sa poche et après un dernier regard vers l'escalier, il sortit de la maison.

Victor ne craignait plus ses incertitudes. Il savait que désormais il lui faudrait apprendre à vivre avec elles, à se débrouiller malgré elles. Il s'habituerait à leur existence et le reste ne serait que le chemin de la vie.

En attendant, il avait faim. Il entra dans le café du

coin et commanda un sandwich au pâté avec un diabolo-menthe.

Puis, comme il ne savait pas où passer la nuit, il retourna au square Montholon.

*
* *

A Ivry, la voie de chemin de fer se faufilait entre deux murs, longeait la rue puis faisait un large virage pour entrer dans l'usine au-dessous d'un large bandeau métallique sur lequel on lisait :

*Etablissements BEAUCHENE & CONDART*

Le deuxième nom n'avait plus de raison officielle de figurer sur l'enseigne depuis trois générations. Malgré cela, tous les Beauchêne qui s'étaient succédé à la tête de la papeterie n'avaient jamais envisagé d'en modifier la raison sociale. Pour eux, elle représentait un témoignage de volonté et de tradition.

A l'origine, il y avait deux jeunes artisans qui étaient venus de Nantes avec un maigre capital raclé dans les bas de laine de leur famille respective.

Achille Condart était le technicien, l'inventeur, celui qui avait mis au point un nouveau traitement de la pâte à papier. Félicien Beauchêne était l'organisateur, le commerçant de l'affaire. C'est lui qui proposa d'implanter leur premier atelier près de Paris afin d'être plus proche du marché. Le nouveau procédé de Condart diminuait sensiblement le prix de revient du papier et, en rapprochant la production du lieu principal de consommation, on réduisait les frais de transport : « Nous livrerons moins cher et plus vite, disait Félicien. A qualité égale, nous ne pouvons pas perdre. »

Ils louèrent les bâtiments vétustes d'une ancienne remise de fiacres et commencèrent par démolir les stalles afin d'obtenir un grand espace allongé. Puis ils construisirent la première machine de leurs propres mains.

Cela leur prit onze mois. Onze mois d'un labeur insensé durant lesquels ils travaillèrent dix-sept heures par jour, tous les jours, se privant de tout, rognant même sur la nourriture et dormant sur place, enroulés dans de mauvaises couvertures. Lorsqu'ils furent sur le point d'être prêts, les deux associés se rendirent ensemble chez un fripier du boulevard et là, après de longues hésitations, ils dépensèrent leurs derniers sous dans l'achat d'un costume respectable et parisien pour Félicien Beauchêne.

Le lendemain, à huit heures, vêtu de frais, parfaitement sûr de lui, Félicien commença la tournée des imprimeurs. A midi, il revint aux vieilles écuries d'Ivry avec du travail pour trois mois.

Ils s'installèrent alors dans une vie épuisante, faisant marcher la machine jour et nuit, se relayant pour battre la pâte, surveillant les rouages avec un soin obsessionnel, traquant la moindre impureté sur les cylindres, cherchant le point de rouille, vivant dans la hantise permanente d'une panne ou d'une déchirure. Ils ne se parlaient presque pas, se limitant aux mots indispensables, travaillant comme des bêtes, follement acharnés à la réussite de leur aventure.

Pour Achille Condart, le monde était entièrement circonscrit dans les dimensions de son énorme machine. Il ne voyait qu'elle, ne vivait que pour elle. Il en était tellement pénétré qu'il en venait à oublier les raisons qui l'avaient lancé dans cette entreprise. Il oubliait qu'il travaillait pour être son maître, pour changer de condition, pour devenir un homme que l'on salue.

Félicien, lui, n'oubliait rien. Il voulait devenir riche. Il le souhaitait de toutes ses fibres et lorsque le soir, ivre de fatigue, il s'écroulait sur sa paillasse, près du poêle, il rêvait d'équipages à quatre chevaux, de meubles cossus, de tables raffinées et d'épouses obéissantes.

Après quatre ans de ce régime, ils dormaient enfin

dans un lit et avaient deux ouvriers qui travaillaient pour un salaire de subsistance. Un matin, ils firent leurs comptes. Durant quatre années, ils avaient mis de côté le moindre centime. En dehors des frais de nourriture et de matériel, ils n'avaient engagé aucune dépense. Trois fois seulement, ils s'étaient rendus dans la grande brasserie du boulevard. La première fois, pour fêter le succès de la tournée initiale des imprimeurs ; puis une fois encore lorsque Félicien ramena l'argent de leur première recette... puis enfin une dernière fois lorsque Félicien trouva Achille évanoui sur le massicot, vaincu par l'épuisement. Il le souleva et l'entraîna vers la brasserie où il lui fit avaler deux cognacs, coup sur coup. Lui ne but rien.

Les comptes parlaient avec éloquence et Félicien Beauchêne, vêtu de son costume parisien, partit pour l'Angleterre afin d'y commander une seconde machine plus puissante, une Fourdrinier dernier modèle.

L'année suivante, nanti d'un prêt important de la banque Lhomond frères, il y retourna et acheta deux autres machines.

Dix ans après leurs débuts, Beauchêne et Condart étaient des hommes riches qui jouissaient diversement de leurs biens. Félicien avait épousé la fille d'un gros imprimeur de Grenelle et vivait sur un pied confortable dans un hôtel particulier du quartier Montsouris. Achille était aussi fortuné que son associé, mais il affichait des goûts plus modestes. Il demeura obstinément célibataire et se fit construire un petit pavillon sur le terrain même de l'usine.

A Ivry, Félicien sortait rarement de son bureau et Achille ne quittait guère les ateliers. Il leur arrivait ainsi de passer plusieurs jours sans se voir.

Félicien avait un cuisinier, un cocher, trois domestiques et dînait généralement en ville. Achille n'avait qu'une gouvernante et prenait tous ses repas chez lui. Félicien faisait confectionner ses jaquettes à Londres chez Saxon and Saxon tandis qu'Achille restait fidèle à son calicot d'ouvrier. Félicien voyagea, alla à Venise et à Biarritz... Achille ne mit presque jamais les pieds hors de l'usine. Félicien eut des maîtresses, Achille eut des lectures...

Finalement, Achille Condart n'avait que quarante-six ans lorsqu'on le découvrit un matin, foudroyé par une embolie, au pied d'un « yankee dryer » qu'il avait passé la nuit à réparer.

On porta le corps dans le petit pavillon et c'est là que Félicien vint rendre un dernier hommage à son malheureux associé. Il regarda longuement la dépouille et se demanda si au bout de tant de travail, Achille avait connu le bonheur ou une forme de bonheur. Il en doutait. Puis il ressentit une pointe de regret en réalisant que l'un et l'autre ne s'étaient jamais tutoyés.

Hormis sa mère et une sœur réfugiée dans les ordres, Achille n'avait pas d'héritiers. Félicien fit généreusement le nécessaire pour se retrouver seul maître à bord. Il vécut ensuite assez longtemps pour voir son petit-fils sortir de Polytechnique et venir faire ses débuts dans les bureaux de l'entreprise.

En 1947, les Etablissements Beauchêne et Condart appartenaient entièrement à la famille et regroupaient cinq usines réparties sur Bordeaux, Marseille, Rouen, Gênes et Alger. Mais le siège principal demeurait à Ivry où fonctionnaient encore des brasseuses et des massicots qui avaient plus d'un demi-siècle d'âge. Il existait aussi une suite de bureaux avenue Kléber, mais ils n'avaient qu'une fonction d'apparat et ne servaient qu'aux conseils de famille. C'est peut-être par esprit de fidélité à la mémoire d'Achille Condart que Félicien disait toujours : « Restez près de vos machines. Vous leur devez tout. Ne les quittez jamais. » Obéissant à cet enseignement comme l'avaient fait ses prédécesseurs, le père de Félix concentrait toutes ses activités à Ivry. Et cela lui compliquait bien souvent l'existence.

A l'entrée de l'usine, sur l'emplacement de l'ancienne remise de fiacres, il y avait un bâtiment bientôt centenaire qui abritait la « Direction générale ». Là encore, la tradition était source de complications car l'endroit était juste assez grand pour contenir les douze responsables principaux et leurs secrétaires.

L'ensemble des services administratifs était logé à deux cents mètres de là, dans une vilaine bâtisse moderne de cinq étages. Les jours de pluie ou de grand froid, les dossiers voyageaient avec une certaine lenteur entre les services et leurs directeurs. Le père de Félix savait bien que ce dispositif était absurde, mais il redoutait de bouleverser l'ordre traditionnel des choses aussi longtemps que sa mère demeurait en vie. Parfois, lorsqu'il gelait à pierre fendre et qu'un chef comptable entrait dans son bureau avec le nez et les joues bleus, il tentait d'oublier les susceptibilités maternelles et remuait dans sa tête des projets de réaménagement qui feraient de l'antique bâtiment un musée, une salle de spectacle, une crèche... n'importe quoi !

En attendant, c'est là, au premier étage, qu'assisté de son cousin Jean Guidry-Beauchêne, il assumait la présidence d'une entreprise qui occupait maintenant le huitième rang européen dans l'industrie du papier.

Le lendemain de son arrivée à Paris et à l'heure imposée par son père, Félix se présenta à la grille de l'usine. Il demanda à voir M. Liotard mais provoqua quelque hésitation chez les gardiens lorsqu'il déclina son nom.

— Vous êtes un parent de M. André ? demanda l'un d'eux.

— C'est mon père, répondit Félix un peu embarrassé par la gêne que sa présence semblait causer dans la guérite vitrée des gardiens.

Peu soucieux de commettre une gaffe, celui qui l'avait interrogé mena Félix vers le bâtiment directorial et le fit entrer dans l'antichambre du bureau de son père.

Il était seul. Les locaux étaient vides. Ils ne se peuplaient qu'à partir de huit heures.

Félix commença par échanger un long regard avec le buste intimidant de l'ancêtre Félicien qui trônait sur une colonne de marbre, dans un angle de la vaste pièce. Il croisa les mains dans le dos et s'en approcha avec un air penché. La sculpture était imposante. L'artiste avait soigné son œuvre et poussé le souci du détail jusqu'à reproduire parfaitement les froncements de la rosette qui ornait le revers, les multiples plis de la cravate et même le double bourrelet de chair qui débordait sur le côté du col. Tout était si totalement exact que le buste paraissait avoir été finement moulé sur son modèle.

La formidable tête barbue dardait sur Félix des yeux qui lui semblèrent un peu croisés. Il s'approcha encore. Oui, aucun doute, l'auguste fondateur louchait. Il fixait sur son descendant direct un strabisme autoritaire et farouche.

Félix se recula en souriant. Voilà un détail qu'il ignorait. Cela le détendit complètement.

Il se dirigea vers la fenêtre et assista à l'entrée des derniers ouvriers. Il avait été impressionné par cette marée d'hommes dans laquelle il s'était fondu en sortant du métro. Quelques regards s'étaient posés sur lui ; au milieu des bleus de travail, sa culotte de golf et sa veste de tweed tranchaient curieusement.

Il se retourna et contempla le décor. Tout ce qui le composait semblait avoir été étudié pour inspirer une notion de sérieux et de rigueur. Le résultat avait une apparence sévère : deux tables rondes, un large canapé et quelques fauteuils de cuir brun, des photos d'usines et des brevets de médaille d'or lourdement encadrés, une ambiance beige sombre relevée de demi-boiseries cirées. De part et d'autre de l'antichambre d'immenses portes capitonnées protégeaient l'accès des bureaux respectifs d'André Beauchêne et de son cousin. Tout cela avait un caractère solide et froid qui sentait l'autorité et une longue habitude du respect.

Félix se sentait étranger à cette puissance. L'idée qu'un jour il pourrait fort bien occuper l'un de ces bureaux ne lui traversa pas l'esprit. Sans l'avoir vraiment formulé, il ne se sentait pas concerné et imaginait sans doute que le soin de reprendre le flambeau familial incomberait à son frère Olivier. Depuis la lecture de *Manhattan Transfer,* Félix avait choisi. Son choix était encore imprécis, mais il soupçonnait déjà que le papier serait pour lui un instrument de travail plutôt qu'une marchandise. Il écrirait. Il ignorait quoi et comment, mais il écrirait et vivrait de sa plume.

Vivre de sa plume. Quelle phrase belle et noble.

Il entendit un pas dans l'escalier et, bientôt, un homme trapu revêtu d'une blouse blanche vint s'encadrer dans la porte de l'antichambre.

— Vous êtes monsieur Félix ?

Puis sans attendre la réponse, il s'avança en tendant une main carrée et épaisse.

— Bonjour, je m'appelle Liotard.

— Bonjour monsieur, répondit poliment Félix en serrant le large battoir.

— Alors comme ça, vous allez travailler avec nous pendant quelque temps ? C'est une bonne idée ça, une bonne idée.

Liotard était un homme qui mettait beaucoup de conviction dans ses paroles ; en outre, il avait le goût de la précision. C'est probablement pour cela qu'il doublait souvent ses phrases.

— ... et puis c'est un beau métier, vous verrez. Un beau métier. Vous n'étiez jamais venu à l'usine ?

— Si, une fois, quand j'étais petit.

— Ah bon, alors vous connaissez déjà.

— Oh non, je devais avoir trois ou quatre ans seulement. C'était avant la guerre. En fait, je n'y connais rien.

— Eh bien, on va vous apprendre. Vous avez quel âge ?

— Quatorze ans, bientôt quinze.

— C'est le bon âge pour commencer. Moi, j'étais encore plus jeune que vous quand je suis allé travailler pour la première fois. Oui mon bon, encore plus jeune !

Puis il claqua fortement ses mains avec un « bien » sonore et se les savonna avec vigueur.

— Allons-y ! Suivez-moi !

En sortant du vieux bâtiment, il ajouta :

— Vous savez, j'ai un fils à peine plus âgé que vous. Il a quinze ans. Il s'appelle Jean-Jacques. Jean-Jacques

Liotard. Plus tard, quand il sera grand, il veut faire ingénieur. Ingénieur. Et puis j'ai une fille aussi. Sylvie. Treize ans et demi. Elle, son idée c'est de faire du cinéma.

Il eut un grand rire joyeux.

— Vous vous rendez compte ? Du cinéma ! Bof, ça lui passera avant que ça me prenne... ça lui passera.

Félix ne mettrait pas longtemps à remarquer que le tic de langage de Liotard était souvent révélateur. Certes, il fallait interpréter, mais fréquemment les mots doublés trahissaient un souci inconscient, une turlupinade quelconque.

En entrant dans le premier hall de fabrication, Félix fut presque suffoqué par les prodigieuses dimensions des machines. Celle qu'il voyait devant lui devait faire au moins soixante... peut-être quatre-vingts mètres de long.

— C'est une grosse bête, hein, dit Liotard en souriant devant l'étonnement de Félix. Ah, quand on connaît pas, ça surprend toujours. Et puis tout ça, c'est réglé au poil de millimètre. Au poil de millimètre ! Et ça vous crache le papier à plus de cinquante kilomètres à l'heure. A Rouen, on a même une machine encore plus grosse et qui marche plus vite que celle-là. C'est beau, non ?

C'était magnifique. Cette masse énorme qui rugissait et le miracle de cette eau blanchie qui se transformait sous ses yeux en matière solide, la chorégraphie agile des serviteurs du monstre, la précision absolue de chaque mouvement... un véritable ballet industriel, pensa Félix, toujours romantique.

Liotard l'installa dans un petit cagibi vitré qui jouxtait son propre bureau et posa devant lui plusieurs boîtes emplies de fiches en carton.

— Vous allez bien nous aider parce qu'on est un peu en retard dans le rangement... en retard. Voilà, il faut me classer tout ça par ordre de dates et mettre des onglets pour séparer les qualités. Je vais vous montrer.

Il expliqua longuement les choses à faire, les erreurs à ne pas commettre puis, lorsqu'il fut certain que Félix avait tout compris, il lui appliqua une bonne tape sur l'épaule en concluant :

— Allez, mon vieux, au travail !

Félix contempla les boîtes de fiches. Il y en avait des centaines et des centaines. Il avait espéré autre chose, une occupation plus proche de la machine, un boulot d'homme. Au lieu de cela, il allait faire du classement et avec le tas qu'il avait devant lui, il en aurait au moins pour tout l'été.

Félix poussa un soupir et se mit au travail.

Peu avant la sirène de midi, Liotard passa la tête dans le cagibi avec un large sourire.

— Alors, comment ça marche ? Bien ? Tant mieux, tant mieux ! Mais il faut laisser ça pour le moment. M. Jean veut vous voir dans son bureau.

M. Jean ? Ah oui, le cousin Jean.

Félix se leva et étira ses épaules engourdies. Puis il décrocha sa veste et l'enfila.

— Faudrait vous trouver une blouse, ajouta Liotard. C'est pas la peine de vous salir, hein ? C'est pas la peine.

Et il disparut à nouveau, ludion massif en perpétuel mouvement.

Le cousin Jean Guidry-Beauchêne était un homme de trente-huit ans taillé comme un hussard, subtil comme un marteau, farouchement attaché aux privilèges de sa caste mais pouvant aussi, à l'occasion, se montrer généreux jusqu'à la déraison. Un cœur d'or dans une tête de bois, disait volontiers Katia avec une affection amusée.

Il était grand, solide, avec des cheveux blonds un peu clairsemés et un teint invariablement bronzé, l'hiver par le ski, l'été par le golf (8 de handicap). Toutes les secrétaires étaient plus ou moins amoureuses de lui, mais il réservait exclusivement ses attentions aux mannequins de haute couture, avec une nette préférence pour les somptueuses sirènes de Balenciaga.

Au sein de l'entreprise, il représentait l'élément jeune, dynamique et parfois imprévisible, surtout dans ses rapports avec les délégués syndicaux. Selon ses humeurs et le contenu des revendications, il les traitait alternativement comme des voyous de barrière ou des copains de régiment.

Par ailleurs, il était aussi le héros de la famille... un héros qu'on avait trouvé un peu encombrant durant l'occupation, mais dont la glorieuse conduite avait apporté de sérieux dividendes après les hostilités. En 1942, bravant les interdictions angoissées de sa mère et la sourde désapprobation des autres membres du clan, il s'était évadé de France pour rejoindre les troupes de Leclerc. Blessé à Campo Maggiore, recousu à Rome, blessé une deuxième fois devant Strasbourg, décoré par de Gaulle sur son lit d'hôpital, quatre fois cité à l'ordre de l'armée, il était le prototype de l'officier d'élite entièrement dévoué à sa cause.

Une fois seulement, sa guerre prit un tour nettement plus personnel. Près de Waldstadt, à la tête de sa compagnie de chars, il s'illustra de manière dévastatrice en rasant complètement l'usine des papeteries Mahler-Feldberg dont il avait envieusement visité les installations ultra-modernes en 1938.

Au sein du régiment, on jugea l'initiative plutôt cocasse. Certes, le général fit les gros yeux, mais malgré les protestations outrées du burgmeister provisoire la « bavure » n'eut pas de suite. Finalement, cette manière franchement radicale de freiner la concurrence n'entacha guère le palmarès de Jean Guidry-Beauchêne.

Félix le connaissait relativement peu. Il ne le rencontrait qu'à l'occasion des grands dîners de famille qui se donnaient dans l'appartement paternel du parc Monceau, rue Alfred-de-Vigny. Parfois aussi, le cousin Jean faisait des visites brèves mais remarquées dans la propriété solognote. Il arrivait en trombe au volant de sa Talbot Lago décapotable, toujours accompagné de quelque créature admirable, fragile et généralement peu bavarde. Il faisait trois petits tours, taquinait Katia, tuait quelques oiseaux, apostrophait rudement sa compagne pour lui signaler qu'un rince-doigts n'est pas un cendrier, puis repartait presque aussitôt pour Chamonix ou pour Zermatt.

— C'est un charmant garçon, disait le père de Félix après le départ du cousin. Mais il est vraiment insupportable avec les femmes.

— Hé, hé... musait Katia en souriant malicieusement.

Lorsque Félix pénétra dans son bureau, le cousin Jean était occupé à dicter une lettre à sa secrétaire tout en s'exerçant avec un putter à faire entrer des balles de golf dans une timbale d'argent couchée sur le tapis.

— Assieds-toi, mon grand. J'en ai pour une minute... ainsi, mon cher Fabrizio, nous pensons que vous aurez vous-même le souci... non, le devoir... vous aurez vous-même le devoir de nous faire parvenir votre compte d'exploitation prévisionnel avant la clôture des livres pour l'exercice de l'année 47... et il a intérêt à le faire, cet abruti. Sans quoi, moi je vais lui offrir un concert de cloches dont il se souviendra... tous des lambins, ces ritals... Souviens-toi de ça, Félix : avec les Italiens, il ne faut jamais lâcher d'un centimètre, sinon tu te retrouves en pleine pagaille... C'est vraiment pas étonnant qu'ils aient inventé les spaghetti... Bon ! Salutations habituelles, amitiés et tout le bazar ! Merci, Françoise.

Puis, tandis que la secrétaire quittait la pièce, il reprit son club en main, visa soigneusement et frappa légèrement la balle qui roula lentement et vint mourir juste devant l'orifice de la timbale.

— Never up, never in... Y a pas de problème. Si la balle n'est pas assez forte pour aller jusqu'au trou, il n'y a absolument aucune chance pour qu'elle tombe dedans. Pas vrai ? Est-ce que ton père t'a déjà mis au golf ?

— Non, cousin Jean. Pas encore.

— Eh bien, il faudra le faire. C'est sain. Et puis c'est utile. Un industriel qui ne joue pas au golf, c'est comme un politicien qui ne bande pas... ça affaiblit son prestige et il rate forcément des occasions.

Il jeta le putter sur les coussins d'un large canapé et vint s'appuyer contre le bureau, face à Félix.

— Alors il paraît qu'on éventre les chiens, à présent ? C'est le nouveau sport à la mode ? Remarque, entre toi et moi, je ne te fais aucun reproche ; j'ai toujours pensé qu'il n'y a pas plus con qu'un dogue allemand. Mais enfin quand même... Ton père m'a téléphoné, hier. Il n'avait pas l'air content. Comment ça marche avec Liotard ?

— Il m'a mis au classement des fiches d'atelier.

— Ouais, fit le cousin avec une moue. Enfin, ça ou autre chose... l'important c'est que tu sois occupé.

— J'aimerais bien faire autre chose, reprit Félix avec hardiesse.

— Tu feras ce qu'on te dira de faire. Un point c'est tout. T'es encore un peu jeune pour avoir des désirs, galopin ! Ah, et puis autre chose, écoute-moi bien : je ne veux pas d'histoire avec les ouvriers, c'est compris ? Pas de confidences, pas de familiarités, pas de discussions. Tu es un Beauchêne, n'oublie pas. Alors poli, aimable, mais à distance. Bonjour et bonsoir. Rien de plus ! D'accord ?

— Oui, cousin Jean.

— Et ne t'avise pas non plus d'aller traîner dans les jupes des filles, au séchage. Bon, maintenant allons-y. Je t'emmène déjeuner à Saint-Cloud. Mais c'est exceptionnel, hein ? A partir de demain, tu prends tes repas à la cantine, comme tout le monde.

En traversant l'antichambre, le cousin fut arrêté par sa secrétaire pour une dernière signature. Tandis qu'il relisait le texte du document, Félix porta de nouveau son regard sur le buste de Félicien Beauchêne. Un reflet de soleil posé sur le nez semblait le faire loucher avec encore plus d'intensité. Félix sourit.

— Qu'est-ce qui te fait rire ? demanda le cousin en rendant le dossier à la secrétaire.

Félix attendit que la jeune femme soit sortie de l'antichambre pour lever un doigt vers l'effigie :

— Il louche.

— Quoi ? Qu'est-ce que tu racontes ?

— Le buste de l'ancêtre. Il louche.

Le cousin s'approcha, observa et se fendit lentement d'un large sourire.

— Ma parole, mais c'est vrai. J'avais jamais remarqué. C'est marrant, ça.

Puis il se tourna vers Félix et prononça sur un ton docte :

— Tu vois, c'est ça les familles. Y a des gens qui louchent et d'autres qui louchent pas.

Il quitta l'antichambre au pas de charge et Félix le suivit avec des yeux ronds.

***

Le square Montholon n'avait aucun secret pour Victor. Il était familier de tous ses mystères et de toutes ses cachettes. Il savait par où se glisser lorsque les grilles étaient fermées et connaissait l'endroit où le gardien dissimulait le bec-de-cane qui permettait d'ouvrir la porte du petit kiosque de jardinier. Il fallait seulement espérer que le gardien était le même et qu'il n'avait pas modifié ses habitudes.

Il se faufila dans le jardin, traversa les fusains derrière le kiosque et plongea la main dans une grande vasque de pierre presque noyée sous la vigne folle.

Le bec-de-cane était à sa place.

Victor entra dans la petite baraque qui sentait la rouille et la terre fraîche. Il regarda autour de lui puis rassembla deux gros sacs d'engrais sur lesquels il s'allongea. Il s'endormit très rapidement et rêva du Père Noël.

Pour Victor Rabinski, le Père Noël avait été à l'origine de sa première crise de perplexité. Il y en eut bien d'autres par la suite, mais c'est celle-ci qui motiva ce moment crucial de la prime enfance lorsque, pour la première fois, le rêve entre en conflit avec la logique.

Rue des Panoyaux, à Aubervilliers, dans le deux-pièces-cuisine qu'occupaient les Rabinski avant de s'installer rue de Trévise, Victor avait pour seul compagnon de jeu le fils d'une voisine de palier, un garçon de son âge. Bien entendu, ils jouaient à la guerre, tantôt chez l'un, tantôt chez l'autre. Un jour, dans le feu de la bataille qui faisait rage sous la table de la pièce de séjour, Victor trébucha sur un avion en fer-blanc qui appartenait à son camarade et l'écrasa complètement.

— Ça ne fait rien, dit le gosse avec la magnanimité des petits pauvres. Le Père Noël m'en apportera un autre.

Le Père Noël ? Victor posa des questions et c'est ainsi qu'il apprit, émerveillé, qu'il existait un grand bonhomme barbu qui vivait au pôle Nord et apportait chaque année des jouets aux enfants. Il suffisait d'avoir été relativement sage et de poser ses souliers devant la cheminée.

Eperdu d'espoir, Victor demanda à sa mère si lui aussi recevrait la visite du Père Noël. Celle-ci hésita probablement avant de répondre et finalement, devant le regard soucieux de son enfant, elle répondit que oui, effectivement, le Père Noël s'arrêterait chez les Rabinski cette année-là. Elle précisa qu'elle venait d'ailleurs de lui écrire à ce sujet.

Victor, tout content, se lança dans une danse sauvage, mais presque aussitôt, il s'inquiéta secrètement : il n'y avait pas de cheminée rue des Panoyaux. Où mettre les chaussures ?

Noël arrivait une semaine plus tard et la veille du grand jour, Victor plaça ses chaussures devant le radiateur du chauffage central, dans la cuisine. Il trouvait cette démarche parfaitement justifiée. Une cheminée, ça sert à chauffer... un radiateur aussi ! Imaginant le Père Noël comme une sorte de dieu calorifère, Victor, du haut de ses quatre ans, estima logique de placer ses chaussures à cet endroit.

Le lendemain matin, miracle !

Posée près de ses souliers, il trouva une rutilante locomotive rouge dont le tender était rempli à ras bord de bonbons multicolores. Il en fut saisi. C'était sa première rencontre avec le merveilleux. Certes, il connaissait déjà une certaine forme de merveilleux à travers les contes de fées que sa mère lui racontait parfois, le soir, afin de l'encourager à terminer sa soupe. Mais pour lui, ces histoires extraordinaires se situaient toujours dans un passé trop lointain et dans des pays étranges où il sentait bien qu'il ne mettrait jamais les pieds. Ce merveilleux était hors d'atteinte. Tandis que le Père Noël, c'était quelque chose de présent, de réel... il en avait la preuve visible sous les yeux.

Toutefois, après le premier moment de plaisir, Victor s'interrogea quand même : Par où est-il passé ?

Il examina soigneusement le radiateur à la recherche d'un orifice quelconque. Bien entendu, il ne trouva rien et rangea ce mystère parmi ces choses curieuses dont on lui disait toujours : « Tu es trop petit pour comprendre. Tu sauras ça quand tu auras des culottes longues. »

Il n'osa pas interroger ses parents ; il craignait une réponse décevante.

L'année suivante, le Père Noël déposa au même endroit une grosse toupie chantante et une grue à ressort. Ce furent ses derniers cadeaux. Quatre mois plus tard, aux premiers bourgeons d'avril à Brunoy, chez le cousin riche, la cousine Suzanne foudroya les illusions de Victor en quelques phrases nettes et un peu méprisantes. Malheureux, il se précipita vers ses parents, espérant une consolation qui lui permettrait de continuer à croire. Mais là aussi, on lui expliqua que le Père Noël n'existait pas et que de toute façon ses visites mythiques correspondaient à une fête chrétienne et que par la force des choses et des origines cela ne pouvait guère le concerner.

— Mais alors, demanda-t-il. D'où venaient les jouets ?

— Victor-totor-grosse-nouille, répondit Suzanne en riant. C'est ton père qui les déposait.

Victor lança un long regard de reproche à son père et s'en alla faire la tête au fond du potager. Tout s'expliquait, bien sûr, mais que la vérité était donc triste

Allongé sur les sacs d'engrais dans le kiosque du jardinier, il dormit et rêva de la locomotive rouge, de la toupie chantante et du rire pervers de sa cousine. Puis il se vit couler comme une chose liquide entre les éléments du radiateur et découvrit avec surprise qu'il avait une grande barbe blanche et des bonbons roses à la place des yeux. Il se sentit aspiré vers le haut dans une sorte de grand tube noir avec un bruit de frémissement très doux, presque soyeux...

C'est ainsi qu'il fut réveillé par le bruissement des pigeons au-dessus de sa tête. A travers les volets disjoints du kiosque, le jour était déjà clair.

Il se redressa et promena longuement son regard sur les choses qui l'entouraient... le seau renversé, les torsades de paille grise, les traces de doigts sur le verre poussiéreux des carreaux, le manche brillant de la pioche poli par des mains plates et dures, les grumeaux de terre sèche sur le col du râteau et dans un coin, isolé du reste, un petit pot en argile d'où pointait une graine, un bouton, un embryon vert de quelque chose.

Quelque chose...

***

Il prit un train de banlieue pour aller à Brunoy. La maison s'appelait toujours « Laissez-les dire », mais d'autres gens l'habitaient maintenant. Il apprit qu'en revenant de déportation, le cousin riche était parti pour l'Amérique avec toute sa famille. Son adresse ? Ah non, il n'avait pas laissé d'adresse. Et c'est très grand, l'Amérique, mon pauvre vieux.

Victor marcha alors jusqu'à la Pyramide, entra dans un café de la place où il but une grenadine et se fit envelopper un sandwich dans une feuille de journal. Puis il traversa la route nationale et s'enfonça dans la forêt.

Vers midi, il mangea son sandwich et reprit le train pour Paris. En arrivant, il se rendit dans les toilettes puantes de la gare afin de se laver, se récurer aussi complètement que possible. Sa fortune était très entamée et il sentait bien que pour s'en tirer, il allait devoir faire bonne impression sur quelqu'un.

En sortant de la gare, il marcha droit devant lui sans savoir où il allait. Il avançait à grands pas, faisant passer sa mallette d'une main dans l'autre, essayant de fixer ses pensées, d'avoir une idée, mais n'y parvenant pas.

Il marcha ainsi, au hasard, durant près de deux heures. Puis il arriva devant une bouche de métro et se mit à étudier soigneusement le plan des lignes sans bien savoir ce qu'il cherchait. Il était haussé sur la pointe des pieds et promenait son doigt sur les méandres colorés de la carte.

Enfin, il trouva.

Aubervilliers... Porte de La Villette ! C'était direct. Il y alla.

* * *

A La Villette, le métro dégorgea un flot d'ouvriers qui rentraient chez eux, la nuque courbée, la tête embrumée et le dos raidi par le travail de la journée. Ils marchaient d'un pas lourd, par groupes serrés, massifs comme des troupeaux d'enclumes.

En arrivant à l'air libre, Victor fut frappé par l'odeur qui venait des abattoirs, de l'autre côté de la place... une fade odeur de sang, la même qu'il avait reniflée dans la cour des Roussel, le jour où on avait tué le cochon pour fêter la fin de la guerre.

Il se fit indiquer la direction d'Aubervilliers et se mit en route. En passant sous le pont de chemin de fer, il croisa deux bétaillères pleines de moutons silencieux dont il distingua les yeux vides à travers les claies des camions. Victor crut un instant que ces espaces étaient destinés à permettre aux animaux de voir le monde une dernière fois avant d'être massacrés. Il s'arrêta pour les suivre du regard, puis repartit, gonflé de pitié pour ces vies qu'on allait bientôt trancher.

En face de lui, au-delà d'un vaste terrain vague qui bordait le boulevard extérieur, il vit s'ouvrir une avenue monumentale et impersonnelle. Par timidité, il choisit de s'engager sur la gauche dans une rue aux dimensions plus humaines. Il marcha ainsi sur quelques centaines de mètres jusqu'à une petite place où trônait un marché couvert. Les briques nues du bâtiment étaient les seuls éléments colorés dans un décor gris sale. Les maisons n'avaient que deux ou trois étages, les fenêtres étaient étroites et les maigres entrées s'ouvraient comme des trous noirs d'où s'échappaient des remugles de cuisine et d'urine froide. L'ensemble n'était pas gai et sans les bruits de la vie qui emplissaient l'air, il eût été sinistre. Mais les bruits faisaient la différence : des pleurs de bébés, des voix aiguës de ménagères et les bribes de musiques contradictoires qui s'échappaient des radios atténuaient la tristesse de l'endroit.

En face du marché, une boulangerie formait un coin de rue. Victor avait faim. Il entra et acheta un quart de pain en comptant soigneusement ses pièces. Puis il retraversa la place et alla manger son pain par petites bouchées, assis sur le parapet du marché.

Et maintenant ?

Trois rues s'offraient à lui, toutes trois également anonymes. Victor chercha un signe, une indication qui dirigerait ses pas, un clin d'œil du Bon Dieu quelque part.

Soudain, derrière lui dans le marché vide, il entendit résonner le vacarme hargneux d'une bataille de chats. Une boule de fourrure grise fila entre les grilles et s'immobilisa sur le trottoir, le dos rond, les poils hérissés, les pattes à demi pliées, prête à fuir de nouveau.

— Minou, minou, dit bêtement Victor.

L'autre le regarda avec un œil féroce, puis il reprit sa course à travers la place en galopant d'une manière désordonnée vers la rue de droite où il s'engouffra dans le premier boyau d'entrée qui s'offrait à lui.

Victor avala la dernière bouchée de pain, sauta à terre, essuya les miettes accrochées à ses vêtements et prit la même direction que l'animal.

C'est ainsi qu'il arriva devant la boutique de Max.

C'était une grosse baraque vitrée devant laquelle s'alignaient quelques salamandres émaillées aux gros yeux de mica, rondes, massives et luisantes comme d'énormes insectes cuirassés.

Il y avait aussi un vieux cadre de lit en palissandre dressé contre la façade, trois chaises de paille et une commode de cuisine en bois blanc sur laquelle trônait un bric-à-brac de bouilloires, de cuvettes, de piles d'assiettes et de brocs écaillés. Tout cela était sale, usé et puait les misères emmêlées de ceux qui avaient dû vendre ces vieilleries et de ceux qui les achèteraient. Près de l'entrée, une caisse pleine de livres chiffonnés reposait sur une table couverte de linoléum. Juste au-dessus, un petit panneau de carton était collé sur la vitre :

*On demande Commis-Vendeur-Magasinier*
*S'adresser ici*

Victor fit mine de s'intéresser aux livres et en profita pour jeter un coup d'œil dans la boutique. Il y découvrit un fouillis de meubles, de matelas et de réchauds entassés les uns sur les autres, un capharnaüm poussiéreux égayé, ici et là, de quelques chromos religieux où des Jésus nimbés de lumière s'élevaient dans des ciels sombres percés d'éclairs.

Au-delà de l'entrée, assis dans un antique fauteuil de bureau en bois verni, Victor vit un homme à casquette qui lisait un journal. Il se brossa du plat de la main et pénétra dans la boutique. L'homme releva la tête et, sous l'informe casquette grise, Victor découvrit un visage surprenant. Le nez énorme, bulbeux et raviné pointait au milieu d'une figure maigre où chaque centimètre de peau était un pli ou une ride ; un paysage de tranchées et de fondrières dans lequel vivaient des yeux noirs et brillants comme du charbon.

Victor n'avait jamais rien vu de semblable et il faut reconnaître qu'au premier coup d'œil, il y avait de quoi être surpris : la physionomie de Max présentait des allures de zone bombardée, un champ de bataille ravagé par les mines et les obus où les rides étaient tellement profondes qu'elles ressemblaient à autant de cicatrices.

Et pourtant, si ces traits n'avaient rien de très aimable, ils n'avaient rien non plus de menaçant. Ils apparaissaient pour ce qu'ils étaient, des stigmates de caractère.

Victor s'éclaircit la gorge et dit, en désignant le panneau collé dans la vitrine :

— Bonjour monsieur. C'est pour la place.

— Tu as quel âge ?

Mon Dieu, cette voix ! Une râpe à fromage grattant une fonte creuse, un grondement éraillé et profond.

— J'ai seize ans, mentit Victor.

Max l'examina d'un œil critique et dans son visage, cet examen ressemblait déjà à une condamnation.

— T'es pas très costaud pour ton âge. Il me faut quelqu'un de costaud.

— Oh, j'ai pas l'air, mais je suis costaud.

— Ouais ! Pour moi, t'as l'air plutôt maigrichon. Est-ce que tu pourrais soulever le Godin, là ?

Et il désigna un poêle noir et cylindrique en face de lui. Victor posa sa mallette et alla saisir le Godin à bras-le-corps. Il respira un grand coup, assura sa prise et souleva la pièce dans un mouvement brutal. Sous l'effort, il eut l'impression que ses yeux allaient jaillir hors de sa tête et il se sentit devenir tout rouge. Le poids du Godin l'entraîna en avant et le poêle retomba lourdement sur le sol. Mais Victor le reprit aussitôt et le souleva à nouveau avec le sentiment très clair et très précis que son crâne allait éclater d'une seconde à l'autre.

— Où est-ce que je le mets ? grinça-t-il entre ses dents serrées.

— Amène-le sur le trottoir.

Les yeux de Victor papillotèrent un instant et il avança à pas pesants en priant tous les Bons Dieux et tous les Saints de tous les Paradis pour que le poêle ne lui échappe pas une fois de plus. Il n'avait que sept ou huit mètres à franchir, mais ce fut une très longue marche. « ... lâche pas... lâche pas... » pensait-il de toutes ses forces. Enfin, il arriva sur le trottoir et, fioriture suprême, il fit un dernier effort pour ne pas poser le Godin trop brutalement. Puis il se redressa lentement. Des petites étoiles argentées dansaient devant ses yeux et ses jambes étaient molles. Il n'avait pas imaginé que sa charge serait aussi lourde mais, chose bien plus importante, après l'avoir soulevée, il n'avait pas non plus imaginé qu'il pourrait la porter jusqu'au bout. Il y était parvenu. Il avait surmonté l'épreuve. Il secoua la tête pour chasser les étoiles et regarda l'homme à la casquette avec un œil plus assuré.

— Bien, dit Max sans abandonner sa mine critique. Maintenant, remets-le à sa place.

« Oh la la ! pensa Victor. Ce coup-là, je vais sûrement me péter une veine. »

Il prit une grande inspiration, se pencha, saisit à nouveau le poêle, le souleva avec un gémissement et parcourut le chemin inverse en titubant et en priant toujours aussi intensément, mais avec une foi en lui-même nettement fortifiée par son précédent exploit. Cette fois, tout de même, le Godin retrouva le sol avec une certaine violence.

— Oh, gronda Max, faut faire attention. C'est fragile, ces saloperies-là. Si tu le poses de travers, tu lui casses un pied comme rien.

— Oui, monsieur, répondit Victor d'une voix rauque.

Max se gratta la tête à travers sa casquette.

— Bon, soupira-t-il. On peut pas dire que tu sois un Hercule, hein ? Est-ce que tes parents sont d'accord pour que tu viennes travailler ici ?

Victor hésita. Il allait bien falloir dire la vérité un jour ou l'autre.

— Mes parents sont morts.

Cela ne parut nullement émouvoir Max. La zone bombardée demeura impassible.

— Comment tu t'appelles ?

— Victor.

— Victor comment ?

— Victor Rabinski.

— *Byst a yid ?*

— Comment ?

— Tu comprends pas le yiddish ?

— Non monsieur, répondit Victor en se demandant de quoi parlait l'homme à la casquette.

Max se leva. Le joint de son fauteuil était cassé et lorsqu'il se dressa, le siège bascula en arrière avec un air béant, comme subitement frappé d'embolie.

Max pencha son visage tourmenté vers celui du jeune garçon.

— Tu es juif ? demanda-t-il en connaissant d'avance la réponse.

— ... oui, répondit faiblement Victor.

— Bien, dit Max en se redressant.

Dans le fond, il est presque certain qu'à cet instant, il savait à quoi s'en tenir sur le jeune garçon. Il ignorait encore les détails de son histoire, mais l'allure de Victor, ses hésitations et cette lueur inquiète dans le regard lui en avaient appris bien plus qu'une longue confession.

— Alors comme ça, tu parles pas yiddish.

— Non monsieur.

Max eut un rire bref. Un croassement.

— Tu apprendras, Rabinski ! Tu apprendras. En attendant, explique-moi d'où tu viens.

Victor se tassa un peu sur lui-même sans répondre.

— Tu peux me parler, va. *Ich bin auch a yid !* Moi aussi, je suis juif. Tu peux avoir confiance.

Alors, sans plus réfléchir, Victor se livra d'un seul bloc.

En fait, il y avait longtemps qu'il attendait de

pouvoir le faire. D'instinct, il avait compris que dans cette boutique et devant cet homme, il pouvait enfin se libérer de ces mots qui pesaient sur sa poitrine depuis tant d'années. Il sentait aussi qu'avec cet interlocuteur la vérité serait son meilleur atout. Il raconta tout et tout le monde. Au début, son discours fut hésitant, haché, construit de phrases courtes et imprécises. Max l'encourageait par de brèves questions et bientôt, Victor se débrida et détailla sa pitoyable aventure en un torrent verbal, en boulant ses mots, en mêlant tout : le père Marcel, la concierge, l'orphelinat, les Roussel, la C4 de son père, M$^{me}$ Collignon et le square Montholon... Lancé dans son récit cahotique, c'est même avec le plus grand naturel qu'il expliqua comment il avait dévalisé la caisse de ménage des Roussel. Lorsqu'il prit conscience de ce qu'il venait de dire, il s'arrêta net. Il venait d'avouer qu'il était un voleur à l'homme dont il espérait précisément gagner la confiance. Max le regarda avec un air grave.

— Il y avait combien dans cette boîte ?

— Treize mille francs.

— Qu'est-ce qu'il te reste ?

Victor sortit l'argent de sa poche et le compta méticuleusement, en prenant son temps.

— Huit mille trois cent cinquante, annonça-t-il.

— Donne-moi cinq mille francs et garde le reste. Demain, j'ajouterai le complément et j'irai leur envoyer un mandat. Faut jamais rien devoir aux *goyem*. Remarque, ça ne change pas grand-chose, parce que même quand tu ne leur dois rien, ils s'arrangent toujours pour te le faire payer.

Ce fut la première leçon de ce vaste travail d'endoctrinement que Max allait entreprendre sur Victor... un travail rendu souvent infructueux par ses propres excès. Déjà, à cette première leçon, Victor trouva l'argument un peu sévère. Il pensa qu'après tout, sans l'accueil des Roussel, Dieu seul sait où il aurait abouti Il voulut plaider.

— Mémé Roussel était souvent gentille.

— Peut-être, répondit Max en haussant les épaules.

Peut-être. Elle était gentille à sa façon mais pour elle tu étais quand même un juif.

— Oh, je crois qu'elle ne savait même pas ce que c'était, dit Victor qui n'en savait guère plus.

— Aucune importance ! Un juif, c'est un juif. Pas besoin de définition. Et dis-toi bien que dans le cœur le plus chaleureux, il y a toujours un petit coin glacé pour les juifs. N'oublie jamais ça. Jamais !

Victor pensa à M^me^ Collignon et se dit que dans son cœur à elle, il n'existait rien de glacé. Mais il n'était pas encore assez sûr de ses positions pour oser contredire Max. Il préféra se taire et compta les billets. Il tendit les cinq mille francs à Max et remit le reste dans sa poche.

— Cet argent que je vais ajouter à ça, ne t'imagine pas que je vais t'en faire cadeau, hein ? Je retiendrai quelque chose sur ton salaire, tous les mois. Dans trois mois, nous serons quittes.

— Alors vous m'engagez ?

— Si moi je ne t'engage pas, répondit Max, c'est que le monde serait encore plus pourri qu'on pourrait le croire.

— Merci monsieur.

— Tu peux me remercier, oui. Moi je voulais engager un gars costaud à cause de mon dos qui me fait mal. Et au lieu de ça, j'engage un petit moineau qui pourrait pas lever une chaise sans se faire une hernie. Bah, ça ne fait rien. Je continuerai à avoir mal au dos, tant pis.

— Je travaillerai dur, je vous le promets.

— Tu feras ce que tu pourras, je t'en demande pas plus. Mais en attendant, je vais te dire une bonne chose que tu sais peut-être pas : tu as de la chance d'être tombé sur moi. Dans ton malheur, tu as beaucoup de chance, crois-moi.

Sur le moment, fidèle à sa religion du doute, Victor se dit : « On verra bien. » Mais plus tard, bien plus tard, lorsqu'il apprit de quoi étaient fait les êtres et les jours, il comprit que cet après-midi-là, effectivement, il avait eu beaucoup de chance.

*
* *

Un jour, à la cantine de l'usine, Félix avait le nez plongé dans une assiette de ratatouille niçoise lorsqu'une voix rauque lui souhaita un bon appétit. Il leva la tête et sursauta. L'homme qui venait de s'asseoir en face de lui avait de longs cheveux filasse, une peau crayeuse marbrée de rose et des yeux de lapin russe dont le regard semblait aveugle. Un albinos !

Félix était stupéfait. Il connaissait l'existence des albinos, mais il n'en avait jamais rencontré. Et là, subitement, en face de lui, cet homme... cette erreur de la nature. Un flot de pensées confuses lui traversa l'esprit : comment pouvait-on vivre avec cette physionomie de cauchemar ? Etait-ce douloureux ? L'homme avait-il une femme, des enfants ? Pouvait-on guérir de cela ? Félix ne parvenait pas à détacher ses yeux du visage de l'homme. Probablement habitué à ce genre de curiosité, l'autre faisait semblant de ne pas remarquer le regard du jeune garçon et tendait une main blême aux ongles bombés vers le saladier qui trônait au milieu de la table.

Cette rencontre était le premier événement un peu remarquable que vivait Félix depuis son arrivée à Paris.

Hormis ce curieux épisode vécu avec le petit Polonais aux cheveux noirs, il ne s'était rien passé dans une nouvelle existence qu'il avait espérée fertile en aventures de toutes sortes. Depuis près de quinze jours, sa vie se déroulait sans surprises et sans découvertes entre l'appartement trop vaste et trop vide du parc Monceau et le cagibi vitré où Liotard semblait l'avoir définitivement cantonné. Il classait ses fiches avec morosité et sa journée était faite de gestes mécaniques qui lui engourdissaient les muscles autant que l'esprit. Ses soirées n'étaient animées que par les coups de téléphone incohérents de sa mère, tous les deux jours.

— Félioucha galouptchik, mon trésor joli adoré... comment vas-tu ? Tu t'amuses bien ? Tu t'es fait de nouveaux camarades ? Est-ce que le cousin s'occupe bien de toi ? Et Clémence ? Et patati et patata...

A l'usine, au son de la sirène de midi, les équipes se divisaient et Félix se rendait à la cantine avec la première fournée. De son côté, Liotard, toujours guilleret, enfourchait sa bicyclette et allait déjeuner chez lui, dans le petit pavillon de brique qu'il occupait à quatre rues de l'usine.

— Faudra venir à la maison, un de ces jours. Mme Liotard vous fera son ragoût de mouton. Une merveille !

Félix prenait ses repas d'une manière hâtive, pressé de quitter un endroit où il sentait que sa présence gênait ses compagnons de table. D'ailleurs, il retrouvait rarement les mêmes. Contrairement à ce qu'avait semblé craindre le cousin Jean, Félix ne rencontrait chez les ouvriers aucune curiosité. Loin d'attirer les familiarités, il était au contraire l'objet d'une soigneuse réserve : quelques hochements de tête en guise de salut, parfois un effleurement rapide de la casquette, rien de plus. Des discussions un peu contraintes s'engageaient autour de Félix, mais nul ne s'adressait directement à lui, sinon pour demander le sel ou le pain. Les conversations traitaient toujours du tour de France qui venait de s'achever ou des mérites comparés de l'A.S. Montreuil et du Red Star. Du sport, toujours du sport. Parfois, Félix était tenté d'apporter son jugement personnel sur les qualités de Vietto, mais les paroles lui restaient dans la gorge. Il avait espéré des rapports plus faciles et plus ouverts. En fait, il découvrait que les ouvriers se tenaient au large et évitaient le contact direct. La plupart d'entre eux évitaient même le regard.

Félix expédiait son repas en quelques minutes et retournait ensuite d'un pas rapide vers son cagibi sans jamais se mêler aux petits groupes qui se formaient devant les halls d'ateliers pour fumer une dernière cigarette avant de reprendre le travail.

Félix se sentait en quarantaine.

Lorsqu'il passait, les hommes semblaient ne pas le voir, mais il avait la conscience très nette de leurs regards sur son dos. Il devinait des remarques, des commentaires, des ironies sans doute. A deux ou trois reprises, il se sentit rougir en entendant des rires mal contenus résonner dans son sillage. De quoi pouvaient-ils donc s'amuser ? Qu'avait-il de comique ? Bande d'idiots, rageait-il.

Le soir, il rentrait directement rue Alfred-de-Vigny où Clémence lui servait silencieusement des dîners simples, vite fabriqués et vite avalés. Là encore, Félix se sentait en état de surnuméraire. Le maître d'hôtel et la femme de chambre étaient en congé dans leur famille. Il ne restait que Clémence et Maurice, le valet de chambre. Félix comprenait que sa présence les gênait également. Elle venait troubler un calme qui, pour eux, devait ressembler à des vacances. Ils s'étaient préparés à vivre six semaines de semi-oisiveté confortable et l'arrivée inopinée de Félix était venue gâcher cette perspective. Ils manifestaient leur désagrément en arborant des tenues qui exprimaient une insolence calculée. Maurice hantait les couloirs en savates et en tricot de corps et passait l'aspirateur en fumant ouvertement les havanes du maître de maison. Pour sa part, Clémence, la mèche dans l'œil, faisait le service en tablier de cuisine et en pantoufles, mais dégageait en revanche des effluves exagérés d'Heure Bleue.

Au reste, Félix se moquait bien de tout cela, mais il était sourdement agacé par la certitude évidente que les domestiques semblaient avoir de sa discrétion à leur sujet. Tous deux savaient parfaitement qu'il ne rapporterait rien à sa mère de ce laisser-aller et des menus chapardages. Cette tranquille assurance et cette sorte de mépris ouvert lui paraissaient encore plus insultants que le reste. Comme si je comptais pour du beurre, pensait-il avec une certaine irritation.

Alors, sitôt le dîner terminé, il s'enfermait dans sa chambre jusqu'au lendemain matin où Clémence lui apportait son petit déjeuner, boudinée dans un peignoir informe et les cheveux serrés par un foulard de Schiaparelli pêché dans les tiroirs de Katia.

Félix tentait d'occuper ses soirées en travaillant son drame en cinq actes, mais son ennui général nuisait à son inspiration. Par moments, un certain découragement l'amenait même à penser qu'en fin de compte, Odoacre était probablement le roi des enquiquineurs. Il se rabattait alors sur la bibliothèque paternelle, mais il n'y trouvait rien de stimulant. Il se sentait curieusement hors de condition pour les exercices de l'esprit. Il était déçu par la tournure de ce séjour qu'il avait paré de tant de perspectives fascinantes et où, finalement, il ne se passait rien.

Il avait eu un vague espoir lorsque Jean Guidry-Beauchêne, le dimanche précédent, l'avait invité à venir passer la journée au golf de Saint-Cloud. Il déchanta rapidement. Durant le déjeuner, le cousin l'abreuva de réflexions salaces et de maximes obscures. Ensuite, il lui confia le fardeau de son sac de clubs que Félix dut trimbaler sur dix-huit trous plus neuf, soit une promenade d'environ dix kilomètres accomplie au pas de charge sous quinze kilos de cuir et de ferraille. Félix revint chez lui avec les épaules douloureuses, le nez coloré d'un cuisant coup de soleil et farouchement décidé à éviter désormais les invitations épuisantes de ce cousin vraiment trop sportif.

Et les choses reprirent leur train-train.

Pour la première fois de sa vie, Félix s'ennuyait totalement et c'est sans doute pour cela que sa rencontre avec l'albinos prenait des allures d'événement.

— C'est bon ? demanda l'homme en pointant son couteau vers la ratatouille de Félix.

Celui-ci papillota des yeux et regarda son assiette comme si elle venait de se glisser devant lui à l'improviste. Perdu dans les réflexions que lui inspirait l'albinos, il lui fallut deux ou trois secondes pour assimiler la question.

— Ah ça ! s'exclama-t-il enfin. Oui, oui, c'est très bon.

L'autre saisit la louche et se servit une gigantesque platée de ratatouille tout en enfournant un énorme morceau de pain dans sa bouche blafarde. Un ouvrier en casquette de cycliste vint s'asseoir près de l'albinos et lui frappa gaillardement l'épaule.

— Salut, Blanc Blanc ! Comment ça va ?

— Hon hon... répondit l'albinos avec la bouche pleine. Il engouffra un autre morceau de pain aussi gros que le précédent, puis un autre, et encore un autre... Il mangeait avec une avidité étonnante, bourrant tant et plus ses joues déjà distendues.

L'ouvrier lui assena une nouvelle tape sur l'épaule :

— Sacré Blanc Blanc ! Tu te laisses pas aller, hein ?

Puis il adressa un bref signe de tête à Félix et empoigna le saladier.

Blanc Blanc ! Quelle horreur ! Quelle cruauté ! Comme s'il ne suffisait pas que le malheureux promène cette tête hallucinante. Il fallait en plus que cet imbécile vienne lui rappeler son infortune avec ce sobriquet stupide. Félix était révolté. Furieux. Il se dressa brusquement.

— Ecoutez ! Je... euh... je vais chercher du fromage. Voulez-vous que je vous en ramène ?

L'albinos leva une tête aux joues archipleines et opina vigoureusement du bonnet tandis que son voisin regardait Félix avec surprise.

Le jeune garçon partit vers le comptoir qui se trouvait au bout de la salle. Il avait la tête en feu, des jurons abominables lui traversaient l'esprit, il insultait l'ouvrier, il s'insultait lui-même. Une phrase cinglante, rien de plus. Une simple phrase qui aurait plongé l'ouvrier dans la confusion et fait comprendre à l'albinos que lui, Félix, compatissait à son malheur, qu'il était son ami et que l'autre n'était qu'un vulgaire crétin qui... Ah, nom de Dieu ! Une simple phrase, il ne lui fallait qu'une simple phrase et au lieu de ça, il se retrouvait dans une histoire de fromage. Merde ! Par quelle espèce de malédiction fallait-il qu'il perde tous ses moyens dès qu'il se mettait en colère ? Pourquoi fallait-il qu'il devienne à la fois bête et muet quand la force de son indignation devrait au contraire lui souffler des paroles incisives et féroces. Merde, merde et merde !

Planté devant le comptoir avec les sens en bataille, Félix acheta à la serveuse deux portions de camembert, une normale pour lui et une double ration pour... pour l'autre, là... pour Blanc Blanc, sacré nom d'un chien !

Puis il revint à la table où son repas se termina rapidement dans un silence seulement meublé par les formidables mastications de l'albinos.

Une heure plus tard, en revenant de son déjeuner, Liotard vit que Félix arborait une mine courroucée et travaillait avec des gestes trop nerveux. Il entra dans le cagibi.

— Y a quelque chose qui ne va pas ?

— Non, non, grommela Félix. Tout va bien.

— Vous avez l'air furieux. Il s'est passé quelque chose ? On vous a fait des remarques ?

— Non, non... c'est seulement...

— Seulement quoi ? insista Liotard subitement inquiet.

— Eh bien... j'ai vu cet homme, là... un albinos.

— Un albinos ?

— Oui, un bonhomme avec des yeux de lapin russe.

— Ah oui, Blanc Blanc. Et alors ? Qu'est-ce qui s'est passé ?

— Ben justement, Blanc Blanc... c'est cruel de l'appeler comme ça.

— Vous trouvez ? demanda Liotard sincèrement surpris.

— Oui, je trouve que c'est bête et cruel.

— Mais alors ? Qu'est-ce qui s'est passé ?

— Rien. J'ai entendu un bonhomme qui l'appelait Blanc Blanc et ça m'a mis en colère.

— Ah bon, c'est tout ?

— Ben oui, c'est tout.

Liotard poussa un grand soupir de soulagement qui se termina en un petit rire.

— Bon sang, vous m'avez fait peur. J'ai cru que...

enfin... je pensais qu'il s'agissait d'une chose plus grave.

— Moi je trouve que c'est grave d'insulter un infirme.

— Oh, je crois que vous vous faites des idées, répondit Liotard en riant. D'abord, ce n'est pas un infirme. Il se porte aussi bien que vous et moi. Il est un peu différent, voilà tout. Et puis les gars l'appellent comme ça, mais c'est pas méchant. Tout le monde l'aime bien, faut pas croire... Je veux dire... il est un peu simplet et il paraît qu'il bouffe comme une pelleteuse, mais tout le monde l'aime bien.

— Si on l'aime tant que ça, répliqua Félix sur un ton hargneux, pourquoi est-ce qu'on ne l'appelle pas par son nom ?

Liotard se gratta la tête avec un sourire conciliant.

— Ben oui, je sais que ce n'est pas drôle et que c'est pas très gentil. Mais que voulez-vous, c'est comme ça. C'est la vie. On n'y peut rien. En tout cas, c'est sûrement pas aussi méchant que vous avez l'air de le croire.

— Moi je trouve que c'est horrible.

— Mais non, c'est pas horrible. C'est la vie, voilà tout. On peut pas changer les hommes. Je sais bien que c'est pas rigolo. Il a pas de veine, ce pauvre vieux. Il a une tête à faire peur, alors les gars l'appellent Blanc Blanc. Comme ça, c'est moins grave, ça devient une sorte de blague. C'est pas toujours facile... tenez, ça me rappelle quelque chose... et je vous jure que c'est vrai ; c'est pas des histoires... Avant la guerre, il y avait un type qui était manœuvre à l'atelier 14. C'était un Turc, très gentil et tout. Bon. Vous savez comment il s'appelait ? Je vais vous le dire. Il s'appelait Kékètt !

— Quoi ?

— C'est comme je vous le dis. Kékètt ! Avec deux K et deux T ! Vous imaginez le tableau ? Hé Kékètt, passe-moi une clé de douze ! Ho Kékètt, aide-moi à rincer la brasseuse ! Et pour tout arranger, il avait une grosse tache de vin sur la joue et les ouvriers l'avaient baptisé La Fraise !

Malgré lui, Félix sentit venir un sourire. Liotard le remarqua et poussa son avantage.

— Eh oui, qu'est-ce que vous voulez ? C'est triste mais c'est marrant. Le Bon Dieu parfois, on peut se demander ce qui lui passe par la tête. Il y a vraiment des types sur lesquels il a l'air de s'acharner.

— Quand même... Blanc Blanc !

— Blanc Blanc ! Blanche Neige ! La Vanille... et alors ? Même si on l'appelle Bamboula, c'est pas ça qui va lui donner des couleurs. Non, écoutez-moi. Je vais vous dire un truc. Après tout, vous avez presque l'âge de mon fils et je peux vous parler comme on parle à un fils. Ecoutez bien : il y a des hommes sur cette terre qui traînent un tel paquet de malheurs que, si on s'apitoie sur eux, c'est encore pire. La pitié, c'est pas toujours une bonne idée. Il faut s'en méfier de la pitié. Parfois, ça peut devenir une vraie vacherie. Y a rien de tel pour enfoncer un bonhomme dans sa misère. Et je vais vous dire autre chose : Blanc Blanc, il se fait beaucoup moins de souci que vous au sujet de son surnom. Si vous prenez sa défense devant les autres, si vous lui manifestez de la pitié, c'est vous qui allez lui faire de la peine. Je vous assure qu'il n'est pas malheureux avec nous. Vous cassez pas la tête pour lui.

— C'est dégueulasse, murmura Félix.

— Mais non, ce n'est pas dégueulasse. C'est la vie. Allez, reprenez votre boulot et pensez à autre chose. Vous en verrez bien d'autres quand vous serez plus âgé. C'est même la seule chose que je peux vous promettre : vous en verrez bien d'autres.

Liotard quitta le cagibi et Félix reprit machinalement son travail. Sa colère était un peu tombée et ses idées vagabondaient.

Il pensa à M. Rousselot, son professeur de mathématiques, au collège. C'était un homme invariablement vêtu de bleu sombre qui faisait régner la terreur dans sa classe. Il appliquait une discipline féroce et certains élèves prétendaient que même les mouches n'osaient pas voler durant son cours.

M. Rousselot avait un visage lisse et parfaitement

immobile. Il ne souriait jamais et maniait le sarcasme avec une expression de glace. Félix et ses condisciples attribuaient cette dureté à l'amertume que lui causait son infirmité : la nature avait pris sa livre de chair sur le professeur de maths en l'affligeant d'un pied-bot qu'il traînait avec peine dans une énorme bottine orthopédique aux formes grotesques. Sa sévérité excessive lui avait valu de se faire baptiser Belzébuth, l'Infernal Boiteux.

Tous tremblaient devant lui ; jamais un compliment, jamais une plaisanterie, toujours cette gueule impassible et froide... et les heures de consigne qui tombaient comme la mitraille à Gravelotte.

Un matin, en entrant dans la classe, Belzébuth trébucha contre un coin de l'estrade et tomba sur les genoux. Une partie de la classe pouffa de rire dans son dos. Il se redressa avec difficulté, épousseta son pantalon et lorsqu'il se retourna, les garçons découvrirent avec stupeur qu'il arborait un large sourire, un sourire d'un charme surprenant.

— C'est ça, riez, dit M. Rousselot. Vous avez raison. Il ne faut pas avoir de pitié pour les canards boiteux.

La classe resta figée sur ses bancs.

Belzébuth alla s'asseoir derrière le bureau et tout en vidant sa serviette, il ajouta sans perdre son sourire :

— Messieurs, vous êtes tellement bornés que je doute parfois de réussir à vous entraîner au-delà des équations du premier degré. Mais si vos esprits — en majorité obtus — ne parviennent pas à saisir les beautés de l'algèbre, j'espère au moins que vous conserverez en mémoire la morale de cet incident : Jamais de pitié pour les canards boiteux !

Puis le cours commença et la nature profonde de Belzébuth reprit le dessus. A la fin de l'heure, les élèves se réunirent pour calculer qu'en moins de cinquante minutes, l'Infernal Boiteux avait distribué, sous les prétextes les plus divers, un total de trente-huit heures de consigne.

Tout en maniant ses fiches, Félix hocha la tête. Entre

Blanc Blanc, La Fraise et Belzébuth, il commençait à comprendre certaines choses.

C'est du moins ce qu'il croyait.

Quelques jours plus tard, en rentrant à la maison, le valet de chambre lui annonça avec la cigarette au bec qu'un certain M. Victor avait téléphoné. Victor quelque chose. Il avait mal compris le nom de famille et l'autre avait raccroché avant que Maurice puisse le faire répéter.

Monsieur Victor ? Félix ne connaissait aucun Victor. A moins que...

— Est-ce qu'il n'avait pas un nom qui finissait en ski ?

— Oui, répondit le valet de chambre. Quelque chose comme ça... Machinski !

Le type aux cheveux noirs ! Qu'est-ce qu'il veut encore, celui-là ? Il est paumé dans le métro ou bien il cherche la tour Eiffel ?

***

Tous les jours, en début d'après-midi ; le mari à Simone installait une table et quatre chaises sur le trottoir, devant son café. C'est là que se déroulait la belote quotidienne qui l'opposait à Max, au boulanger Camus et à Sammy, le marchand de vêtements de l'avenue Jean-Jaurès.

Les quatre joueurs étaient aussi dissemblables que possible : Max était l'élément irascible, celui qui se mettait au jeu avec l'allure d'un homme qui soupçonnait ses partenaires de vouloir lui arracher l'argent des poches. Sammy était jovial, blagueur mais extrêmement soupe au lait ; à la moindre provocation, il se dressait comme un petit coq et piquait des colères aussi vives que brèves.

Grâce à ces deux-là, la partie de cartes prenait parfois des allures de guerre civile.

— Carreau ! J'ai dit carreau, pauvre *schmok !* Qu'est-ce que tu viens m'emmerder avec ton pique ?

— Je donne mon pique parce que c'est le moment de donner mon pique et parce que toi tu joues comme une seringue.

— Moi ? hurlait Max. Moi je joue comme une seringue ? Tu veux que je te dise comment tu joues, toi ?

Camus était l'homme raisonnable, celui qui tentait de concilier l'inconciliable, de ramener la paix autour d'une table ravagée par les engueulades stridentes de Max et de Sammy. Camus brandissait son rameau d'olivier parce que ce rôle de médiateur était celui qu'il trouvait amusant d'assumer. En fait, il savait fort bien que dans leurs affrontements, ces deux enragés trouvaient un plaisir complémentaire, un piment indispensable. Il était évident que pour eux, une belote sans hurlements était un passe-temps assez mièvre.

Le mari à Simone restait silencieux, ainsi que le commandait sa nature. C'était un personnage étonnant de concision. Il ne disait que le strict nécessaire et les quelques paroles qui franchissaient ses lèvres exprimaient les choses en style télégraphique. Lorsqu'il avait acheté le café, juste avant la guerre, les gens du quartier avaient été frappés par le contraste entre son laconisme extrême et la bonhomie bavarde de son épouse, Simone. C'était une large femme satisfaite de tout, avenante autant que grassouillette et dont le sourire était toujours agrémenté d'un compliment, d'une gentillesse, d'une remarque aimable. C'était une parfaite commerçante et sa bonne humeur invincible drainait une clientèle importante. Elle était le porte-drapeau du bistrot et c'est ainsi que son mari avait perdu son nom et son identité pour devenir, tout simplement, le mari à Simone.

Et comme il était, de loin, le plus calme de tous, c'est généralement lui qui gagnait aux cartes. Cette habitude insolente de la victoire poussait Max dans des rages grondantes et mâchonnantes que Camus tentait de tempérer.

— Ne râle donc pas comme ça, Max. T'es vraiment pas un bon perdant.

— Un bon perdant ? fulminait Max. Et pourquoi est-ce que je serais un bon perdant ? C'est la chose la plus idiote que j'aie jamais entendue. L'important, c'est de gagner. Un bon perdant, c'est avant tout un perdant.

Puis, sur ces fortes paroles, il buvait un grand verre d'eau gazeuse, rentrait brusquement le menton dans le cou et rotait profondément en agitant sa main devant la bouche.

— Pfouh ! Les gaz...

Ce manège plongeait Sammy dans des colères folles.

— Ah, c'est élégant ! C'est joli ! C'est agréable ! Tu viens aux cartes et tu te retrouves en face d'un bonhomme qui te rote dans la figure. Ah, y a pas à dire, c'est un plaisir délicat.

— Mais c'est les gaz, répondait Max avec une satisfaction un peu venimeuse.

— Quand on boit de l'eau gazeuse, c'est forcé qu'on rote des gaz, pauvre pomme !

— Mais oui, c'est normal. Je te le fais pas dire.

Alors Sammy s'envolait dans une fureur qui touchait au sublime.

— Mais enfin, sacré nom de Dieu, tu peux pas boire autre chose, non ? J'en ai marre de ce type. Marre ! C'est pas possible de jouer aux cartes avec un mec pareil. Il gueule, il rote, il pète... et en plus, il est de mauvaise foi.

De l'autre côté de la rue, dans la boutique de brocante, Victor assistait à ces batailles avec une certaine fascination. Les premiers jours, il s'était inquiété. Je suis tombé chez les fous, pensait-il. Puis, petit à petit, il avait commencé à percevoir le côté outré et théâtral que les deux compères apportaient à leurs bagarres quotidiennes. Il discernait à présent l'esprit systématiquement provocateur de Max à l'égard de Sammy et percevait chez ce dernier la petite pointe de masochisme qui le faisait tomber dans tous les pièges. Ils sont marrants, pensait maintenant Victor... mais ils sont un peu fous quand même.

En attendant, cette caisse était très lourde...

Victor la regardait en secouant ses bras pour détendre ses muscles en prévision de l'effort à fournir. Elle pesait au moins... oh, au moins quarante-cinq kilos. Peut-être même plus, jugeait-il en prenant de profondes inspirations.

Ces tics de gros bras étaient très nouveaux.

Avant de commencer sa nouvelle vie, Victor n'avait jamais attaché d'importance particulière à sa condition physique. Il se portait bien et n'en demandait pas plus. Il ne cultivait pas son corps, mais il ne le dorlotait pas non plus. Un rhume, une grippe ou une migraine étaient des événements rares qu'il traitait avec indifférence en attendant qu'ils disparaissent. Les exploits athlétiques lui étaient complètement étrangers et l'idée de pratiquer un sport, n'importe lequel, ne lui aurait nullement traversé l'esprit. Ah si, l'escrime peut-être... mais pour des raisons qui tenaient plus de la littérature épique que du développement corporel.

Et subitement, Victor découvrait qu'il avait un corps. Il se faisait des muscles et y trouvait un certain plaisir.

A force de charger et de décharger les charrettes et les camionnettes qui défilaient devant la boutique de Max, il sentait que ses épaules s'arrondissaient, que ses bras prenaient du volume et que sa poitrine s'élargissait. Passé les premières courbatures, il s'était pris d'un goût inattendu pour ce travail de débardeur.

En réalité, sa transformation physique n'avait encore rien de très spectaculaire, mais parfois lorsqu'il venait de transbahuter avec succès une charge un peu lourde, il affectait de marcher avec les bras légèrement écartés du corps, à la manière de ces ouvriers massifs et râblés qui venaient prendre leur ballon de rouge chez le mari à Simone.

Le soir, lorsqu'il se détaillait, torse nu devant le miroir de sa chambre, il éprouvait un sentiment agréable à faire rouler des biceps encore minces mais dont il constatait l'imperceptible évolution.

Il prenait des muscles et de l'assurance...

... mais cette caisse pesait au moins une tonne. Elle était lourde à crever, pleine de boutons de porte et de robinets en cuivre récupérés dans un immeuble en démolition de la rue de Solferino.

Victor empoigna son fardeau pour le porter dans la remise. Malheureusement, une tête de clou dépassait du sommet de la caisse et se prit dans le tissu de son pantalon. En laissant retomber sa charge sur le sol, le pantalon se déchira de la taille jusqu'au genou.

Lorsque Max termina sa belote et revint dans la boutique, il constata les dégâts.

— C'est malin, grogna-t-il. Si tu n'avais pas de slip, on verrait tes cerises.

— Mes quoi ?

— Rien, rigola Max. Va te changer.

— Je n'en ai pas d'autre.

— Tu n'as pas d'autre pantalon ?

— J'en avais un mais il était devenu trop petit. Je l'ai laissé chez mémé Roussel.

Max secoua la tête avec l'air accablé d'un homme qui doit lutter seul contre les erreurs et les méfaits de la terre entière. Il s'approcha, examina la déchirure, tripota le tissu et décréta :

— Il est foutu ! Le tissu est tellement râpé qu'on peut même pas le recoudre. Ah, la, la, tu m'en fais des soucis.

— C'est pas de ma faute, protesta Victor. Y avait un clou dans la caisse.

— *Schlemazel !* Il y a toujours des clous dans les caisses. Il faut faire attention, voilà tout.

Puis il reporta son regard sur le pantalon déchiré et le considéra longuement en hochant la tête :

— Allez, viens, décida-t-il enfin. On va voir chez Sammy s'il y a quelque chose pour toi.

Il ferma la boutique en ôtant le bec-de-cane et emmena Victor chez le marchand de vêtements. Il entra dans le magasin en poussant le jeune garçon devant lui et en criant :

— Holà ! Y a quelqu'un dans ce taudis ?

Sammy sortit de l'arrière-boutique et prit une mine désolée en voyant Max :

— Mon Dieu ! Le fou furieux !

Sammy était un tout petit homme dont la vie était conditionnée par deux désirs, un souhait et un regret : il désirait follement devenir très riche le plus rapidement possible, il désirait ardemment avoir dix centimètres de plus et répondait fidèlement aux petites annonces des charlatans qui promettaient un tel miracle, il souhaitait farouchement parvenir un jour à river son clou à Max d'une manière définitive et, enfin il regrettait amèrement de n'être pas américain.

Ce dernier point se manifestait chez lui de manière assez caricaturale. Son esprit avait été totalement bouleversé par l'arrivée des magazines américains en France. Il les avait d'abord achetés par souci professionnel, afin de voir comment « ils » s'habillaient, de l'autre côté de la grande mare. Puis il avait été pris et séduit par cette prospérité merveilleuse qui s'étalait sur les pages des revues. Il rêvait sur des numéros périmés du *Saturday Evening Post,* de *Collier's* et d'*Esquire.* Il était parfaitement incapable d'en déchiffrer les textes, mais les illustrations et les publicités en couleurs le plongeaient dans une douce fascination : ces grosses voitures rutilantes, ces maisons pimpantes, ces réfrigérateurs grands comme des garages, ce luxe, ce confort et ces vêtements... ah, ces vêtements ! Toujours impeccables, parfaitement repassés, chics, élégants, tout !

Alors, Sammy se faisait américain. Il mâchait du chewing-gum en permanence — même en dormant, prétendait sa femme —, fumait exclusivement des Lucky Strike, se promenait dans des chaussures à quadruple semelle astiquées comme des miroirs et ne se séparait jamais d'un immense chapeau, un authentique Stetson gris perle. Juché sur ce petit corps, le couvre-chef lui donnait l'allure d'un pot à tabac coiffé d'un parasol.

Le dimanche après-midi, lorsque le magasin était fermé, il se postait place de l'Opéra et abordait les G.I.

en permission pour leur acheter tout ce qu'ils avaient à vendre.

— *Hey Joe ! You sell something ?* demandait-il avec espoir en exhibant un paquet de dollars roulés dans un élastique, à la manière de George Raft.

Il avait un goût particulier pour ces larges cravates en soie peinte qui représentaient les chutes du Niagara, un coucher de soleil sur Hawaii ou l'Empire State Building au clair de lune... ça, et les chemises à fleurs.

Physiquement, les soldats américains s'inscrivaient dans un gabarit nettement supérieur à celui de Sammy et ce qu'il leur achetait était forcément d'une taille disproportionnée à la sienne. Mais il s'en moquait et, inconscient de tout ridicule, il s'obstinait à arborer des cravates qui lui battaient les cuisses et des chemises de satin pastel dont les pointes de col lui descendaient jusqu'à la taille.

Pour l'état civil, il se prénommait Simon, mais il avait décidé que Sammy était désormais plus conforme à son style. Une seule ombre au tableau : son épouse, Monique, refusait obstinément de répondre au nouveau prénom de Betty. Sammy avait cajolé, insisté, proposé des alternatives mais c'était en pure perte. Monique restait sourde à ses prières et refusait tout autant de s'appeler Sally, Shirley ou même Veronica. Monique ne voulait pas jouer avec Sammy. Celui-ci s'en vengeait à sa manière : dix fois par jour, il s'approchait sournoisement et lui flanquait une grande tape sur les fesses en gueulant joyeusement : « *Hey baby ! whadda you say ?* »

Généralement, la malheureuse levait les yeux au ciel avec une expression de souffrance infinie. Mais parfois sa rage éclatait et elle coursait Sammy à travers le magasin en criant : « Pauvre con ! Arrête de me taper sur les fesses. Je ne suis pas un cheval ! »

Depuis l'arrivée des Américains, l'existence de la pauvre Monique était souvent proche du calvaire.

Mais hors de ce folklore, Sammy avait la tête fermement plantée sur les épaules et n'oubliait jamais son désir numéro un. Dès qu'il s'agissait de faire marcher le commerce, il redevenait aussi sensé et aussi matois qu'il était nécessaire de l'être. Cette double nature faisait dire aux gens du quartier : « D'un côté, il est complètement fou... et d'un autre côté, il est pas si fou que ça. »

— Qu'est-ce que tu veux ? demanda-t-il à Max avec le nez froncé d'inquiétude. Tu m'as pas assez emmerdé pour la journée ?

— Plaisante pas, dit Max avec une mine grave. Il paraît que l'autobus de Pantin a été attaqué par les Peaux-Rouges.

— Te casse pas la tête, répondit Sammy sans se démonter. Eisenhower vient de me téléphoner. Il envoie les Rangers.

Et tous deux éclatèrent de rire sous le regard ahuri de Victor.

Toujours hilare mais déjà pratique, Sammy poursuivit :

— Je suppose que t'es pas seulement venu pour me raconter ça. Alors qu'est-ce que je te vends ?

— C'est pour le gosse. Il a déchiré son pantalon. T'as pas une salopette à sa taille ?

— On va voir, on va voir... dit Sammy en s'approchant de Victor avec un mètre souple de tailleur à la main. Hello boy ! Comment tu t'appelles ? Victor ? Hello Victor ! *You speak american ?*

Il prit rapidement les mesures du jeune garçon et cria vers la porte entrouverte de l'arrière-boutique.

— Betty ! Sors-moi une salopette en 38 !

Pas de réponse.

— Betty ! Tu es là ?

Silence.

— Monique ! Merde ! Grouille-toi un peu ! Y a Max qui attend.

Une jolie tête frisée barrée d'un froncement de sourcils apparut dans l'entrebâillement.

— Bonjour Max. Comment ça va ?

— Il va très bien, s'énerva Sammy. Max va très bien. Apporte-moi un 38.

Monique jeta un œil méprisant sur son mari et disparut dans l'arrière-boutique. Elle revint presque aussitôt avec la salopette destinée à Victor.

— Tiens, boy, dit Sammy. Essaie-la.

— Ici ?

— Ben oui, ici.

— Devant tout le monde ? insista Victor en essayant de ne pas poser son regard sur Monique. Celle-ci comprit l'embarras du jeune garçon. Sans dire un mot, elle le prit par le bras et le dirigea vers l'arrière-boutique. Il la remercia d'un signe de tête et remarqua qu'elle avait des yeux bleus.

La salopette convenait parfaitement. Victor la garda sur lui.

— C'est tout ce qu'il fallait ? demanda Sammy en se frottant les mains.

— Il lui faut aussi un costume du dimanche, répondit Max. Il n'a rien à se foutre sur le dos, ce clochard.

— Un costume ? Alors, là, tu es bien tombé. J'ai exactement ce qu'il faut. Genre américain. Vachement chic. Bouge pas, je vais le chercher.

Tandis qu'il allait fouiller dans le fond du magasin, Max s'adressa à Victor sur un ton sentencieux.

— La salopette, c'est moi qui te l'offre parce que c'est pour le travail. Mais le costume, je le retiendrai sur ton salaire. D'accord ?

— D'accord.

Sammy revint en tenant à bout de bras une veste et un pantalon taillés dans un pseudo-tweed vert et jaune.

— Regarde ça si c'est pas beau. Tu vas être comme un prince, là-dedans. T'auras l'air d'un vrai Américain de New York. Il est superbe, non ?

Il était affreux. Max lui-même eut des doutes.

— C'est un peu voyant.

— C'est la mode, cria Sammy. Tout le monde s'habille comme ça, aujourd'hui. Il est magnifique, ce costume. Ma parole, j'ai presque envie de le garder pour moi. Touche un peu ce tissu, dis donc. Pure laine et rayonne.

Max toucha le tissu.

— Ouais ! Moi je dirais plutôt pur chêne et sapin.

— Pure laine, je te dis ! Ma parole d'honneur ! Y a pas un gramme de fibre végétale, là-dedans. J'te jure ! *It is good stuff !*

Max n'était pas convaincu. Il tâtait soupçonneusement.

— Sammy, je vais te dire une chose. S'il y a de la laine dans ce costume, moi je suis le pape de Rome.

Sammy s'inclina profondément devant lui.

— En ce cas, je suis très honoré de vous recevoir dans ma modeste boutique, monsieur le pape.

— On dit pas monsieur le pape, ignorant ! On dit Votre Excellence.

— Mais non, intervint Monique. Excellence, c'est pour les ambassadeurs. On dit Monseigneur.

— Tu crois ? demanda Max.

— On dit Votre Sainteté, murmura Victor.

Max se tourna vers lui, subitement furieux.

— De quoi ? Votre Sainteté ? Pour un salopard qui n'a même pas levé le petit doigt quand on lui a parlé des camps de concentration. Qu'est-ce qu'il peut y avoir de saint chez un type pareil ?

— Mais j'sais pas moi, répondit Victor complètement désarçonné. C'est comme ça qu'on appelle les papes... je crois.

— Votre Sainteté, fulminait Max. Il manquerait plus que ça.

— Oui, enfin bref, trancha Sammy. Sainteté ou pas Sainteté, ici on vend des vêtements, pas des hosties. La politique, c'est au café que ça se passe. Alors, ce costume, tu l'essaies ?

Victor regarda le redoutable tweed et se tourna vers Max :

— Le costume, c'est moi qui le paie, hein ?

— Et comment.

— Alors j'en veux pas. Je préfère autre chose.

Max eut un sourire.

— Victor, mon garçon, tu montes dans mon estime.

Et toi, Sammy, tu baisses. T'es même plus foutu de refiler tes rossignols à un gosse.

— Un rossignol ? Ça, un rossignol ? C'est un costume magnifique. Je peux le vendre à qui je veux.

— Oui, à condition qu'il soit aveugle.

— Bon, bon, très bien répondit Sammy un peu vexé. Je vais voir ce que j'ai dans sa taille. Mais crois-moi, il a tort. Un costume comme ça, il en verra pas tous les jours.

— Ah ça, tu peux le dire, ponctua Max en riant. A moins de s'acheter un billet pour Médrano, il en verra pas des tas.

Sammy haussa les épaules et s'en alla farfouiller dans les étagères. Monique s'approcha de Victor avec un rire silencieux et chuchota :

— T'as bien raison, va.

Finalement, le jeune garçon fixa son choix sur un costume croisé bleu marine, simple, classique, un peu austère sans doute. Lorsqu'il fut emballé, Max grommela entre ses dents :

— Donne-lui aussi une chemise. C'est moi qui l'offre.

— Tu fais des cadeaux, maintenant, s'étonna Sammy.

— Occupe-toi de tes oignons. Donne-lui une chemise. Une chemise blanche.

Puis, lorsque ce fut à nouveau le moment de partir, Max se ravisa et, ouvrant toutes grandes les vannes de son portefeuille et de sa générosité, il fit ajouter deux paires de chaussettes, deux caleçons et deux tricots de corps... et une écharpe en satin blanc... et trois mouchoirs... et une autre chemise blanche... et une ceinture en simili-croco ! Enfin, il entraîna Victor dont les bras étaient chargés de paquets, lui fit traverser l'avenue en courant et dans le magasin de chaussures qui se trouvait en face, il lui offrit encore une paire de Richelieu noirs.

— Voilà, dit-il sur un ton grinçant. Maintenant, tu as tout ce qu'il te faut. Viens plus m'emmerder.

— Merci.

— Merci de rien. C'est pas pour toi que je le fais, tu sais. Mais j'ai pas envie que tu te balades comme un clochard et qu'on dise ensuite que j'exploite la misère des gens.

— Merci quand même.

— Ah, va au diable !

Tandis qu'ils revenaient ensemble vers la boutique de Max, Victor remarqua :

— C'est un drôle de type, Sammy.

— *A schtik feyt !* répondit Max. Il est bête comme ses pieds. Il mérite pas la femme qu'il a. Elle, c'est quelqu'un.

— Elle est jolie.

Max s'arrêta sur le trottoir et regarda sévèrement Victor.

— Tu t'intéresses aux femmes, maintenant ? Tu trouves que tu n'as pas eu assez d'emmerdements comme ça ?

— Y a pas de mal à dire qu'elle est jolie, non ?

— Et en plus, tu discutes.

— Mais non, je discute pas. Je disais ça comme ça.

Max haussa les épaules et reprit son chemin. Victor le suivit en ruminant des pensées rebelles : « Et pourquoi je dirais pas qu'elle est jolie puisqu'elle est jolie ? On peut jamais rien dire avec ce type-là. C'est pourtant vrai qu'elle est jolie. Flûte ! »

Et l'image de la tête frisée de Monique vint danser dans son esprit. Elle sentait bon.

Plus tard, en vidant les poches de son pantalon déchiré avant d'en faire des chiffons, Victor retrouva le numéro de téléphone que Félix lui avait donné dans le taxi, rue de Trévise.

Il retourna longuement le papier entre ses doigts. Après tout, pourquoi pas ? Quand on a un costume neuf, des chaussures neuves, un peu d'argent en poche et une belle écharpe blanche, tout ce qui manque, c'est un copain pour sortir le dimanche. Ivre de son immense prospérité, Victor combattit sa réserve naturelle et décida d'inviter Félix au cinéma... pour le remercier du taxi, dirait-il.

*
* *

Il mit tout de même trois jours avant de rassembler assez de détermination pour oser s'approcher du téléphone qui trônait sur le comptoir du mari à Simone. C'était un engin vétuste et crachouillant, marbré par vingt années de crasse, un appareil qui inspirait plutôt la pitié que l'appréhension. C'est pourtant avec le cœur battant et les mains moites que Victor forma le numéro et demanda Félix :

— Il n'est pas encore rentré, répondit une voix rogue.

Et Victor raccrocha très vite. Soulagé.

Il lui fallut deux autres jours pour trouver le courage de renouveler son appel. Cette fois, Félix était chez lui et il comprit immédiatement que son interlocuteur n'avait pas une grande pratique du téléphone. Victor hurlait dans l'appareil.

— C'est moi, Victor !

— Oui, je me souviens. On s'est rencontrés à la gare d'Austerlitz, il y a quelques semaines.

— Victor Rabinski ! On a pris le métro ensemble.

— Ne parlez pas si près de l'appareil. Je vous entends mal.

— Quoi ?

— Parlez moins fort.

— C'est Victor !

— Oui, j'ai compris. Qu'est-ce que je peux faire pour vous ?

— Hein ?

Et Félix, exaspéré, se mit à hurler à son tour :

— Vous avez besoin de quelque chose ?

— Moi, s'étonna Victor. Non, je n'ai besoin de rien. Pourquoi ?

Mais bon Dieu, quel empoté !

Victor parvint finalement à brailler sa proposition et

un rendez-vous fut pris pour le dimanche suivant, à la sortie du métro Opéra.

Cette invitation était inattendue et Félix avait hésité avant d'accepter. Il redoutait un peu la perspective de devoir passer un après-midi entier en compagnie d'une telle cloche. Mais il se souvint du goût que Victor semblait partager avec lui pour John Dos Passos et, à ce titre, il consentit à prendre le risque.

En réalité, Félix s'illusionnait un peu sur la fermeté de son libre arbitre. Il s'ennuyait tellement qu'il était mûr pour accepter n'importe quelle invitation. Il aurait volontiers dîné avec Frankenstein à la seule condition de n'être pas obligé de faire le premier pas. Il souffrait du désœuvrement qui l'accablait hors de l'usine, mais l'orgueil commandait. Ne jamais solliciter ; être celui qu'on sollicite... règle absolue ! Un autre aurait sans doute tenté de former de nouveaux rapports, de chercher l'aventure au hasard des rencontres et des promenades ; un autre serait allé voir comment se vivait la vie ailleurs qu'au parc Monceau... un autre mais pas lui. Il en avait follement envie pourtant, mais si personne ne venait lui ouvrir la porte, il ne franchirait pas le seuil. Félix, le Splendide Isolé. Il se voulait pur et dur avec lui-même et nourrissait la certitude qu'une autre attitude l'amoindrirait, le mènerait à la compromission, à la perte de face. Crever d'ennui peut-être, mais crever en accord avec ses principes. Ne pas déroger. Jamais. C'était une manière inconfortable de ne pas reconnaître que dans le fond, malgré ses allures de tranche-montagne, il était timide comme une fleur.

Aussi, l'invitation de Victor arrivait comme une aubaine. Les principes étaient saufs et même si la journée se révélait une corvée, cela vaudrait toujours mieux que de tourner en rond dans sa chambre en attendant que quelqu'un veuille bien penser à lui avec assez d'insistance pour réclamer sa présence.

Certes, malgré la qualité de ses lectures, le bonhomme aux cheveux noirs était probablement une sombre andouille. Mais Félix, magnanime, se promit tout de même de faire des efforts à son égard. Du moment que l'orgueil demeurait intact, une certaine générosité n'était pas à rejeter.

De son côté, le dimanche suivant, Victor passa deux heures devant son miroir, se recoiffa dix fois, dénoua et renoua sa cravate au moins vingt fois, s'observa de face, de profil, de trois quarts arrière, se brossa quatre fois les dents, prit le métro avec une demi-heure d'avance, se perdit dans les couloirs et arriva avec dix minutes de retard.

Félix, agacé par l'attente, vit sortir du métro un Victor essoufflé, mal à son aise dans une tenue trop neuve et avançant précautionneusement dans des chaussures excessivement pointues qui le faisaient visiblement souffrir.

Un véritable dandy de banlieue, songea ironiquement Félix en fixant son regard sur l'écharpe blanche soigneusement lissée entre les revers du veston. Il tendit la main :

— Bonjour ! Comment ça va ?

— Je suis en retard, souffla Victor en serrant la main de Félix. Je me suis trompé de correspondance.

Ben voyons ! faillit s'exclamer Félix. Mais, fidèle à ses résolutions, il mentit avec bonne volonté :

— Ce n'est pas grave. J'étais moi-même en retard.

En vérité, il s'était fait un point d'honneur d'arriver à la minute précise. Il ajouta :

— Qu'est-ce qu'on va voir ?

— Je ne sais pas. Vous avez une idée ?

Félix fit semblant de réfléchir.

— Il y a un film américain au Ciné Opéra. *Helzapoppin !* Il paraît que c'est très drôle. Et puis, ce n'est pas très loin... comme vous avez l'air d'avoir mal aux pieds...

— Moi ? Non, pas du tout. Mais si le film est marrant, allons-y quand même.

— Je crois que c'est en V.O. Ça ne vous gêne pas ?

— Non, non, répondit Victor sans comprendre.

— En version originale, précisa Félix qui n'était pas dupe.

— Oui, oui, approuva Victor, toujours sans comprendre.

— Ça veut dire que c'est en anglais. Avec des sous-titres.

— Ah bon !

Ils traversèrent la place et s'engagèrent dans l'avenue de l'Opéra et ce n'est qu'au bout d'une centaine de mètres parcourus en silence que Victor demanda :

— Qu'est-ce que c'est des sous-titres ?

Félix voulut étouffer un éclat de rire et produisit à la place une sorte d'aboiement déguisé en quinte de toux. Victor le regarda en rougissant et Félix s'ébroua, un peu embarrassé :

— Excusez-moi, c'est nerveux.

— Je ne suis pas allé au cinéma depuis très longtemps. La dernière fois, c'était avec mes parents. On avait vu *Paradis Perdu,* avec Fernand Gravey. C'était bien.

— Je crois que je l'ai vu, moi aussi.

— Alors, qu'est que c'est des sous-titres ?

Et Félix se força à reprendre son sérieux pour expliquer ce que c'était.

— Y a pas de quoi en faire un plat, jugea froidement Victor.

Cette simple phrase et le ton sur lequel elle fut prononcée intriguèrent Félix. Ils ne cadraient pas avec l'idée qu'il se faisait du personnage de Victor.

Cette impression de hiatus se confirma lorsqu'ils arrivèrent devant le guichet. Par courtoisie, Félix proposa que chacun paie sa propre place mais Victor refusa sèchement :

— Y a pas de raison. Je sais peut-être pas ce que c'est qu'un sous-titre, mais une invitation, je sais ce que c'est. C'est moi qui paie.

Victor fulminait.

Quel *potz,* ce mec ! Pour qui il se prend avec ses grands airs ? C'est en V.O., ça ne vous gêne pas ? Gna gna gna ! Il peut pas parler autrement que par initiales, non ? Et puis qu'est-ce que ça peut lui foutre si j'ai mal aux pieds ? C'est pas lui qui marche dans mes godasses, quand même. Il m enerve, ce type. Il a même pas d'écharpe dans son veston.

Ils prirent leurs places en se faisant des politesses et s'assirent, l'un et l'autre raidis dans un vague mécontentement.

Deux heures plus tard, lorsque la lumière revint dans la salle, ils étaient épuisés de rire.

— Ah, la vache ! disait Victor. Qu'est-ce que c'est marrant.

— On reste encore un coup pour le revoir, proposa Félix.

— On peut ?

— Bien sûr. Il suffit de rester assis à nos places.

— Ils vont pas nous faire payer une deuxième fois ?

— Non, le spectacle est permanent. Si l'ouvreuse nous demande quelque chose, on dira qu'on est arrivé en milieu de séance.

— Sans blague ! On peut faire ça ?

Victor était émerveillé. Deux séances de cinéma pour le prix d'une seule. Mais le doute, toujours présent dans son esprit, lui chuchota que la chose ne devait pas être tout à fait habituelle. Déjà imprégné par le vocabulaire de Max, il remarqua :

— Quand même, ça doit pas être très *kasher.*

— Pardon ?

— Ça doit pas être *kasher.* Pas très régulier. C'est un mot yiddish.

— Un mot comment ?

— Yiddish ! C'est la langue des Israélites.

Les Israélites ! A cette époque, il y avait quelque chose de péjoratif à parler de juifs. Marqué par les éclats de la guerre, le langage commun s'était réfugié dans les circonlocutions prudentes et un peu embarrassées du « culte hébraïque », de la « foi mosaïque » et autres acrobaties périphraséologiques. Vingt ans plus tard, par un de ces virages mystérieux de la sémantique qui annoncent le retour des éternels problèmes, le juif reviendrait dans le langage courant et c'est l'israélite qui deviendrait péjoratif. Pourquoi ? Sans doute parce que les mots sentent plus facilement le soufre que le soufre lui-même. Félix, adulte, aurait une explication à l'emporte-pièce, une de ces phrases courtes, violentes et un peu irrationnelles dont il aimait émailler ses discours.

— Le langage est une perversion de la pensée, dirait-il un soir dans un de ces dîners mondains où le sujet serait traité par le maître de maison avec la courtoisie perfide qui s'accorde aux préjudices bien nés.

Mais pour l'heure, ces subtilités à venir étaient encore très éloignées de Félix. Il était subitement très intéressé :

— Vous êtes israélite ?

— Absolument, répondit Victor avec une sereine importance, oubliant pour le moment son ignorance presque complète sur le sujet, mais demeurant hautement conscient de sa qualité d'élu.

— Et ça consiste en quoi ? demanda Félix.

— Oh, différents trucs... c'est un peu long à expliquer.

— Et comment est-ce qu'on devient israélite ?

— Ben c'est comme pour les autres, ça s'attrape à la naissance.

Félix aurait bien voulu en savoir plus, tout de suite, mais le rideau de cinéma s'ouvrit à ce moment sur le générique bondissant des actualités Fox Movietone. Félix rangea provisoirement les multiples questions qui lui trottaient dans la tête.

Il réalisa qu'il n'avait jamais rencontré d'Israélite, pas plus qu'il n'avait connu d'albinos avant Blanc Blanc. L'image de l'homme aux yeux d'aveugle lui traversa rapidement l'esprit.

*
* *

En fin d'après-midi, après avoir quitté Victor au métro Madeleine, Félix rentra chez lui à pied, chargé de sentiments et d'impressions qu'il voulut immédiatement confier à son journal intime.

C'était un gros cahier bleu ouvert deux ans plus tôt

et dont il faisait un usage très irrégulier malgré la profession de foi inscrite en première page. En termes rigoureux, Félix s'y engageait à consigner, *chaque jour,* les états d'âme, les pensées et les événements qui marqueraient son existence. La fermeté de cette déclaration d'intention avait des allures d'auto-condamnation. Par sa sévérité même, Félix s'interdisait à l'avance de céder à la paresse ou à la négligence. Ce journal serait le baromètre impitoyable de sa force de volonté. Il ne faillirait point.

Cette farouche résolution s'effrita en moins d'une semaine.

Dès le cinquième jour, Félix soupçonna qu'il n'était pas facile d'être quotidiennement original ou simplement intéressant. Il découvrit qu'il n'avait pas, *chaque jour,* quelque chose à écrire. Sa vie se révélait moins fertile de pensées et d'incidents qu'il avait eu la vanité de l'imaginer. Il jugea alors qu'une discipline journalière était, sans doute, superflue... peut-être même néfaste ! Effectivement, en s'astreignant à une régularité aussi militaire, ne risquait-il pas de meubler son cahier bleu d'une somme importante de trivialités ? Il fallait du discernement et de la mesure : « Quand il n'y a rien à dire, pensait-il avec hauteur, on ne dit rien. Et moi, je préfère ne rien dire plutôt que de dire n'importe quoi. »

Par ailleurs, la force de l'habitude pouvait s'avérer débilitante pour la pensée et le sens de l'observation. La stricte soumission à une cadence fastidieuse risquait d'ouvrir la porte à des ridicules bien sonnés... comme Louis XVI écrivant au crépuscule du 14 juillet 1789 : « Aujourd'hui, rien ! »

Félix se trouva donc sage d'estimer qu'il valait mieux réserver ses pages à des choses qui méritaient d'y être inscrites pour leur valeur propre et non pour marquer le simple passage du temps : « Après tout, j'écris un journal, pas un calendrier. »

Un reliquat d'honnêteté intellectuelle l'obligea cependant à fixer une certaine périodicité. Il décida que deux fois par semaine, ce serait correct... puis il en vint à se dire qu'une fois par semaine était bien suffisante... jusqu'au jour où, irrité contre lui-même, il envoya promener le cahier à travers sa chambre en grommelant : « Eh merde ! J'y mettrai quelque chose quand j'aurai quelque chose à y mettre ! »

Depuis, le journal ne s'ouvrait que sur les occasions importantes : au soir des grandes indignations, des vastes découvertes et des spleens cotonneux.

Il feuilleta le cahier et s'arrêta sur la dernière phrase inscrite au lendemain de sa rencontre avec l'albinos. Il se relut avec le sourcil sévère :

*... et comme disait M. Liotard, Dieu a parfois de drôles d'idées. C'est à se demander si on peut lui faire confiance.*

*Il faut dire que l'Homme n'est pas très raisonnable, non plus. Il n'est pas rationnel. Il se croit tout permis. Il se fâche et tempête, brandit son poing minuscule à la face du Seigneur et proteste de sa voix fluette : Moi, je suis l'Humanité, le Progrès et la Science. Ma conscience gouverne ce monde et mon génie est indestructible.*

*C'est à ce moment, que sans le faire exprès, Dieu écrase son cigare sur la tête de l'Homme et la réduit en cendres en faisant flotter dans l'air une déplaisante odeur de cochon grillé.*

La relation de cause à réflexion n'était pas évidente. Une fois de plus, Félix était venu s'égarer sur les voies tortueuses de la formule gratuite. Il secoua la tête avec agacement. Une fantaisie naturelle, avait dit le professeur de français... Ne serait-ce pas plutôt une aptitude perverse à se créer des surprises ?

Félix poussa un profond soupir, se consola un peu en jugeant que la dernière phrase n'était pas maladroite, renonça à comprendre comment elle était venue sous sa plume, tourna la page et inscrivit la date du jour : 24 août 1947.

Puis il se renversa sur la chaise en mordillant le capuchon de son stylo.

Quel type étrange, ce Victor.

En sortant du cinéma, il irradiait le plaisir et son

comportement n'avait plus rien de cette gaucherie un peu irritante pour Félix. Il remontait l'avenue à grands pas, moulinant des bras en mimant certain passage du film et se frappant les cuisses pour ponctuer ses éclats de rire. Apparemment, ses pieds ne le faisaient plus souffrir. Il parlait haut et faisait de si grands gestes que Félix le regardait avec un étonnement amusé.

— Et en plus, clamait Victor, on l'a vu deux fois pour le même prix. Ah, la vache !

Félix écrivit :

*Ai revu aujourd'hui le garçon aux cheveux noirs qui m'avait accosté à la gare d'Austerlitz. Il se nomme Victor et il est israélite (Israélite = Juif ? A vérifier). C'est lui qui a payé les places, alors pour compenser, je l'ai invité à prendre un verre au Café de la Paix. Il a bu un panaché. J'en ai pris un aussi, pour voir. Ce n'est pas mauvais.*

*Il travaille chez un « broc » à Aubervilliers. (Broc = brocanteur en argot).*

*Je lui ai dit que je travaille en usine. Comme il a l'air pauvre, je n'ai pas voulu lui avouer que l'usine appartient à mon père.*

*(Il avait pourtant des vêtements neufs, mais j'ai quand même senti qu'il était pauvre. La pauvreté aurait-elle une odeur ? Il m'a toujours semblé que les classes sociales sont principalement différenciées par des degrés d'hygiène. Alors si les pauvres ont une odeur, c'est peut-être de leur faute. De là, on peut aussi penser que la contagion des corps mal lavés affecte la pensée et les mœurs.* Ergo, *même si on est riche, il suffit de ne pas se laver pour devenir pauvre.)*

*C'est sûrement pas si bête, ce que je viens d'écrire.*

*Mais,* amoto quaeramus seria ludo *(Horace). Passons aux choses sérieuses et laissons les plaisanteries de côté.*

*Il m'a un peu raconté sa vie et je dois dire que je n'en suis pas revenu. Il a déjà vécu l'Aventure. La vraie. Une Aventure d'Homme Libre qui décide de son propre Destin !*

*En plus, il est orphelin, le veinard.*

*Complètement libre.*

*Nous avons discuté d'un tas de choses. Pour un type qui n'est presque pas allé à l'école, il a des idées plutôt originales. Il n'est pas instruit, mais curieusement, il est assez érudit. Entre autres, il m'a parlé des mœurs du Bombyx. Cela venait un peu comme des cheveux sur la soupe mais je n'ai peut-être pas très bien suivi sa pensée ; il parlait tellement vite que j'avais parfois du mal à le suivre.*

Victor parlait en effet sur un rythme de mitrailleuse, boulant ses mots à toute vitesse avec la crainte inconsciente d'être interrompu, voulant retenir à toute force l'attention de son interlocuteur... s'étonnant lui-même d'avoir autant de choses à dire et s'étonnant encore plus de les dire aussi librement.

Le rire avait pulvérisé sa réserve. Il se sentait une tête légère, des poumons bien remplis et ne se souvenait pas avoir été aussi confiant, aussi serein et optimiste depuis sa fuite de la maison Roussel.

Lui qui ne parlait généralement à personne tenait subitement des discours échevelés dans lesquels il jetait toutes ses bribes de connaissance. Il demeurait sous l'empire de ce film farfelu qui avait si bien anéanti ses barrières. Il se surprenait même à tenir des raisonnements audacieux qui ne lui avaient jamais effleuré l'esprit auparavant. Il construisait des théories sauvages qui le stupéfiaient et l'enchantaient à la fois.

— Dites-moi, demandait Félix. Le Dieu des Israélites, c'est le même que le nôtre ?

— Ah, je ne sais pas. Je ne crois pas. Mais c'est sûrement un cousin ou quelque chose comme ça. Là-bas, au village, il y avait un curé qui me faisait le catéchisme et qui m'expliquait que votre Dieu, à vous, c'est en fait trois personnes différentes. J'ai jamais très bien compris.

— La Sainte-Trinité...

— Oui, c'est ça, ricanait Victor. La Trinité... comme la station de métro... ah, ah !

Félix eut un haut-le-corps et Victor s'excusa promptement :

— Faites pas attention. Je disais ça pour rigoler.
Mais Félix s'égarait un peu dans les rebondissements de la discussion.

*... l'impression de me promener dans une forêt vierge de la pensée, au milieu d'un fouillis de conceptions étranges et sacrilèges...*

— ... et si Dieu n'était pas Dieu ? proféra subitement Victor en pointant le menton en avant. Hein ? Le vôtre ou le mien, je ne sais pas. Enfin, le Bon Dieu de tout le monde ! Hein ? Si c'était pas ce qu'on pense ?
— Je ne comprends pas très bien...
— Ben oui, si c'était quelqu'un d'autre ? On nous dit toujours : Dieu c'est Dieu ! C'est ce qu'on dit toujours. Mais admettez qu'on se soit toujours trompé. Admettez que celui qu'on prend pour le Bon Dieu depuis des milliards d'années ce soit en fait quelqu'un d'autre.
— Mais qui ? demanda Félix interloqué.
— J'sais pas moi. Peut-être que le Dieu dont on parle, c'est seulement celui de notre planète... et que chaque planète a son propre Dieu à elle...
— Dieu est universel, protesta Félix, un peu choqué.
— Ça veut dire que c'est le Dieu de toutes les planètes ?
— Oui, de toutes les planètes, de toutes les étoiles, de l'univers entier, quoi !
— Et vous croyez qu'il a le temps de s'occuper de tout ça ? interrogea Victor avec une pointe d'ironie.
— Evidemment, puisqu'il est Dieu ?
— Il est Dieu, il est Dieu... moi je veux bien. Mais y a jamais que vingt-quatre heures dans une journée. Tout Dieu qu'il est, il peut pas s'occuper de tout le monde en même temps. Tenez, admettons qu'il consacre seulement une seconde à chaque personne, hein ? Bon, y a combien de secondes dans une journée ?
Il sortit un bout de crayon rogné de sa poche et Félix, intrigué, lui tendit le dos d'une enveloppe.
— Voyons, s'activa Victor. Soixante multiplié par soixante multiplié par vingt-quatre... voilà ! Quatre-

vingt-six mille quatre cents ! Vous vous rendez compte ? En une journée, sans manger, sans dormir, sans prendre un seul instant pour souffler, il a tout juste le temps de s'occuper de quatre-vingt-six mille quatre cents bonshommes. Or, rien qu'à Paris, il y en a déjà des millions. Alors les autres, quand est-ce qu'il s'en occupe ? Et les Américains, et les Russes... et les Chinois ? Et les autres planètes ?

— Mais où voulez-vous en venir ?

— J'sais pas, répondit Victor au comble de l'aise. Mais ce qui est sûr, c'est qu'à lui tout seul, il peut pas s'occuper de tout le monde... et faire la pluie et le beau temps par-dessus le marché ! Alors je me dis que le Dieu dont on parle toujours, c'est peut-être pas Dieu.

— C'est qui alors ?

— J'en sais rien, rigola Victor. Si je savais, je serais évêque.

Félix éclata de rire.

— Ça y est, j'ai compris. C'est *Helzapoppin,* votre histoire.

Victor le regarda avec un sourire en coin. Il s'amusait follement. Soudain, il fit semblant de réfléchir vigoureusement et finalement, il proposa d'une voix douce :

— Et si c'était seulement un employé ?

Félix pouffa dans son verre. Lui aussi s'amusait. Les acrobaties métaphysiques de Victor le plongeaient dans une joie subtile.

— Un employé ?

— Oui, si le Dieu de la Terre, c'était seulement un employé du Grand Dieu Tout-Puissant là-haut dans les étoiles, le patron en chef, le président général. Avec tout ce qu'il a à faire et à surveiller, c'est bien le diable s'il n'a pas des employés pour l'aider. Après tout, il doit avoir les moyens.

— Attendez, attendez, intervint Félix. Ce pourrait être un membre de sa famille.

— Mais oui, sûrement, vous avez raison. Puisque Dieu a toutes les qualités, il est sûrement pas assez tarte pour confier un boulot comme ça à un simple employé. C'est sûrement un membre de sa famille. Depuis le temps, il doit bien avoir une famille. Il doit avoir des fils en pagaille.

— Jésus !

— Non, refusa Victor. Celui-là, il est déjà occupé à se multiplier par trois ; il doit pas avoir le temps pour autre chose.

— Un autre fils alors, avança Félix ravi de découvrir que la pratique du sacrilège pouvait être aussi réjouissante. Y a Dieu le Père et Dieu le Gosse, enfin l'un des gosses...

Puis, saisi d'une illumination, il ajouta :

— On pourrait même dire que c'est un gosse pas trop futé. Parce que toutes ces guerres, tous ces massacres, ces épidémies...

— Exactement, s'enthousiasma Victor. C'est le petit dernier de la famille. Il connaît pas encore son boulot ! Alors il ne fait rien que des conneries. Et en plus, il comprend rien à ce qui se passe ; les hommes sont en train de découvrir des choses qu'il n'a jamais inventées : les bombes atomiques, la pénicilline, le radar...

— Parfaitement, enchérit Félix. Et comme il n'a pas beaucoup d'expérience...

— Ben oui, le pauvre. Il débute.

— C'est ça oui... et comme il n'a pas beaucoup d'expérience, il accumule les gaffes et les erreurs. Alors ça donne des révolutions, des tremblements de terre, des bombardements avec des gens qui meurent comme des mouches. Et le monde traverse toutes sortes de malheurs...

Victor opina gravement, le regard soudain durci.

— Oui, c'est un vrai danger, ce type-là.

Il y eut un silence. Félix prit également une mine grave.

— On n'a pas de chance, dit-il.

— C'est bien vrai, répondit sombrement Victor. On nous a refilé le plus taré de la famille.

— Bah, on sait jamais, avança Félix en guise de consolation. Peut-être qu'on aurait pu tomber encore plus mal.

— Oui, peut-être. Avec la foutue veine qu'on a, le Bon Dieu aurait pu nous refiler une de ses filles.

Et les deux garçons éclatèrent de rire avec tant de force et de bonne humeur que plusieurs têtes se retournèrent vers eux et qu'une grosse dame en robe de deuil lâcha d'une voix aigre : « Ma parole ! Ils sont ivres. »

— Ah, la vache, criait Victor en se martelant les cuisses. Une fille ! Il manquerait plus que ça. C'est pour le coup qu'on serait dans la merde.

*Evidemment, il faut reconnaître que son langage manque souvent de distinction. Il lui arrive même d'être carrément vulgaire. Pourtant, il lui vient aussi des phrases assez recherchées. En tout cas, il n'est pas bête, mais je ne parviens pas à me faire une opinion précise à son sujet.*

Plus tard, la discussion s'apaisa, comme l'étale après le mistral. Ils regardèrent les passants en buvant un autre panaché et allèrent ensuite se promener lentement sur le boulevard. Ils marchaient en silence avec un vague sourire aux lèvres, s'arrêtant parfois devant les vitrines et échangeant des jugements un peu dédaigneux sur ce qu'ils y voyaient. Ils déambulaient avec le détachement serein de deux rentiers sûrs de leur qualité, l'esprit libre de toutes craintes et de tous besoins. En passant devant le Café Viel, Félix proposa d'une voix calme :

— On pourrait se tutoyer ?

— Oui, répondit Victor avec sérieux. Ce serait chouette.

— Alors c'est dit. On se tutoie.

— D'accord.

Et tous deux repartirent en fouillant leur imagination afin d'y trouver une phrase qui leur permettrait d'appliquer aussitôt cette décision. Ce n'est qu'au bout d'une centaine de mètres que Félix demanda :

— Tu... tu dois rentrer vers quelle heure ?

— Il faudrait pas que je tarde. Et toi ?

— Moi non plus. Ma mère va probablement téléphoner.

Quelques prostituées chaloupaient sur le trottoir et les deux garçons s'efforçaient soigneusement de ne pas les regarder. Ils furent l'un et l'autre sur le point de faire une remarque à ce sujet mais n'osèrent pas. Un peu plus loin, ils furent attirés par la vitrine d'une compagnie de navigation. Les affiches montraient des jeunes femmes souples et minces jouant à une sorte de marelle avec des cannes fourchues, prenant des bains de soleil sur le pont en devisant avec les mouettes, ou encore moulées dans des robes diaphanes et posant un regard blasé sur des reflets de lune au bras d'un homme en habit dont le visage restait plongé dans l'ombre.

— Un jour, musa Victor, un jour je partirai sur un grand bateau comme ça et j'irai faire le tour du monde.

Puis il ajouta, comme pour se convaincre vraiment de la fermeté de cette intention :

— Oui, je ferai ça. Sûrement.

— Moi aussi, répondit Félix.

— Peut-être qu'on sera sur le même bateau.

— Peut-être...

Devant l'embouchure du métro Madeleine, ils se quittèrent sur une solide poignée de main.

— Tu vas retrouver ton chemin ? demanda Félix sans aucune intention sarcastique, mais regrettant aussitôt d'avoir formulé cette question.

— Oui, oui, sourit Victor. T'inquiète pas.

Félix hésita.

— Euh... tu fais quelque chose dimanche prochain ?

— Non, je travaille seulement le matin, mais j'ai rien prévu pour après.

— On pourrait se revoir, articula Félix en piétinant ses principes.

— Oui, ce serait bien.

— Métro Opéra ? A la même heure ?

— D'accord. Dimanche prochain à la même heure.

Félix tendit à nouveau la main, avec une certaine brusquerie lui sembla-t-il.

— Alors salut !

Victor prit la main et la serra fortement, en homme.

— Salut ! On a bien rigolé, hein ?

*Vraiment un étrange bonhomme. Lorsque nous nous sommes quittés, je ne savais plus très bien quoi lui dire mais j'avais l'impression qu'il voulait encore parler. De quoi ? Je l'ignore.*

*On verra dimanche prochain.*

*En attendant, j'avoue qu'il m'a étonné et ce n'est pas fréquent. Devrais-je admettre avec Balzac (ou Sainte-Beuve) que l'étonnement est l'effet que la nouveauté exerce sur l'ignorance ? (Victor Hugo ?)*

*Il faudrait alors que je me pose d'autres questions.*

De son côté, Victor voyagea vers La Villette en suivant du regard les réclames souterraines de Dubonnet et en chantonnant intérieurement au rythme régulier des passages : « J'ai... un... co... pain ! »

*
* *

Le mardi suivant, en début de soirée, Félix était allongé sur son lit et relisait *Salammbô* avec morosité lorsqu'il entendit un brusque vacarme de portes claquées et de voix claironnantes.

Amolli par l'ennui, il mit cette agitation sur le compte d'une chamaillerie de cuisine. Depuis une semaine, le personnel était à nouveau au complet et Félix avait eu maintes fois l'occasion de constater que les rapports entre les domestiques n'étaient pas toujours empreints de cordialité. Le valet de chambre détestait la morgue du maître d'hôtel qui, lui, ne pouvait souffrir la cuisinière. Tous haïssaient la femme de chambre, une puissante Bretonne au caractère féroce qui s'exprimait par insultes plus ou moins déguisées.

En temps normal, les conflits qui éclataient entre

l'office et la lingerie étaient tempérés par les égards dus aux maîtres. Certes, on continuait d'échanger des injures mortelles et des menaces sanglantes, mais cela se faisait sur un ton de messe basse. Ce n'est guère qu'à la mâchoire crispée de l'un ou aux yeux humides de l'autre qu'on pouvait soupçonner quelque furieuse prise de bec dans les enfers.

Mais avec la seule présence de Félix, ces précautions de volume oratoire ne tenaient guère. Plusieurs fois déjà, il avait perçu les éclats de violentes disputes qui lui semblaient porter sur des susceptibilités dérisoires.

Tout de même, ce mardi-là, le vacarme prenait des proportions inhabituelles, presque inquiétantes. Félix se redressa lentement sur son lit en se demandant si son devoir de fils de famille lui imposait d'aller interrompre une rixe éventuelle.

Soudain, la porte de sa chambre s'ouvrit à la volée et Katia se planta sur le seuil avec une expression outragée :

— Et la chambre n'est pas nettoyée. J'en étais sûre. Félix, lève-toi.

Félix, stupéfait, obéit prestement tandis que Katia arrachait le couvre-lit et faisait voler les couvertures.

— Les draps sont immondes ! Ils n'ont sûrement pas été changés dépuis quinze jours. Félioucha, mon trésor, viens m'embrasser.

Mais sans attendre que Félix eût seulement le temps d'amorcer un mouvement vers elle, Katia quitta la chambre comme une furie et hurla dans le couloir :

— Cette maison est uné porchérie ! Vous m'entendez ? Uné porchérie !

Puis elle revint sur ses pas, saisit la tête de Félix entre ses mains et lui planta un baiser furieux sur le front.

— Et pourquoi tu n'as rien dit ? Tu té laisses faire par cette racaille ?

— Mais Maman...

— Tu dévais exiger qu'on change tes draps !

Les Beauchêne venaient de rentrer à l'improviste et dès qu'ils eurent franchi la porte, il se révéla que ce n'était pas une bonne idée. Clémence s'apprêtait à aller au cinéma en robe de Patou, Azélie, la femme de chambre, barbotait agréablement dans la baignoire de Madame tandis que noyés dans la fumée bleue des Partagas, le valet de chambre et le maître d'hôtel célébraient une trêve provisoire avec un flacon de Cockburn 1894.

La raison de ce retour inopiné était d'ordre purement commercial. Depuis plusieurs mois, les Papeteries Beauchêne et Condart se trouvaient en pourparlers avec un groupe de banquiers brésiliens pour la construction d'une gigantesque usine aux embouchures de l'Amazone. Les conditions les plus favorables étaient réunies pour rendre ce projet particulièrement séduisant : marché en prodigieuse expansion, matière première quasi inépuisable, concurrence réduite, capitaux à 3,25 % non indexés, dégrèvement fiscal sur huit ans, charges sociales presque nulles et une main-d'œuvre abondante, joyeusement prête à se contenter d'une échelle de salaires si misérable que Guidry-Beauchêne, lui-même, l'évoquait en termes voilés.

Certes, les tractations étaient longues, compliquées par l'indolence et la corruption des fonctionnaires, soumises aux caprices changeants d'un ministre paranoïaque qui voulait bien accorder tout ce qu'on voulait, mais avec plus ou moins de fermeté selon les variations du temps et de la conjoncture politique.

Néanmoins, on pouvait espérer une conclusion définitive des accords pour la fin de l'année à condition que personne ne vînt semer le désordre dans un édifice encore fragile. Or, c'est précisément ce qui devenait à craindre. Un matin, le père de Félix fut brutalement arraché aux douceurs de l'été solognot par un coup de téléphone hurlant du cousin Jean :

— Les Anglais ! Ces enculés d'Anglais ! Ils sont en train de nous faire un enfant dans le dos. Je viens de recevoir un câble de Pereira-Vega. Il me dit que Wright et Haslam sont à São Paulo dpuis une semaine et qu'ils grenouillent comme des fous. Avec ces deux-là, on peut s'attendre à tout.

— Pas de temps à perdre, trancha le père de Félix. Il faut que tu partes immédiatement.

— Mais c'est impossible, gémit Guidry-Beauchêne. Je dois me farcir les syndicats à Bordeaux, la semaine prochaine. Si je n'y suis pas, Dieu seul sait ce qu'ils vont nous mijoter pour la rentrée, ces salopards ! Ah, je te jure... entre les rosbifs et les cocos, ça devient dur de gagner sa vie.

Lorsque André Beauchêne annonça son départ à Katia, celle-ci poussa un ululement de sirène :

— Hiiiiiiiii ! Lé Brésil ! Mon rêve ! Jé pars avec vous. Ma cousine Macha est installée là-bas.

— Je sais, mais il s'agit d'un voyage très important. Je devrai résoudre les problèmes complexes et je n'aurai probablement pas une minute à vous consacrer.

— Aucune importance. Jé pars avec vous.

— Mais non, voyons. Je vous emmènerai une autre fois.

— Jé pars avec vous.

— Katia, ma chérie, soyez raisonnable. Je vous promets que nous irons ensemble, bientôt... mais une autre fois.

— Jé pars avec vous.

— Non, s'énerva le père de Félix. Je vous dis que c'est impossible.

— Et moi jé vous dis qué jé pars avec vous.

— Non, non et non ! C'est hors de question. Point final !

— Trés bien, répondit Katia de sa voix trop calme. En cé cas, jé pars toute seule. Macha s'occupéra dé moi.

Puis elle quitta la pièce sous le regard désolé de son mari en criant :

— Thérèse, les bagages. Nous partons pour lé Brésil.

Olivier regarda son père avec sympathie.

— Vous savez, quand maman veut vraiment quelque chose...

— Oui, soupira le pauvre homme. Je me demande

parfois comment les bolcheviks ont pu réussir une révolution contre des gens comme elle.

— Parce qu'ils étaient également russes, claironna la grand-mère du fond de son fauteuil. Et de toute évidence, toi tu ne l'es pas.

— Que voulez-vous dire ?

— Rien, rien, conclut la vieille dame en faisant mine de se replonger dans un ouvrage de Daniel Rops qui l'ennuyait profondément mais qu'elle se ferait un devoir de terminer tout de même.

Ils prirent la route après le déjeuner.

— Né prévenez pas la maison dé notre arrivée, demanda Katia avant de monter en voiture. Nous voulons faire une surprise à Félix.

Si Félix fut effectivement surpris, Katia le fut plus encore. Surprise et ivre de rage. Devant ses glapissements et ses formidables insultes, les domestiques se terraient dans les encoignures.

Puis, sans transition, son sens pratique reprit le dessus. Elle se promit de flanquer ces « bandits » à la porte dès son retour du Brésil, mais pour l'heure elle avait besoin d'eux ; trop de choses à préparer et peu de temps pour le faire. Le départ était prévu pour le lendemain soir.

Katia se répandit dans les couloirs en distribuant des ordres contradictoires sur un ton d'adjudant. Félix n'eut droit qu'à quelques étreintes rapides entre deux portes.

— Félioucha, mon amour ! Tu as grandi, tu sais ? Maurice, n'oubliez pas les bottes de Monsieur. Les écuyères fauves... et aussi les noires ! Non, pas les noires... oh et puis si, les noires !

— Mais que diable voulez-vous que je fasse de mes bottes ? s'insurgea le père de Félix. Je ne vais pas là-bas pour faire du cheval.

— Et si Pereira-Vega nous invite dans sa fazenda, vous irez comment ? En espadrilles ?

— Mais pourquoi deux paires ?

— Parcé qué c'est mieux comme ça, trancha Katia.

Jean Guidry-Beauchêne arriva dans la soirée,

ployant sous une pile imposante de dossiers. Katia l'apostropha avec sévérité :

— Alors, c'est toujours la même histoire, hein ? On sé laisse ridiculiser par les Anglais, une fois dé plus.

— Mais qu'est-ce que tu racontes ? grogna le cousin Jean qui était lui-même d'une humeur massacrante.

Katia leva les yeux au ciel, excédée :

— Trafalgar, Fachoda, Mers el-Kébir et maintenant São Paulo... et il démande cé qué jé raconte. Pauvré pétit pigeon dé Français, va.

Guidry-Beauchêne devint subitement écarlate et le père de Félix l'entraîna vivement dans le bureau avant que l'échange ne vire à l'irrémédiable querelle de famille.

Le dîner fut servi tard et à nouveau, Félix eut le sentiment qu'il comptait pour du beurre. Katia mangeait distraitement en cochant des listes de vêtements et de linge tandis que son mari feuilletait avec nervosité des liasses de télégrammes et de rapports qu'il repassait ensuite à son cousin en émettant de brefs commentaires.

Plus tard, Félix alla se coucher discrètement et personne ne s'aperçut de son absence. Le lendemain matin, lorsqu'il se leva pour aller à l'usine, ses parents dormaient encore.

En revanche, les domestiques étaient sur le pied de guerre et le maître d'hôtel servit lui-même le petit déjeuner de Félix avec une profusion d'élégances qui eussent comblé un archevêque.

Il retrouva le cagibi vitré et l'écrasant ennui que lui procurait ce stupide travail de classement. Il avait longtemps désespéré de parvenir au bout de cette tâche abrutissante, mais depuis quelques jours il commençait à percevoir une lueur au fond du tunnel. Il avait derrière lui un parcours jalonné de milliers de fiches dûment collationnées et indexées d'onglets multicolores, un paysage compliqué et déprimant. Encore une semaine, peut-être... Il aurait voulu interroger Liotard sur le nouveau travail qui lui serait confié, mais il craignait d'être déçu.

En tout cas, plus de fiches. Plus jamais de fiches.

A cet égard, sa journée fut semblable aux autres, gluante de monotonie. Elle ne se différencia que par le sursaut de plaisir qu'il éprouva lorsque son père vint le chercher en fin d'après-midi.

— Alors c'est ici que tu travailles. Tu es bien installé. Où as-tu trouvé cette blouse ?

— C'est M. Liotard qui me l'a prêtée.

— Bien, bien, bien, dit le père de Félix en tortillant sa courte moustache, un geste qui dénotait chez lui une vague forme de perplexité.

— Range tes affaires, ajouta-t-il. Nous rentrons à la maison.

En sortant de l'atelier, le père de Félix sembla se détendre et entoura les épaules de son fils tout en marchant.

— Liotard est content de toi. Il m'a dit que tu travailles bien et que tu es très ponctuel. Ça m'a fait plaisir. Jean m'a également fait des compliments sur ton compte.

Félix se sentait un peu gêné de marcher ainsi dans les allées de l'usine sous le bras protecteur de son père. Sur leur passage, il notait des regards furtifs et à deux reprises, il lui sembla déceler une expression goguenarde.

De son bras libre, André Beauchêne embrassa le décor des ateliers avec une fierté naïve.

— Ça te plaît, tout ça ?

— Oui, répondit Félix un peu contraint.

— Et ton travail ? Est-ce que ton travail te plaît ?

Félix hésita.

— C'est un peu monotone.

— Sans doute, sans doute... mais n'oublie pas que tu as été puni.

Félix baissa la tête et son père prit cela pour de la contrition. Il se trompait.

— Eh oui, insista-t-il, quand on fait des bêtises, il faut les payer. C'est la même chose pour tout le monde

Dans la grosse Packard, André Beauchêne remonta

la vitre qui les séparait du chauffeur et prit la main de son fils.

— Tu sais, ce soir-là... le soir du chien... j'ai eu très peur pour toi.

— Excusez-moi, murmura Félix.

— Non, je ne veux pas d'excuses. Je ne t'en demande pas. C'est passé; on n'en parle plus. Je voudrais simplement que tu me promettes de ne plus recommencer ce genre de bêtise.

Félix éprouva un sentiment de malaise.

Son père croyait-il réellement qu'une telle promesse pouvait avoir la moindre signification ? Comment promettre qu'un fauve ne lui bondirait pas dessus ? Comment promettre que les événements de la vie seraient assez sages ? Comment promettre quoi que ce soit ? Promettre de refuser l'aventure et le hasard alors qu'on ne rêvait que de cela. Promets-moi de ne pas respirer pendant deux heures... promets-moi de ne plus pisser contre les murs, de boire de la goutte avec les copains, de faire ce que tu as envie de faire sans savoir encore ce que c'est, de... mon Dieu ! Les mots avaient-ils donc si peu de valeur ?

— Tu m'entends ? Je veux ta promesse.

Et il insiste, en plus.

— Oui papa.

Voilà, c'est aussi simple que ça. Il suffit de dire oui, même si on sait avec certitude que cela ne veut rien dire. On dit oui, tout bonnement. Quelle comédie, songea Félix. On voudrait parler, discuter, se raconter, expliquer les impulsions qui vous poussent à défier les choses, trouver devant soi un père qui comprend et qui répond, pas un chef de famille sûr de son autorité qui exige des promesses et fait semblant de s'en contenter.

— Tu sais, j'ai parfois l'impression de ne pas te comprendre.

— Pourquoi ? demanda Félix avec espoir.

— Je ne sais pas. C'est comme ça. Tu m'échappes un peu. Tu n'es pas très bavard, tu es assez solitaire... Tu n'es pourtant pas malheureux, n'est-ce pas ?

— Oh non... mais je m'ennuie un peu.

— Tu t'ennuies ? A ton âge ? Mais comment diable peut-on s'ennuyer à quatorze ans ?

Félix pensa qu'on pouvait s'ennuyer à périr et son maigre espoir partit en fumée.

— Tu vois, poursuivit le père, c'est cela que je ne comprends pas bien. Tu t'enfermes dans toi-même. Tu ne vas pas au-devant des autres. C'est sans doute pour cela que tu t'ennuies. Regarde ton frère : chez lui, c'est très différent. Il est ouvert à tout. Il s'intéresse aux choses et aux gens. Il est d'une curiosité insatiable. Je peux t'assurer qu'il ne s'ennuie jamais, lui.

Et allez donc ! La fameuse sérénade. L'exemple admirable du frère aîné. Qu'est-ce qu'il a de plus que moi, sinon quelques années ? Quand j'aurai dix-neuf ans, moi aussi j'aurai une grande gueule. Moi aussi, je pourrai flagorner et débiter des idioties sans intérêt pour le seul plaisir de faire le beau. Et puis, pour s'ennuyer il faut avoir de l'imagination et lui n'en a aucune.

— Enfin, je suppose que c'est dans ton caractère. On n'y peut rien. Tu es comme ça et il faut t'accepter tel que tu es. Mais ça ne fait rien, je t'aime beaucoup quand même.

Moi aussi pensa Félix, moi aussi je t'aime bien *quand même,* espèce de cloche.

Il fut aussitôt horrifié par l'énormité de la réponse qui venait de lui traverser l'esprit. Non, non, je n'ai pas voulu penser cela. C'est mon père. Mon père. Je ne peux pas penser cela. Mon Dieu, c'est effroyable...

Il voulut se rattraper.

— Moi aussi je vous aime beaucoup.

Son père lui tapota la main en souriant avec confiance.

— Tu es un bon garçon, Félix. Malheureusement, je crois qu'on ne se voit pas assez. Tu es au collège toute l'année et lorsque tu reviens à la maison, je suis souvent en voyage. Il n'y a guère que les vacances, mais ce n'est pas suffisant, n'est-ce pas ?

Félix ne répondit pas

— Non, bien sûr. Ce n'est pas suffisant. Voudrais-tu quitter le collège et revenir à la maison avec nous ?

Cela demandait réflexion. Paradoxalement, le collège offrait des libertés qu'il faudrait abandonner en revenant au bercail. Mais d'un autre côté, le lycée, les cinémas, de nouvelles têtes, peut-être... Ce serait bien. Bon sang, ce serait même drôlement bien. Il s'excita d'un seul coup, subitement convaincu que cette offre était pleine de séductions.

— J'aimerais bien revenir à la maison.

— Bon, on verra. Il est trop tard pour t'inscrire ailleurs cette année. On en reparlera l'année prochaine.

Et l'excitation de Félix s'affaissa comme un pneu crevé. L'année prochaine, on coiffe à l'œil.

— En attendant, tu vas quitter l'usine et retourner en Sologne. Il faut que tu te reposes un peu avant de reprendre tes cours...

Alors là, pas question ! La perspective de se retrouver entre Olivier et la grand-mère, de devoir faire des politesses imbéciles chez les Pommier ou les Mortaigne... non, pas question ! Même l'idée d'aller cueillir les fruits de sa gloire de tueur auprès des membres du Conseil ne le tentait pas. D'ailleurs, à la réflexion, il les trouvait tous très enfantins. Des mômes !

— ... de toute manière, je crois que la leçon a été salutaire et qu'il est inutile de la prolonger.

— Je n'ai pas encore terminé mon travail. Je ne peux pas laisser tomber M. Liotard. Il faut que je reste.

— Ce n'est pas nécessaire. Liotard trouvera facilement quelqu'un d'autre. Nul n'est indispensable, tu sais.

— Quand même, insista Félix avec anxiété. Je voudrais finir ce que j'ai commencé.

Son père eut un bref éclat de rire.

— C'est bien ça. Tu es consciencieux. Bon, puisque tu y tiens tant que ça, je ne veux pas te décourager. Je t'autorise à rester encore une semaine. Ensuite, tu retournes en Sologne. D'accord ?

— J'aimerais mieux rester à Paris.

— Mais non, voyons. Que ferais-tu à Paris, tout seul ?

— J'aimerais mieux rester.

— Pourquoi ? demanda le père en souriant finement. Tu as trouvé une petite amie ?

Félix rougit.

— Non... ce n'est pas ça.

— Alors pourquoi ? Hein ? Tu ne veux pas me le dire ? C'est un secret ?

— Non, il n'y a pas de secret. J'aimerais mieux rester, voilà tout.

Son père devint alors très paternel.

— Allons, allons, ce n'est pas très raisonnable. Tu es encore trop jeune pour qu'on te laisse seul dans Paris.

— Je n'étais pas trop jeune pour aller à l'usine, protesta Félix en haussant la voix.

— Ce n'est pas la même chose. Et puis baisse un peu le ton, s'il te plaît. Tu feras ce que je te dis de faire. Encore une semaine à l'usine et ensuite, retour en Sologne. Et ne discute plus. C'est compris ?

— Oui, papa.

Il enrageait. On ne peut jamais faire ce qu'on veut, bon sang de bonsoir ! J'en ai marre de la Sologne ! Marre, marre et marre ! Et par-dessus le marché, il y pleut toujours en septembre et je vais m'emmerder comme un rat mort. Zut alors !

Dans l'appartement, il régnait une ambiance de folie. Katia se précipitait de tous les côtés à la fois en gémissant :

— Nous né sérons jamais prêts... Ah, Félix ! Té voilà enfin. Jé t'ai cherché toute la journée. Où étais-tu ?

— Mais... à l'usine, répondit le garçon étonné.

— A l'usine ? Mais qu'est-ce qué tu faisais à l'usine ? Ah, mon Dieu, c'est vrai. J'avais oublié. Aïe, ma pauvre tête. Jé né sais plus où est ma pauvre tête. Alors mon trésor, tu as bien travaillé ? Bon, tu mé racontéras ça plus tard. Tu vois bien qué jé n'ai pas lé temps.

Félix alla se réfugier dans sa chambre.

Le soir même, il accompagna ses parents à la gare Saint-Lazare. Ils prenaient le train de vingt et une heures afin de rejoindre le S.S. Melisanda à l'escale de Lisbonne. Malgré les craintes de Katia, tout était prêt et les porteurs chargèrent dans le fourgon à bagages deux malles-cabines et huit valises parfaitement ordonnées.

— Alors c'est bien d'accord, sermonna le père. Pas de bêtises. Tu as promis.

— Oui papa.

Puis Félix écouta sagement les dernières recommandations cahotiques de sa mère et tandis qu'elle prenait possession de son compartiment et entreprenait de martyriser le contrôleur, il arpenta le quai avec impatience devant ce train qui n'en finissait pas de partir.

Lui-même était déjà ailleurs.

# III

# *AUBERVILLIERS TRANSFER*

Le garçon descendait l'avenue Jean-Jaurès en roulant légèrement des épaules. Les mains étaient enfoncées dans les poches de son pantalon et il avançait à longues enjambées souples sur ses semelles de crêpe. Malgré la chaleur qu'il faisait ce jour-là, il portait un battle-dress américain fermé jusqu'au cou et un bonnet de laine kaki lui couvrait la tête jusqu'aux sourcils, noirs et épais. Quelques poils de moustache naissante tentaient d'accentuer la sévérité très calculée de son expression. Il avait un peu plus de seize ans et n'avait peur de rien, ni de personne.

On l'appelait Bouboule, mais il y avait beau temps que ce sobriquet avait perdu sa première raison d'être. Autrefois, lorsqu'il était encore un bambin, sa mère s'extasiait sur ses rondeurs. Elle était veuve et arménienne ; c'est donc par compensation autant que par tradition qu'un enfant grassouillet lui apparaissait comme une bénédiction du ciel. Elle ne cessait de s'émerveiller sur les membres rebondis de son fils qu'elle tripotait et mordillait à la moindre occasion.

— Oh, la petite bouboule... le gros petit bouddha... miam miam, le petit bouddha... je vais le manger tout cru, le petit bouddha... ma jolie petite bouboule !

Puis elle enfonçait un long doigt maigre dans les plis les plus graisseux en annonçant qu'elle allait d'abord manger ceci, puis cela, puis encore ceci et finissait dans une bruyante hystérie de baisers frémulants sur la saignée du bras, la base du cou ou la raie des fesses.

Jusqu'à l'âge de trois ans, Bouboule trouvait cela très drôle. Ça chatouillait et ça faisait rire. A six ans, c'était déjà moins amusant. A huit ans, c'était carrément exaspérant, mais Bouboule vénérait trop sa mère pour la rembarrer brutalement. Il se dégageait de ses étreintes dévorantes avec autant de délicatesse que de fermeté et demeurait assez choqué de voir qu'à huit ans, on pouvait encore lui mordre les fesses à l'improviste. Toutefois, le plus énervant pour lui, c'était la grosse ironie des gosses du voisinage lorsqu'il jouait avec eux à la balle au chasseur dans l'impasse Bordier et que sa mère se mettait à la fenêtre et l'appelait pour qu'il remonte terminer ses devoirs.

— Allez, Bouboule, ricanaient les copains. Faut rentrer à la maison. Y a la Zingara qui te réclame.

La Zingara ! Elle était noire de partout, veuve jusqu'au bout des cils et dans ce quartier assez misérable d'Aubervilliers où, plus qu'ailleurs, la différence était source de malaise, il fallait bien que les voisins trouvent une étiquette rassurante. Alors, c'était la Zingara, et ce surnom un peu méprisant irritait Bouboule bien plus que le sien.

A l'âge de douze ans, il entreprit de faire le ménage. Il se colleta systématiquement avec tous les garçons qui prononçaient le nom de la Zingara. Au début, ce furent des bagarres désordonnées et maladroites, mais l'usage aidant, les affrontements devinrent bientôt plus brefs et plus décisifs. Bouboule usait d'une stratégie assez simple : cela consistait à cogner le premier et à y mettre toutes ses forces. Neuf fois sur dix, les choses n'allaient pas plus loin.

Par défi, il décréta que lui seul aurait le droit de dire « la Zingara » en parlant de sa mère. Malheur à qui en ferait autant, même par mégarde.

C'est également par défi qu'il conserva son propre surnom. Celui qui trouverait là un sujet à plaisanter courrait de très gros risques.

Bouboule savait désormais se faire respecter.

A seize ans, il était court, râblé et puissant. Seules, des joues un peu trop rondes témoignaient de son ancienne apparence. Le reste était tout en muscles et il s'en dégageait une telle impression de force que les motifs de bagarres devenaient très rares.

Au reste, cela lui convenait parfaitement. Ayant confortablement assis sa supériorité dans ce domaine, il était devenu un partisan convaincu de la paix armée : montrer assez de potentiel pour ne pas avoir à s'en servir.

— Il vaut toujours mieux une bonne discussion dans le calme qu'un mauvais coup de poing dans la gueule, expliquait-il à ses copains de l'impasse Bordier, une bande de petits sanguins, méchants comme la gale et toujours prêts à s'étriper pour des histoires de boutons de culotte.

Parfois, il arrivait tout de même qu'un malappris venu d'un autre quartier s'avise de mettre en question le prestige ou les intérêts de Bouboule. Celui-ci tentait toujours de le raisonner, mais si l'autre s'obstinait et devenait bêtement agressif, le conflit était rapidement tranché : une violente savate à la base du genou immédiatement suivie d'un foudroyant coup de tête en pleine figure.

C'était absolument radical et personne ne s'était jamais relevé pour en demander plus.

Bien que cette efficacité soit considérée par certains comme un véritable fonds de commerce, les ambitions de Bouboule se situaient ailleurs. Sans avoir de vanité particulière, il se trouvait néanmoins plus futé que les autres. Dans une mesure aussi large que perverse, ce n'était pas inexact. Il y avait effectivement du talent chez ce garçon, mais il s'orientait surtout vers la carabistouille subtile, le trafic discret et l'embrouille bien ficelée.

Bouboule était un arnaqueur et si l'on se basait sur les promesses qu'il montrait à seize ans, on pouvait en déduire qu'il deviendrait probablement un arnaqueur de grand style.

Il avait découvert sa vocation durant la guerre, à la

communale de la rue Michelet, en échangeant une voiture miniature Hornby subtilisée le matin même chez le marchand de couleurs contre trois tablettes de chocolat blanc. Puis il avait troqué le chocolat contre une chambre à air de vélo presque neuve (six rustines seulement). La chambre à air s'était muée en deux litres d'huile qui se transformèrent en douze paquets de tabac. Douze paquets de tabac ! De l'or en banque ! Et tout ça, en une seule journée, à partir d'un jouet dérisoire qu'il avait mis dans sa poche sans même y réfléchir.

Le soir, dans son lit, contemplant son trésor, Bouboule vit une carrière se dessiner devant lui. Il avait treize ans.

Quelques mois plus tard, Paris était libéré et les chars de la 2e D.B. faisaient une entrée triomphale dans la ville. Tandis que Jean Guidry-Beauchêne, toujours simple, venait garer son blindé dans la rue Alfred-de-Vigny et sablait le champagne en uniforme de héros, Bouboule promenait ses joues rebondies dans les immeubles du XIXe arrondissement et faisait une collecte « pour offrir une pipe à Leclerc ».

Il n'essuya aucun refus et revint à Aubervilliers avec trois kilos de monnaie. De son côté, le général Leclerc dut se contenter de la pipe qu'il avait déjà.

Dix-huit mois passèrent et Bouboule perfectionna le système. A l'aide des tampons de caoutchouc d'un jeu de l'imprimeur, il confectionna des feuilles de souscription à l'en-tête du parti communiste et partit écumer le XXe arrondissement.

— C'est pour offrir une pipe à Staline. Vous marquez ici votre nom et la somme que vous donnez.

Le lendemain et les deux jours suivants, il étendit ses ravages dans le XVIIIe, le XIe et le XIVe. Il était devenu exigeant et refusait les pièces de monnaie. Lorsque l'obole lui paraissait trop mince, il fronçait sévèrement sa barre de sourcils et précisait :

— On veut pas lui donner n'importe quoi. On veut lui offrir une pipe en argent. Il a bien mérité ça, non ?

La ferraille retournait alors dans les poches et les beaux billets de banque jaillissaient aussitôt.

Au bout de quatre jours, il était fourbu, crevé d'avoir escaladé tant d'escaliers et tiré tant de sonnettes. Mais une fois encore, sa récompense était là, étalée sur le lit : quarante-trois mille six cent cinquante-cinq francs.

La fortune !

Un autre garçon du même âge aurait sans doute continué d'exploiter ce pactole, mais outre le talent, Bouboule avait également de la mesure. Il savait s'arrêter. Le coup de la pipe, terminé ! Et quant aux arrondissements qu'il avait mis en coupe réglée, il aurait soin de ne pas s'y aventurer avant six mois.

La même année, sur les insistances de la Zingara, il se présenta à l'examen d'entrée de l'Ecole d'apprentissage de la S.N.C.F. et fut reçu sans difficulté. Sa mère était aux anges : son Bouboule était désormais protégé, il avait un avenir assuré, il serait fonctionnaire, avec la sécurité, les congés payés et la retraite.

A la S.N.C.F., Bouboule examina soigneusement le terrain et les hommes qui le contrôlaient. Il en conclut rapidement que son véritable avenir n'était pas dans les chemins de fer. Il perdait son temps dans cette école. Un arrangement à base de gigot d'agneau, d'huile d'olive et de rations K lui permit de n'y faire, dorénavant, que des apparitions brèves et très espacées.

Libre de son temps, il partit se promener dans Paris à la recherche d'une idée, d'une occasion. Il alla fouiner dans les endroits chauds, à Pigalle, à Barbès, sur les boulevards. Il regardait avidement ce qui se passait, enregistrait les détails, les échanges furtifs dans l'ombre des portes cochères, les trafics et les magouilles dans les arrière-salles des bistrots, au fond de ces bars mystérieux aux rideaux tirés. Des gosses de son âge planqués dans les vespasiennes vendaient des cartouches de Pall Mall à la sauvette. Il voulut en interroger quelques-uns, mais il les trouva craintifs et fuyants devant sa carrure déjà impressionnante. De toute manière, ils représentaient le menu fretin. Ils ne savaient rien et ne pourraient lui être d'aucune aide. Ils n'étaient que des instruments. Et Bouboule arpentait les ruelles et les grandes avenues en se mordant nerveusement les lèvres. Comment se glisser dans une combine ? Comment saisir le petit fil qui le mènerait à la grande pelote ? Comment prendre sa part du gâteau avant que la fin des restrictions ne vienne immanquablement tout flanquer par terre.

Place Clichy, devant le Gaumont Palace, il fit la connaissance d'un jeune échalas bavard qui se vantait très haut de connaître tout le monde et d'avoir ses mains dans tous les trucs juteux. Durant deux jours, Bouboule s'attacha à ses pas et découvrit bientôt que l'échalas n'était qu'un hâbleur qui se faisait du cinéma. Il l'abandonna immédiatement.

Et Bouboule repartit à la poursuite de sa chance.

Il la trouva, par hasard, rue Pierre-Charron, dans un vaste hôtel particulier qui abritait les locaux de l'American Legion. Il y avait un va-et-vient considérable d'officiers de toutes nationalités, de jeunes femmes élégantes et de civils distingués. En interrogeant un chauffeur de taxi, Bouboule apprit que l'endroit abritait le bar le plus couru de Paris, source intarissable des alcools les plus divers.

— Il paraît que c'est cocagne, ajouta le chauffeur. Mais moi je suis sûr que c'est marché noir et compagnie, là-dedans. Il paraît qu'il y a même du jambon.

Là était la réponse ! Bouboule le savait, il le sentait. Mais la place était bien défendue. Deux immenses M.P. montaient la garde devant l'entrée et il fallait montrer patte blanche.

Bouboule passa un long moment sur le trottoir d'en face, réfléchissant au moyen de pénétrer cette citadelle.

Le lendemain, en fin d'après-midi, il entra dans la grande poste du Louvre par la porte de service avec un cabas de ménagère à la main. A l'intérieur, l'activité était intense et personne ne lui prêta attention. Il tourna un bon moment avant de trouver ce qu'il cherchait, attendit l'instant propice pour agir, puis, en un mouvement preste et discret, il rafla une casquette et une sacoche de télégraphiste qui traînaient sur un radiateur, les fourra dans son cabas et sortit de la poste avec une allure dégagée qui ne trahissait nullement son cœur battant et ses mains moites.

Une heure plus tard, il passa entre les deux M.P. en agitant un des petits bleus qu'il avait trouvés dans la sacoche et alla se fondre dans la masse d'uniformes et de robes froufroutantes qui encombraient le couloir.

Le bruit était considérable. Tout ce petit monde avait un verre à la main et ça riait, ça piapiatait à plein volume. Au fond du couloir, le bar était comble et la fumée des cigarettes presque solide. Bouboule jeta un coup d'œil et se faufila vers l'escalier. Il grimpa au premier étage, mais là les choses étaient beaucoup plus calmes, donc dangereuses. Il redescendit vers le bar, retira sa casquette qui était d'ailleurs trop petite et joua des épaules pour s'approcher vers le côté ouvert du comptoir. Les deux barmen étaient débordés, mais Bouboule attendit que l'un d'eux s'approche pour lui demander d'une voix timide :

— Pardon, m'sieur, je pourrais avoir un verre d'eau, siouplaît ?

Sans répondre, le barman remplit un grand verre au robinet du comptoir et le tendit à Bouboule qui remercia bien poliment.

Une demi-heure plus tard, l'endroit commençait à se dégarnir, mais Bouboule était toujours là, son verre d'eau à la main, regardant de tous ses yeux. Le barman revint vers lui.

— Dis donc, bonhomme, pour un télégraphiste, t'as pas l'air pressé.

— J'ai fini ma tournée, m'sieur. Ça vous ennuie pas que je regarde un peu ? C'est marrant ici.

— Tu parles, soupira le barman. A l'heure de l'apéritif, il y a de quoi devenir cinglé.

Puis il repartit œuvrer à l'autre bout du comptoir où un officier de la R.A.F. avec des moustaches en forme de balayettes réclamait pâteusement un autre « pink gin »... *if you please, my dear man!* Il revint vers Bouboule quelques instants plus tard.

— Tu veux pas un p'tit quelque chose dans ta flotte ? Bouboule avança son verre sans bien comprendre et le barman y versa subrepticement une rasade de liquide ambré. Bouboule goûta et ne put retenir une grimace.

— Qu'est-ce que c'est ?

— Du whisky, mon gars. Et du meilleur.

On dirait du jus de godasses, pensa Bouboule, mais il fit tout de même semblant d'apprécier. Il attendit encore un moment, puis lorsque le barman revint à nouveau près de lui, il demanda d'une voix qu'il voulait innocente :

— Dites, m'sieur... y aurait pas moyen d'avoir des cigarettes américaines, par ici ? C'est pour mon père. J'peux payer. J'ai de l'argent.

Le barman lui désigna un long jeune homme maigre qui semblait flotter dans son veston croisé et dont les cheveux trop longs et trop raides retombaient sur le front comme deux ailes de corbeau.

— Tiens, va lui demander. Dis-lui que c'est moi qui t'envoie.

C'est ainsi que Bouboule fit la connaissance de M. Armand, un fils de famille, morphinomane au pire degré et qui trafiquait de tout pour entretenir « sa petite faiblesse », comme il l'appelait.

Le soir même, Bouboule revint à Aubervilliers avec dix cartouches de Chesterfield qu'il n'eut aucune peine à revendre le lendemain matin avec 100 % de bénéfice. Même à ce taux, sa marchandise était encore moins chère que celle des gosses, dans les vespasiennes du boulevard Poissonnière.

Ce fut le début d'une collaboration très fructueuse qui porta sur les denrées les plus diverses : cinquante kilos de farine, douze pneus de camion, trente boîtes de cigares, onze radios portatives Philco, quinze canadiennes fourrées, des cigarettes par milliers, des caisses de conserves par dizaines... Bouboule n'avait plus une minute à lui. Il s'était procuré une bicyclette nantie d'une remorque qu'il garait chez un bougnat de l'avenue des Flandres et chaque jour il parcourait Paris dans tous les sens.

Son terrain de chasse s'étendait jusqu'à la banlieue sud mais soucieux d'épargner à sa mère les ragots qui n'auraient pas manqué de lui revenir aux oreilles, il ne traitait presque jamais d'affaires à Aubervilliers. De son côté, toujours éperdue d'amour pour son fils, la Zingara ne s'interrogeait guère sur l'argent que Bouboule ramenait à la maison. Pour ne pas l'alarmer par une trop grande générosité, il ne lui remettait qu'une partie infime de ses bénéfices et justifiait cela par de prétendus travaux d'atelier qu'il faisait après les cours chez un plombier mythique. Par la même occasion, cela lui permettait d'expliquer ses retours parfois tardifs à la maison. La Zingara éclatait d'orgueil. Quel bon fils elle avait là !

Les clients ne manquaient pas. Tout était rare, sauf les rutabagas, et personne n'aurait eu l'indélicatesse d'interroger Bouboule sur la source de ses marchandises ou de faire une remarque sur sa visible précocité de trafiquant. A cet égard, il demeurait extrêmement prudent et ne prenait aucun risque superflu. Il se faisait appeler Pierrot alors qu'il se nommait Edouard et nul ne connaissait son adresse, pas même M. Armand. Il ne prenait jamais de rendez-vous fixes avec ses acheteurs. Il chargeait sa remorque dans le box souterrain de l'avenue de Suffren où M. Armand entreposait ses trésors et se rendait ensuite chez le client qui lui semblait le plus susceptible d'être intéressé par ce qu'il avait à vendre. Il se trompait rarement et à l'achat comme à la vente, les transactions se faisaient sur le tas. Tout était discuté, livré et payé en quelques minutes, *cash on the line* comme disaient les Américains, jamais de crédit, jamais de promesses... le fric sur la table.

Le soir, dans son lit, il faisait ses comptes dans un petit carnet vert et se prenait à rêver. Encore six ou sept mois à cette cadence et il atteindrait le million.

Le million, nom de Dieu !

La S.N.C.F. et toutes ses locomotives pouvaient bien aller se faire dorer chez les Grecs. Pour Bouboule, les chemins de fer français ne présentaient qu'un seul et unique intérêt : ils étaient garants de la sécurité de son argent. Son coffre-fort était une valise métallique qui dormait à la consigne de la gare de l'Est. Lorsque le paquet de billets qu'il portait sur lui devenait encombrant au point de boursoufler ses poches, il allait retirer la valise, s'enfermait dans les toilettes, ajoutait les billets à la pile déjà considérable qu'elle contenait et allait ensuite la déposer à la gare du Nord. La fois suivante, elle revenait à la gare de l'Est. Ni vu ni connu, j't'embrouille... ça valait toutes les banques.

Oui, Bouboule était vraiment un garçon plein de talent.

De plus, il était maintenant un homme, un vrai. Un jour, dans le box de l'avenue de Suffren, M. Armand lui avait montré une caisse en carton sans marques extérieures.

— Cinq cents paires de bas nylon. Tu en veux ?

Bouboule hésita. Cinq cents paires, c'était beaucoup. Pas tellement facile à écouler, cette marchandise. Il décida de n'en prendre qu'une centaine, pour commencer. Il pensait à cette patronne d'un salon de coiffure dans l'avenue du Maine à qui il vendait régulièrement des conserves.

Elle n'en prit que quatre-vingt-cinq paires; elle n'avait pas assez d'argent sur elle pour acheter le lot entier et malgré ses prières, Bouboule demeura inflexiblement fidèle à ses principes : pas de crédit !

Il se retrouva donc avec quinze paires dont il ne savait trop que faire. Il entra dans le premier immeuble un peu cossu qui se présenta à lui et fit froidement du porte-à-porte. Il était quatre heures de l'après-midi, les maris étaient au travail, les bourgeoises à la maison.

— Bonjour madame. Vous voulez acheter des bas nylon ?

Simple, sans fioritures, droit au but. Et ça marchait.

Arrivé au quatrième étage, il ne lui restait plus que cinq paires. Il sonna et Henriette lui ouvrit la porte.

Henriette était l'épouse aguichante et très blonde d'un comptable du Trésor qu'elle ruinait à petit feu par ses délirantes exigences vestimentaires. Le pauvre comblait les gouffres que creusait sa femme dans le budget familial en apportant une note pleine d'imagination et de créativité à la comptabilité d'un gros négociant en vins. Le mari d'Henriette souffrait profondément de cette dualité de fonction : le jour, il défendait farouchement les intérêts de l'Etat ; le soir, il escroquait la nation. Evidemment, lorsqu'on est originaire du Cantal, fils et petit-fils d'instituteur, boursier et sous-lieutenant de réserve, c'est une situation qui a de quoi rendre fou. Mais quand on aime...

Alors, le malheureux s'enfonçait avec détresse dans la délinquance fiscale, contraint et forcé par les multiples factures de modistes et de couturières qu'Henriette lui faisait payer à coups de charme, de bouderies et de coquineries diverses, bref, à l'aide de l'arsenal habituel.

Pour remercier son mari de se damner pour elle, Henriette le trompait copieusement avec un étudiant en pharmacie et un coureur cycliste qui s'était taillé une petite renommée dans les derniers Six Jours du Vel' d'hiv.

Lorsqu'elle ouvrit la porte à Bouboule, elle était en organdi bleu.

— Bonjour madame. Vous voulez acheter des bas nylon ?

— Des nylons américains ?

— Oui madame.

— Entre.

Elle le fit pénétrer dans un petit salon aux allures de bonbonnière. Il sortit les bas de sa poche et Henriette s'exclama. Quelle merveille, des bas fumés, les plus rares, 15 deniers, fins comme un souffle d'ange... Mon Dieu, quelle aubaine ! Au comble de l'excitation, elle se précipita dans la chambre, prit son sac et le retourna sur le lit. Son enthousiasme se mua aussitôt en désespoir. Elle promenait des doigts fébriles parmi les billets. Trente-cinq francs ! Trente-cinq misérables francs ! Fiévreusement, elle fouilla dans les tiroirs et les autres sacs. Rien. Elle ouvrit la penderie de son mari et retourna toutes les poches de ses costumes. Pas même une piécette. Ça m'aurait étonnée, ragea-t-elle, espèce de sale grigou !

Elle revint dans le salon et regarda Bouboule avec attention. Pas très grand, un peu jeune sans doute, mais solidement taillé et pourvu d'un visage bien lisse. Bah, ça la changerait peut-être du physique de crevette de son coureur cycliste et de l'acné envahissante de l'étudiant. Et puis, il faut ce qu'il faut.

Elle prit l'un des sachets et fit mine de le considérer avec un air de doute.

— Je ne suis pas sûre qu'ils soient à ma taille. Il faudrait que je puisse les essayer.

Bouboule fronça le sourcil.

— La taille est marquée dessus.

— Oui, mais ce sont des tailles américaines. Je ne sais pas à quoi elles correspondent en tailles françaises.

Et sans attendre la réponse, elle se laissa tomber sur le canapé, envoya valser ses chaussures à travers la pièce et remonta sa jupe jusqu'à la taille avant d'ouvrir le sachet sous l'œil stupéfait de Bouboule.

— Mon Dieu, comme ils sont légers. Approche-toi, petit. Aide-moi à les essayer.

Bouboule rougit violemment, mais s'approcha tout de même tandis qu'Henriette enfilait le premier bas.

— Tiens, donne-moi ta main.

Et elle promena la main du jeune garçon sur son genou et sa cuisse en roucoulant :

— C'est doux, non ? Touche comme c'est doux.

Bouboule eut soudain un éléphant dans la gorge.

— Tu ne trouves pas que c'est doux ?

— Ouirph !

— Tiens, et là, dit-elle en remontant vers le haut de la cuisse. Touche comme c'est lisse, comme c'est chaud... C'est bon, hein ?

— Bromph...

— Et chez toi c'est comment ? ajouta-t-elle en avançant son autre main vers le siège vital de Bouboule.

Une chose en entraînant rapidement une autre, Bouboule perdit sa fleur quelques instants plus tard et Henriette y gagna cinq paires de bas nylon.

A peine dépensé, il repartit aussitôt à l'attaque.

— C'est bien, jugea Henriette après le quatrième assaut de Bouboule. Tu es fort. J'aime ça. Il faudra que tu reviennes me voir. Tu as souvent des bas à vendre ?

L'autre n'entendait rien. Petit taureau ivre de stupre, il s'apprêtait à envahir la frégate une cinquième fois, mais elle le repoussa avec un rire de gorge.

— Mais regardez-moi cette petite brute. Il est inépuisable.

Bouboule bataillait des mains, de la bouche, des jambes, de tout...

— Non, non, il faut que tu t'en ailles, maintenant. Mon mari va bientôt rentrer. Tu reviendras, je te le promets.

Et Bouboule se retrouva dans la rue, léger comme une fleur, souriant béatement aux réverbères, les jambes un peu molles sans doute, mais agréablement molles.

Il revint le lendemain avec trois cartouches de cigarettes mais Henriette le gronda.

— Ce n'est pas raisonnable. Tu ne peux pas venir comme ça tous les jours. Je suis une femme respectable. Il faut penser aux voisins.

Elle accepta néanmoins ses hommages, car sur ce plan au moins elle était bonne fille. Elle ne boudait pas son plaisir et en donnait elle-même avec allégresse et complaisance. Bien sûr, le jeune garçon était maladroit et égoïste ; il lui restait encore tout à apprendre. Mais il avait de la vaillance et une étonnante vigueur. Les leçons ne seraient pas fastidieuses et Henriette acceptait volontiers d'être un professeur patient et compréhensif, à condition que son élève soit lui-même assez généreux.

On trouva un *modus vivendi* et, désormais, Bouboule

visitait sa « maîtresse » deux fois par semaine. Elle, de son côté, lui communiquait à chaque fois une liste de besoins qu'il n'avait aucune peine à remplir : l'huile, la farine, les conserves, le beurre, parfois une pièce de viande... Mais, fin psychologue, à l'inverse du mari qu'il bafouait, il veillait soigneusement à limiter l'importance de ses cadeaux. Il ne fallait pas trop gâter la bergère. Amoureux Bouboule ! Amoureux certes, mais pas fou.

— Après tout, pensait-il, pour ce que ça me coûte, je peux bien m'offrir ça.

— Après tout, pensait-elle, quand il y en a pour deux, il y en a pour trois.

Ils étaient faits pour s'entendre.

Ainsi donc, la vie était belle et ce jour-là, tandis qu'il descendait l'avenue Jean-Jaurès avec son bonnet tiré sur les sourcils, Bouboule aurait dû s'estimer comblé.

Or, il était soucieux.

Pourtant, sa valise métallique contenait maintenant près d'un million et demi et trois montres en or dont une qu'il offrirait bientôt à la Zingara, d'une manière ou d'une autre. Les affaires marchaient bien et Henriette, fidèlement disponible, commençait même à trouver chez son amant de poche des séductions moins sordides qu'au début. En outre, le palmarès amoureux du jeune homme s'ornait depuis deux mois d'une autre conquête réussie dans des circonstances analogues à la première, une bonne à tout faire brune et incandescente qui griffait, mordait et gueulait comme une folle...

Deux maîtresses, de l'argent plein les poches, tout l'avenir devant lui... que pouvait-il désirer de plus ?

Il pouvait désirer, de toute urgence, un très vaste réservoir, vide et propre, situé à l'écart de toute habitation, dans un endroit discret où l'on pourrait aller et venir sans éveiller de curiosité.

Une paille !

Pour M. Armand, Bouboule était un revendeur relativement mineur, mais il appréciait néanmoins son sérieux et son ingéniosité. La veille, il lui avait donc exposé un problème qu'il ne parvenait pas à résoudre.

— J'en ai parlé un peu à tout le monde, mais je ne trouve pas de solution. Le délai est trop court. Il y a ces deux Américains, des nègres... ils font le transport d'essence sur le dépôt de Versailles... ils sont prêts à vendre le contenu d'un camion-citerne pour des fifrelins. Trente mille litres !

Bouboule ouvrit de grands yeux. Trente mille litres d'essence ? L'affaire du siècle !

— L'ennui, poursuivit M. Armand en se frottant nerveusement le nez, l'ennui c'est que je n'ai aucun moyen de stockage et je ne veux pas prendre contact avec un garagiste. On ne sait jamais avec ces gars-là. Alors si tu trouves un truc, l'affaire est à toi. Je me contenterai d'un pourcentage. Mais il me faut une réponse avant deux jours.

Et depuis, Bouboule se creusait douloureusement la cervelle. Sa prudence naturelle lui conseillait d'oublier cette proposition, mais comment oublier trente mille litres d'essence ?

Trente mille litres !

C'était la porte ouverte sur une dimension supérieure, l'occasion de franchir plusieurs étapes en une seule enjambée. Après une telle opération, terminés les petits mégotages, le porte-à-porte, les randonnées parisiennes en vélo à remorque. Il aurait enfin assez d'argent pour entrer dans les combines vraiment juteuses : les devises, le pinard, la pénicilline, les queues de vison...

Il s'arrêta pensivement devant la vitrine de Sammy.

« ... que c'est chiant d'avoir seulement seize ans lorsqu'on a du talent. »

Pour la première fois, Bouboule se trouvait dans l'incapacité de faire cavalier seul. Il lui fallait un partenaire, un adulte qui parlerait à sa place ou qui aurait la clé d'un réservoir de trente mille litres. Toute la nuit, il passa en revue l'éventail de ses connaissances : des crevards, des sangsues, des minables. Aucun homme de poids, rien que des guignols avides et peureux qui le trahiraient sans remords pour se tirer eux-mêmes d'affaire, en cas de malheur.

Au petit matin, lourd de sommeil et flottant dans cette demi-conscience où naissent les bonnes idées, il pensa à Max.

Il n'avait été en rapport avec lui qu'une seule fois, pour l'affaire des pneus de camion. A l'origine, ils étaient destinés à un carrossier de Pantin, mais le jour où Bouboule était arrivé dans son atelier avec la première livraison, l'autre n'avait plus de goût pour les petits trafics. Sa femme, sa Ginette adorée, venait de le quitter pour un artiste peintre sans domicile fixe et désormais il souhaitait seulement se rouler en tas sur le sol et mourir.

Bouboule gronda et, du fond de sa détresse, le carrossier comprit que son infortune risquait d'être compliquée par une sévère dérouillée. Jugeant qu'il avait assez de misères pour un seul homme, il lâcha le nom et l'adresse de Max avec une voix éteinte.

— Va le voir de ma part. Il te les prendra tes pneus.

Effectivement, Max les avait pris. Sans discussion, sans commentaire, sans même demander son nom à Bouboule. Le jeune homme avait apprécié et ne s'était pas froissé de la mine franchement revêche qui accompagnait les silences de Max. Les affaires, c'est les affaires. C'est pas du tango.

Planté devant la vitrine de Sammy, Bouboule se mordait les lèvres et posait un regard absent sur les vêtements exposés. Il pesait le pour et le contre.

Si je me trompe, l'affaire est foutue. En admettant qu'il refuse, je pourrais même pas faire circuler de quoi remplir un briquet sans qu'il sache que ça vient de moi. Et pour peu que ce vieux débris se mette à jouer les bons citoyens, je suis bon pour la corrective et la Zingara va me faire une grosse tête. Bah, les flics pourraient jamais rien prouver, mais avec ces fumiers-là, on sait jamais. Non, je me fais des idées. Qui a jamais entendu parler d'un « broc » honnête ? Les brocs, les garagistes, les ferrailleurs, tout ça c'est la même race de pirates. Le vieux Max est sûrement pas une exception. Et puis c'est un juif ; il crachera pas sur une bonne affaire. D'ailleurs, quand je lui ai proposé le coup des pneus, il a pas bronché. Il les a achetés, les boudins. Pourtant, il savait bien qu'ils ne sortaient pas de la synagogue. Oui, mais quand même : entre une douzaine de pneus et trente mille litres de coco, y a une sacré marge.

Oh, et puis j'ai pas le choix ! Advienne que pourra. Je peux pas laisser passer une affaire comme ça.

Il repartit dans l'avenue de son pas souple, tourna à droite dans la rue qui menait au marché couvert, traversa la petite place et arriva devant la boutique de Max. Il hésita un instant et à travers la poche de son pantalon, il se toucha les testicules avec la main gauche pour conjurer le mauvais sort. Puis il entra dans le capharnaüm.

Max leva les yeux de son journal sans rien dire.

— Salut, dit Bouboule. Comment ça va depuis la dernière fois ?

Max hocha la tête mais demeura silencieux.

— Voilà, poursuivit Bouboule en fixant le sol entre ses pieds, c'est un truc assez délicat et j'ai pensé comme ça que je pourrais venir vous en parler vu qu'on a déjà fait des trucs ensemble... et que je me suis dit comme ça... faut que j'aille en causer à m'sieur Max... alors je suis venu vous voir.

Silence. Bouboule frotta ses chaussures l'une contre l'autre et reprit :

— Bon, alors voilà... c'est un copain qui a une affaire intéressante... enfin, c'est pas exactement un copain... c'est plutôt le copain d'un copain, vous voyez ce que je veux dire ? Bon, bref... euh... il m'a causé de cette affaire et je voulais savoir si ça pourrait vous intéresser. Alors je suis venu.

Max le regarda, toujours sans répondre et Bouboule s'énerva un peu : « Enfin, Bon Dieu, il est muet ou quoi ? »

— Faut vous dire que c'est plutôt du genre important. C'est un gros machin... et je me suis dit que... enfin, j'ai pensé que...

Et la voix grondante de Max s'éleva enfin.

— Tu vas accoucher, oui ?

— J'demande pas mieux, protesta Bouboule. Seulement vous restez là dans votre fauteuil et vous dites rien. Alors moi, je sais plus...

— Allez, déballe ! Qu'est-ce que tu vends ?

— De l'essence.

— Combien ?

— Beaucoup.

— Combien ?

Bouboule se racla la gorge.

— Trente mille... trente mille litres.

Malgré lui, Max lâcha un mince sifflement et Bouboule comprit aussitôt que le terrain était ferme sous ses pieds. Le vieux ne marcherait peut-être pas dans la combine, mais au moins il ne ferait pas d'embrouille.

— Où est-ce que tu comptes mettre tout ça ? Trente mille litres, ça ne se range pas dans une armoire.

— Justement, répondit Bouboule avec animation. C'est pour ça que je suis venu vous voir.

Et il exposa les détails de l'affaire en termes prudents, précisa qu'il y aurait un pourcentage à verser sans dire qui en serait le bénéficiaire, indiqua le prix d'achat en le gonflant de 20 % — on est arnaqueur ou on ne l'est pas — et termina par une offre de partage des bénéfices.

— J'avance l'argent pour payer la marchandise et je vous donne 30 % du bénef'.

— Fifty fifty ! grommela Max.

— Oh, eh, doucement, c'est moi qui amène le pognon.

— Le pognon, c'est pas un problème. J'en ai aussi.

— Oui, peut-être, mais qui c'est qui a trouvé l'affaire ? Faut être juste, quand même.

— Et ça te sert à quoi d'avoir trouvé l'affaire si tu sais pas où la mettre ? Y a personne qui pourra t'acheter trente mille litres d'un seul coup. Faut stocker. Et pour stocker, il faut payer. Fifty fifty !

— C'est cher, répondit Bouboule avec une grimace.

— C'est le prix. Si tu trouves ça trop cher, je te

retiens pas. Tu peux la mettre en bouteilles, ton essence.

Bouboule soupira et prit une expression peinée. En fait, il savait depuis le début qu'aucun partenaire digne de ce nom ne se contenterait de moins. Il discutait pour la forme mais ses calculs étaient déjà faits sur cette base, y compris les 20 % d'arnaque à l'achat. L'affaire demeurait mirobolante.

— Bon, d'accord, grogna-t-il comme à contrecœur. Comment on fait ?

— Reviens me voir ce soir, à cinq heures. Je te dirai où il faut livrer.

Bouboule poussa ses poings au fond de ses poches et opina avec un air sombre. Puis il vira sur les talons et sortit de la boutique sans dire un mot. Max le suivit du regard et un mince sourire éclaira son visage ravagé. Il tourna la tête vers la porte de la remise et cria :

— Victor, viens ici une minute... Victor !

Victor sortit de la remise avec le visage taché de suie et tenant des chiffons immondes à la main. Depuis le matin, il s'acharnait à rendre un air de fête à une antique salamandre sur laquelle ses anciens propriétaires avaient laissé s'accumuler des années de crasse.

— Je dois m'en aller, dit Max. Je serai absent une bonne partie de la journée. Tu pourras te débrouiller sans moi ?

— Oui, oui, répondit Victor en s'essuyant la figure avec la manche de sa chemise.

— Et puis lave-toi un peu. On dirait que tu sors d'une poubelle.

Sur ces paroles aimables, Max se leva, ferma les tiroirs de son bureau à clé et sortit de la boutique en tirant sur sa casquette.

Victor le regarda partir avec la tête un peu penchée avant de retourner dans la remise. Il jeta ses chiffons dans une grande boîte en fer-blanc et observa la salamandre avec méchanceté.

Il avait tout entendu de l'échange entre Max et Bouboule. Une vague inquiétude lui nouait les tripes.

— Encore des salades, pensait Victor qui en avait

déjà vu passer quelques-unes. Toujours des salades et des combines. Et s'il se fait piquer ? Qu'est-ce que je deviens, moi ? Où est-ce que je vais ?

Ah, la sérénité, Bon Dieu ! C'est ça le bonheur.

***

En début d'après-midi, le problème était résolu. Après quelques démarches chuchotantes chez un récupérateur d'Asnières dont les bureaux incroyablement pouilleux dissimulaient parfaitement la prodigieuse fortune, Max avait trouvé un abri très convenable pour l'essence de Bouboule. Cela se situait à La Courneuve, dans les locaux d'une entreprise de transport ruinée par l'Occupation. L'endroit était parfait : isolé entre deux usines désaffectées promises à la démolition, protégé de la rue par des murs de trois mètres et un large portail de fer. Le lieu d'habitation le plus proche se trouvait à plus de cinq cents mètres. L'un des deux hangars avait été détruit par une bombe, mais l'autre était encore debout et abritait deux pompes à main branchées sur une cuve de quarante-cinq mille litres. Absolument idéal.

Lorsque Max revint à la boutique, vers trois heures, il était d'humeur très guillerette. Il déverrouilla les tiroirs de son bureau en chantonnant avec une voix de forge :

« Je cherche après Titine... Titine ô Titineuh,
Je cherche après Titine... mais ne la trouve pas.
Papala padoum... tsouin tsouin ! »

En l'entendant, Victor abandonna la salamandre qui luisait maintenant de l'éclat d'une jeunesse retrouvée. Il s'avança dans la boutique en essuyant ses mains graisseuses dans un vieux journal, le visage toujours marbré de suie et les cheveux en bataille. Max le regarda et changea aussitôt d'humeur.

— Tu le fais exprès ou quoi ? Ça t'amuse d'être sale ? Je t'avais dit d'aller te laver.

— C'était pas la peine ; j'avais pas encore fini de nettoyer la salamandre.

— Et regarde ta salopette. C'est plus une salopette, c'est une saloperie. *A guepoureh !* Tu peux pas la laver, de temps en temps ?

— C'est ça, répliqua Victor avec un ton subitement hargneux. Et pendant qu'elle sèche, j'irai nettoyer les salamandres avec mon costume du dimanche.

— Tu veux une baffe, dis ? T'as qu'à le dire, ce sera vite fait. Je te foutrai une baffe qui te dévissera la tête. Petit merdeux !

Prudent, Victor se réfugia dans un silence maussade. Max remua quelques paperasses sur le bureau en grommelant des yiddisheries incompréhensibles. Puis il reprit, en détachant les mots avec une exaspération contenue :

— Tu laves ta salopette le soir, avant de te coucher. Le lendemain matin, elle est sèche. Et propre. C'est quand même pas compliqué. D'ailleurs, tu le feras dès ce soir. C'est compris ? Bon. A part ça, qu'est-ce qui s'est passé pendant que j'étais absent ?

Victor tendit un menton encore boudeur vers l'étalage, sur le trottoir.

— J'ai vendu la grosse Chappée, les deux marmites de cuivre et les chenets à tête de lion. J'ai mis l'argent dans le vase bleu, là.

Max plongea la main dans le vase et en retira les billets qu'il se mit à compter.

— T'as vendu tout ça au même client ? demanda-t-il.

— Non, la cuisinière c'est pour la concierge du 24. Les marmites et les chenets, c'est un type en Simca qui est venu les acheter.

— Un grand type avec des cheveux gris et une Simca blanche ?

— Oui, c'est ça.

— Et tu lui as vendu la marchandise au prix normal ?

— Ben oui...

— Ah, la, la, dit Max en secouant la tête avec une

mine agacée. C'est dommage. Enfin, c'est pas de ta faute. Tu pouvais pas savoir.

— Savoir quoi ?

— Avec lui, il faut toujours doubler les prix.

— Pourquoi ?

Et Max expliqua posément :

— Parce que c'est un voleur, *a gröbe ganef !* Il a un magasin d'antiquités à Passy et il revend la camelote cinq fois plus cher à ses clients.

— Mais si nous on double, ça fait dix fois le prix normal.

— Eh oui, ricana Max. C'est pour ça que c'est un voleur. Mais ça fait rien, va. A Passy, ils ont les moyens de payer. Et pourtant, tu devrais voir les trucs qu'il m'achète, parfois... je ne sais pas comment il fait pour les vendre. Des trucs... *oy vaï...* j'en voudrais même pas pour mettre dans mes cabinets. Et il revend ça cinq fois plus cher, dix fois plus cher... et les gens achètent.

— Ils sont idiots, ces gens-là.

— Qu'est-ce que tu crois ? Tu crois qu'il n'y a pas d'idiots chez les riches. Y a des idiots partout, chez les pauvres et chez les riches. Surtout les femmes.

— Pourquoi les femmes ?

Max plissa soudain son visage raviné en une moue qui se voulait précieuse et susurra du bout des lèvres :

— Ooooooh, le ravissant petit bibelot... quelle délicieuse merveille... ouh la la, ma chèèèère...

Victor éclata de rire. Le spectacle de Max minaudant comme une douairière était un régal inattendu.

— En tout cas, ajouta Max en reprenant son sérieux, tu sauras maintenant qu'avec lui, il faut toujours doubler les prix.

— Mais si on fait ça, nous aussi on est des voleurs.

— C'est pas la même chose, répondit Max en secouant son index sous le nez de Victor. Lui, c'est un voleur. Nous, on est des commerçants. Tu comprends ?

— ... non.

Max poussa un profond soupir.

— Bon, ça ne fait rien. Tu comprendras plus tard.

Pour le moment, fais ce que je te dis et te casse pas la tête.

Il se leva, empocha l'argent des ventes et ajouta :

— Si on me demande, je suis en face, au café. Je vais faire une petite belote.

— Quand même, insista Victor. J'aimerais bien comprendre. Pourquoi lui est un voleur et pourquoi pas nous ?

Max le regarda longuement avant de répondre :

— Ecoute, dit-il en posant ses deux mains sur la table et en se penchant vers le jeune garçon. Je vais te raconter une petite histoire. Autrefois, en Pologne, à Rzgow, dans le village de mon père, il y avait un rabbin qui s'appelait Samuel. Comme il était tout petit, on l'appelait Rabbi Schmoulek. C'était une sorte de fou. *A meshuggeneh !* Il passait sa vie à poser des questions, des tas de questions, toujours des questions, à n'importe qui et à n'importe quoi. Il interrogeait les gens, les fenêtres, le ciel, les oiseaux, les chevaux qui passaient dans la rue... Il se réveillait le matin avec des questions, il mangeait avec des questions, il dormait avec des questions et même quand il était à la synagogue, il mettait des points d'interrogation dans ses prières. Bref, il empoisonnait tout le monde et les chiens eux-mêmes changeaient de trottoir lorsqu'ils le rencontraient. *Far vouss yoh ? Far vouss nicht ?* Pourquoi ci, pourquoi ça ? Et les gens devenaient fous ; ils se plaignaient. Le soir, avant de se coucher, ils faisaient tous la même petite prière : « O mon Dieu, Tu sais bien que je ne veux aucun mal à Rabbi Schmoulek. Dans le fond, c'est un brave homme. Mais ne pourrais-Tu pas T'arranger pour qu'il tombe dans l'escalier et qu'il devienne muet pendant quelque temps ? Pas longtemps, juste assez pour qu'on puisse se reposer un peu. » Alors un jour, l'Eternel fit venir dans son bureau l'ange Yosseleh qui était le spécialiste des affaires polonaises et Il lui demanda :

— Qui est cet emmerdeur de Rabbi Schmoulek ? Qu'est-ce qu'il veut, avec toutes ses questions ?

Et l'ange Yosseleh répondit :

— Est-ce que je sais, moi ? Il en pose tellement qu'il donne des migraines à toute la Pologne.

Et le Seigneur lui dit :

— Ecoute, Yosseleh, va le voir de ma part et dis-lui d'arrêter ses conneries. Sinon, moi je vais lui faire tomber le plafond sur la tête et comme ça, il n'emmerdera plus jamais personne.

Alors, l'ange Yosseleh descendit sur Terre, se rendit chez Rabbi Schmoulek et lui demanda :

— Pourquoi est-ce que tu nous casses les oreilles avec tes questions ? Tu sais que les canards sauvages ne veulent plus voler au-dessus de Rzgow à cause de toi ? A la dernière migration, quand ils se sont posés sur l'étang du vieux Herschel, tu leur as tellement embrouillé les idées qu'au lieu d'aller en Roumanie, comme d'habitude, ils se sont retrouvés au pôle Nord comme des *schmoks*. Et Yacov, le fils du marchand de chandelles, lorsqu'il s'est marié et qu'au lieu de lui donner des conseils, tu lui as posé tant de questions que le pauvre garçon est allé passer sa nuit de noces dans l'écurie, avec la jument. Tu crois que c'est une façon de faire des enfants ? Et Racheleh, ta pauvre femme... sais-tu seulement qu'elle se met des morceaux de pain dans les oreilles pour ne plus t'entendre ? Et tes deux aînés, Myriam et Simon ? Ils sont tellement abrutis par tes questions qu'ils ne savent même plus qui est la fille et qui est le garçon. Et ton petit dernier, Yankel : il y a trois mois, quand il a voulu sortir de la maison il s'est trompé de porte et au lieu d'aller dans la rue, il est entré dans l'armoire à linge. Et depuis, il pleure en disant qu'il ne veut plus en sortir. Tu crois que c'est une vie pour un garçon qui va bientôt faire sa *bar-mitzvah ?* Tu crois que c'est une existence d'habiter dans une armoire comme une serviette-éponge ?

Et Rabbi Schmoulek écoutait l'ange Yosseleh en hochant la tête, mais en réalité il pensait à autre chose. Soudain, il lui demanda :

— Dites-moi, avec vos ailes, est-ce que vous êtes obligé de dormir sur le ventre ?

Alors, l'ange se mit très en colère :

— *Schtick potz!* Pourquoi poses-tu toujours des questions ? Pourquoi ?

Et l'autre répondit :

— Pourquoi pas ?

Alors, l'ange Yosseleh eut une véritable crise de rage et il se mit à mordre la table, les chaises, les boutons de porte, le poêle Godin, bref, tout ce qui lui tombait sous la main. Rabbi Schmoulek essaya de le calmer :

— Ecoutez, quand même, vous êtes un ange. C'est pas digne et c'est pas raisonnable de mordre le mobilier. Vous voulez pas une petite tasse de thé avec un peu de confiture ?

Et Yosseleh se souvint finalement que les anges sont supposés être des gens patients ; ça fait partie du métier. Alors, il but une petite tasse de thé avec de la confiture de myrtilles et quand il fut un peu calmé, il monta sur le toit de la maison et il téléphona à l'Eternel :

— Qu'est-ce que je fais, Seigneur ? Je lui casse la gueule ou je laisse tomber ?

Et le Seigneur répondit :

— Dis-lui tout simplement la Vérité.

Tu aurais dû voir la tête que faisait l'ange.

— Quoi ? La Vérité ? A cet enquiquineur ?.

Et l'Eternel confirma le message. Alors, comme on ne discute pas avec le Patron, même quand on sent qu'il va un peu trop loin, l'ange Yosseleh redescendit dans la maison de Rabbi Schmoulek et lui dit :

— Ecoute-moi bien, *schlemazel!* Il n'y a pas de vérité dans une question. La vérité existe seulement dans la réponse. Tu es un Juste et en plus, tu es rabbin. Tu es donc un homme de vérité. Alors, tu ne dois plus poser de questions. Tu dois seulement donner des réponses. Tu as compris, espèce de demeuré ?

Et ensuite, l'ange Yosseleh remonta au ciel avec un mal au crâne terrible. Alors, Rabbi Schmoulek alla se coucher parce que c'est au lit qu'il réfléchissait le mieux. Il réfléchit pendant trois jours et trois nuits. Enfin, au matin du quatrième jour, il se dressa brusquemement dans son lit en criant : « Ça y est ! J'ai compris. » Alors, il s'habilla à toute vitesse et puis il sortit dans la rue et arrêta tous les gens qu'il rencontrait... tous les gens, tous les chevaux, tous les chiens, toutes les cigognes... et à chacun d'entre eux, il disait :

— J'ai une réponse, j'ai une réponse... avez-vous une question ?

Max se redressa en gémissant et massa ses reins douloureux tandis que Victor le regardait avec des yeux ronds, complètement stupéfait par ce qu'il venait d'entendre.

— Et alors ? demanda-t-il tout de même.

— Alors ? Alors rien. L'histoire est terminée. Est-ce que tu as compris la morale ?

Victor secoua la tête.

— Non, je ne crois pas. En tout cas, ça ne m'explique toujours pas pourquoi l'antiquaire est un voleur et pourquoi nous on est des commerçants, bien qu'on fasse la même chose.

— Tu sais, répondit Max avec un soupir, pour un juif tu n'es vraiment pas très intelligent. Répète après moi : l'antiquaire est un voleur... répète !

— L'antiquaire est un voleur.

— Et nous, nous sommes des commerçants. Répète !

— Et nous, nous sommes des commerçants.

— Maintenant, répète en entier.

— L'antiquaire est un voleur et nous, nous sommes des commerçants.

— Très bien, conclut Max avec satisfaction. Tu viens de me donner une réponse ? Une bonne réponse. Une réponse vraie. Maintenant, si tu y tiens absolument, tu peux aussi essayer de trouver une question qui ira avec la réponse, mais ce n'est pas indispensable. Si tu ne trouves pas, ne te fais pas de bile. C'est la réponse qui est importante. La question, c'est un détail. Et maintenant, si on me demande, je suis en face.

Puis il sortit de la boutique en laissant derrière lui un Victor qui flottait dans le brouillard le plus épais.

Le jeune garçon s'assit lentement sur un coin du bureau et regarda fixement ses chaussures durant un long moment. Il croisa et décroisa ses bras, se frotta le nez, se gratta le front, puis la cuisse, agita sa tête comme si une mouche agaçante s'y promenait et enfin il se leva et retourna dans la remise en pensant avec une certaine irritation : « Faudra que je me méfie. Ce type est capable de tout pour avoir raison. Il ne recule devant rien. »

***

Lorsque Bouboule revint dans la boutique à cinq heures précises, Victor était enfin propre et récuré. N'ayant rien de spécial à faire, il s'était caché au fond du magasin, derrière une grosse armoire à glace. Là, vautré sur un vieux canapé en peluche, il lisait avidement un livre de Paul Chack récupéré dans la caisse aux vieux bouquins. L'ouvrage avait probablement été bazardé par un citoyen inquiet de conserver chez lui les écrits d'un homme fusillé pour faits de collaboration. Victor ignorait la fin brutale de l'écrivain. Il se passerait encore bien des années avant qu'il apprenne à quel point elle était également absurde.

Pour l'heure, il se laissait entraîner par des histoires de batailles navales, de courage flamboyant et d'abnégation héroïque. Il était fasciné par les personnages, ces hommes d'airain menant des forteresses flottantes sur des mers toujours furieuses. Par moments, il reposait le livre sur ses genoux, fermait les yeux et se voyait, lui, Victor, taciturne et sévère, cinq galons panachés malgré son jeune âge, les tempes déjà argentées par les peines de la guerre, fronçant des sourcils chargés de sel devant le compas de route sur la dunette de son croiseur léger. Il humait des odeurs mêlées de cordite et d'acier mouillé, il sentait dans sa bouche le goût froid de la jugulaire qu'on mâchonne pour tromper l'angoisse de la chasse... D'une voix qu'il s'efforçait de rendre grave et qui lui écorchait la gorge, il se chuchotait des ordres virils sur un ton calme mais tranchant : « ... zéro la barre... cap au 220... en avant comme ça... tuiiiit ! Allô les machines ? Perceval, mon vieux, donnez-moi 800 tours... l'équipage aux postes d'alerte... Boum Boum Boum (le son grave des canons de 105)... va mettre ta brassière de sauvetage, mon petit. On ne sait jamais (ça, c'était pour le jeune mousse breton et orphelin qu'il avait pris sous son aile protectrice)... » Victor garderait longtemps cet enthousiasme pour la marine de guerre. Il s'y mêlerait toutefois un brin de perplexité le jour où l'épouse désabusée d'un capitaine de corvette lui ferait part d'une définition acide de la Royale : « C'est très simple, dirait-elle. On salue tout ce qui bouge et on donne une nouvelle couche de peinture à tout le reste. »

Mais en attendant cette petite désillusion, Victor patrouillait les flots inhospitaliers de la mer d'Irlande, debout sur sa passerelle, fouetté par un nordet qui soufflait à 45 nœuds.

— Y a quelqu'un ? demanda Bouboule.

Cette question fit dégringoler Victor de sa passerelle. Il ouvrit les yeux et se retrouva à contrecœur dans les soutes d'Aubervilliers. Il se leva et contourna l'armoire.

— Oui, qu'est-ce que c'est? dit-il avec une voix à moustaches.

— M'sieur Max n'est pas là ?

Il est carré, le gaillard. Ferait sûrement un rude et solide matelot, ma Doué !

— Il est en face. Je vais le chercher.

C'est au moment de sortir qu'il vit ce qui se passait sur le trottoir, devant le café du mari à Simone : un gros salopard apoplectique et visiblement soûl comme une barrique tirait sauvagement sur une ficelle au bout de laquelle un chien à demi étranglé résistait des quatre pattes. Et le salopard tirait toujours plus fort et gueulait :

— Tu vas avancer, sale cabot ?

Il décochait à l'animal des coups de pied qui se perdaient dans le vide et cela le rendait encore plus furieux.

— Charogne, va. Je vais te faire la peau, tu vas voir.

Puis il tira d'un coup encore plus brutal et se mit à frapper le chien de la pointe de sa chaussure, visant la tête et le ventre, bavant des injures, titubant sur place.

Victor fut subitement bouleversé. Il murmura, presque à voix basse :

— Arrêtez... arrêtez enfin...

Il sortit sur le trottoir, la gorge serrée, la tête vide de sang, repoussant une inexplicable envie de sangloter.

— Arrêtez, quoi !

Mais l'autre n'entendait rien et cognait toujours plus fort dans la boule de fourrure tassée à ses pieds.

Victor se frappa les cuisses avec les poings, courbé dans une sorte de supplication presque hystérique.

— Arrêtez ! Meeeeeerde !

Il eut soudain les yeux noyés de larmes. Chaque coup porté à l'animal résonnait dans sa propre chair et lui tordait les tripes. Toutes ses fibres étaient crispées de révolte. Ce qu'il éprouvait était à la fois terrible et déroutant, révulsant et inconnu. La misère infligée à l'animal lui était totalement insupportable. Quelque chose céda en lui et il se précipita, traversa la rue en courant et se jeta contre l'ivrogne avec l'épaule en avant. L'autre fut déséquilibré et alla rebondir contre la vitrine du café.

— De quoi ? Qu'est-ce que c'est ?

Il se redressa et lâcha un coup de poing aveugle en direction de Victor qui l'évita en sautant de côté. Le salopard fit deux pas en avant en traînant le chien qui étouffait dans le nœud coulant. Il leva encore le poing tandis que Victor lui hurlait :

— Arrêtez de le battre. Vous allez le tuer.

Des têtes curieuses sortaient maintenant des boutiques et du café.

— Attends que je t'attrape, tu vas voir.

Il avança sur Victor, crachant de fureur tandis que le jeune garçon reculait en plaidant toujours :

— Arrêtez de le battre, quoi. C'est tout.

— Attends un peu.

Soudain une masse sombre frôla Victor et vint

s'interposer entre lui et l'ivrogne. Bouboule entrait en scène. D'un geste sec, il arracha la ficelle qui retenait le chien et du plat de son autre main il repoussa sèchement le salopard vers la chaussée. L'autre tourbillonna, trébucha sur lui-même, tomba et se retrouva assis, stupide, au milieu de la rue.

— Ça va pas, non ? hurla-t-il.

Il se mit à quatre pattes sur l'asphalte et après deux ou trois essais, il parvint péniblement à se remettre debout.

— Rends-moi mon chien, fumier. Rends-le-moi ou je vais te crever la gueule.

L'animal demeurait aplati sur le sol, tremblant de tout son être. Bouboule le regarda et tendit la ficelle à Victor. Puis il se dirigea vers le poivrot avec la tête légèrement rentrée dans les épaules.

— Il faut arrêter de le battre, vous comprenez ? Faut plus le battre.

— C'est MON chien ! J'en ferai ce que je voudrai. Et toi...

Il avait les yeux exorbités, la bouche béante... il leva le poing sur Bouboule, mais il n'eut pas le temps de l'abattre. Le jeune homme lui flanqua une formidable gifle qui résonna comme un coup de feu et envoya le salopard rouler sur le sol. Bouboule s'approcha et dit à nouveau :

— Faut plus le battre. C'est terminé.

Max vint alors s'encadrer sur le seuil du café.

— Qu'est-ce que c'est que ce bordel, demanda-t-il à la cantonade. Victor ! Qu'est-ce qui se passe ?

Victor ne répondit pas. Il gardait ses yeux rivés sur l'ivrogne et il mettait dans ce regard toute la haine qu'il pouvait rassembler en lui. Il aurait voulu le voir crever, là, sur place. Il aurait voulu le voir mort, nom de Dieu ! Mort !

L'autre, encore choqué par l'énorme baffe qu'il venait de recevoir se mit à geindre férocement :

— Voleur ! Sale voleur. Rends-moi mon chien. C'est mon chien.

Bouboule restait planté devant lui et ne le quittait

pas des yeux, prêt à le mettre en charpie au moindre geste hostile.

Max s'avança vers Victor.

— Mais enfin qu'est-ce qui se passe, Bon Dieu ? Victor...

Victor se retourna d'une pièce et Max fut frappé par l'expression qu'il lut sur le visage du jeune garçon. Les joues étaient encore luisantes de larmes, mais les traits demeuraient figés dans un rictus de rage meurtrière. Max hésita :

— Qu'est-ce que tu fais avec ce chien ? Il faut le rendre.

— Jamais, gronda Victor entre ses dents serrées. Il va se venger sur lui, il le tuera.

Tandis que l'ivrogne continuait de vomir ses injures, Bouboule recula de quelques pas et revint vers Victor.

— Qu'est-ce que tu veux en faire ? demanda-t-il en pointant le menton vers le chien.

— J'sais pas mais... j'sais pas. En tout cas, il faut pas lui rendre.

— Tu veux le garder ?

— Hé là, protesta Max. Pas de blagues. Je veux pas de chien chez moi.

Curieusement, aucun des deux garçons ne parut l'entendre.

— Alors ? insista Bouboule. Tu le gardes ?

— J'veux bien, répondit farouchement Victor.

Et Max explosa comme une bouteille Thermos.

— Enfin merde ! Qu'est-ce que c'est que cette histoire ? J'ai dit que je veux pas de chien chez moi.

Il criait dans le désert. Personne ne l'écoutait. Toujours étalé au milieu de la rue, l'ivrogne reprit ses cris :

— C'est MON chien. Je veux qu'on me rende MON chien.

Bouboule se tourna vers lui et répondit d'une voix nette :

— Tu peux faire une croix dessus. T'as plus de chien.

— Voleur ! Sale voleur ! C'est MON chien.

Bouboule fouilla dans sa poche, sortit un billet de cent francs et le jeta au visage du poivrot.

— Tiens, voilà. Prends ça et nous emmerde plus.

Et au même moment, il s'étonnait de sa propre conduite : « Mais qu'est-ce qui me prend ? De quoi je me mêle ? J'en ai rien à branler de cette histoire. Pourquoi je fais ça ? Cent balles pour un clebs dont je n'ai rien à foutre. Je deviens sonné, ou quoi ? »

Max écumait de colère impuissante.

— Tu entends ce que je te dis ? Je ne veux pas de chien. Il va pisser partout dans la boutique. Et puis d'ailleurs, j'aime pas les chiens. Ils font rien que des saletés. Je t'ordonne de rendre ce chien. T'as compris ?

— J'rendrai rien du tout, répliqua Victor avec fureur.

Et sans attendre d'autre commentaire, il prit l'animal dans ses bras, traversa la rue et entra dans la boutique.

Suffoqué, Max le regarda et subitement il retourna sa colère contre Bouboule.

— T'es pas tombé sur la tête, non ?

Et l'autre qui se posait précisément la même question haussa les épaules.

— Oh moi, c'est pas mes oignons. Vous arrangez vos affaires entre vous. Je suis pas venu ici pour ça.

La petite foule qui s'était massée autour de l'incident commença à se disperser. Le pochard ramassa le billet de cent francs, se redressa avec peine et fit mine de vouloir entrer au café. Mais le mari à Simone lui barra le passage.

— Tu fous plus les pieds chez moi. J'aime pas les gros cons. A partir de maintenant, tu vas te soûler ailleurs.

Venant de sa part, cette déclaration avait presque des allures de tirade. Il y avait sans doute des semaines qu'il n'avait pas associé autant de mots en une seule fois. Le mari à Simone était l'homme des phrases uniques.

— Tu crois que ça me gêne ? répondit l'ivrogne. Des bistrots, c'est pas ça qui manque. Et d'ailleurs, chez toi ça pue. Tu entends ? Ça pue ! Et vous êtes tous des salauds. J'me vengerai. Vous verrez. J'me vengerai.

Puis il agita le poing vers le mari à Simone qui le fixait avec un mépris monolithique et partit en traînant les pieds. Deux fois encore, il se retourna en montrant le poing.

Max traversa la rue à grandes enjambées et entra dans la boutique comme un ouragan.

— Victor ! Où es-tu ? Victor ! Tu vas me faire le plaisir de te débarrasser immédiatement de ce clébard.

Victor était au fond de la remise et ne voulait rien entendre. Il avait versé un peu d'eau dans une cuvette et encourageait le chien à boire. Mais l'animal se terrait peureusement entre deux caisses et le jeune garçon ne parvenait pas à le rassurer. Il tremblait de tous ses membres. Max passa la tête dans la remise et reprit ses cris :

— Tout de suite, tu entends ? Tu vas me faire sortir ce chien d'ici, tout de suite.

— Très bien, dit Victor en se redressant. Le temps de faire ma valise et on s'en va.

— Quoi ? Qu'est-ce que tu dis ?

— Je dis que si on peut pas rester ici tous les deux, on s'en va ensemble.

Max leva les yeux au ciel avec une mine suppliante.

— Seigneur Dieu ! Donne-moi la patience. Je sens que je vais le tuer, ce con !

Victor s'insurgea.

— Mais pourquoi vous voulez le punir ? Il a rien fait.

— Tu vas te débarrasser de ce chien tout de suite et sans discussion. Va voir les gens du quartier, donne-le à quelqu'un, j'sais pas qui, mais débarrasse-toi de ce chien.

— Je veux pas ! Je veux pas je veux pas je veux pas ! Je veux le garder. Et si je peux pas le garder ici, j'irai ailleurs.

— Et où est-ce que tu iras ? espèce de pouilleux.

— J'sais pas, j'm'en fous... j'irai ailleurs.

— C'est ça, tu vas aller traîner dans les rues comme un clochard et tu te feras ramasser par la police. Tout ça à cause d'une saloperie de clébard de merde plein de puces dégueulasses. Tu vas gâcher ta vie pour un chien ? *A hint ?*

Victor le regarda sans répondre et Max se prit la tête à deux mains.

— *Oy gevalt !* J'ai donné asile à un fou. J'ai ouvert ma maison à un abruti qui fait entrer des chiens, des puces et Dieu sait quoi encore. Mais qu'est-ce que j'ai fait au Ciel ?

Victor demeurait silencieux et Max eut une flambée de rage.

— Oh et puis après tout, je m'en fous. Si tu veux t'en aller, va-t'en ! Prends ta valise et ton chien et fous le camp. Dans ma maison, il n'y a pas de place pour les fous, ni pour les chiens. Allez, allez, fous le camp, et plus vite que ça.

Victor se pencha et reprit l'animal dans ses bras. Il n'était pas bien gros mais pesait tout de même un certain poids. Victor le souleva comme une plume. Tandis qu'il se dirigeait vers l'escalier qui menait à sa chambre, Max le regarda avec exaspération.

— Quand je pense... quand je pense à tout ce que j'ai fait pour toi... et tu préfères aller vivre avec un chien.

Victor escalada les marches sans répondre. Il ouvrit la porte, déposa le chien sur le lit et alla prendre la valise en carton qu'il avait posée au sommet de l'armoire.

En quelques minutes, il se changea et rangea ses maigres possessions dans la valise. Lorsqu'il fut prêt, il jeta un coup d'œil circulaire sur la chambre qui l'abritait depuis près de deux mois. Il poussa un profond soupir. Dans le fond, c'était plutôt chouette, ici. Maintenant, il faudrait repartir à l'aventure. Bah, ça ne lui faisait pas peur. Il se sentait très résolu et très sûr de lui. Il sentait qu'en deux mois, il avait beaucoup appris. Tout compte fait, la vie n'était pas si redoutable. D'ailleurs, Félix aurait peut-être une idée. Peut-être qu'il pourrait le faire engager dans l'usine où il travaillait. Il décida qu'il téléphonerait à son copain en partant de chez Max. Un vague doute l'effleura tout de même : copain, copain... on s'est jamais vu que deux fois. Bof, l'avenir dira la suite !

Il observa le chien toujours couché sur le lit. C'était un croisement assez obscur d'épagneul avec une pointe de fox-terrier dans les moustaches. En tout cas, il semblait avoir une bonne tête.

— Tu vois ce que tu me fais faire ? lui demanda Victor. J'espère que tu en vaux la peine.

L'animal agita vaguement la queue. Victor avança une main et lui caressa la tête. La queue s'agita avec plus de vigueur et Victor eut un sourire.

— Faudra que je te donne un nom. Je sais même pas comment tu t'appelles.

Il pensa au livre de Paul Chack. Voyons... Perceval ? Le battement de queue devint frénétique :

— Non, t'as pas une tête à t'appeler Perceval. Alors comment ? Oh, je sais pas. Je trouverai plus tard. En attendant, je vais t'appeler Kiki. Voilà ! Kiki ! C'est très bien. Allez Kiki, il faut qu'on s'en aille, maintenant.

Il ôta la misérable ficelle et alla détacher une mince cordelette accrochée au vasistas de la chambre. Il la passa autour du cou du chien, bloqua le nœud coulant pour qu'il ne s'étrangle pas et tira légèrement. Kiki sauta du lit avec empressement.

C'est marrant, pensa Victor. On dirait qu'il comprend.

Dans la boutique, Max était avachi sur son fauteuil, la casquette tirée sur le nez, maussade. En face de lui, Bouboule attendait patiemment que le vieil homme veuille bien lui faire part de l'adresse à laquelle il devait faire livrer l'essence. Mais Max boudait ses mots. Il faisait la tête. Il avait bien voulu admettre qu'il avait trouvé un endroit, à La Courneuve, mais le reste des indications ne venait pas.

Victor sortit de la remise en costume du dimanche. Kiki trottait derrière lui. Max les regarda tous deux avec férocité.

Le jeune garçon alla directement vers Bouboule et lui tendit un billet de cent francs.

— Oh, ça pressait pas, dit Bouboule en prenant le billet avec une mine renfrognée.

— Si, comme ça on est quitte. Et merci, hein ?

— Y a pas de quoi.

— Et où crois-tu aller comme ça ? demanda Max en grondant.

— Je sais pas, répondit Victor. Je verrai.

— Tu verras rien du tout, aboya Max. Tu vas rester ici, bien sagement. Tu t'imagines quand même pas que je vais te laisser filer avec tout l'argent que tu me dois ?

Victor le regarda avec inquiétude.

— Oui monsieur, poursuivit Max. Y a le costume que tu portes, les chemises, et les chaussettes, les chaussures... sans compter le mandat que j'ai envoyé dans l'Indre pour rembourser l'argent que tu avais volé.

Bouboule dressa l'oreille.

— Je vous rembourserai... commença Victor.

Max secoua la tête avec violence :

— Non monsieur, non ! Tu partiras pas d'ici avant d'avoir tout remboursé. Jusqu'au dernier centime. Et maintenant, tu retournes dans ta chambre et tu remets ta salopette. Il y a encore du boulot à faire.

— Et le chien ?

— Le chien le chien... quoi le chien ?

— Je peux le garder ?

— Arrête de m'emmerder avec ton chien. Arrange-toi seulement pour que je ne le voie pas, c'est tout. S'il fait des saloperies, c'est toi qui les nettoieras. S'il casse quelque chose, c'est toi qui paieras. Et s'il mord quelqu'un, c'est toi qui seras responsable. Et maintenant, va te changer. File.

Puis il se tourna vers Bouboule avec vivacité.

— Allez, amène-toi ! Je vais te montrer où ça se passe. Et grouille un peu. J'ai pas que ça à faire.

Il verrouilla son bureau avec des gestes brusques et quitta la boutique en tirant sur son pantalon. Bouboule se leva pour le suivre, mais juste avant de sortir, il se tourna vers Victor avec une expression rigolarde et lui lança un clin d'œil.

***

A mesure que s'approchait la fin de son séjour à l'usine, Félix râlait avec une acrimonie grandissante contre la perspective de son retour forcé en Sologne.

Chaque jour, Liotard précisait la menace du ragoût de mouton de sa femme et lorsqu'il proposa enfin une date — que faites-vous demain soir ? — Félix paniqua sans trop savoir pourquoi et invoqua une invitation imaginaire pour se tirer d'affaire.

— Je regrette, c'est impossible. Je suis déjà invité chez... chez mon oncle.

Il ne voulait pas aller chez Liotard. Il rejetait l'effort de rencontrer des têtes nouvelles pour lesquelles il avait d'autant moins de curiosité qu'il les imaginait sans reliefs séduisants. Il voyait un fils boutonneux et trop sérieux, une fillette bébête et gloussante qui lui parlerait de Michèle Morgan avec un visage marqué par la pâleur des grandes obsédées... Il redoutait surtout l'image qu'il se faisait de M^me^ Liotard à travers les divers commentaires de son mari : il se la représentait rebondie, faussement enjouée, faisant régner une discipline de fer sur un époux à pantoufles et une progéniture soumise. Par égard pour ses origines patronales, les Liotard mettraient les petits plats dans les grands, sortiraient la vaisselle du dimanche et la nappe brodée, serviraient un vin d'orange trop sirupeux et évoqueraient longuement le trajet fastidieux suivi par le ragoût de mouton avant de parvenir à leur table. La soirée serait contrainte, embarrassée... Non, Félix ne voulait pas rencontrer la famille Liotard. Il n'osait pas.

Alors, il inventa ce dîner chez l'oncle Kostia.

— Tant pis, soupira Liotard un peu déçu. On fera ça une autre fois... une autre fois.

Le lendemain soir, poussant jusqu'au bout la fiction de ce dîner imaginaire chez le frère de sa mère, Félix demanda la permission de partir plus tôt. Obéissant à une logique dont il ne cherchait même pas à analyser l'incohérence, il passa chez lui pour se changer, annonça à Clémence qu'il dînerait en ville et partit ensuite vers le vaste magasin feutré de Kostia, dans le faubourg Saint-Honoré.

Ayant annoncé à Liotard qu'il était déjà invité chez l'oncle, il ne lui restait plus, effectivement, qu'à se faire inviter et conformer ainsi une soirée réelle à la soirée inventée. Cette authentification du mensonge, cette torsion du bras appliquée à la réalité des choses... ça, c'était du Félix tout pur.

De plus, il aimait beaucoup l'oncle Kostia.

Depuis la nuit tragique vécue avec sa sœur dans le tonneau de concombres, sous la maison d'Otchakov, Kostia avait pris du volume et de l'importance. Il ne ressemblait plus guère au garçon souple et étroit qu'on appelait le renardeau pour sa rapidité espiègle et son caractère un peu truqueur. C'était maintenant un colosse d'un mètre quatre-vingt-dix qui offrait une poitrine aussi large que celle d'une contrebasse. Par son physique, au moins, il était le digne descendant de l'ancêtre Vladimir, celui qui brisait les chambranles avec la tête, tuait les loups à coups de poing, soulevait un cheval sur ses épaules et maniait le pistolet avec une adresse qui lui permettait de moucher une chandelle à quarante pas.

Comme Vladimir, il nourrissait également des appétits sexuels considérables et fabriqua une appréciable quantité de cornards sur trois continents. Pour le reste, sa vie avait connu des chances et des fortunes très fluctuantes. Bien de l'eau était passée sous ses ponts... parfois trop. Il avait beaucoup connu et s'efforçait de beaucoup oublier, mais certains souvenirs collaient à sa mémoire comme autant de chiffons gluants. Il lui arrivait encore de s'arracher en hurlant d'un cauchemar atroce, toujours le même... Kostia l'enfant, guettant le silence terrible qui suivait le départ des déserteurs ukrainiens, sortant de la cave par la petite porte qui menait au potager, contournant la maison pour arriver dans le parc et trébuchant sur la tête déchiquetée de sa mère.

... au petit matin, quelques villageois s'approchèrent peureusement de la maison, se signant mécaniquement à chaque pas devant la monstruosité du carnage. Dans le potager, ils trouvèrent Kostia, à demi fou, la bouche emplie de terre, labourant le sol avec son visage.

Les cadavres déchirés des parents gisaient près du banc sur lequel ils avaient été ligotés par les déserteurs. Ils se tenaient encore les mains. Les villageois les enterrèrent ainsi, deux êtres sans têtes, liés l'un à l'autre, soudés par des mains crispées d'épouvante.

La petite Ludmilla était étendue derrière un canapé du salon, profanée puis étranglée, levant un regard vide dans un corps disloqué. Un peu plus loin, sous le piano, Alexandre Alexandrovitch, l'aîné, ouvrait une bouche béante au-dessus de sa gorge tranchée. Dans le vestibule saccagé à coups de hache, Vassiliev, le régisseur, avait été crucifié sur le plancher avec les sabres de collection qui ornaient les murs. Son fils Boris se trouvait à l'autre bout, près de l'escalier, tassé contre un coffre en bois noir et tenant un marteau, une arme dérisoire avec laquelle il avait tenté de se défendre. Et les autres, tous les autres, quatorze corps torturés, hommes et femmes, vieux et jeunes, criblés de balles, éventrés à la baïonnette...

C'est Rodion Semenieff, le maître d'école, qui découvrit Katia au fond de la cave. Il lui couvrit la tête avec sa veste et la porta chez lui. Un peu plus tard, des femmes sanglotantes lui amenèrent également Kostia, égaré, hébété, presque asphyxié d'horreur.

Semenieff les abrita chez lui jusqu'au lendemain. Puis il emprunta la carriole du médecin et emmena les adolescents à Ekaterinoslav, chez leur tante Smirnova. Ils partirent bientôt, accrochés à ses jupes, cahotant derrière elle de ville en ville, poussés hors de Russie par la violence qui soufflait à leurs basques... Brest-Litovsk, Varsovie, Wroclaw (alias Breslau), Lodz,

Gdansk, Budapest, Prague, Karlovy Vary, à nouveau Varsovie, Dresde, puis Berlin...

De Berlin, Katia partit épouser son Français et Kostia se retrouva à Heidelberg, justifiant les subsides insuffisants de sa famille par des études mythiques. Il vivait surtout de séductions et d'expédients. Il avait toujours faim et se nourrissait mal en jouant de la guitare dans les vieilles brasseries qui entouraient l'Université.

Lentement, difficilement, il retrouvait une sorte de sourire. Mais au fond de lui-même, la haine bouillonnait avec force et lorsque le cauchemar d'Otchakov le jetait hors du lit, tremblant et hagard, il s'ensuivait deux ou trois journées d'envies meurtrières durant lesquelles il rêvait d'assassiner Staline, Zinoviev, Kamenev mais surtout Trotski, ce boucher sanguinaire, ce vampire... Dans ces moments, il n'était guère indiqué de lui chercher querelle. A trois reprises, il se battit en duel : la première fois, contre un spartakiste qui avait eu la malencontreuse idée de lui renverser un stein de bière sur les chaussures ; une fois encore contre un mari trompé qui se plaignait avec trop d'insistance. A chacun, il laissa une belle estafilade, décorative, presque flatteuse. Le troisième duel eut des conséquences plus graves : Kostia se battit contre un « von und zu » un peu dégénéré qui avait osé outrager la mémoire du tsar. D'un coup de sabre plus malheureux que voulu, Kostia lui trancha le bras droit à la hauteur du coude. Il dut quitter Heidelberg dans la demi-heure qui suivit. La police ne plaisantait pas avec ce genre d'histoire. Quelques éraflures, passe encore... Mais le bras aristocratique d'un petit cousin des Hohenlohe-Waldenburg faisait énormément de bruit en se détachant du corps de son propriétaire.

Kostia vint à Paris où André Beauchêne accueillit sans enthousiasme ce bretteur inutile et passablement encombrant. Katia, elle, était aux petits soins. Elle nourrissait pour son frère une passion totale. Il était le plus beau, le plus brave, il portait le smoking comme personne. Et sa voix ! Par saint Basile, cette voix était un miracle, basse et profonde, tendre et sauvage... Kostia savait la moduler pour faire chanter le vent dans les bouleaux, pour recréer la douceur des étés finissants, la folie mystique et rutilante du culte... Lorsqu'il chantait pour les émigrés que Katia réunissait parfois dans son salon, le souffle de la Sainte Mère passait sur le parc Monceau. Les hommes baissaient la tête sur leurs rêves d'enfance et les femmes pleuraient discrètement ces frères et ces cousins en uniforme blanc, ces héros fragiles disparus avec leurs traditions, ces fétus d'humanité balayés par un ouragan dont aucun d'entre eux n'avait compris les causes profondes.

Hors de ces séances de regrets, Katia était heureuse et son mari tentait vaillamment de trouver sa propre sérénité dans ce bonheur.

Malheureusement, bien que manchot, le « von und zu » avait encore le bras long. Un jour, la police vint poser des questions, rue Alfred-de-Vigny. Tout se passa dans la plus grande discrétion ; on fit agir quelques amitiés puissantes, mais Katia dut tout de même se résoudre à laisser partir le frère adoré. Le père de Félix en eut les genoux amollis de soulagement. Kostia Alexandrovitch Roubaïev n'était pas un homme discret. Il prenait de la place. D'accord, il chantait bien. Mais il buvait sec, gueulait fort, déshonorait les meilleures amies de sa sœur, posait les pieds sur la table et débitait des verdeurs énormes qui scandalisaient la grand-mère Beauchêne et la plongeaient dans des indignations bredouillantes d'intensité.

Kostia emprunta cinquante mille francs à son beau-frère qui classa aussitôt ce prêt au compte des profits et pertes. A juste titre, d'ailleurs.

Dix-huit mois plus tard, ayant connu de multiples paquebots, beaucoup de femmes expertes et quelques parties de cartes assez retentissantes, Kostia se retrouva à Shanghaï sans un kopeck.

Il devint le secrétaire particulier de Lord Achnasheen, un Ecossais redoutable qui perpétuait la tradition de l'entreprenante Albion en mettant l'Extrême-Orient en coupe réglée.

Lord Achnasheen était un homme sévère, hépatique au dernier degré. Rien ne l'amusait hormis l'argent et l'usage parfois brutal de petites Chinoises impubères. En revanche, sa femme, Lady Diana, possédait des yeux d'un vert irrésistible, une taille délicate, des seins menus mais bien formés et le cul le plus agile de toute la concession britannique. Certes, le nez était un peu long ; cela était largement compensé par une moralité flexible et une imagination érotique qui touchait à l'irréel. Certaines inventions galantes de Lady Diana pouvaient atteindre des sommets de dépravation qui parvenaient à dérouter Kostia lui-même.

Lord Achnasheen n'était jaloux que des apparences. Du moment qu'elles demeuraient intactes, peu lui importait que son épouse se livre aux pires excès. Cela fortifiait au contraire le mépris qu'il lui portait déjà. Avec Kostia, au moins, les choses restaient circonscrites dans un cadre social acceptable et c'est bien volontiers qu'il lui abandonnait le lit de sa femme. Lui-même ne l'avait approché que pour y faire les trois enfants que lui imposait le respect des usages familiaux. Il ne s'était d'ailleurs exécuté qu'avec distance et une pointe de dégoût.

Pour Kostia, les choses se présentaient relativement bien malgré les innovations souvent perturbantes de Lady Diana. Toutefois, dans les bureaux somptueux que Lord Achnasheen possédait sur le Bundt, sa présence faisait de l'ombre à un comprador de Shao Leng dont l'ambition n'était rien moins que féroce. Connaissant les soucis d'apparence de son employeur principal, le Chinois distilla quelques indiscrétions afin de compromettre Kostia. Pour un comprador, ce manque de délicatesse était inexcusable et Lord Achnasheen le lui fit clairement comprendre en le faisant noyer dans les flots ocres de la Soochow. Mais le mal rampait déjà et au club de l'Anglia, le lord hépatique avait surpris des murmures. Il congédia Kostia qui s'en alla avec regret pour la situation qu'il était en train de se bâtir, mais aussi avec un certain allègement en pensant à Lady Diana. Sa santé morale commençait à souffrir de l'esprit créatif d'une amante dont le plaisir devait nécessairement être assisté d'instruments et d'animaux bizarres. Il se souvenait en particulier de l'usage surprenant qu'elle faisait de ces grosses araignées birmanes spécialement importées de Rangoon. Sur le pont du bateau qui l'emmenait loin de Shanghaï, Kostia frissonnait en évoquant ce souvenir.

C'est alors que commença une longue fuite en avant. Il fit de l'opium à Kowloon, de l'ivoire à Singapour, un peu de tout à Manille, manqua se faire égorger à Colombo pour une sordide histoire de perles, chassa le tigre dans les montagnes de Dalat et se lança dans la production semi-industrielle de bicyclettes à Bombay où il se fit rouler dans la farine par son associé Parsi en moins d'un an. Il se retrouva fauché, amer et soutier à bord d'un cargo péruvien qui voguait vers l'Amérique du Nord.

L'Asie, il en avait soupé.

A San Francisco, il déserta le bord avec trois cents dollars gagnés dans des pokers habiles contre les émigrants chinois qui constituaient le gros de la cargaison. Deux heures après avoir retrouvé la terre ferme, il se fit dévaliser par d'autres Chinois du côté de Fisherman's Wharf et en déduisit qu'il existe peut-être bien une justice, mais que ses voies sont vraiment insondables.

Il brûla le dur jusqu'à Cincinnati où il crut mourir de faim et de froid, ne devant finalement un salut provisoire qu'à l'âme généreuse d'une putain originaire de Kiev. Il resta chez elle le temps de se refaire une santé et, résistant aux offres pourtant alléchantes d'oisiveté confortable, il quitta Cincinnati que d'ailleurs il vomissait.

Il débarqua à New York avec douze dollars, vingt-trois cents et une montre en plaqué or, cadeau d'adieu que la dame de Kiev avait trempé de ses larmes.

Il s'enferma dans la chambre miteuse d'un hôtel du Lower East Side et entreprit l'étude minutieuse des annuaires téléphoniques. Trois jours plus tard, ayant dépensé une grosse partie de sa fortune en sandwiches et en appels infructueux, il parvint au chapitre des R et trouva enfin ce qu'il cherchait. Il se précipita une fois de plus au téléphone du palier, forma le numéro, posa quelques questions, poussa un glapissement de bonheur et dans l'heure suivante, il alla se jeter dans les bras de Mikhaïl Semionovitch Rudenko avec qui, autrefois, il dénichait les œufs de rouges-gorges à Otchakov.

Le soir même, vêtu de frais par son ami, copieusement nourri, rassuré, dorloté, Kostia se trouvait en compagnie de Mikhaïl, installé sur les banquettes en faux zèbre du club El Morocco. Tous deux mettaient la dernière touche à l'une des cuites les plus phénoménales de leur existence pourtant riche en performances de ce genre.

Le lendemain, lorsqu'ils furent dégrisés, les deux amis se racontèrent leur vie. Mikhaïl montra un vif intérêt pour les araignées birmanes et émit le souhait rêveur de passer ses prochaines vacances à Shanghaï.

Bien qu'il ne soit arrivé à New York que quatre années plus tôt, Mikhaïl se dirigeait déjà vers la fortune. La formule était simple, disait-il : il suffisait de compter sur l'effarant snobisme et la prodigieuse ignorance des bourgeois américains. Grâce à cela, il était possible de leur fourguer n'importe quoi, à n'importe quel prix, pourvu que l'emballage fût séduisant. Mikhaïl avait trouvé le plus irrésistible des emballages : il s'était fait prince pour mieux vendre ses prétendus bijoux de famille. Il en décorait les mains, les poitrines et les cous des dames patriciennes de Murray Hill et de Gramercy Park, ivres de joie vaniteuse à l'idée de porter sur elles les vestiges de la splendeur impériale des Romanov... se sentant ainsi devenir elles-mêmes un peu princesses.

— En plus, précisait Mikhaïl, je fignole le travail. Tu peux trouver les mêmes cochonneries un peu partout, mais moi je les fais venir d'Italie. Je connais un petit joaillier à Vérone qui te fabrique des croix de Saint-

Andre plus vraies que les vraies. Le secret consiste simplement à les vendre beaucoup plus cher et à leur donner une histoire. Lorsqu'on est prince, il n'est rien de plus facile.

Kostia éclata de rire. Prince Rudenko ! Le fils cadet de Semion Ivanovitch, le vétérinaire. Prince des accoucheurs de vaches, oui ! Ces Américains sont vraiment des imbéciles.

— Crois-moi, insistait Mikhaïl, ça marche. J'organise des soirées chez moi, j'invite le gratin, je me laisse convaincre d'ouvrir quelques coffrets pour montrer mes trésors. Quelque temps plus tard, je fais courir le bruit que mes finances sont en baisse et aussitôt, je vois rappliquer les bourgeoises. En outre, je leur fais un numéro de grand seigneur qui ne connaît rien à la valeur des choses. Alors, les maris achètent d'autant plus volontiers qu'ils croient me rouler. C'est un truc en or. Tu devrais en faire autant. Je dirai que tu es mon cousin. Tu seras prince toi aussi.

— Mais je n'en ai pas besoin, répliqua Kostia avec hauteur. Moi, je suis vraiment noble.

— Oui, oui, ricana l'autre. Toute petite noblesse, hein ! Tes ancêtres ont plus souvent pété dans les champs de navets que dans les canapés de soie.

— Peut-être, mais les navets leur appartenaient. Tandis que tes ancêtres à toi n'étaient que de vulgaires plumeurs de poules.

Finalement, Kostia se laissa convaincre. Il refusa toutefois de devenir le cousin de Rudenko — il y a des limites tout de même — et adopta le titre plus modeste de comte. Comte Roubaïev ! Joli nom. D'ailleurs, se disait Kostia, ce n'est qu'une imposture partielle. Il y avait, autrefois, un vrai comte Roubaïev, très lointain cousin de son arrière-grand-père. Dieu seul savait ce qu'il était advenu de sa descendance.

Nanti de son titre et de l'aide initiale de Mikhaïl Rudenko, Kostia se lança dans le commerce des chinoiseries. De son passage en Asie, il avait conservé quelques notions assez savantes d'art chinois. Il savait reconnaître les époques, juger les qualités, mais sa science n'allait pas jusqu'à savoir discerner le vrai du faux. C'était d'ailleurs une tâche ardue dans un domaine où dès le XVIIe siècle on fabriquait déjà, dans les échoppes de Pékin, de fausses antiquités du XVe. Tout de même, pour Kostia, cette incapacité à déterminer l'authenticité des choses était une lacune.

Il se fournissait en marchandise dans les officines fumeuses de Mott Street, à Chinatown. Son meilleur pourvoyeur était un très vieux bonhomme, le père Soong. Kostia ramassait chez lui des objets dont Soong lui garantissait l'immaculée conception, leur donnait une belle histoire et les revendait ensuite depuis un appartement qu'il avait soigneusement agencé sur Central Park South.

Il fut rapidement adopté dans les couches les mieux nanties de New York. Il avait de la présence et du charme, un physique massif mais séduisant, il chantait admirablement et de plus, il était comte.

Kostia profitait de tout cela, mais il ne pouvait se défendre d'une certaine condescendance envers sa clientèle et même ses amis. Il conservait en lui ce léger mépris des gens du Vieux Monde à l'égard de cette Amérique de bourgeois polymorphes qui vivaient trop souvent aux frontières du vulgaire. Il était particulièrement choqué par l'enthousiasme que les femmes montraient pour l'alcool. Avant de venir à New York et malgré une existence bien remplie, Kostia n'avait presque jamais rencontré de femme soûle. Subitement, il en rencontrait pratiquement tous les soirs, au Stork Club, au Morocco, chez Toots... Il les trouvait un peu écœurantes, surtout lorsqu'elles se pendaient à son cou en l'appelant « Kosty darling » et en lui soufflant des haleines de whisky au visage.

Néanmoins, les affaires marchaient très correctement et Kostia envisageait déjà de transporter son commerce dans un magasin élégant de la 57e Rue. La chose se serait certainement faite et il aurait prospéré s'il n'avait commis l'erreur de vendre à un Vanderbilt quatre vases Ming fabriqués à Newark par un Lituanien de génie. Kostia ignorait que les vases étaient faux. De son côté, encouragé par les bonnes manières et la couronne du vendeur, le Vanderbilt les acheta sans méfiance. Quelques semaines plus tard, un des conservateurs du Metropolitain Museum vint dîner chez lui et, après le repas, il posa un regard intrigué sur les Ming.

— Superbes, n'est-ce pas ? dit le Vanderbilt en se rengorgeant.

— En effet, jugea le conservateur. Le travail est intéressant. Mais à part cela, vos vases sont aussi tocs que les bons sentiments de M. Roosevelt.

Sévèrement douché mais refusant encore de croire à la malhonnêteté d'un comte, le Vanderbilt fit venir un expert, puis un autre, et encore un autre. Lorsque le doute ne fut plus permis, le Vanderbilt avait atteint un degré de fureur où il lui importait fort peu que Kostia soit comte, duc, prince ou même archevêque. Il cria au voleur.

Or, à New York, lorsqu'un Vanderbilt, un Morgan, un Gould ou un Rockefeller criait au feu, Dieu lui-même détournait les flots de l'East River en direction du sinistre. Alors, lorsqu'il criait au voleur...

Prévenu par Mikhaïl, Kostia n'eut que le temps de rassembler sa fortune naissante et d'aller se cacher chez une maîtresse trop amoureuse pour être prudente. Rageant de sa mésaventure, il organisa son départ pour Cuba, mais, auparavant, il se rendit à Mott Street, chez le vieux Soong qui lui avait vendu les vases. Le vieux crapaud allait payer pour tous les Chinois qui avaient fait le malheur de Kostia. D'une main, il le prit par le col, de l'autre il saisit le fond du pantalon et précipita le fragile vieillard à travers la fenêtre du deuxième étage.

Désormais, New York lui était définitivement interdit.

Les quais d'embarquement et les aéroports étaient des endroits malsains. Kostia prit donc le train pour Miami, traîna sur le port pendant une matinée et engagea finalement les services d'un pêcheur de langoustes qui l'amena à La Havane et le déposa, de nuit, sur la plage de Miramar. Il évitait ainsi des formalités d'entrée qui n'auraient fait qu'apporter un inutile surcroît de travail à l'administration cubaine.

— J'ai passé la première partie de ma vie à attendre l'autobus, raconterait un jour Kostia en présence de son neveu Félix. J'attendais l'autobus et chaque fois qu'il arrivait, non seulement il négligeait de s'arrêter, mais il trouvait un malin plaisir à monter sur le trottoir et à m'écraser au passage. Le lendemain, j'étais de retour à la même place et j'attendais l'autobus suivant. Et je me faisais écraser une fois de plus. Et ça recommençait le jour d'après. Dans le fond, c'est ça la vie : on attend l'autobus. Il n'y a rien d'autre à faire. Mais moi, j'ai eu de la chance. Un jour, à La Havane, au lieu de voir arriver l'autobus, j'ai vu arriver Galina.

Cela se passait devant l'entrée en stuc rose de l'hôtel Nacional. Kostia, désœuvré, se laissait tirer la manche par un gosse en haillons qui lui demandait avec insistance :

— *Hey senor! You want to buy my little sister?*

C'est alors qu'il vit descendre d'un taxi une créature surprenante, blonde, souple, transparente, avec des yeux de chatte siamoise et des pommettes rondes. Elle remercia le chauffeur d'un sourire qui donna la chair de poule à Kostia. Puis elle entra dans l'allée menant à l'hôtel, non sans remarquer au passage ce gaillard en costume de lin blanc qui la dévorait des yeux. Avec sa carrure de grenadier, sa tignasse de paille et son regard clair, Kostia ne passait pas non plus inaperçu.

— *Muy guapita,* jugea le gosse en haillons sans lâcher la manche de Kostia.

Celui-ci se dégagea sans brusquerie, jeta quelques centavos à l'enfant et entra dans l'hôtel à la suite de Galina. Elle alla vers le patio et rejoignit une femme très brune aux épaules droites avec laquelle elle engagea aussitôt un dialogue animé en espagnol.

Debout près de l'entrée du bar, Kostia la regardait avec intensité. A deux ou trois reprises, Galina l'effleura d'un coup d'œil rapide, puis replongea dans sa conversation avec un sourire peut-être plus accentué.

Kostia tourna les talons, se dirigea vers le bureau du concierge, inscrivit une phrase anglaise sur un bloc de papier et la mit impérieusement sous le nez de l'employé.

— Comment dites-vous cela en espagnol ?

Le concierge lut la phrase avec une expression stupéfaite, tourna la tête vers son assistant, mais fut aussitôt rappelé à l'ordre par Kostia qui s'impatientait :

— Allons, allons ! Traduisez-moi ça en vitesse.

Soumis mais inquiet, le concierge traduisit. Kostia, dont l'espagnol était encore hésitant, se fit répéter la phrase plusieurs fois. Lorsqu'il fut certain d'en avoir perçu toutes les intonations, il traversa le hall, entra dans la loge de la fleuriste, jeta une poignée de billets sur sa chaise, saisit une gigantesque brassée de fleurs et retourna vers le patio. Il alla directement à la table de Galina, s'inclina, ouvrit les bras et répandit à ses pieds quatre-vingt-quinze roses rouges.

Il claqua militairement les talons et se présenta :

— Constantin Alexandrovitch, comte Roubaïev !

Puis il ajouta en espagnol :

— Je suis votre serviteur, madame. Si quelqu'un a eu l'indélicatesse de vous offenser, je vous serais reconnaissant de me le désigner. Ce sera pour moi un honneur que d'aller le trouver afin de lui ouvrir le ventre et l'étrangler avec ses tripes.

La phrase était longue, mais Kostia la débita sans une erreur. Galina le regarda avec beaucoup de sérieux et, sans se démonter le moins du monde, elle répondit en russe.

En russe !

— Je vous remercie, comte. Je vais réfléchir à votre proposition. Entre-temps, auriez-vous l'obligeance de réclamer au barman les deux Tom Collins que nous attendons depuis dix minutes ?

Kostia s'inclina de nouveau et se tourna vers le bar avec une expression meurtrière. Il franchit les dix mètres qui l'en séparaient en martelant des pas immenses, se pencha sur le barman qui l'avait vu venir avec terreur et lui ordonna dans un espagnol imparfait mais très compréhensible :

— Si les cocktails commandés par ces dames ne sont pas servis dans trente secondes, je t'arrache les yeux et j'enfonce tes couilles à la place.

Puis il revint vers Galina, mais avant qu'il pût ouvrir la bouche, l'amie brune aux épaules droites l'invectiva avec violence. Kostia interrogea Galina du regard.

— Maria Concepcion est ma future belle-sœur, expliqua Galina d'une voix douce. Je dois épouser son frère le mois prochain. Elle vous trouve un peu... un peu excessif.

— Dois-je me retirer ?

— Ce serait souhaitable. Sachez tout de même que j'ai apprécié vos fleurs.

Cet échange se faisait en russe et Maria Concepcion le suivait en posant alternativement un œil furibond sur les deux interlocuteurs.

— Pourrais-je vous revoir ? demanda Kostia.

— Je ne pense pas.

— Voulez-vous m'épouser ?

Galina éclata de rire et sa future belle-sœur se tourna vers elle comme une furie :

— *Cortà-la ! Todo el mundo nos està mirando.*

— Je vous en prie, dit Galina. Partez.

Kostia se pencha sur sa main et la baisa. Puis il salua sèchement la belle-sœur d'un bref signe de la tête et se retira. Juste avant de quitter le patio, il se retourna et échangea avec Galina un long regard où l'un et l'autre trouvèrent tout ce qu'ils pouvaient en espérer.

Trois jours plus tard, ils s'enfuyaient ensemble de La Havane en direction de Caracas, via Saint-Domingue et Fort-de-France. De là, ils s'embarquèrent sur un navire bananier qui retournait à Gênes. Ils se marièrent à Milan, dans la petite église orthodoxe de la Via Margutta. Katia était présente, ainsi que son mari qu'elle avait menacé des pires catastrophes s'il ne la suivait pas.

De retour à Paris, Katia se rendit chez un ministre radical-socialiste qui crevait d'amour pour elle et alimentait ses rêves érotiques avec sa blondeur autoritaire. Elle exposa son affaire : il fallait absolument enterrer cette vieille histoire de duel afin que Kostia puisse revenir en France.

— Pour vous, très chère, que ne ferais-je pas ?

— Faites seulement cé qué jé vous démande.

— Puis-je au moins espérer ? bêla le ministre.

— Espérer ? Oui, ça vous pouvez lé faire. D'ailleurs, il faut toujours espérer.

Croyant enfin détenir la clé de cette citadelle réputée imprenable dont l'image hantait douloureusement ses nuits, le ministre se dépensa au-delà de toute prudence et obtint des résultats spectaculaires. Il imaginait déjà sa récompense : lui, lié par les mains à la boiserie d'un vaste lit à colonnes et Katia, en bottes vernies, lui cinglant le bas du dos à coups de cravache. Dix jours après leur première entrevue, il la convia à déjeuner dans un cabinet particulier du restaurant Lapérouse. Là, par-dessus le sorbet au meursault qui ponctuait la timbale de sole Marigny et annonçait le carré d'agneau, il lui tendit une large enveloppe contenant le dossier complet de son frère. Katia s'en saisit avec vivacité. Désormais, Kostia n'avait plus de passé pour la police française. Il était redevenu aussi pur qu'un ange.

— Alors ? minauda le ministre. Qu'est-ce qu'on dit ?

Katia nourrissait une parfaite horreur pour ce type de langage. Elle regarda le ministre avec irritation.

— Jé n'aime pas votré cravate. Jé trouve qu'elle vous vieillit.

Et à cette minute précise, le ministre sentit effectivement quinze années de plus lui tomber sur les épaules. Son visage se désola et Katia, généreuse, tempéra sa sévérité par une promesse souriante :

— Dès cet après-midi, j'irais vous en achéter une autre chez Sulka.

Le pauvre homme n'obtint jamais rien de plus et mourut deux ans plus tard d'une rupture d'anévrisme que tout le monde s'accorda à trouver prématurée. Katia se rendit à l'enterrement où elle se fit précéder d'une immense et anonyme gerbe de lys dont le caractère incongru étonna l'assistance. Ce dernier remerciement ironique la plongea, ainsi que Kostia et Galina, dans une longue crise de fou rire. Le soir, traînant à leur suite le père de Félix qui n'y comprenait pas grand-chose, ils allèrent rendre un ultime hommage au défunt en sablant le champagne à l'Eléphant Blanc jusqu'aux petites heures du matin.

Entre-temps, Kostia était revenu au commerce des chinoiseries. En avril 1936, il ouvrit un somptueux magasin sur le faubourg Saint-Honoré. Toutefois, instruit par l'expérience, il eut la prudence de se faire assister par une très vieille Hongroise d'excellente famille. La pauvre radotait un peu, mais elle possédait un talent exceptionnel pour distinguer l'authenticité d'un T'ang à dix mètres de distance.

Lorsque la guerre éclata, Kostia s'engagea aussitôt dans la Légion étrangère sous le nom de Platonov. A proximité de Montfort-lès-Esclézeaux, un éclat d'obus lui arracha la jambe gauche.

Comme à San Francisco, il crut discerner dans cette épreuve le caprice d'une justice immanente. Il avait pris un bras à l'Allemagne et celle-ci s'était remboursée en lui confisquant une jambe. Il estima qu'il y gagnait encore et se consola dans l'espoir que le *von und zu* ignorerait toujours qu'il avait été vengé par un obus de Panzer. Pour Kostia, c'était une manière d'avoir le dernier mot, une fois de plus.

Fort de cette satisfaction dont il reconnaissait lui-même la naïveté, il considérait son infirmité avec un fatalisme surprenant pour un homme de sa trempe. Cela ne se traduisait nullement en résignation, mais plutôt par une calme acceptation du fait et le refus total d'en parler. Durant les quelques semaines qui avaient suivi le retour de Kostia, Galina craignait qu'il ne sombre dans la morosité et l'amertume. Elle fut très rapidement rassurée sur ce point, et dès lors elle calqua fidèlement son attitude sur celle de son mari. A aucun moment la jambe défunte ne fut évoquée de quelque manière que ce soit. C'était à croire qu'elle n'avait jamais existé et que Kostia était déjà unijambiste en venant au monde.

Katia réagissait avec beaucoup moins de calme. Elle entretenait une abomination permanente à l'égard des barbares qui avaient abîmé son merveilleux frère. Dans la rue, lorsqu'elle croisait un uniforme allemand, elle le fixait avec une telle expression de haine que le père de Félix en devenait blême d'inquiétude. Malgré les rapports inévitables que les Etablissements Beauchêne et Condart devaient accepter avec les autorités d'occupation, Katia n'autorisa jamais son mari à recevoir un « mangeur dé choucroute » dans sa maison, qu'il soit militaire ou civil. « Jé mettrais du poison dans son verre », menaçait-elle et le père de Félix n'avait pas le moindre doute quant à la fermeté de cette intention. Elle refusa même de rencontrer Rudi von Willighausen lorsqu'il vint à Paris en uniforme de colonel. Pourtant, elle lui était indirectement redevable de son mariage. Mais Katia ne voulait pas transiger. Elle refusait d'entendre les commentaires parfois favorables de ses amies sur la « correction » des troupes d'occupation. Non, non et non ! Elle ne voudrait jamais admettre qu'ils étaient propres, disciplinés et souvent même courtois. Katia enrageait des complaisances que trahissait son entourage mondain. Elle rageait, elle fulminait... elle serait même entrée dans la Résistance si seulement elle avait su comment s'y prendre et n'avait pas craint d'y rencontrer des communistes.

De son côté, Kostia s'amusait des indignations de sa sœur. Il les trouvait puériles. Lui-même suivait les événements de la guerre avec un détachement marqué de lassitude. Certes, il souhaitait la défaite de l'Allemagne, mais au fond des choses, il ne se sentait plus vraiment concerné. Il vivait en état d'hibernation, offrant l'image d'un gros ours encore redoutable mais fatigué. Son seul acte de résistance lui fut inspiré par la visite inopinée du général von Stupnagel. Le général se croyait un amateur éclairé en matière d'art chinois, mais Kostia fut défavorablement impressionné par le maintien très prussien de l'officier. Estimant qu'un comportement et une tête aussi antipathiques méritaient une juste punition, il lui vendit — très cher — une urne habilement corrompue à l'acide et dont il savait qu'elle s'émietterait au premier contact un peu rude. Ce petit sabotage plongea Katia dans une joie sauvage et la confirma dans l'opinion que son frère était un héros... même si, parfois, ce héros lui paraissait curieusement démobilisé.

En fait, Kostia concentrait surtout ses efforts sur le bon fonctionnement de sa jambe artificielle. Il en usa bientôt avec une telle maîtrise qu'au bal populaire qui suivit la libération de Paris, il put faire valser Galina avec autant d'entrain et d'agilité qu'avant la guerre.

Lorsque Félix arriva devant le magasin, l'un des commis était en train d'installer les grilles de protection sur les vitrines. Le jeune garçon se glissa prestement à l'intérieur.

A chaque visite, il éprouvait le même sentiment de respect en pénétrant dans ce cadre. A première vue, l'endroit était intimidant, presque rébarbatif, spécifiquement étudié pour décourager les curieux et inspirer les clients sérieux, ceux qui n'avaient pas besoin de clinquant extérieur pour savoir où ils mettaient les pieds. En effet, Kostia ne commerçait pas dans la simple babiole asiatique ; chez lui, la plus modeste statuette et la porcelaine en apparence la plus banale étaient généralement des pièces dignes des collections les plus prestigieuses. La première partie du magasin offrait un espace immense et presque vide, seulement meublé de quelques chaises précieuses et d'une longue table en ébène sur laquelle trônait un énorme bouddha assis, un Liao de la dynastie du Nord. Deux tapisseries de soie se faisaient face sur les murs latéraux et un très large paravent de Coromandel occupait le fond de la salle, flanqué par deux grands ibis dédaigneux, gardiens presque hiératiques du mystère.

C'est au-delà de cette première salle que le magasin prenait sa véritable fonction. Il se prolongeait vers le fond par une suite de petits salons protégés des regards de la rue et dont les vitrines, discrètement éclairées, abritaient les vrais trésors : des Ming tricolores San Ts'ai à sujets floraux, des porcelaines de K'ang Hsi dites de la Famille Verte et plus loin, des Yung Cheng de la Famille Rose d'époque plus récente mais néanmoins plus raffinée, des Sakyamuni, des Bodhisattva Manjusri, des Wei-To... On était fort éloigné de l'appartement des débuts sur Central Park South et des merveilles éminemment suspectes du vieux Soong... paix à ses malheureux os brisés.

Douloureusement conscient de ses lacunes originelles, Kostia avait perfectionné ses connaissances avec une ardeur et une passion directement issues de l'esprit de vengeance. Grâce à la vieille Hongroise experte et à son propre acharnement dans l'étude, il régnait à présent sur un véritable musée où n'entraient que les pièces les plus rares et les plus recherchées. Son réseau d'information était de premier ordre et dans un domaine où seul l'achat est difficile, ses acquisitions représentaient souvent des événements considérables dont le bruit se répandait très vite dans le cercle hautement cosmopolite des collectionneurs avertis. Même en temps de guerre.

Ce dernier point s'illustrait par une anecdote devenue célèbre dans le petit monde fermé de l'antiquaille : quelques jours après le débarquement des Alliés en Sicile, la vieille Hongroise bridgeait chez une douairière, rue de Varennes. En se rendant aux toilettes, elle traversa une pièce où un bouquet de fleurs séchées amassait de la poussière dans un vase aux formes renflées. En l'apercevant, la vieille Hongroise crut s'évanouir d'émotion ; le vase était un bronze doré de la période Han, un pur joyau aux lignes simples dont l'origine remontait certainement à plus de vingt-deux siècles. Elle alerta immédiatement Kostia et ensemble, ils montèrent une grande manœuvre d'encerclement destinée à ramener le Han dans un cadre plus digne de lui. Ils durent batailler pendant trois semaines ; bien qu'ignorant la valeur réelle du vase, la douairière avait du nez et de l'instinct. Finalement, à l'issue d'un marchandage épique, après avoir inondé la rue de Varennes d'un océan de charme et promis à la vieille dame qu'il viendrait chanter chez elle six fois par an, Kostia emporta l'affaire en se pliant à une exigence supplémentaire et couvrit la douairière d'un flot de napoléons.

— Du papier-monnaie ? s'était-elle exclamée. Fi donc, jeune homme ! Vous ne m'avez pas bien regardée. Je veux de l'or, du vrai !

Quatre mois plus tard, par-dessus les océans et les batailles, en dépit de l'absence presque complète de communications entre les continents, Kostia eut la surprise de recevoir une offre d'achat qui lui venait de Chicago : un amateur probablement richissime lui proposait une somme ahurissante pour conserver le Han dans ses coffres jusqu'à la fin de la guerre. Cette proposition lui arriva sous la forme d'un pli posté dans le XVIIe arrondissement. Cinq semaines après la Libération, un major américain se présenta au magasin avec une serviette bourrée de dollars et repartit en emportant le Han sous le bras, ainsi qu'une vulgaire potiche. Kostia s'interrogea longuement sur l'identité d'un client qui détenait visiblement assez d'influence pour que l'état-major allié, les réseaux de Résistance et Dieu sait qui encore se mettent en quatre pour satisfaire son caprice de collectionneur. Quelque temps plus tard, il apprit qu'il s'agissait tout bonnement d'un fabricant de corned-beef, un *meat-packer* milliardaire qui disposait de quelques amitiés à Washington. Cela éclaira Kostia sur l'importance stratégique des conserves de viande en temps de guerre, mais son opinion déjà adverse à l'égard des Américains s'ancra un peu plus dans le côté négatif des choses.

Félix connaissait l'anecdote et son aspect, à la fois international et clandestin, ajoutait au respect qu'il avait pour le cadre d'activité de son oncle. Romantique Félix !

Il traversa la suite de petits salons et s'engagea dans le long couloir qui menait au bureau de son oncle. A mi-chemin, il rencontra Galina.

— Féliouchinka ! s'écria-t-elle en le voyant. Quelle excellente surprise.

Elle l'embrassa chaudement, puis se tournant vers le fond, elle appela :

— Kostia ! Vôt' prischôl Feliks.

Kostia sortit de son bureau et tendit les bras vers son neveu favori. A l'image de Katia, lui aussi pensait que le sang des Roubaïev noyait celui des Beauchêne dans les veines de Félix. Galina étant malheureusement inapte à lui faire des enfants, il reportait sur son neveu ses rêves de prolongement.

— Aha ! claironna-t-il. Félix le Terrible ! Le Grand Tueur de Chiens ! Tu t'es enfin échappé de prison ?

Félix fut désarçonné par cet accueil. Il ignorait que son oncle était informé de l'exploit. Puis il réalisa aussitôt que le contraire eût été surprenant ; il ne se passait pas de semaine sans que Katia ne téléphonât à son frère.

— J'avais envie de vous voir, dit-il. Alors j'ai quitté l'usine un peu plus tôt et je suis venu.

— Tu as bien fait, répondit Kostia en le serrant sur sa vaste poitrine. Tu vas dîner avec nous.

Et voilà, pensa Félix avec un sourire. A condition de savoir s'y prendre, on peut manier le destin comme une barre de guimauve.

L'appartement des Roubaïev était un antre gigantesque occupant tout le premier étage de l'immeuble, au-dessus du magasin. On y accédait par un escalier intérieur qui débouchait dans un décor chargé et presque dément, en contraste violent avec le sévère dépouillement que l'on venait de quitter. En bas, chaque objet jouissait d'un large espace destiné à le mettre en valeur... en haut, c'était un amoncellement, une bousculade, un somptueux fouillis où chaque guéridon, chaque desserte croulait sous des dizaines de tabatières précieuses, d'œufs minéraux richement ornés et de bibelots tarabiscotés. Les fauteuils et les sofas disparaissaient dans des entassements de coussins multicolores, les murs étaient entièrement recouverts de tableaux disparates où le profane se mêlait allègrement au religieux, toutes les ouvertures s'encadraient de doubles tentures épaisses, elles-mêmes retenues par des cordelières grosses comme le bras. Malgré la dimension très respectable des pièces, il n'existait pratiquement aucune étendue libre, et dans le vestibule les tapis se recouvraient mutuellement pour former une mosaïque insensée de rouges et de pourpres. Les bois des meubles sombres devaient eux-mêmes disputer une place aux dorures envahissantes.

Curieusement, aucune chinoiserie n'apparaissait dans ce cadre un peu fou.

En pénétrant dans cet appartement, on quittait Paris pour se retrouver subitement dans le palais moscovite de quelque prince paranoïaque. Pour plaire à Kostia, Galina avait pris un soin extrême à reconstituer un morceau délirant de la patrie éternelle dans ce coin du faubourg. Tout était russe — ou prétendu tel pour les besoins de la cause — y compris les domestiques et leurs costumes. La seule pièce rapportée et immanquablement française était l'enfant de la maison, un caniche noir et frénétique qui répondait tout de même au nom très orienté de Drouzhok, fils de Charyk.

Le dîner fut animé, joyeux, copieusement soutenu par un champagne rosé dont Félix eut l'autorisation exceptionnelle de boire trois flûtes. A la fin du repas, la tête lui tournait légèrement et il se sentait merveilleusement détendu, parfaitement à l'aise entre cet oncle et cette tante qui se couvraient mutuellement de courtoisie et d'attentions affectueuses.

Ils quittèrent la salle à manger et allèrent s'installer dans la bibliothèque, devant un feu de bois. Les saisons n'existaient pas chez les Roubaïev ; même en plein été, les jetés de fourrure recouvraient les canapés et un feu crépitait dans la cheminée. Chose extraordinaire, il ne faisait jamais trop chaud. Galina sortit un tambour à broderie et chercha ses lunettes dans un fouillis de bobines multicolores, au fond d'un panier à ouvrage cerclé d'argent. Kostia se choisit soigneusement un cigare, puis il prit sa guitare, vint s'asseoir près de sa femme et gratta rêveusement quelques notes. Couché devant lui, la tête posée sur les pattes, Drouzhok le regardait avec adoration.

Félix observait cette scène absolument parfaite avec un sourire béat. Il était bien. Il baignait dans un élément complice. Il éprouvait même du plaisir à répondre aux questions de son oncle dans ce russe malhabile qui résultait des enseignements de sa mère. En général, il rechignait à faire usage de cette langue qu'il pratiquait de manière trop imparfaite. Lorsque Katia le forçait à étaler ses maigres connaissances pour le bénéfice d'une vieille exilée attendrie, Félix avait le sentiment de jouer les singes savants et s'exécutait avec embarras. Mais là, dans ce décor et cette atmosphère, il en allait autrement. Il se sentait entièrement intégré et faisait un effort tout particulier pour choisir ses mots et accorder correctement ses déclinaisons. Parfois, Galina le corrigeait en souriant.

Au bout d'un moment, Kostia éteignit son cigare et se mit à chanter, doucement d'abord, puis de plus en plus fort, enflant sa voix, la faisant résonner sous les hauts plafonds. C'était une chanson d'une mélancolie un peu bizarre, comme tant de chansons russes : un cavalier parlait à son cheval, le soir, au campement. Il lui décrivait les beautés de sa fiancée. Il disait à l'animal que demain, il faudrait avoir du courage pour affronter la bataille. L'un et l'autre devraient se risquer dans les hasards absurdes du combat, mais à ce moment les yeux de Natacha luiraient dans le ciel, au-dessus des collines... Ils mourraient peut-être, mais de folles marguerites pousseraient sur leur tombe et Natacha, un jour, viendrait les cueillir. Puis elle repartirait dans les collines en serrant les fleurs sur sa poitrine. Ainsi, ils vivraient encore un peu, l'homme et le cheval, unis dans les pétales...

La chanson se termina et la guitare émit un dernier accord qui se prolongea longuement. Il y eut un silence.

— C'était beau, dit Félix, d'une voix rauque.

— Oui, répondit Kostia en tournant son regard vers le feu de bois. C'était très beau. Surtout au printemps.

***

Le samedi matin, en revenant d'une mystérieuse expédition à La Courneuve, Max s'énerva en voyant Victor s'escrimer à soulever une lourde plaque de cuisinière en fonte.

— Prends-la par les côtés et lève d'un seul coup.

— J'ai pas de prise, geignit Victor.

— T'as surtout pas de bras. Moi, à ton âge, j'en soulevais deux comme ça.

Victor fit une nouvelle tentative maladroite et Max s'énerva pour de bon.

— Ah, laisse-moi faire, va. T'as rien dans les muscles. Recule-toi !

Victor recula en rougissant.

Max se planta devant la plaque, les pieds largement écartés. Il tira sur sa casquette, remonta son pantalon avec les avant-bras, cracha dans ses mains, les frotta l'une contre l'autre, saisit la plaque par ses extrémités, souffla puissamment par le nez, inspira profondément... et changea d'avis.

Il se redressa, considéra la plaque avec les sourcils froncés et décida :

— Il faut plutôt la prendre par le petit côté.

— Vous voulez que je vous aide ? demanda Victor.

— Je veux que tu me foutes la paix, aboya Max. Voilà ce que je veux.

Il changea de position, tira une fois de plus sur sa casquette, se pencha, crocha la pièce de fonte et la leva avec un « han » immédiatement suivi d'un « ghaaargh ! » étranglé et s'effondra sur le sol avec la plaque, poignardé dans les reins par une douleur fulgurante. Il perdit sa casquette dans la chute et pour la première fois, Victor put contempler le crâne presque nu de Max, un crâne dont l'aspect blanchâtre contrastait avec la teinte brique du visage.

Il y avait quelque chose d'un peu obscène dans ce

spectacle. Max n'ôtait jamais sa casquette et l'apparition soudaine de cette calotte livide donnait à Victor une sensation de malaise, comme la révélation d'un spectacle interdit et presque honteux...

Max demeurait prostré sur le dallage, incapable du moindre mouvement, rendu muet par la douleur extraordinairement aiguë qui lui taraudait le bas du dos et décomposait ses traits. Victor voulut le tirer par les aisselles afin de l'aider à se relever, mais Max poussa un tel hurlement que le jeune garçon se sentit lui-même devenir livide. Il sortit de la boutique en courant et alla donner l'alerte chez le mari à Simone. Celui-ci abandonna immédiatement le comptoir à son épouse et vint constater les dégâts. Il jugea rapidement la situation et dit à Victor :

— Le bouge pas. Vais chercher le docteur.

Quelques minutes plus tard, il y avait une bonne douzaine de personnes dans la boutique. Des commentaires navrés s'échangeaient au-dessus de la tête de Max. Personne ne lui parlait directement et chacun analysait son état comme s'il n'était qu'une chose neutre, une machine déglinguée, incapable de comprendre ce qui se disait autour d'elle.

— Faut lui allonger les jambes, disait le boulanger Camus.

— Surtout pas, répondait l'épicier Valin. Il a peut-être quelque chose de cassé.

— Ça me rappelle mon pauvre mari, soupirait la voisine du 17. Lui, c'est dans la nuque que ça se tenait.

— Mettez-lui un truc sous la tête, suggéra un bonhomme que nul ne connaissait et qui était entré là pour voir ce qui se passait.

— Oui, oui, c'est ça, dirent les autres. Faut trouver un coussin ou quelque chose.

Victor regarda autour de lui avec une mine égarée puis il se précipita dans la remise et grimpa vers sa chambre, avalant les marches quatre à quatre.

Kiki était couché sur le lit et s'ennuyait. Soucieux d'éviter les frictions inutiles avec Max, Victor gardait le chien enfermé dans la chambre. En le voyant entrer, l'animal se dressa et manifesta aussitôt une joie frétillante. Mais Victor l'écarta, saisit son oreiller et redescendit dans la boutique en oubliant de refermer la porte de la chambre.

Bien entendu, Kiki le suivit.

Avec des précautions extrêmes, on glissa l'oreiller sous la tête de Max dont les seules manifestations se réduisaient à une alternance de gémissements et de halètements de phoque catarrheux. Kiki se faufila entre les jambes de l'assistance et contempla le spectacle. C'était un animal aimable et sans rancune ; il ne demandait qu'à plaire. Il s'approcha en reniflant, l'œil tendre et débordant de compassion. Pauvre malheureux, pensa-t-il peut-être, comme il doit souffrir. Alors, n'écoutant que son bon cœur de chien, Kiki s'approcha encore et passa un grand coup de langue sur le crâne nu de Max.

— Aaaaaaaaaaaah... gueula Max. Pfêêêêêêêêêrkh !

Tout le monde s'inquiéta... mais pourquoi il crie comme ça ?... qu'est-ce qu'il a ?... faut faire quelque chose... il est peut-être en train de mourir !

Kiki, aussi inquiet que les autres, donna encore un grand coup de langue, mais cette fois, il l'appliqua en plein travers du visage.

— Pfâââââââââ... sperffff... Ptouh !

— Allez, Kiki, dit Victor en éloignant le chien. Laisse-le tranquille. Tu vois bien qu'il a mal.

— *Vehr geharget !* beugla enfin Max. Crève ! Ce chien... ce chien...

— T'énerve pas, dit Camus d'une voix apaisante. Le docteur sera bientôt là.

Effectivement, le docteur arriva quelques instants plus tard. Entre-temps, la boutique s'était remplie comme un œuf. Entassés sur quatre rangs, les gens se haussaient sur la pointe des pieds pour mieux contempler la victime. Le médecin chassa tous ces curieux, hormis Camus, Victor et le mari à Simone. Il baissa le pantalon de Max et cette épreuve supplémentaire jeta le pauvre homme dans une grande agitation.

— Restez tranquille, gronda le médecin. Je vais vous faire une piqûre.

— Naaaaan ! Je veux pas de piqûre. J'ai assez mal comme ça.

— Tenez-le, ordonna le docteur.

Camus et le mari à Simone l'empoignèrent et le docteur lui injecta une dose massive de novocaïne, lentement, très lentement, avec une lenteur qui pour Max parut absolument infinie.

— Maintenant, ajouta-t-il en rangeant ses instruments, il faut le porter chez lui.

On confectionna un brancard avec une porte d'armoire et Max traversa la rue, juché sur les épaules de quatre costauds, levé bien haut, tel un héros brisé porté sur son propre bouclier.

Il demeurait en face, dans un deux-pièces-cuisine situé au deuxième étage de l'immeuble sale qui surmontait le café. Victor ne connaissait pas l'appartement et si l'on peut en juger par les regards curieux de la procession qui suivait le quatuor de prétoriens porteurs, il n'était pas le seul dans ce cas. Max ne recevait personne chez lui. Jamais.

Là, subitement et bien à contrecœur, il en recevait vingt à la fois.

On entrait par la cuisine, minuscule, peinte en jaune canari et meublée d'une desserte en bois peint dont les battants s'ornaient de décalcomanies représentant des bouquets champêtres. La pièce suivante était une salle à manger de style vaguement rustique dont le buffet et la table occupaient presque toute la surface. Curieusement, pour une salle à manger, il n'y avait pas de chaises, seulement un tabouret de cuisine. On fit glisser Max sur la table afin de l'amener dans la chambre. Là, le décor se composait d'un fauteuil en velours grenat, une armoire à façade ondulée — genre Lévitan moderne 1930 — et un cosy-corner en palissandre sur lequel trônait une gigantesque poupée niçoise avec canotier, jupe rayée, corset noir et bouquet de mimosas en peluche jaune.

Quelqu'un vira la niçoise sans ménagement et la jeta

dans les bras de Victor tandis que le médecin, aidé de Camus et du mari à Simone, couchait Max avec des soins attentifs.

Victor alla poser la poupée dans la salle à manger. Sur un coin du buffet rustique, un cadre de bois doré contenait la photo d'une femme épaisse en robe de satin noir. Elle était brune et avait un soupçon de moustache. Il apparaissait malaisé de lui donner un âge. Entre quarante et cinquante ans, probablement. A l'extrémité opposée du buffet, une autre photo également encadrée de bois doré montrait le visage d'une fillette aux yeux immenses, coiffée en longues boucles à l'anglaise.

Max vivait seul et Victor se demanda qui pouvaient bien être la grosse dame et la fillette. Un soupçon lui traversa l'esprit et il détourna son regard des photos avec un sentiment d'embarras.

Dans la chambre, Max commençait enfin à sentir les bienfaits de la piqûre. La douleur s'estompait. Victor entra timidement.

— Ça va mieux ?

— Bêêêêêf ! Ça va, ça va...

Puis Max réalisa subitement quelque chose et se redressa sur les coudes en grimaçant :

— Mais qu'est-ce que tu fous là, toi ? Qui est-ce qui garde la boutique ?

— Je...

— Redescends tout de suite. Tout ça, c'est de ta faute. Tu trouves que t'as pas fait assez de dégâts pour aujourd'hui ? Tu veux qu'on me dévalise, en plus ?

Victor quitta la chambre et le mari à Simone sortit avec lui en annonçant à Max :

— Vais t'envoyer ma femme. Bouge pas.

— *Oy vaï...* je risque pas d'aller au bal, va.

La boutique était bien défendue. Assis sur le seuil avec une attitude farouche, Kiki défendait le terrain. Victor lui caressa la tête au passage et entreprit de remettre un peu d'ordre. Il verrouilla les tiroirs mystérieusement sacrés du bureau et empocha les clés. Ensuite, il ramassa l'oreiller et le jeta sur le canapé du fond. Puis il se dirigea vers la plaque de fonte, cause du drame. Il la regarda avec malveillance, la souleva en grognant « saloperie, va » et la porta dans la remise.

Puis il alla s'asseoir dans le fauteuil de Max et attendit.

Le visage de la fillette aux longues boucles flottait dans son esprit.

*
* *

En partant, le médecin annonça le verdict sur un ton qui n'admettait aucune réplique : trois semaines d'immobilité totale, piqûres deux fois par jour et pas une goutte d'alcool.

— Qu'est-ce que je vais m'emmerder, grogna Max.

— Oh, vous savez, dit le médecin avec détachement, si vous préférez terminer votre vie dans un fauteuil à roulettes, c'est votre affaire. Moi, je ne vous force à rien. Néanmoins, si je vous trouve hors du lit avant trois semaines, je double immédiatement les piqûres... de bonnes grosses piqûres bien épaisses... peut-être même des intraveineuses, si je suis de mauvaise humeur ce jour-là.

Max détourna la tête avec un gémissement pitoyable.

— Vous en faites pas, fit Simone avec un sourire féroce. C'est moi qui vais lui monter ses repas et m'occuper de tout. Si jamais il fait le malin, je viendrai vous prévenir tout de suite.

Vers l'heure du déjeuner, Victor ferma la boutique et remonta dans l'appartement. A l'aide d'une boîte de conserve emplie de billes métalliques et rattachée à une longue ficelle, il confectionna un signal d'alarme qu'il laissa pendre devant la fenêtre de la chambre. Si Max avait besoin de quelque chose, il lui suffisait de tirer sur la ficelle liée à une chaise, près du lit. Victor était content de lui. Il trouvait le système ingénieux et c'est avec des mines importantes qu'il le mit en place.

Max le regardait faire avec l'œil à la fois soucieux et méfiant.

Il avait raison de se méfier.

Au premier essai, la boîte se décrocha de la ficelle et faillit décerveler la concierge en tombant sur le trottoir. La petite bombe lui rasa littéralement le nez et s'écrasa entre ses pieds. La concierge poussa un cri strident puis, palpitant encore d'une frayeur intense, elle leva sa tête miraculeusement sauve vers la façade de l'immeuble et enchaîna sur une bordée d'injures.

— Assassin ! hurla Max lorsqu'il comprit ce qui venait de se passer. Simone ! Simone ! Aide-moi à me lever que j'aille lui casser la gueule.

Simone arriva de la cuisine en courant.

— Calme-toi, y a pas de mal.

— Je veux lui casser la gueule. Aide-moi à me lever. Je vais le tuer... lui et son chien de crotte...

— Max, reste tranquille.

Le vieil homme se laissa retomber sur l'oreiller avec une expression de martyr. Il invoqua le plafond avec douleur.

— Oy Seigneur ! Qu'est-ce que Tu m'as fait en m'envoyant ce salopard ? Tu pouvais pas l'expédier dans un autre quartier, non ? C'est un danger public ! Il est pire qu'Hitler !

Victor sortit de la chambre à reculons.

En bas, tandis que le mari à Simone offrait un grand marc à la malheureuse concierge afin de l'apaiser, Sammy et Camus s'organisèrent en conférence pour tenter de trouver un dispositif d'alerte moins meurtrier pour la population.

On fit venir Saïd, un électricien qui travaillait aux Etablissements Berthoin — Mécanique en Tous Genres — à l'autre bout de la rue. Une heure plus tard, une sonnette électrique reliait le lit de Max au comptoir du café. Un code fut convenu : un coup pour Simone, deux coups pour Hitler, trois coups en cas de malheur.

Le malheur ne tarda pas à sonner ses trois coups. Il y a des journées comme ça. La loi des séries, sans doute.

Depuis toujours, Max souffrait de constipation chronique et se bourrait de potions, de pilules et de sirop de prune avec des résultats généralement dérisoires.

Etait-ce l'accident, la novocaïne ou les malheurs de la concierge... toujours est-il que ce jour-là, Max fut saisi d'une envie subite, violente et irrépressible. Il rejeta les couvertures pour se précipiter vers l'endroit adéquat, mais la brutalité du mouvement fut désastreuse pour sa condition et il se retrouva bloqué, un pied sur la carpette et l'autre encore enfoui sous les couvertures... complètement bloqué par mille pointes de feu qui lui perçaient les reins... irrémédiablement bloqué et incapable de retenir les effets du sirop de prune.

Lorsque Simone vint réparer la catastrophe, Max était humilié jusqu'aux larmes. D'autant plus humilié que Simone semblait trouver l'incident absolument désopilant et riait comme une folle.

En fin de journée, Victor téléphona à Félix : désolé, impossible de venir au rendez-vous de dimanche. Force majeure. Grosses responsabilités. Max à soigner. Le chien à garder. La boutique à faire tourner...

Félix ne comprenait pas grand-chose aux explications embrouillées et toujours hurlantes de Victor. Il proposa tout de même de venir lui rendre visite à Aubervilliers. A défaut de cinéma, ils pourraient causer.

Victor accepta avec enthousiasme et précisa en outre que le mari à Simone préparait les meilleurs panachés du monde.

*
* *

— Mange donc, disait la Zingara à son fils.

Bouboule serrait les poings et regardait fixement les concombres à la crème qui nageaient dans son assiette.

— Allez, mange ! D'habitude, tu aimes bien ça, les concombres.

Merde, merde et merde ! pensait Bouboule. Quel

abruti, ce Max. Trois semaines d'immobilité. Trois siècles, oui. C'est tout ce qui manquait à mon bonheur... qu'il se démolisse le dos, ce vieux singe. Quelle poisse !

— Tu entends ce que je te dis ? Mange !

Cette histoire d'essence est pourrie depuis le début. J'aurais jamais dû y foutre les pieds. Mais qu'est-ce qui m'a pris, nom de Dieu ? Je me défendais bien, j'étais tout ce qu'il y a de plus tranquille, pépère... pas de suif, pas d'embrouille, presque pas de risque... et il a fallu que j'aille fourrer mes pinceaux dans cette mélasse. Je suis bien avancé, maintenant. Ah, c'est bien fait pour ma gueule, tiens ! Faut jamais chercher à péter plus haut que son cul.

— Bouboule ! Je te parle.

— Excuse-moi, m'man. J'ai pas faim.

— Je te demande pas si tu as faim. Je te dis de manger.

— Mais je peux pas manger si j'ai pas faim.

— Force-toi ! Il faut que tu manges.

Pourrie ! Mille fois pourrie ! Tordue, faisandée... complètement dégueulasse ! Une vraie catastrophe. Et au train où ça va, c'est sûrement pas fini. Parti comme ça, il va encore m'arriver autre chose. C'est réglé comme du papier à musique.

— Tu es malade ?

— Mais non, m'man. J'ai pas faim, c'est tout.

— Tu as mal quelque part ?

— Non, je t'assure...

— Je parie que tu as encore mangé des chocolats.

— Mais non... j'ai pas mangé de chocolats. Je me sens très bien. J'ai pas faim, voilà tout.

— Ça n'existe pas, s'énerva la Zingara. Si tu n'es pas malade et si t'as pas mangé de chocolats avant le déjeuner, tu as forcément faim. A ton âge, on a faim. Alors mange !

Bouboule soupira, piqua une tranche de concombre, la porta à sa bouche et se mit à la mâcher comme un chewing-gum.

— A la bonne heure, approuva sa mère. Je savais bien que tu avais faim. Une mère ne se trompe jamais.

Jamais ! Jamais jamais jamais ! Jamais j'aurais dû toucher à cette affaire. Quel con ! Non mais quel con ! Y a pas plus con que moi sur cette foutue planète.

Sans être aussi catégorique que Bouboule, il faut bien reconnaître que la mirifique affaire s'était considérablement dégradée depuis qu'il était entré dans la boutique de Max.

Déjà, en retrouvant M. Armand au rendez-vous fixé par les deux Noirs américains, porte de la Chapelle, Bouboule avait senti que les choses allaient se compliquer.

— Faut que tu verses une avance sur mon pourcentage, annonça M. Armand sans préambule.

Le drogué était en état de manque et se frottait nerveusement le nez. Il lançait des coups d'œil inquiets autour de lui, ses mains tremblaient et malgré la douceur de cette soirée d'été, son corps terriblement amaigri frissonnait dans le veston devenu trop large.

— Cinquante mille balles, précisa-t-il.

— C'est pas ce qui était convenu, protesta Bouboule.

— Fais pas chier ! C'est à prendre ou à laisser. Je veux cinquante mille balles, tout de suite. Sinon je parle aux nègres et je bousille l'affaire.

Cette brutalité de langage était très inhabituelle ; M. Armand s'exprimait généralement en termes plus choisis. Bouboule voulut discuter mais ce fut en pure perte. Lorsque l'énorme camion-citerne arriva sur le boulevard, il fut contraint de sortir son argent et de payer. L'autre fourra les billets dans sa poche et ajouta sur un ton grelottant mais néanmoins chargé de menaces :

— Il me faut le reste dans une semaine. Même si la camelote n'est pas entièrement vendue. T'as compris ?

— Vous avez pas confiance ?

— En ce moment, j'ai pas les moyens d'avoir confiance. Et puis, j'aime pas travailler avec des poids mouches. Une semaine, pas plus !

Je t'en ficherais des poids mouches, songea Bouboule avec irritation. Si je veux, j'te casse en deux avec une seule main, pauvre connard !

Le camion se rangea contre le trottoir dans un grand concert de sifflements. M. Armand se hissa dans la cabine, suivit de Bouboule qui pestait contre les humeurs changeantes de ce salopard de camé. A peine installé sur la banquette, ses inquiétudes redoublèrent. Les deux Noirs le regardaient avec des faces un peu trop hilares.

— *Welcome to the Jujube Express, daddy'o !*

Ah, nom de Dieu ! Ils sont soûls ! Bourrés comme des ânes ! Décidément, la soirée commence bien...

— *Where to, froggy ?*

— Il demande le chemin, dit M. Armand.

Bouboule donna les indications, M. Armand traduisit et le chauffeur démarra en s'exclamant d'une voix stridente :

— *And away we go... Yahoo !*

La lourde machine s'ébranla, prit de la vitesse, encore de la vitesse, un peu trop de vitesse... eh oh ! beaucoup trop de vitesse. Maman, gémissait Bouboule en son for intérieur. Ils sont dingues, ces mecs.

Le camion fonçait à toute allure sur le boulevard, traversait les carrefours sans ralentir, prenait les virages à la limite de la culbute, bousculant les passagers de droite et de gauche, se rattrapant de justesse à quelques millimètres des trottoirs tandis que le chauffeur et son complice poussaient des cris sauvages ponctués de rires suraigus. De vrais cow-boys.

— Ils vont nous tuer, ces cons-là. Dites-leur d'aller moins vite.

Mais M. Armand n'entendait rien. Cramponné des deux mains au tableau de bord, tétanisé par la frousse et le manque, il fixait la route avec des yeux exorbités et la mâchoire pendante.

— Dites-leur quelque chose, Bon Dieu...

Ah, la vache ! On est assis sur trente mille litres d'essence. De la dynamite ! Si jamais on se plante, tout le quartier va brusquement changer d'adresse. On retrouvera même pas nos dents.

Il se pencha par-dessus M. Armand et secoua le bras du complice.

— Eh... doucement... attention... faites gaffe à la police.

Il était fort improbable que deux hirondelles à vélo puissent prendre en chasse l'infernale machine, mais le seul mot de police — un mot international par excellence — eut l'effet souhaité sur le chauffeur. Il leva le pied et le voyage se termina sur une allure plus mesurée.

A La Courneuve, Max attendait devant le portail du dépôt et lorsqu'il vit arriver le camion, il ouvrit les lourds battants et dirigea le chauffeur à l'aide d'une lampe électrique.

Bouboule sauta hors de la cabine et s'approcha du vieil homme.

— Ah, vous pouvez pas savoir... Ils sont complètement soûls. Pleins comme des cochons.

M. Armand descendit en titubant et dut se raccrocher au marchepied pour ne pas s'effondrer sur le sol.

— Qui c'est celui-là ? demanda Max.

— C'est l'intermédiaire. C'est à lui qu'il faut verser le pourcentage. Il m'a déjà pompé cinquante mille balles.

Max posa un œil méprisant sur Bouboule et, sans répondre, il entreprit de décharger les tubes souples qui allaient servir au transvasement.

— *Just a minute !* gueula le chauffeur en sortant de la cabine. *Just a cotton pickin' minute. First, the money !*

— Il veut l'argent d'abord, bredouilla M. Armand.

Max tourna son regard peu aimable vers Bouboule.

— Alors ? Qu'est-ce que tu attends ?

Bouboule s'avança, sortit une liasse déjà préparée et la tendit au chauffeur. L'autre Noir émergea du camion et rejoignit son compagnon. Ensemble, ils comptèrent soigneusement l'argent. Ils étaient subitement devenus sérieux et, curieusement, ils paraissaient beaucoup moins soûls.

— *More !* gronda le chauffeur avec une mine sévère.

— Il veut plus, traduisit M. Armand.

Bouboule ressentit une brusque poussée de colère. Non mais des fois... pour qui il se prend le négro ?

— On avait convenu...

— *I said more, dammit !*

— Des clous ! hurla Bouboule.

Alors, pour mieux se faire comprendre, le chauffeur recula de deux pas et sortit de son battle-dress un énorme revolver, un Colt 45 qu'il se mit à agiter devant lui comme s'il voulait faire monter une mayonnaise avec la crosse. Max se figea sur place mais conserva un visage absolument inexpressif. M. Armand s'affola :

— *Yes, yes... wait a moment !* Allez, Bon Dieu ! Donne-lui encore de l'argent. Tu vois pas qu'on a affaire à des fous ?

Lentement, Bouboule sortit une autre liasse en tremblant légèrement. Pour la première fois de sa vie, il avait peur. Réellement peur. Le deuxième larron s'approcha et tendit une paume gigantesque dans laquelle Bouboule déposa les billets un à un. Dès qu'il s'arrêtait de compter, le chauffeur, toujours en retrait, agitait son revolver et grognait *more.* Bouboule reprenait sa distribution, billet par billet, oppressé de peur et de colère.

Toute la liasse y passa... Adieu les 20 % d'arnaque ! Le bénéfice supplémentaire était maintenant entre les mains des deux Américains. Bouboule enrageait.

— *O.K. now !*

Le revolver retourna dans les profondeurs du battle-dress et les visages noirs redevinrent aussitôt hilares. M. Armand semblait avoir raison : ils étaient complètement fous ces types-là.

Max n'avait pas bougé d'une ligne durant toute la transaction. Sans un mot, il tira sur les tubes souples et alla emmancher l'extrémité dans l'ouverture de la cuve. Le transvasement dura longtemps et lorsqu'il fut terminé, les deux Noirs serrèrent jovialement la main de tout le monde puis remontèrent dans le camion en se bourrant les épaules et en glapissant de bonheur. Fous !

— Taxi ? offrit généreusement le chauffeur.

M. Armand secoua la tête avec force. Oh non, plus jamais ! Plutôt traverser le Sahara à quatre pattes que de remonter dans cette terrifiante machine avec ces deux gangsters. Le camion manœuvra dans la cour du dépôt et repartit en pulvérisant au passage une borne de pierre qui flanquait le portail.

Bouboule se sentait vidé. Totalement vidé.

Max dévissa un petit couvercle au sommet de la cuve et y plongea une longue tige graduée. Il la ressortit et éclaira le niveau humide avec sa lampe électrique.

— Bien ce que je pensais, déclara-t-il d'une voix calme. Y a seulement vingt-six mille litres.

— Bandits ! explosa Bouboule. Voleurs, fumiers, ordures, salauds de nègres...

En y repensant, attablé en face de sa mère, Bouboule serrait fortement les poings et, dans sa bouche, le concombre avait un goût d'ortie. Malade. Il en était malade. Et ce n'était pas tout. Au moment de partir, M. Armand demanda :

— Eh, Pierrot, comment est-ce qu'on sort de ce bled ?

Bouboule lui indiqua le chemin et lorsque l'autre s'en alla, Max demanda d'une voix insidieuse :

— Tu t'appelles Pierrot, maintenant ?

— Ben oui, répondit le jeune homme avec une pointe d'inquiétude. C'est mon nom, quoi !

Max secoua la tête.

— Ton nom, c'est Edouard. Tout le monde t'appelle Bouboule et tu habites dans l'impasse Bordier.

Y a des moments, vraiment...

Ils partirent ensemble dans une camionnette que Max avait empruntée au ferrailleur d'Asnières. Sur le chemin qui les ramenait vers les boulevards extérieurs, ils dépassèrent M. Armand qui marchait en serrant frileusement les épaules, la tête baissée, les poings enfouis dans les poches... également convaincu que la vie est parfois une vilaine vacherie.

— Tu veux qu'on le prenne avec nous ? demanda Max.

— Qu'il crève, répondit Bouboule.

En arrivant à Aubervilliers, Max proposa en ricanant :

— Je te dépose chez toi ?

Bouboule sortit de la camionnette sans répondre et claqua la portière à toute volée.

Le lendemain, il retrouva Max à La Courneuve où le ferrailleur d'Asnières arriva avec une citerne de cinq mille litres fixée sur un camion à plateau. Bouboule dut pomper à la main pendant plus de deux heures. A la fin, il était trempé de sueur et puait l'essence à dix mètres. Lorsque ce fut terminé, il s'avança pour recevoir le prix de sa marchandise, mais le ferrailleur remonta dans le camion après avoir serré la main de Max et partit sans autre cérémonie.

— Et le fric ? hurla Bouboule.

— Y a pas de fric, répondit Max en gloussant. C'est le prix de la location pour le dépôt.

— Cinq mille litres ?

— Eh oui. La discrétion, ça coûte cher.

— De quoi ? Mais ça va pas, la tête. Vous êtes complètement sonné.

— Ta gueule, morveux. Ici, c'est moi qui commande.

Bouboule écumait de fureur.

— Mon cul, oui ! Je vais vous faire une grosse tête, moi ! Qu'est-ce que c'est que ce bordel ? Vous commandez rien du tout. C'est mon pognon qui est dans cette putain de cuve. C'est pas le vôtre.

Sans répondre, Max se dirigea vers la pompe, sortit deux formidables cadenas avec lesquels il condamna la trappe des robinets. Puis il empocha les clés et annonça sur un ton guilleret :

— Voilà, t'as plus rien à craindre. Ton pognon est bien protégé, maintenant.

— Et les clés ?

— Je les garde. C'est mieux comme ça.

— Et comment je vais servir mes clients ?

— Je viendrai avec toi. Comme ça, on pourra faire nos comptes au fur et à mesure.

Je vais lui casser la gueule !

Ah, nom de Dieu, je sens que je vais lui casser la

gueule. Je vais le ravager. Je vais le mettre en bouillie. Je vais lui faire bouffer sa putain de casquette... ici, maintenant, tout de suite, là ! Sur le tas.

Subitement, Bouboule réalisa l'ampleur de la duperie.

— Mais dites donc, j'y pense. Pour vous c'est tout bénéfice. Dans cette histoire, c'est moi qui paie et c'est vous qui encaissez. Il vous a pas coûté un rond, ce coup-là.

— Pas un centime, morveux. C'est ça les vraies affaires.

Bouboule regarda le vieil homme avec stupéfaction. Ah, il est gonflé, le mec. Il me balance ça, comme ça, en rigolant, sans battre un cil. Ça alors ! Un culot pareil, j'en reviens pas.

L'envie de cogner sur quelqu'un est un sentiment éminemment fragile qui obéit à des normes psychologiques très précises. Il existe un moment X où tous les facteurs sont réunis pour que le premier coup parte. La seconde suivante, le coup ne part plus. Suffoqué par ce qu'il venait de réaliser, Bouboule avait laissé passer le moment X. Sa fureur se dégonfla, changea de nature et devint plus critique. Il venait de comprendre qu'au royaume de l'arnaque, il n'était encore qu'un apprenti, un maigre petit poisson. Max, lui, était un maître. A aucun moment il n'avait marqué la moindre appréhension devant les allures franchement menaçantes de Bouboule. Il était resté calme, composé, aussi froid qu'un concombre.

(Saloperie de concombre ! Si j'ai pas faim, j'ai pas faim, enfin quoi !)

Et là, juste avant de déjeuner, il venait d'apprendre que le maître arnaqueur s'était arnaqué lui-même en se démolissant le dos. A présent, Bouboule se lamentait : mais pourquoi est-ce que je ne me suis pas cassé une jambe plutôt que de plonger dans cette combine ? Elle est vérolée, cette affaire. Vérolée jusqu'à la moelle !

— Bouboule, mange !

— Oui, m'man.

*
* *

La seule idée de devoir aller gaspiller son temps en Sologne plongeait Félix dans la plus grande frustration. Durant la soirée chez les Roubaïev, il avait tenté de rallier la bonne volonté de Kostia en sa faveur. Il espérait qu'en obtenant la complicité de son oncle, il pourrait prolonger son séjour à Paris. Il offrit même de se rendre utile et fit des propositions de services qui amusèrent beaucoup Galina : il passerait l'aspirateur, laverait les carreaux, cirerait le plancher, promènerait Drouzhok... bref, il ferait n'importe quoi pour n'être pas contraint de retourner vivre au ralenti entre son frère et sa grand-mère. Libéré de l'usine, il voulait profiter de sa liberté bien qu'il n'eût pas la moindre idée de ce qu'il pourrait en faire.

— Non, refusa Kostia avec un sourire. Je ne veux pas voir mon neveu livré à des travaux de domestique. Et puis je t'avoue que même avec un sabre dans chaque main, je ne me sens pas assez courageux pour braver les décisions de ta mère.

— Elle est au Brésil, insista Félix. Elle n'en saura rien.

Puis il ajouta, avec une habileté un peu sournoise :

— D'ailleurs, c'est mon père qui a décidé. Pas maman.

Mais Kostia demeura inflexible.

— Si tes parents ont décidé que tu dois retourner en Sologne, tu y retournes.

— Mais pourquoi ne veux-tu pas aller là-bas ? demanda Galina. La nature, le grand air, les amis...

Pourquoi, en effet ? Félix était bien incapable de trouver des raisons précises. Il ne voulait pas, voilà tout. Il lui semblait peut-être que la mort brutale de Titus marquait un tournant définitif dans son existence. En tranchant la vie du chien, le coutelas de chasse n'avait-il pas également tranché les liens qui retenaient encore Félix à son enfance ? Un nouveau cycle était né, une barrière était franchie et un retour en Sologne annulerait forcément les effets de ce passage. Dans le cadre d'une maison qui avait vu sécher ses langes, dans cette chambre d'enfants encore pleine de souvenirs puérils ; entre une grand-mère trop affectueuse pour le voir grandir et un frère trop indifférent pour le traiter autrement qu'en bébé... il perdrait certainement ses nouvelles sensations d'adulte. Oh, il y retournerait un jour, forcément, mais plus tard, une autre année, lorsqu'il serait sûr de sa métamorphose et que Thérèse pourrait enfin prendre ses culottes courtes pour en faire des chiffons. Pas avant.

Oui, c'est peut-être ce raisonnement inconscient qui motivait les frustrations de Félix. Peut-être.

N'ayant pas obtenu l'assistance de son oncle, Félix rentra chez lui en donnant des coups de pied dans les angles des trottoirs. Certes, la soirée avait été un véritable enchantement, mais maintenant qu'elle était terminée, les sombres perspectives remontaient à la surface. Il se promena longuement dans l'appartement désert et obscur, puis il alla se coucher, s'enroula dans les draps, se tortilla à droite, à gauche... adressa des revendications enflammées à toute sa famille et s'endormit enfin aux environs de trois heures du matin.

Le dimanche, après le déjeuner, il s'embarqua pour Aubervilliers. En sortant du métro, porte de la Villette, il trouva Victor qui l'attendait en compagnie de son chien.

— Il s'appelle Kiki. C'est mon chien à moi.

— Il a une bonne tête, jugea Félix sans se compromettre.

— Je te raconterai comment je l'ai trouvé. Tu verras, c'est une drôle d'histoire.

Victor était joyeux, détendu, tout heureux de retrouver son copain. Félix, lui, demeurait plus réservé. La semaine qui venait de s'écouler avait légèrement tempéré le contact ressenti le dimanche précédent. Il ne se sentait pas encore repris par l'amitié un peu perplexe que lui inspirait Victor.

— Où est-ce qu'on va ? demanda-t-il.

— On pourrait commencer par faire une balade sur les fortifs. On ferait courir le chien.

— Qu'est-ce que c'est, les fortifs ?

— C'est là-bas, répondit Victor en désignant un endroit vague au-delà du pont de chemin de fer.

Ils traversèrent le boulevard, escaladèrent des éboulements de pierres et arrivèrent sur un terre-plein qui dominait ce qui restait des anciennes fortifications.

— Voilà, dit Victor. C'est là.

Evidemment, pensa Félix, ce n'est pas le parc Monceau. Près d'eux, dans le vallonnement des talus, des gosses faisaient brûler une vieille carcasse de pneu autour de laquelle ils se livraient à une danse du scalp, nullement gênés par l'épaisse fumée nauséabonde qui se dégageait. Ailleurs, d'autres enfants jouaient au football et tapaient gaillardement dans la boule de chiffons qui leur servait de ballon. Légèrement à l'écart, un jeune couple prenait le soleil sur les grosses dalles d'une arche effondrée ; lui, en maillot de corps, allongé et dormant avec le visage couvert d'un journal — elle, assise bien droite, les jambes serrées, enceinte jusqu'aux oreilles et tricotant une brassière en promenant un sourire béat sur le paysage. Un peu plus loin deux adolescents calamistrés se bousculaient avec une feinte agressivité autour d'une fille aux cheveux frisés, au nez court et aux yeux très délurés ; les garçons se menaçaient farouchement du regard, la fille riait et les écartait du coude lorsqu'ils se faisaient trop pressants. Alors, derrière son dos, les adolescents échangeaient un clin d'œil complice et revenaient aussitôt à la charge. Et puis là-bas, tout au bout, repoussées vers les limites de l'immense terrain vague, on distinguait les misérables cahutes de la zone. Elles étaient étroitement serrées les unes contre les autres, comme si chacune d'entre elles avait besoin du soutien de ses voisines pour ne pas s'effondrer. Les baraques étaient faites de vieilles planches, de tôles ondulées complètement rouillées, de papier goudronné tenu, ici et là, par de rares briques. Parfois une tache de couleur éclatait dans le couvercle martelé d'une boîte de biscuits ou les plaques publicitaires de Picon, Byrrh ou la Ouate Thermogène. Mais ce qui surprenait surtout, c'était les fleurs. Il y en avait partout. Elles grandissaient dans des boîtes de conserve, grimpaient à l'assaut des toits, enveloppaient les tôles et se donnaient un mal fou pour dissimuler la misère qui grouillait sous leurs pétales. Elles y parvenaient d'ailleurs assez bien. De loin, la zone offrait un petit air assez gai. De près, c'était une autre histoire.

J'y suis, pensait Félix sans bien savoir ce qu'il entendait par là et se référant probablement aux images qui subsistaient de ses lectures populistes.

Victor était complètement étranger aux états d'âme de son copain. Il jetait des bouts de bois que Kiki s'empressait de lui rapporter en frétillant de tout son être, jappant et remuant la queue à s'en déboîter l'arrière-train.

Les deux garçons s'assirent sur une langue d'herbe miteuse, au pied d'un talus. Victor parlait et Félix l'écoutait en mâchonnant une tige de marguerite dont le goût âpre lui agaçait la bouche. Victor racontait à perdre haleine... l'arrivée de Kiki, l'accident de Max, les malheurs de la concierge... Félix suivait le récit de ces aventures avec le sourcil légèrement froncé. Que d'événements en une semaine. Chez lui, il ne s'était rien passé — ou plutôt, il ne s'était rien passé de racontable à Victor. Ses parents étaient arrivés à l'improviste, venant de leur propriété de Sologne. Puis ils étaient repartis pour le Brésil. Un employé de son père l'avait invité à manger le ragoût. Son oncle lui avait montré un vase dont l'origine remontait à plus de trente-cinq siècles, puis il lui avait fait boire du champagne et s'était mis à chanter des ballades ukrainiennes... Comment évoquer des choses aussi éloignées du monde quotidien de Victor ?

C'est un rapport à sens unique, pensait Félix. Lui peut me raconter tout ce qui se passe dans son existence, mais moi je ne peux rien lui répondre. Il ne comprendrait pas. Ou alors, il me prendrait pour un bêcheur.

Et l'autre, tout gonflé de son importance accidentelle, détaillait maintenant les charges nombreuses et vitales qui lui incomberaient durant l'immobilisation de Max.

— Faut que je m'occupe de la boutique, que je fasse marcher le commerce et les livraisons. C'est du boulot !

Victor s'attribuait une douce supériorité sur son copain, il entretenait un sentiment d'importance dont il se gargarisait avec une pointe de vanité. Félix notait cela sans détacher son regard des cahutes de la zone. De quoi pouvaient bien vivre les gens qui habitaient là ? Qui étaient-ils ? Il interrogea Victor :

— Je ne sais pas, répondit celui-ci avec indifférence. Des guenilleux quelconque...

Des guenilleux ? Drôle d'expression. Il a trouvé ça dans Alexandre Dumas ? Drôle de réaction, aussi. On dirait qu'il les méprise un peu. Comme s'ils appartenaient à un autre monde que le sien. Il ne doit pourtant pas en être très éloigné. Il est orphelin, il n'a pas de foyer, il gagne probablement des haricots... Qu'est-ce qui lui permet de se croire tellement différent ?

Un peu plus tard, lorsqu'ils revinrent ensemble à la boutique de Max, Victor présenta son royaume éphémère avec un large geste de propriétaire.

— Voilà, c'est ici que je travaille. Tu peux visiter. Y a des trucs marrants.

Tandis que Félix explorait le capharnaüm en silence, Victor alla s'installer derrière le bureau de Max. Il fit semblant de s'absorber dans de mystérieuses réflexions tout en remuant des papiers sur la table, brassant des factures, ouvrant et refermant les tiroirs, interrogeant parfois le plafond avec une mine soucieuse... Il s'amusait délicieusement de ce rôle de patron intérimaire.

Félix se promenait avec lenteur, soulevait des objets aux usages étranges, posait des questions :

— Qu'est-ce que c'est, ça ?

— Ça ? C'est une machine à faire des nouilles. Elle est cassée. Faudra que je la répare.

— Et ça ?

— Ça ? C'est une fontaine à pastis.

— Ah bon ? Comment ça marche ?

Et Victor qui n'en avait pas la moindre idée fournissait des explications obscures et compliquées. Félix l'écoutait sans vraiment l'entendre. Il arrondissait ses mains sur des boules de sulfure, ouvrait des armoires gémissantes, caressait des tables de nuit boîteuses, passait un doigt négligent sur des tringles à rideaux réunies en forêt épaisse dans un coin de la boutique, feuilletait quelques bouquins écornés... Quel fouillis ! Quel surprenant univers ! Ni sordide ni même misérable. Seulement très encombré.

— Viens, dit subitement Victor. Je vais te montrer ma chambre.

Il emmena Félix dans la remise, lui fit escalader les marches et lui présenta sa modeste piaule avec fierté.

— C'est là que je dors.

Un lit-cage, une petite armoire en bois blanc, une table de toilette avec une cruche de faïence et une cuvette écaillée, une caisse retournée en guise de table de nuit et pour tout éclairage une antique lampe à pétrole. Tout cela était proprement ordonné. Le lit était fait, le plancher balayé et la serviette de toilette soigneusement pliée au-dessus de la cruche. De toute évidence, Victor avait fait le ménage en prévision de la visite de Félix.

Un gros bouquin trônait sur la caisse retournée. Félix s'approcha, lut le titre et siffla doucement entre ses dents : Dante Alighieri, *La Divine Comédie.*

— Tu lis ça, toi ?

— Ben oui, pourquoi pas ?

Espèce de bluffeur, pensa Félix. Il a mis le livre bien en vue, uniquement pour m'impressionner. Si seulement je l'avais lu moi-même, je lui poserais des colles.

— C'est pas facile à lire, ajouta Victor. Mais d'après Bergson, il paraît que c'est une œuvre capitale. Alors je me force.

— Bergson ? André Bergson ?

— Non, corrigea Victor avec un sourire. Henri Bergson.

Félix se mordit les lèvres, vexé.

— Qu'est-ce que tu as lu de Bergson ?

— Oh, des choses... entre autres, un petit truc pas très épais qui s'appelle *Le Rire.*

— C'est un roman ? demanda Félix soupçonneux.

— Non, c'est un essai. Une étude, quoi.

Félix prit le gros bouquin entre ses mains et le feuilleta, plus perplexe que jamais. Dante ! Bergson !... et quoi encore ? Bientôt, il va me dire qu'il a lu Einstein et qu'il a tout compris. Mais qu'est-ce que c'est que ce type ?

— Où est-ce que tu trouves tous ces livres ?

— En bas, dans la boutique. Y en a des centaines.

— Et les gens achètent ça ?

— Pas tellement, non. Dans ce quartier, ils ne lisent pas beaucoup ce genre de choses. En général, ils préfèrent *Les Pieds Nickelés.*

Félix reposa le livre sur la caisse, comme un objet un peu fragile. Il se demanda par quel extraordinaire concours de circonstances l'ouvrage était sorti de la bibliothèque d'un lecteur averti pour aboutir ici, chez un broc' d'Aubervilliers. Puis il leva les yeux vers la verrière qui trouait le plafond et, pour changer de sujet, il constata :

— On doit geler dans cette chambre, en hiver.

— Je ne sais pas encore. Je verrai. Quand il commencera à faire froid, j'installerai un Godin.

Encore piqué par sa bourde sur Bergson, Félix se retint de demander ce qu'était un Godin. Il soupira pour se donner un temps et ne put s'empêcher de penser que lorsqu'il ferait froid, lui serait de retour dans son collège élégant de Normandie, bien au chaud sous les luxueuses couvertures de laine anglaise que sa mère avait ajoutées au trousseau du collégien. Il serait probablement en train de lire *Les Pieds Nickelés.*

— Je suis obligé de retourner en province, dit-il.

— Et ton boulot, à l'usine ?

— Depuis hier, j'ai plus de boulot.

Victor écarquilla les yeux devant la gravité de cet aveu.

— Sans blague ! Ils t'ont viré ?

— Euh... oui, plus ou moins. Je n'étais pas engagé d'une manière définitive.

— Ah, ça c'est vache. Tu vas être au chômage.

— Ben oui, répondit Félix curieusement émoustillé par l'idée d'être au chômage, comme un simple ouvrier.

— Qu'est-ce que tu vas faire ?

— Je n'en sais rien, répondit Félix en se composant une mine soucieuse.

Victor s'inquiéta. Son copain avait des problèmes. Il fallait faire quelque chose. Il réfléchit longuement en tripotant sa lèvre inférieure.

— Dans le fond... ici... j'aurais sûrement besoin d'un coup de main. Après tout, je vais être tout seul pendant trois semaines. Et y a du boulot.

— Tu veux dire que je pourrais venir travailler avec toi, ici ? Dans la boutique ?

Félix faillit sourire. Ce serait une situation assez cocasse : le fils Beauchêne, assistant-magasinier chez un vulgaire brocanteur de banlieue. Si ma mère entendait ça...

— J' sais pas, répondit victor. C'est peut-être possible. Il faudrait que je demande à M. Max. C'est lui le patron.

Et pourquoi pas ? pensa subitement Félix. Sacré nom d'une pipe, pourquoi pas ? Ce ne serait pas plus bête que d'aller m'empoisonner en Sologne, entre le frère et la grand-mère. En tout cas, ce serait une aventure. Il faut vivre des aventures. Tous les écrivains américains ont fait des tas de métiers avant de devenir célèbres. John Dos Passos, lui-même...

— Tu crois qu'il voudra bien ?

— Ben, je sais pas trop, répondit Victor avec une grimace. Avec lui, on sait jamais.

— Il est dur ?

— C'est pas qu'il soit dur, non. Bien sûr, il gueule

tout le temps et il a toujours l'air d'être en colère, mais dans le fond, il est pas méchant. Quand on le connaît un peu, il est même plutôt gentil. Faut savoir le prendre, quoi.

— Tu vas lui demander? interrogea Félix avec espoir.

Victor se gratta la tête. Poussé par le désir de venir en aide à son copain, il se retrouvait dans une position qui lui paraissait, soudain, assez inconfortable. C'est vrai qu'il faut savoir le prendre, le père Max. Malheureusement, Victor n'était pas tellement certain d'avoir la bonne manière. Ses derniers rapports avec le vieil homme n'avaient pas été empreints de la plus franche cordialité. Quand un bonhomme vous a comparé à Hitler, il devient malaisé de lui demander une faveur pour un copain.

— C'est pas facile...

— Tu ne risques rien en lui demandant, plaida Félix.

Ça, c'est encore à voir. Max a beau être gentil, si la proposition ne lui plaît pas, il est bien capable de me foutre une chaise à la tête. Victor enfonça ses poings dans les poches et se dandina d'un pied sur l'autre.

— Si c'est une question d'argent, proposa Félix, ce n'est pas grave. Du moment que je peux t'aider, je pourrais même travailler pour rien.

— Et avec quoi tu vas bouffer?

— T'en fais pas. De l'argent, il m'en reste. Et puis de toute façon, ce serait un truc provisoire. Simplement pour te dépanner, pendant deux ou trois semaines.

Mais qu'est-ce que c'est que ce travail? Qui rend service à qui?

— Tu veux dire que t'as pas vraiment besoin de travailler?

— Non, pas vraiment. Mais je serais content de te donner un coup de main... et puis, ça m'éviterait de retourner en province.

— T'es obligé?

Félix se fouilla les méninges, cherchant une idée qui lui permettrait de redresser une situation un peu compromise.

— C'est-à-dire que... en fait... je ne sais pas où coucher si je reste à Paris. Y a plus personne à la maison...

— Ben oui, mais le père Max sera jamais d'accord pour que tu restes ici, tout le temps.

— Mais je te dis que c'est seulement pour quelques jours. Puisqu'il ne peut pas bouger de son lit, c'est peut-être pas la peine de lui dire que je suis venu travailler avec toi. Il n'en saura rien. Je pourrais dormir là, sur le canapé.

Victor hésitait. Ça devenait risqué, cette histoire.

— Ecoute, dit-il enfin, on va aller au café, en face. Je vais te payer un panaché et on demandera à Simone. C'est la femme du bistrot. Elle est gentille. Allez, viens !

Simone estima également qu'il serait maladroit de dissimuler la vérité à Max. Il l'apprendrait tôt ou tard et alors, comparée à la colère probable du vieil homme, la foudre elle-même aurait l'allure d'un pet de moineau. En revanche, à condition de s'y prendre avec habileté, il devait être possible d'obtenir son accord.

— Tout est dans l'instant et dans la manière, précisa Simone avec la finesse des bonnes commerçantes.

Elle consulta la pendule au-dessus du comptoir et ajouta :

— Dans une heure, l'infirmière va venir lui faire ses piqûres. C'est à ce moment-là qu'il faut lui demander. Je monterai avec toi.

Au grand étonnement de Victor, les choses se passèrent avec une facilité surprenante. Simone présenta l'affaire en termes rusés. Obnubilé par sa terreur des piqûres imminentes, Max donna son approbation d'autant plus volontiers que ce nouvel employé ne lui coûterait rien. Puis il se tourna vers le mur, serra les dents, ferma les yeux et tenta de réprimer les frissons que lui inspirait le cliquetis sinistre des instruments de l'infirmière.

M$^{lle}$ Hutin était une femme athlétique qui avait servi, en 39, dans le corps des ambulancières, sur la ligne Maginot. Elle officiait avec une efficacité magistrale et une bonne humeur de soldat qui ne laissait guère de place à la tendresse. Bourrue, rigolarde, mais peu encline à se laisser apitoyer par la fragilité des hommes.

— Allez ! Montrez-moi vos fesses. C'est pas que ce soit un si joli spectacle, mais enfin...

Le sacrifice était consommé en quelques secondes. Mademoiselle commençait par gifler fortement le maigre derrière de Max puis plantait son aiguille et injectait la douleur d'une main ferme. Max enfonçait sa figure dans l'oreiller pour étouffer un bref couinement. Puis il se rajustait et attendait le départ de l'infirmière pour dire d'une voix blanche :

— C'est une antisémite, cette femme-là. J'en suis sûr.

Victor attendit la fin de la cérémonie avant d'aller annoncer la bonne nouvelle à Félix qui l'attendait devant son panaché.

— C'est d'accord. Tu peux rester.

— Formidable, s'exclama Félix.

— Oui, c'est chouette. On va bien se marrer.

— Je vais chercher mes affaires à la maison et je reviens tout de suite.

Durant le trajet, Félix se demanda avec inquiétude comment présenter la chose à sa grand-mère. Il pourrait prétendre qu'il était invité chez un condisciple du collège. Oui, mais la vieille dame voudrait certainement parler aux parents de ce condisciple. Bah, il suffirait de dire qu'ils étaient absents pour quelques jours. Après, on verrait. Ouais ! Elle semblait bien fragile cette histoire. Il vaudrait mieux trouver un prétexte plus étoffé. Dire, par exemple, que son travail à l'usine n'était pas terminé et qu'il devait encore rester quelques jours. Le cousin Guidry-Beauchêne était déjà parti se battre contre les syndicats, à Bordeaux. La grand-mère n'irait certainement pas le relancer jusqu'en Gironde pour avoir confirmation. Oui, d'accord... mais les domestiques ? Si jamais elle téléphonait dans le courant de la semaine, les domestiques seraient bien forcés de trahir l'escapade de Félix. Détraquer le téléphone. Voilà ce qu'il faut faire.

Démonter le boîtier de distribution et couper l'un des fils. Oui, mais les autres le feront réparer aussitôt. Ah, la, la...

Lorsqu'il arriva rue Alfred-de-Vigny, le problème était toujours aussi entier. Peut-être qu'en combinant les deux fables... oui, c'est ça : dire qu'il avait encore du travail à l'usine et qu'il passerait quelques soirées chez un ami... Oui, mais lequel ? Sans attendre d'avoir peaufiné son histoire, Félix prit le téléphone et demanda le numéro à l'opératrice qui lui annonça quarante minutes d'attente. Lorsqu'il obtint finalement sa communication, il pateaugeait encore dans l'incertitude. Heureusement, il y eut un miracle. Dès la première phrase de sa grand-mère, Félix comprit qu'elle n'était pas informée du retour ordonné par son père. Joie, bonheur, folle ivresse... probablement pressé par le temps, le père de Félix avait omis de communiquer sa décision à la grand-mère. Le garçon pouvait disparaître dans la nature, nul ne s'inquiéterait. Il lui suffirait de téléphoner en Sologne tous les deux jours afin de maintenir l'illusion.

— As-tu assez d'argent ? demanda la vieille dame.

Avec une perversité qu'il ne se connaissait pas, Félix répondit :

— Plus tellement. Papa a oublié de m'en laisser avant de partir et le cousin Jean est à Bordeaux pour plusieurs jours.

— Je vais t'envoyer un mandat dès demain.

Youpi ! *Semper temeritas est felix...* Tite-Live ! A moins que... Voyons, la citation exacte ne serait-elle pas plutôt : *Non semper temeritas est felix...* la témérité n'est pas toujours heureuse. Oh et puis zut ! Enthousiasmé par sa chance, Félix n'allait certainement pas se laisser impressionner par ce doute. D'autant moins que la citation de l'historien pouvait facilement prendre une autre interprétation : *Semper temeritas est Félix !*

***

Lorsque Félix revint du parc Monceau en fin d'après-midi, Victor décida que le canapé au fond de la boutique n'était pas un endroit convenable pour dormir. Aidé de son copain, il transporta dans sa chambre un deuxième lit-cage récupéré dans la remise et l'installa à angle droit avec le sien. Puis il emprunta un drap à Simone, transforma un vieux double rideau en couverture et monta un coussin de fauteuil en guise d'oreiller. Quand tout fut prêt, Félix déballa son sac de voyage et Victor regarda avec étonnement les trésors qui en sortaient : les pantoufles de cuir fin que Katia avait rapportées de Londres l'hiver précédent, la trousse de toilette également en cuir avec ses deux brosses en bois précieux et sa boîte à savon en Sheffield, l'élégant pyjama de fine popeline gansée de bleu...

— Ben, dis donc, prononça Victor avec une nuance de respect. Tu ne te refuses rien.

Félix hésita et d'un geste brusque, il repoussa vers le fond du sac la robe de chambre en foulard de soie qu'il s'apprêtait à extraire. Il renonça également à déballer le reste de ses affaires, referma le sac et le fourra sous le lit. Victor tendit le menton vers les brosses à cheveux :

— Pourquoi deux ?

— C'est pour se coiffer plus rapidement, répondit Félix.

Puis il saisit une brosse dans chaque main et fit une démonstration en ajoutant :

— Tu vois... comme ça. Clac clac clac clac... ça va beaucoup plus vite.

— Ouais, c'est pas bête, jugea Victor avec une moue peu convaincue.

Félix regarda ses brosses et réalisa qu'en fait, cette habitude copiée sur celle de son père pouvait paraître un peu absurde. Il tendit l'une des brosses à Victor.

— Tiens, je te la donne.

— Mais non, y a pas de raison.

— Si, prends-la. Après tout, une brosse par tête, c'est bien suffisant.

— Je ne veux pas te prendre tes affaires.

— Prends-la, insista Félix. C'est un cadeau.

Victor la prit un peu à contrecœur, sans se douter que vingt-cinq ans plus tard, la brosse trônerait encore dans sa salle de bains... son premier cadeau de luxe.

Vers deux heures du matin, allongés sur leur lit-cage respectif, les deux garçons avaient atteint ce stade d'intimité amicale propice à l'échange des premiers secrets. Pour la première fois, Félix avouait à quelqu'un ses ambitions d'auteur dramatique.

— C'est une pièce en cinq actes, disait-il. Et en vers. Ça s'appelle *Le Festin de Sang* et c'est l'histoire d'Odoacre, fils d'Edécon.

— Fils de quoi ?

— Edécon ! Chef des Scyrres.

Victor se redressa sur un coude pour mieux observer son copain. Il haussa les épaules avec un sourire.

— Tu me charries ?

— Mais non, pas du tout. Il s'appelle vraiment Edécon.

— Ben mon vieux... avec un nom pareil, il n'a pas dû rigoler tous les jours, ton chef des... des quoi déjà ?

— Des Scyrres...

— Et d'où ils venaient, ces gars-là ?

Félix fronça le sourcil. Tiens c'est vrai, ça. D'où venaient-ils, les Scyrres ? Il fit une réponse détournée :

— Ils faisaient partie des troupes d'Attila.

— Ah oui, je connais. Le Fléau de Dieu. Alors ça devait être des sortes de Mongols. Comme des Chinois, avec des petits chevaux à poils longs.

— Oui... admit Félix avec une certaine réserve, quelque chose comme ça, peut-être.

Ainsi, Odoacre aurait eu les yeux bridés. Voilà une idée à laquelle il trouvait quelques difficultés à s'accoutumer.

— Mais Edécon, insista Victor, c'est pas un nom chinois.

— Peut-être que ça se prononce différemment dans la langue des Scyrres, proposa Félix qui commençait à se sentir légèrement embourbé. En tout cas, ma pièce parle surtout de son fils, Odoacre.

— Et qu'est-ce qu'il lui est arrivé, à celui-là ?

— Il a assiégé Pavie, il a décapité Oreste et il est devenu roi d'Italie.

Victor se laissa retomber sur le lit en riant.

— Ah, la vache ! Maintenant, je suis sûr que tu me charries.

— Je t'assure que non, protesta Félix avec toute la sincérité dont il se sentait capable. C'est absolument vrai.

— Tu parles, oui. Un Chinois sur le trône d'Italie. Il mangeait ses spaghetti avec des baguettes ?

Félix en resta muet. Puis aussitôt, il s'énerva.

— Mais j'en sais rien, moi. Peut-être qu'il n'était pas Mongol, après tout.

— S'il n'était pas Mongol, qu'est-ce qu'il foutait avec Attila ?

— Ça devait être une sorte de collabo de l'époque.

— Ah bon ! Alors comme ça, tu fais des pièces de théâtre sur les collabos.

Il est diabolique, ce type. Il transforme tout ce que je dis. Félix expliqua patiemment :

— Ça se passait au v$^{e}$ siècle. A cette époque-là, les collabos n'étaient pas comme ceux d'aujourd'hui.

— Qu'est-ce que t'en sais ?

— Dis donc, Victor. On t'a jamais dit que t'es un peu casse-pieds ?

Victor comprit qu'il devait mesurer ses ironies. Son copain risquait de se vexer. Il fit machine arrière.

— Non, je blaguais. Fais pas attention. Raconte-moi ta pièce. Ça doit être drôlement difficile d'écrire en vers.

— En alexandrins.

— Merde alors ! Ça doit être encore plus difficile.

Vers quatre heures du matin, la lampe s'éteignit, faute d'alcool.

— Il est tard, dit Félix. On ferait mieux de dormir.

— T'as raison. Bonsoir. Dors bien.

— Merci, toi aussi.

Les deux garçons s'enroulèrent dans les draps au milieu d'un grand concert de soupirs et de grognements. Bientôt, la chambre retrouva un silence seulement troublé, par instants, du sommeil agité de Kiki. Le chien faisait des rêves de grand chasseur et selon les péripéties du songe, il couinait, rouspétait et dérangeait la quiétude de la nuit par des bruits mouillés un peu écœurants. Félix ne parvenait pas à s'endormir. Victor non plus, mais pour d'autres raisons. Il réfléchissait. Finalement, au bout de dix minutes, il demanda :

— Eh Félix ? Tu dors ?

— Non, pas encore. Pourquoi ?

— Je voudrais savoir un truc... comment est-ce qu'on apprend à faire des alexandrins ?

— Ce n'est pas très compliqué. Il faut connaître certaines règles. Je te montrerai, si tu veux.

— Je veux bien, oui.

— On fera ça demain. Bonsoir.

— Bonsoir. Dors bien.

Dix minutes plus tard, Victor revint à la charge.

— Félix ? Tu dors ?

— Toujours pas.

— Je parie que tu ne sais pas avec quoi Caïn a tué Abel.

Félix, interloqué, se redressa sur son lit et tenta de distinguer Victor dans l'obscurité.

— Pourquoi me demandes-tu ça ?

— Je parie que tu sais pas ?

— Je suppose qu'il l'a tué avec un gourdin ou avec une pierre.

— Non monsieur. Il lui a cassé la tête avec l'os d'une cuisse de bœuf.

— Ah bon. Et alors ?

— Alors rien, conclut Victor avec satisfaction. J'étais sûr que tu ne le savais pas. Allez, bonsoir.

Et Victor se retourna vers le mur avec un sourire assez triomphant. Félix s'allongea à nouveau et à travers la verrière qui trouait le plafond, il regarda pâlir la nuit. Lorsqu'il s'endormit enfin, il avait imaginé une bonne demi-douzaine de réponses, mais comme d'habitude, il était trop tard pour les servir.

Dehors, il faisait presque jour.

***

En temps normal, Max se réveillait vers six heures et son premier petit déjeuner se composait d'un hareng et d'une pomme de terre bouillie. A neuf heures, il quittait la boutique et remontait chez lui pour se confectionner une soupe qu'il accompagnait d'un gros morceau de pain noir. A onze heures, il avalait un sandwich au fromage de tête et vers une heure, il traversait la rue, entrait au café et tout en lisant son journal, il mangeait une double portion de tout ce que lui servait Simone. A quatre heures, il rejoignait Camus dans son fournil et descendait une large tranche de gâteau en discutant politique avec le boulanger. Enfin, le soir, vers sept heures, il revenait chez lui, allumait la radio et tout en faisant ses comptes de la journée, il dînait d'un grand bol de café au lait, de quatre épaisses tartines margarinées et d'un œuf dur. Entre-temps, cinq ou six fois par jour, il se fabriquait un thé noir et brûlant sur le petit réchaud à alcool qu'il cachait sous son bureau. Il sirotait le breuvage bouillant dans un verre qu'il tenait à deux mains, et invariablement son regard se voilait, devenait vague et atone : « Quand il boit son thé, pensait parfois Victor, on dirait qu'il voyage. Je me demande ce qui se passe dans cette vieille caboche. »

Les rites diététiques de Max étaient absolument immuables et malgré son infirmité provisoire le vieil homme ne voyait aucune raison de les modifier. Il avait distribué ses ordres en conséquence. Hormis le déjeuner dont la responsabilité appartenait à Simone, c'est à Victor que revenait le soin de servir les différents casse-croûte... à l'heure juste, avait précisé Max avec une expression menaçante.

Aussi, lorsque Victor se réveilla péniblement après sa nuit de palabres avec Félix, il eut un sursaut de terreur en voyant que le gros réveille-matin indiquait déjà six heures trente. Il se jeta hors du lit et partit à la recherche de ses vêtements en marmonnant à voix basse : « Aïe aïe aïe... qu'est-ce que je vais prendre. » Kiki se réveilla également, instantanément prêt à l'habituelle séance de jeu qui marquait, chaque matin, le lever de Victor. Celui-ci voulut écarter le chien : « J' te jure que c'est pas le moment. » Sans se laisser impressionner, Kiki prit une chaussure dans sa gueule, se campa fermement sur ses quatre pattes et défia le jeune garçon. Félix ouvrit un œil embrumé :

— Que se passe-t-il ?

— Rien. Rendors-toi. J'en ai pas pour longtemps... Kiki, rends-moi ma godasse.

Mais Kiki ne voulait rien savoir. Les crocs solidement plantés dans la chaussure, les babines férocement retroussées et offrant toutes les allures du redoutable molosse qu'il croyait être, il résistait en grondant aux efforts de Victor.

— Kiki, lâche ça... il est con, ce chien !

Félix se redressa sur le lit.

— Dis donc, au sujet de Caïn...

— Kiki... merde !

— ... comment sais-tu que c'est avec une cuisse de bœuf qu'il a tué Abel ?

Victor posa un regard étonné sur Félix.

— Hein ?

— Est-ce qu'il y avait des témoins du meurtre, est-ce qu'on a retrouvé l'arme du crime ?

— Comment veux-tu que je le sache ? Kiki, lâche ça sinon ça va être ta fête.

— Si tu n'en sais rien, comment peux-tu être aussi catégorique ?

Surpris, Victor relâcha légèrement sa prise. Le chien en profita, tira un grand coup et emporta la chaussure sous le lit, au fond de sa tanière. Victor se jeta à plat ventre.

— Alors ? insista Félix. Comment sais-tu qu'il a tué Abel avec une cuisse de bœuf ?

Victor leva une tête furieuse et ébouriffée.

— Je le sais parce que je l'ai lu dans le Pentateuque.

— Le quoi ?

— La Genèse, hurla Victor. Le premier livre du Pentateuque. La Bible, quoi !

Puis il plongea sous le lit pour livrer bataille à Kiki, le fauve chapardeur.

— Mais pourquoi appelles-tu ça le Penta... truc ?

— Teuque, beugla Victor. Pentateuque ! C'est pas moi qui l'appelle comme ça, c'est les Grecs. Kiki... bordel de merde !

Indifférent au violent remue-ménage, Félix laissa retomber sa tête sur l'oreiller avec un sentiment de découragement. La Bible... les Grecs... Mais qu'est-ce que c'est que ce type ?

*
* *

Bien entendu, Max affichait en permanence une humeur massacrante. A chacune de ses visites-buffet, Victor se faisait houspiller sous les prétextes les plus minces : le hareng du matin était trop sec ou trop gras, la soupe était fétide, la pâtisserie avait un goût de plâtre, le thé était trop pâle et Dieu seul savait quels désastres se jouaient dans la boutique. Ah, il devait s'en passer de belles pendant que lui, pauvre juif torturé par la douleur et la malchance, se morfondait sur son grabat... *Oy vaï,* je n'ose même pas penser à ce que je vais trouver quand je sortirai enfin de mon lit. De quels péchés Dieu me punit-Il aussi sévèrement ? Et ce fameux copain... d'où est-ce qu'il sort, celui-là ? Encore un voyou dans ton genre, je parie. Est-ce que c'est un *yid,* au moins ? Même pas ? *Oy a brokh !* Ce *schmok* a fait entrer un *goy* dans mon commerce ; je peux déjà réserver ma place à l'Armée du Salut.

— Chez les *goyem ?* s'étonna hypocritement Victor.

— Qu'est-ce que tu crois ? Si je dois me faire ruiner par un *goy*, tu ne penses quand même pas que j'aurai la malhonnêteté d'aller me faire nourrir chez les juifs, non ? Et puis d'ailleurs, qu'est-ce que c'est que ce type qui travaille pour rien ? C'est un philanthrope ? Un milliardaire ? Il fait partie des deux cents familles ?

— Non, c'est un copain. Il fait ça par amitié.

— Tu parles.

— Mais si, je vous assure.

— Alors ça prouve qu'il est aussi bête que toi.

Confiant dans l'allure propre et bien élevée de son ami, Victor proposa à Max de lui présenter Félix. Mais le vieux râleur refusa avec un air boudeur... non, je ne veux pas qu'il monte ici. Je ne veux voir personne. Je veux qu'on me laisse tranquille. Je vois déjà ta tête quatre fois par jour et ça me suffit comme catastrophe.

Max enrageait d'être ainsi immobilisé et Victor subissait cette amertume avec une patience résignée. Il était d'autant plus enclin à la tolérance que dans ce concert de plaintes et de récriminations plus ou moins insultantes, il résonnait parfois une note étrange, un accent d'angoisse inattendu et presque poignant. A plusieurs reprises, Victor avait cru déceler une expression de réelle détresse sur les traits ravinés du vieil homme. Il s'en inquiéta auprès de Félix.

— Il a peut-être peur de ne pas guérir, jugea celui-ci avec un certain discernement.

— Tu crois ?

— Je ne sais pas, je ne le connais pas. Mais un vieil homme comme lui, cloué au lit, incapable de bouger... j'imagine qu'il doit avoir peur de demeurer infirme jusqu'à la fin de ses jours.

En l'absence de Max, les affaires marchaient au ralenti. Les quelques clients qui se hasardaient dans la boutique ne voulaient traiter qu'avec le patron. Ils fouillaient dans le bric-à-brac mais repartaient généralement sans acheter. On reviendra quand le patron sera guéri, disaient-ils... et en attendant, on va réfléchir. Réfléchir à quoi ? se demandait Victor avec agacement lorsqu'il perdait ainsi la vente d'une vieille cafetière émaillée à douze francs cinquante ou d'une brassée de cintres à six francs. Il en venait à penser qu'il n'avait probablement pas le sens du commerce et le soir, c'est avec un épais sentiment de culpabilité qu'il apportait à Max la maigre recette de la journée. Curieusement, le vieil homme ne faisait aucun commentaire et fourrait l'argent dans la poche de son pyjama sans même le recompter. Victor aurait certainement été soulagé d'apprendre que Max connaissait assez bien la clientèle de son quartier pour deviner ce qui se passait dans la boutique. De même, il aurait également été très heureux de savoir que le vieil homme avait une confiance absolue en son honnêteté et que malgré les accusations et les doutes qu'il débitait à tort et à travers, l'idée que le garçon puisse le carotter sur les ventes ne l'effleurait même pas. Mais tout cela, Max le gardait pour lui et persistait à croire que seul un traitement féroce et rigoureux pouvait endurcir Victor contre les aléas de la vie.

Dans la boutique, les deux garçons avaient des loisirs presque permanents. Ils lisaient, discutaient et Félix enseignait à Victor les règles de l'alexandrin. Par mesure de réciprocité, Victor acclimatait Félix aux subtilités de la belote. L'un et l'autre prenaient beaucoup de plaisir à ces exercices et avaient organisé leurs journées selon des phases belote et poésie.

— Mais dans le fond, demandait Victor, à quoi ça sert d'écrire en vers ?

— Mais dans le fond, demandait Félix, pourquoi toujours le valet de pique ?

Il y eut un moment de grande liesse le jour où ils s'aperçurent qu'une chanson fredonnée par Sammy sur un air de tango répondait — pour la forme sinon pour le fond — aux règles strictes de l'alexandrin. Sammy était accoudé au comptoir du café et se donnait des airs de gouape pour chanter :

« Je ne suis pas curieux, mais je voudrais savoir,
Pourquoi les femmes blondes ont les poils du cul noirs. »

— Tout y est, jubilait Félix. La rime, la césure, les douze pieds...

Pourtant, dans un premier temps, il avait été choqué par la vulgarité des paroles. Puis, à la réflexion, il avait trouvé cela très drôle, surtout dans la deuxième partie :

« Et pourquoi les négresses, de quatre-vingt-dix ans,
S'arrachent les poils des fesses, pour en faire des cure-dents. »

Victor partageait le rire de Félix, mais en fait, il était un peu déçu. Ainsi, l'alexandrin pouvait également se prêter à ce genre de goujaterie. Il avait vaguement imaginé que cette forme d'expression devait exclusivement traduire des sentiments nobles et élevés. Décidément, pensait-il, il n'y a rien de sacré en ce bas monde. Cela ne l'empêcha nullement, durant toute la soirée, de reprendre en chœur avec Félix les paroles du tango sacrilège... et même d'ajouter quelques variantes.

Le jeudi après-midi, la sonnette qui reliait Max au comptoir du café retentit deux fois. Le mari à Simone sortit sur le trottoir, lança un sifflement aigu et lorsque Victor leva la tête, il pointa son pouce vers le ciel. Le message était clair et Victor grimpa à toute allure jusqu'à l'appartement de Max. Dans la cuisine, il croisa Bouboule, avec son bonnet de laine et son battle-dress toujours fermé.

— Il a quelque chose à te dire, annonça Bouboule avec un mouvement de la tête vers le fond de l'appartement. Je t'attends en bas au café.

Max était assis contre ses oreillers et montrait un visage soucieux. Il détacha deux clés de cadenas d'un énorme trousseau et les tendit à Victor.

— Est-ce que je peux te faire confiance ?

— Oui m'sieur Max.

— Est-ce que je peux *vraiment* te faire confiance ? Pour une fois dans ta vie, peux-tu me promettre de faire ce que je te demande sans te tromper ?

— Oui m'sieur Max. Vous pouvez avoir confiance.

— Si tu fais une connerie, je te casse la tête.

Et durant dix minutes encore, Max gava Victor de

recommandations et exigea une demi-douzaine de promesses solennelles. Il s'agissait d'accompagner Bouboule à La Courneuve, d'ouvrir les cadenas qui bloquaient les robinets et de noter très attentivement la quantité d'essence qui serait débitée aux pompes.

— Tu ne lui confies surtout pas les clés, hein. Tu les gardes avec toi et tu ne t'en sépares pas une seconde. C'est compris ? Dès qu'il aura fini avec ses clients, tu refermes les robinets et tu me rapportes les clés.

Victor alla retrouver Bouboule qui l'attendait, cigarette au bec, voûté au-dessus du comptoir devant un Vichy fraise.

— T'as les clés ? Bon, alors on y va.

— Attendez une seconde, je vais prévenir mon copain.

— D'accord, mais grouille-toi.

Victor confia la garde de la boutique à Félix en quelques mots prononcés sur un ton grave et important. Puis il rejoignit Bouboule et ils partirent en silence vers l'arrêt du car qui après deux changements les amènerait à La Courneuve. Lorsqu'ils furent installés sur les banquettes, Victor tenta quelques ouvertures. Il remercia Bouboule pour son intervention en faveur de Kiki, il lui parla du chien, égrena quelques paroles apitoyées sur Max et ne reçut, pour toute réponse, que des grognements indistincts. Bouboule fixait méchamment le paysage qui défilait devant les vitres du car : « C'est sale, pensait-il. C'est sale, c'est pauvre et ça pue. Vivement que je me tire d'ici. Dès que je pourrai, j'emmènerai la Zingara dans un appartement comme celui d'Henriette. On s'en ira loin d'ici, dans un quartier chouette, loin de cette banlieue de merde avec ses usines de merde et ses banlieusards de merde. On va s'installer dans un immeuble neuf avec un cabinet de toilette... peut-être même une salle de bains. Elle sera vachement contente, la vieille. Je lui paierai un réchaud à gaz et une glacière. Je lui dirai que j'ai trouvé un boulot peinard qui rapporte bien. Peut-être même qu'on pourra s'installer dans le même quartier qu'Henriette. Comme ça, j'aurai pas besoin de faire des kilomètres pour aller tirer ma crampe. Fini, l'impasse Bordier. Aux chiottes, l'impasse Bordier. On va vivre comme des bourgeois... »

Son expression se modifia et un vague sourire se dessina sur son visage. Victor prit cela pour un encouragement à faire une nouvelle tentative de rapprochement.

— Moi, je m'appelle Victor.

Dérangé dans son rêve, Bouboule reprit une mine maussade.

— Et vous ? insista le jeune garçon.

— Tu peux me dire tu. Les cérémonies, c'est pas mon genre.

— Ah bon... alors... comment tu t'appelles ?

— Je m'appelle Bouboule et pour le moment, tu me les brises. Laisse-moi gamberger, tu veux ?

Douché, Victor se déplaça légèrement sur la banquette, en retrait de cet ours. Bouboule alluma une cigarette et reprit sa contemplation : « En tout cas, je toucherai plus jamais à des affaires que je ne pourrai pas faire tout seul. Plus jamais d'associé. Je vais faire de la livre sterling. C'est le bon truc, ça. A un dollar cinquante la livre, je peux pas me gourrer. Dans un an, ça vaudra le double... ou le triple. Je vais me bourrer de sterling jusqu'aux oreilles. Je vais tout mettre là-dedans. Rien d'autre, à part la pénicilline, un peu de pinard... des trucs sûrs. Plus jamais d'essence, en tout cas. Et quant à m'sieur Armand, ce camé de mes fesses, il peut bien aller se faire voir avec ses combines à la noix. J'ai pas besoin de lui. J'ai plus besoin de lui. Il suffit que je me mette en cheville avec les grossiums du Café des Fourreurs, rue Poissonnière. Ils font de tout, ces mecs-là. Tranquilles, peinards... ils se ramassent le blé à la pelle. L'ennui, c'est qu'ils sont tous juifs, là-dedans. Ces gars-là, ils aiment pas tellement se mélanger. Bof, du moment qu'il y a du pognon à éclairer, ça marchera sûrement. Après tout, juif ou pas juif... pourvu qu'il y ait un peu de fric à tailler, c'est comme bois mouillé ou bois sec : ça flotte de la même manière.

Et puis d'ailleurs, s'ils me cherchent des poux, je pourrai toujours dire que je suis juif, moi aussi. »

A la station de la rue des Trembles, Bouboule et Victor changèrent de car. Puis, un peu plus tard, ils changèrent de nouveau à Marcel-Sembat. Victor évitait de regarder son compagnon et se retranchait dans ses propres réflexions : « Il a vraiment une tête de gangster. Quand il se fout en rogne, ça doit faire des dégâts. Dans le fond, c'est exactement ce qu'il est : une sorte de gangster. Avec ma veine, je parie qu'on va se faire choper par les flics. C'est quand même un monde... J'aurais jamais cru que m'sieur Max ferait du marché noir. Pourquoi il fait ça ? Il a pas besoin de trafiquer pour vivre. Sammy dit toujours que Max, c'est l'homme le plus riche du quartier. Alors pourquoi est-ce qu'il plonge dans des combines pareilles ? Est-ce que ça vaut la peine de prendre tous ces risques ? En fait, les risques, c'est moi qui les prends. Je vais me retrouver en taule, sûr et certain... Ah la la, j'ai pas de bol. Il m'arrive toujours des trucs pas possibles. Mais j'avais pas le choix. Qu'est-ce que je pouvais lui dire à m'sieur Max ? Des clous, m'sieur Max ! Je veux pas être mêlé à vos salades. Si vous voulez trafiquer de l'essence, allez-y vous-même si ça vous chante. Moi je reste ici avec mon copain. Voilà ce que j'aurais dû lui dire. Oui, monsieur. (...) Ouais, tu parles. J'aurais jamais osé. Et même si j'avais osé, ça n'aurait sûrement rien changé. Quelle vacherie ! Je ne suis vraiment pas verni. Et l'autre là, avec sa gueule d'assassin qui dit pas un mot... rien de rien ! Qu'est-ce qu'il a dans le crâne, lui ? »

Ce que Bouboule avait dans le crâne aurait certainement étonné Victor : « Après tout, pensait-il, ça ne doit pas être sorcier de se faire passer pour un juif. J'aurais qu'à dire que je m'appelle Levy, ou quelque chose comme ça. Les autres pourront jamais savoir que je bluffe. C'est pas inscrit sur ma figure que je suis pas juif. Et puis d'ailleurs, faut être un peu psychologue : après toutes les emmerdes qu'ils ont eus avec les Allemands et qu'ils ont encore avec les Anglais, en

Palestine, il y a gros à parier que ce sont plutôt les juifs qui voudraient se faire passer pour des chrétiens. Là-bas, au Café des Fourreurs ou à la Chope Poissonnière, il leur viendra jamais à l'idée que ça puisse être le contraire. »

Les débuts de Victor dans la délinquance économique furent d'une banalité inattendue et presque décevante. Il avait imaginé que les clients de Bouboule auraient des physiques conformes à la nature de leur trafic ; il les voyait avec des visages balafrés, pointant des regards menaçants sous les feutres mous et serrant un pistolet dans la poche de leur trench-coat à col relevé. Au lieu de cela, il vit défiler une théorie de pères tranquilles qui sortaient leurs jerricans des camionnettes, actionnaient eux-mêmes les pompes, payaient et s'en allaient en remerciant bien poliment. Pas un seul feutre mou ; la plupart des acheteurs portaient des bérets et affichaient une timidité un peu craintive devant Bouboule. Ce n'est qu'en fin de journée que les choses s'animèrent un peu. Victor vit arriver un garçon d'une vingtaine d'années dont les cheveux noirs luisants de brillantine formaient un casque parfaitement régulier. Il était accompagné d'un bonhomme immense et longiligne, affligé d'une pomme d'Adam grosse comme une prune. Le garçon au casque noir fit les présentations avec un air rigolard :

— On m'appelle La Fusée. Lui, c'est La Cigogne.

Toujours prêt à fraterniser, Victor tendit la main et se présenta également. Bouboule restait à l'écart et regardait la scène avec un œil méfiant. Les nouveaux venus se mirent au travail et lorsque les jerricans furent remplis, La Fusée sortit une épaisse liasse de billets de sa chemise. Toutefois, avant d'en détacher la somme due, il regarda Bouboule avec la tête un peu penchée sur le côté :

— Tu me fais une fleur ?

— Pas de fleur, grogna l'autre. Le prix c'est le prix.

— Allez quoi, un p'tit quelque chose pour encourager le commerce.

— Non, répliqua Bouboule. Y a pas de raison.

— Des raisons ? demanda La Fusée avec un air sournois. On pourrait peut-être en trouver, des raisons.

Bouboule s'avança jusqu'à le toucher. La Fusée était légèrement plus grand, mais il ne faisait visiblement pas le poids devant la carrure de l'autre.

— Ça fait quinze mille balles, gronda Bouboule. Eclaire ! Et plus vite que ça.

— Oh là, doucement. Faut pas me brusquer. J'ai le cœur fragile. Je demandais seulement une p'tite fleur, quoi.

— Ça fait quinze mille balles.

— Oh, allez, intervint La Cigogne avec une voix de tête, donne-lui son fric. Tu vas pas perdre ton temps avec ce petit marlou.

— Y a pas de mal à marchander un brin, répondit La Fusée sans quitter Bouboule du regard.

Victor suivait la scène et subitement il eut le sentiment très net que malgré son air rigolard, La Fusée était un type dangereux. Lentement, à regret, La Fusée détacha quelques billets de sa liasse et les tendit à Bouboule qui les recompta avec une lenteur calculée et chargée d'insolence.

— Y a le compte ? demanda La Fusée avec un large sourire. T'es content ? Alors c'est parfait. Seulement, je vais quand même te dire un truc : t'es pas assez coulant en affaires. Et quand on est pas assez coulant, il arrive toujours un moment où ça grippe quelque part.

— Moi, je vais te dire un autre truc, répondit Bouboule en empochant l'argent. La prochaine fois que ton copain me traite de p'tit marlou, il pourra tout de suite aller se commander un dentier. Et maintenant, dégage !

— On y va, dit La Fusée en levant les mains dans un geste pacifique. Y a pas le feu. On y va. Mais pense quand même à ce que je t'ai dit. Un bon conseil, c'est jamais perdu.

En remontant dans la camionnette, il ajouta :

— Allez, à la revoyure. Et sans rancune, hein ?

Bouboule les regarda partir avec une mine soucieuse. « Et voilà ! Ça m'apprendra à faire des affaires avec les gars de Pantin. Tous des pourris, ces mecs-là. Voleurs, menteurs, escrocs et compagnie. Va falloir que je me tienne vachement en quarante avec ces salauds. Ils sont capables de tout. Ah, misère de misère... en ce moment, j'en rate pas une, moi. Je suis sûr qu'il va encore m'arriver des salades. »

Effectivement, le lendemain, lorsqu'il revint au dépôt en compagnie de Victor, Bouboule contempla les dégâts avec le fatalisme qu'on accorde aux catastrophes inévitables : le portail avait été fracturé, les cadenas sciés et deux mille litres d'essence s'étaient envolés durant la nuit.

— J'en étais certain, soupira Bouboule. C'était couru d'avance.

Victor était outré. Il se sentait personnellement atteint. Il allait et venait, des pompes au portail, à la fois furieux et effrayé.

— Il faut faire quelque chose...

— C'est ça, grogna Bouboule. Je vais aller porter le deuil chez les flics... Pardon, m'sieur le Commissaire... y a les voyous de la bande de Pantin qui m'ont chouravé deux mille litres d'essence.

— Tu crois qu'ils vont revenir ?

— Ils vont sûrement pas se gêner.

— Y a qu'à monter la garde cette nuit.

— C'est pas ça qui les empêchera de venir. Au prix que ça leur coûte, ils vont pas laisser dormir la camelote.

— Oui, insista Victor. Mais s'ils voient qu'il y a quelqu'un, ils oseront peut-être pas entrer.

Bouboule explosa.

— T'as pas fini de dire des conneries ? Tu les connais pas, ces mecs-là. Ils sont capables de venir à quinze. Y a pas plus vicieux.

— On peut quand même pas les laisser faire.

— Boucle-la un peu. Laisse-moi réfléchir.

Victor la boucla. Les premiers clients arrivèrent et il prit les affaires en main, surveillant les livraisons et encaissant l'argent tandis que Bouboule se promenait de long en large, la tête baissée et les mains dans le dos. Il réfléchissait intensément, mais les remèdes auxquels il songeait apparaissaient pires que le mal. Impossible d'enrôler les copains de l'impasse Bordier. Ce n'est pas qu'ils refuseraient de venir. Bien au contraire, ils seraient trop heureux de ranimer la vendetta qui existait depuis toujours entre les malfrats de Pantin et les cadors d'Aubervilliers. Malheureusement, s'ils avaient de bonnes qualités pour la castagne, ils n'en avaient aucune pour la discrétion. Ils montraient une tendance fâcheuse à l'ouvrir, même lorsqu'ils avaient tout intérêt à la fermer. Des frimeurs incorrigibles. La Zingara apprendrait ce qui s'était passé. Peu importe que ce soit dans un jour ou dans un mois; elle l'apprendrait forcément et alors, Bouboule se ferait chanter une drôle de messe.

En fin de journée, lorsque le dernier client fut parti, il ne restait plus que cinq mille litres dans la cuve. Mais ces cinq mille litres, Bouboule était furieusement décidé à les défendre par tous les moyens. Il demanda à Victor :

— Ton copain... on peut compter sur lui ?

— Félix ? Oui, c'est un type bien.

— Bon. Alors va le chercher. Moi je vous attends ici.

— Qu'est-ce que je dis à m'sieur Max ?

— Tu lui dis rien. Pour le moment, en tout cas.

— Il va gueuler, gémit Victor.

— S'il ne sait rien, il n'aura aucune raison de gueuler.

— Oui, mais après, quand il saura... il va être furax et moi, je vais me faire virer.

Bouboule posa un regard dur sur Victor.

— Je t'ai rendu service, non ? Pour le chien.

— Oui, bien sûr...

— Alors va chercher ton copain et dis rien à m'sieur Max.

— Mais qu'est-ce qu'on va faire ? Tout à l'heure, tu as dit qu'ils étaient capables de venir à quinze. J'ai pas envie de me faire démolir.

— T'en fais pas, va. S'il y a de la casse, je te jure que

ce sera pas pour nous. Ces voyous, on va les renvoyer à Pantin avec le feu au cul.

Il frappa l'une des pompes avec le plat de la main et ajouta, sur un ton bravache :

— Y a tout ce qu'il faut comme munitions.

Victor ouvrit de grands yeux et se recula en secouant la tête avec force.

— Ah non ! Ah non non non... Je suis pas d'accord, moi. Je marche pas, moi. C'est des trucs à se faire tuer. J'en ai rien à foutre de cette essence. Je vais pas risquer ma peau pour une histoire de marché noir. T'as qu'à te débrouiller avec le père Max.

Bouboule le fixa sans répondre et Victor enfonça ses mains dans les poches, se dandina sur place et grommela :

— C'est vrai, quoi... c'est pas mes oignons, ce truc-là.

— Même si je te file un pourcentage ?

— J'en ai rien à foutre du pourcentage. Je veux pas me faire assassiner, merde alors. Et mon copain, il voudra pas non plus.

— Bon, ça va, soupira Bouboule. Après tout, t'as peut-être raison. Je peux pas vraiment t'en vouloir.

— Ben oui quoi, répondit Victor un peu embarrassé tout de même. Faut être juste, c'est pas mes oignons.

— Ça va, je te dis. Arrête tes jérémiades. Tire-toi, je me débrouillerai tout seul.

Victor se dirigea vers le portail d'un pas hésitant ; il s'arrêta, se dandina à nouveau, cherchant quelque chose à dire.

— Alors ? cria Bouboule. Qu'est-ce que t'attends ? Tire-toi, dégonflé !

— C'est pas vrai, se rebiffa Victor. Je suis pas un dégonflé. C'est seulement que...

— C'est seulement que t'as les chocottes, voilà tout.

Une bouffée de rage submergea Victor. Il trépigna sur place.

— Enfin merde, quoi ! Je vais quand même pas me faire assassiner pour prouver que je suis pas un dégonflé. J'en ai rien à foutre de cette histoire.

— Tu l'as déjà dit. Allez, du balai!

Victor haussa les épaules et quitta le dépôt à grands pas rageurs. Durant le trajet qui le ramenait à Aubervilliers, il se mordit nerveusement les ongles en se répétant mille fois qu'il avait eu raison d'agir ainsi. Mais il avait beau se le répéter, il ne parvenait pas à s'en convaincre. Pour une fois que quelqu'un faisait appel à lui, il s'était dérobé, lâchement : « C'est vrai que je suis un dégonflé. C'est quand même dégueulasse de le laisser tout seul, comme ça. Mais il faut dire aussi qu'il est complètement fou, ce type. Il se croit à Guadalcanal. Il veut qu'on aille se bagarrer contre quinze mecs. Il est complètement dingue. Il s'accroche à son essence comme si c'était de l'eau bénite. » Lorsqu'il revint à la boutique, Victor était dans un état d'agitation extrême. Félix s'en inquiéta, posa des questions et n'eut pas besoin d'insister très longuement pour apprendre toute l'histoire. Malgré les promesses de discrétion faites à Max, Victor déballa le récit complet de l'affaire en phrases courtes et serrées. Félix écoutait sans l'interrompre.

— ... alors tu comprends, je lui ai dit que... que je ne voulais rien savoir. Point à la ligne. Rien à foutre de ce truc. C'est pas mes affaires. J'ai pas envie de me faire massacrer pour une histoire de marché noir.

Puis il se mit à arpenter la boutique de long en large, furieux contre lui-même mais quêtant l'approbation de Félix.

— C'est vrai, quoi. J'ai eu raison, non ? Tu crois pas ?

Félix ne répondait toujours pas. Victor insistait.

— Faut pas déconner, enfin... Qu'est-ce que t'aurais fait à ma place ? Hein ? T'aurais fait la même chose ? Hein ?

Félix se leva du canapé et frappa dans ses mains.

— Allez, viens. On y va.

— De quoi ? cria Victor. T'es complètement louftingue. Tu veux qu'on se fasse tuer ?

— On peut pas le laisser tout seul. Il faut y aller. Et puis, les autres ne viendront peut-être pas. Ce sera peut-être une fausse alerte.

— Peut-être, peut-être... tu parles ! Peut-être bien qu'ils viendront quand même et peut-être bien qu'on se fera couper en rondelles.

— On y va ! trancha Félix.

— Rien à faire. Je ne marche pas.

— Tu te dégonfles ?

— Oui, c'est ça. Exactement ! Je me dégonfle. Je suis un dégonflé. Le roi des dégonflés. Voilà, t'es content ?

— C'est pas vrai, répondit Félix d'une voix calme. Tu n'es pas un dégonflé. Allez, viens, on y va.

— D'accord ! hurla Victor au comble de la fureur. On y va. Mais si on se fait arracher les couilles, faudra pas venir te plaindre.

Après être monté chez Max afin de lui rendre les clés de cadenas désormais inutiles et faire son rapport sur les ventes de la journée, Victor rejoignit Félix au café où Simone leur prépara un gros casse-croûte à emporter. Puis il enferma Kiki dans la chambre et avant de fermer la boutique, il rafla au passage deux grosses cannes à pommeau d'ivoire et en tendit une à Félix avec un haussement d'épaules :

— On sait jamais. Ça pourra peut-être servir.

Félix prit la canne en souriant.

***

Dans le car qui les menait à La Courneuve, Victor ramuchonnait comme une vieille concierge.

— Cinglé ! Complètement cinglé ? J'ose même pas imaginer ce qui va nous arriver.

— Ne t'inquiète donc pas, répondait Félix d'une voix apaisante.

— ... et pour te suivre là-dedans, il faut croire que je suis devenu complètement fou, moi aussi. Tu sais ce qu'il dit, le père Max ? Il dit que lorsque Dieu veut punir un homme, il lui retire la raison. Il le rend marteau.

— Et alors ?

— Alors ? Alors il doit drôlement nous en vouloir, le Bon Dieu... parce qu'il faut être complètement givré pour s'embarquer dans une histoire pareille.

— Alors tant mieux. Si M. Max a raison, on s'en sortira très bien. Jésus a dit : Heureux les pauvres d'esprit car le royaume des cieux leur appartient. Autrement dit, si Dieu nous a effectivement retiré la raison et si nous nous faisons tuer, nous irons forcément au Paradis.

Victor regarda son ami avec suspicion.

— Il a dit ça, Jésus ?

— C'est inscrit en toutes lettres dans l'Evangile.

Le bourrage de crâne que Max exerçait sur Victor depuis près de trois mois avait tout de même laissé quelques traces. Le jeune garçon réfléchit un moment, puis il secoua la tête avec dérision.

— Ça tient pas debout, ton histoire. Y a qu'un *goy* pour croire à des âneries pareilles.

Félix se rebiffa sèchement.

— Dis donc, Victor, mesure un peu tes paroles. Je n'insulte pas ta religion, moi.

— J'insulte rien, je dis seulement que ça tient pas debout. D'un côté, on te dit que lorsque Dieu veut punir un type, il le rend marteau. Et tout de suite après, on te dit que tous les marteaux vont au Paradis. Alors il faudrait savoir... Tu prends un immense salopard, genre Hitler. Bon. Dieu veut le punir, alors il le rend cinglé. Et une fois qu'il est complètement braque, Dieu lui ouvre le royaume des cieux. Tu trouves ça logique ? Tu trouves ça moral ?

— C'est un sophisme, jugea paisiblement Félix.

— C'est un quoi ?

— Les sophistes... des philosophes grecs qui arrivaient à prouver n'importe quoi avec des arguments fallacieux.

Victor s'énerva.

— Les Grecs n'ont rien à foutre dans cette histoire et il n'y a rien de... de fallacieux, comme tu dis. Moi je prétends que Dieu a autre chose à faire que de protéger les tordus et les crétins. Ou alors, si le royaume des cieux leur appartient vraiment, ça veut dire que les cons sont plus malins que nous. Et ça, c'est pas plus moral que le reste. C'est même une sacrée vacherie.

— C'est le résultat qui compte. Du moment que nous en bénéficions...

— Parle pour toi ! J'suis pas catholique, moi. Tu iras peut-être au Paradis, mais rien ne dit que j'irai aussi. Et pourtant, on sera mort tous les deux pour la même raison. Là non plus, ce n'est pas logique.

— Ne t'en fais pas, proposa Félix. Je dirai un bon mot en ta faveur.

— Ça me fera une belle jambe. Avec un Dieu qui se multiplie par trois, qui n'arrête pas de se contredire et qui file des cartes de priorité à tous les cinoques...

Félix éclata de rire et agita les mains devant lui pour signifier qu'il se retirait de la joute. Malgré lui, Victor eut également un sourire. C'est chaud, un copain. C'est chaud et ça rassure. Après tout, se disait Victor, je me fais peut-être des idées ; avec un peu de chance, tout se passera très bien.

A La Courneuve, dans la cour du dépôt, Bouboule n'était guère enclin à se tenir des raisonnements aussi optimistes. Il finissait de décharger une brouettée de bouteilles vides qu'il était allé chercher chez un épicier du boulevard, à plus d'un kilomètre de là. Y'en a marre, rageait-il. Dans cette affaire, je me suis fait marcher sur la tête par tout le monde. Terminé ! Définitivement terminé ! Le premier qui me fait un impair, il aura pas assez de toute sa vie pour le regretter. Pour un œil, les deux yeux... et pour une dent, toute la gueule ! Ah, ils vont souffrir, les gars de Pantruche.

Malgré cette grogne sévère, l'arrivée des deux garçons armés de leurs cannes à pommeau d'ivoire alluma une lueur d'amusement dans le regard de Bouboule. Il essuya son visage trempé de sueur et sans préambule, il ordonna à Victor de prendre la brouette et d'aller chercher du sable sur un chantier qui se trouvait deux rues plus loin. Sans espérer des démonstrations de folle reconnaissance, Victor attendait néanmoins un accueil plus aimable. Il fit mine d'ignorer l'ordre.

— Je te présente Félix, dit-il sur un ton pincé.

— On gardera les mondanités pour plus tard, aboya Bouboule. Va chercher le sable. Et toi, viens avec moi.

Félix se sentait curieusement intimidé. Il suivit Bouboule et l'aida à transporter cinq poutrelles qu'ils allèrent appuyer contre les piliers du portail. Lorsque Victor revint avec sa charge de sable, les trois jeunes gens refermèrent les lourds battants de fer et les étayèrent solidement avec les poutrelles. Bouboule contempla le travail et hocha la tête. Puis il ôta son blouson et sa chemise et alla se rincer à grande eau sous un robinet, près des pompes. Félix donna un léger coup de pied à la barricade improvisée.

— Tu vois, dit-il à Victor, ce n'était pas la peine de s'inquiéter. Maintenant, il leur faudra au moins un char d'assaut pour entrer ici.

— D'accord, grogna Victor. Ils peuvent plus entrer. Mais nous, comment on sort ?

— On sort pas, jeta Bouboule qui revenait vers eux en essuyant son torse de lutteur avec sa chemise. On reste ici jusqu'à demain.

— Et où est-ce qu'on va dormir ? demanda Victor.

Bouboule embrassa le dépôt d'un geste large.

— C'est pas la place qui manque.

— On va dormir par terre ?

— Tu n'en mourras pas, dit Félix en riant.

Subitement, Victor se frappa violemment le front.

— Merde ! J'ai oublié. Qui est-ce qui va monter le dîner de m'sieur Max ? Et son petit déjeuner, demain matin ? Ah, c'est complet. Ce coup-ci, il va vraiment me foutre à la porte.

— Quand il saura ce qui s'est passé... avança Félix.

— Tu ne le connais pas. Il va me virer, sûr et certain. C'est bien fait pour moi, tiens. J'aurais jamais dû t'écouter.

Bouboule haussa les épaules. Lui-même n'avait jamais découché et il préférait ne pas songer aux explications qu'il devrait fournir à la Zingara. Il saisit les poignées de la brouette et la poussa vers l'endroit où il avait déposé les bouteilles. Puis, tandis que Victor continuait à se lamenter, il entreprit de verser un fond de sable dans les bouteilles à l'aide d'un carton plié. Félix le regardait en fronçant les sourcils.

— Qu'est-ce que tu fabriques ? demanda enfin Victor.

Félix venait déjà de comprendre et il ouvrait de grands yeux effarés.

— Je fabrique des cocktails Molotov, répondit calmement Bouboule. Quand ils en auront pris deux ou trois sur la gueule, je te promets qu'ils demanderont pas leur reste, les Pantinois.

Victor reçut la nouvelle comme un violent coup de poing dans l'estomac. Il ouvrit la bouche pour s'indigner, mais aucun son ne voulut sortir. Il regardait Bouboule avec terreur. Quant à Félix, son monde romantique venait de basculer brutalement dans le cauchemar. Jusqu'à cet instant précis, il avait le sentiment de participer à une sorte de grand jeu un peu plus poussé que les autres — les scouts du Far West — un jeu violent, peut-être, mais rien de comparable à ce qui menaçait soudain de se passer. Il avait bêtement envie de crier pouce.

— Mais... t'es dingue, articula enfin Victor.

Bouboule leva la tête et le contempla avec une pitié un peu méprisante.

— Qu'est-ce que tu crois ? La Fusée et ses copains, c'est pas des morpions dans ton genre. C'est des voyous qu'ont du poil aux pattes et si on veut les dégoûter, il faut mettre le paquet.

Ça va trop loin, pensa Victor complètement affolé. C'est trop grave. Faut pas rester ici. Faut s'en aller tout de suite. Il est ravagé, ce type. Des cocktails Molotov ! Pourquoi pas des mitrailleuses ?

Bouboule se redressa, posa ses mains sur les hanches et lâcha un rire bref.

— C'est pas la peine de faire dans votre froc. Je veux pas les faire flamber, ces pourris. Je veux seulement leur faire peur. Les bouteilles, on les lancera assez loin pour qu'ils se fassent seulement roussir les fesses et je vous garantis qu'ils vont se déballonner, vite fait.

— Et s'ils ne se déballonnent pas ? hasarda Félix.

— Moi je te dis qu'ils se déballonneront.

— J'veux m'en aller, cria Victor. Je veux pas rester ici pour jeter des bombes sur des types que je connais même pas.

— Je te retiens pas, répondit Bouboule toujours très calme. Mais faut pas compter sur moi pour t'aider à sortir. Il faudra que tu escalades le portail et si tu déranges les poutrelles, je te fais une grosse tête.

Félix, très pâle, fit un signe à Victor et l'entraîna à l'écart. La raison la plus élémentaire lui commandait de partir également, mais passé le premier mouvement de panique, une extraordinaire curiosité le tenaillait. Il ne rencontrerait sans doute jamais une telle occasion de vivre la Grande Aventure et de se prouver qu'il était véritablement devenu un homme.

— Ecoute, il a sûrement raison. Quand les autres verront à quoi ils s'exposent, ils n'insisteront certainement pas. Et puis, nous sommes bien protégés. Ils ne pourront jamais défoncer le portail. Dans le fond, on ne risque pas grand-chose en restant.

— T'es aussi cinglé que lui, répondit Victor en chuchotant furieusement.

— Non, je voudrais seulement voir comme ça se passe.

— Ben, tu verras sans moi. La guerre est finie.

— Je suis certain qu'on ne risque rien, insista Félix.

Victor lui tourna le dos et se mit à faire de grands pas désordonnés en se battant les flancs et en se parlant à lui-même :

— Mais qu'est-ce que j'ai fait au Bon Dieu ? Dans quoi je me suis fourré ? On est quand même pas à Stalingrad, merde !

— Bah, laisse-le donc, dit Bouboule à Félix en retournant à ses bouteilles. Tu vois pas que c'est une lavette ? Il a rien dans le pantalon, ce merdeux.

— T'occupe pas de mon pantalon, hurla Victor. T'es

peut-être très costaud et tout... seulement moi, j'ai rien à foutre dans ces salades.

Il se tourna vers Félix et ajouta :

— Allez, viens, on s'en va.

— Attends un peu. On n'est pas pressé.

— Moi je suis pressé. Si on reste, il va nous arriver des malheurs. Viens.

Félix se gratta la tête et ne répondit pas. Plus tard, bien plus tard, lorsqu'il songerait au choix qui s'était présenté à lui, ce jour-là... lorsqu'il évoquerait cette minute précise vécue dans le dépôt de La Courneuve, Félix se dirait que le destin est une chose pleine de vice. Contrairement à ce qu'il avait imaginé dans un moment de satisfaction un peu vaine, le destin ne ressemblait en rien à ces barres de guimauve qu'il pouvait modeler à sa guise. Il se le représenterait plutôt comme une sorte d'horloger infernal qui ordonnait les événements avec une précision et une rigueur froidement mathématiques. Il grimacerait en pensant que pour arriver à ce jour-là, à La Courneuve, la moindre démarche, la pensée la plus banale et le geste le plus innocent s'étaient accordés, emboîtés comme les rouages parfaitement usinés d'une machine redoutable.

— Viens, disait encore Victor.

Oui, bien sûr, il faudrait s'en aller. Ce serait la décision la plus raisonnable. Ici, il n'y a que des mauvais coups à prendre. Et puis, il ne faut pas abandonner Victor. Il a peur. Ça se voit. Il n'a peut-être pas tort, d'ailleurs. Dans le fond, moi aussi j'ai peur. J'ai même très peur. Mais c'est justement pour ça... oui, c'est pour ça qu'il faut que je reste. Je dois faire face. Voilà ! C'est ainsi et pas autrement. Si je m'enfuis maintenant, je m'enfuirai toujours. Et il n'y a aucune raison. En Sologne, avec le chien, je n'ai pas hésité et pourtant, j'avais peur, là aussi...

— Viens, insistait Victor d'une voix presque suppliante.

... les hommes sont sûrement moins dangereux que les chiens. Un chien, ça ne réfléchit pas ; ça attaque. Un homme, c'est autre chose. De toute façon, il faut voir. Je me moque de Bouboule et de son essence, je me moque des Pantinois, je me moque totalement de cette sordide histoire... mais il faut voir.

— Viens...

— Non, pars tout seul. Moi je reste.

Et comme pour se convaincre lui-même, Félix répéta :

— Je reste... il faut que je reste. Je veux voir comment ça se passe.

Victor le regarda longuement et ne dit rien. Il baissa la tête, croisa les bras et chassa un petit tas de poussière avec le bout du pied. Puis il prit une démarche traînante pour aller s'appuyer contre le mur du hangar, à l'écart des autres. Il refoulait une vague envie de pleurer... pleurer de rage, de déception, mais surtout de tristesse. Félix avait choisi. Entre un copain qui lui avait tout offert et un sale type qu'il ne connaissait même pas, quelques minutes plus tôt, Félix avait choisi l'inconnu et piétiné le reste.

Pour la première fois de sa vie, Victor se sentait trahi.

***

Il faisait nuit.

Enroulé dans une vieille bâche, Victor s'était allongé contre la paroi intérieure du hangar et dormait avec le visage tourné vers le mur. Assis sur le sol, devant les pompes, Bouboule jouait aux osselets avec des cailloux. Un peu plus loin, adossé contre un pilier, Félix regardait les étoiles avec un léger sourire.

Un vieux souvenir lui revenait en mémoire.

Il devait avoir trois ou quatre ans lorsqu'un jour il fut saisi d'une violente crise de hoquet. Il se précipita vers sa mère et Katia ne put s'empêcher de rire en voyant l'expression à la fois inquiète et étonnée qui se peignait sur le visage de l'enfant. Elle pointa un doigt vers le ciel et s'écria :

— Regarde en l'air. Regarde ton grand-père qui vole.

Félix leva la tête, ouvrit de grands yeux et tortilla son cou dans tous les sens, cherchant ce grand-père qu'il n'avait jamais connu, ce grand-père qui volait comme un oiseau.

— Où est-il ?

— Là ! Regarde bien. Il est là.

Et Félix haussait le cou, fouillait le ciel du regard, le souffle bloqué par ce mystère inattendu.

— Où ? criait-il. Où ?

Cela dura un bon moment et lorsque Katia fut enfin sûre que le hoquet s'était évanoui, elle se composa une mine désolée pour dire :

— Oh, il est parti, le grand-père. Comme c'est dommage.

— Oh, c'est dommage, répéta Félix. Est-ce qu'il va revenir ?

— Peut-être, oui.

— Est-ce que je pourrai le voir ?

— Oui, répondit Katia avec un sourire un peu triste. Tu le verras, un jour.

Victor s'agita dans sa bâche. Il se retourna plusieurs fois en prononçant des mots indistincts issus d'un rêve manifestement plein de péripéties. Félix lui jeta un bref coup d'œil, puis il reprit sa contemplation.

Il songea que cette nuit, peut-être, il verrait son grand-père.

***

Ils arrivèrent peu avant minuit.

Dès qu'il entendit le bruit des moteurs, Bouboule se précipita vers un échafaudage de lourdes caisses qu'il avait dressées contre le mur d'enceinte. Il se hissa au sommet avec souplesse et dénombra les forces adverses en s'efforçant de ne pas être vu.

La Fusée était au volant d'une Juvaquatre noire et derrière lui, La Cigogne conduisait un gros Citroën dont le capot s'ornait d'une étoile blanche attestant que le camion, lui aussi, avait fait la Résistance.

Ils étaient six en tout... et pas des mauviettes, jugea Bouboule avec une pointe d'appréhension. Il se laissa glisser en silence sur le sol et alla poser l'oreille contre le portail afin d'entendre ce qui se disait de l'autre côté. Il reconnut la voix de tête de La Cigogne.

— On dirait qu'il y a personne.

— Ils ont réparé le portail, dit une autre voix.

Quelqu'un poussa contre les lourds battants et Bouboule se jeta en arrière avec le cœur dans la gorge. Pourvu que ça tienne ! De l'autre côté, on poussa plus fortement mais le portail ne céda pas.

— Ils ont barricadé, dit La Fusée.

Du fond de la cour, Félix regardait le manège de Bouboule, la bouche sèche et la tête vide de sang. Victor, lui, dormait toujours.

— Qu'est-ce qu'on fait, demanda La Cigogne.

— Faut voir, répondit La Fusée avec circonspection. Ça me paraît un peu trop calme.

— Peut-être qu'il y a vraiment personne.

— Y a qu'à ranger le camion contre le mur et grimper dessus, pour voir.

— Fais gaffe ! S'il y a du monde de l'autre côté, c'est un coup à se prendre une caillasse dans la gueule.

La Fusée se recula vers le milieu de la rue et cria très fort :

— Holà ! Y a quelqu'un ? Pierrot, si t'es là, montre-toi. On veut causer. Ho, Pierrot !

Victor se réveilla en sursaut et balbutia... quoi, quoi, qu'est-ce qui se passe ? Félix fut sur lui en deux enjambées ; il lui encercla la tête avec le bras et lui appliqua fortement une main sur la bouche. L'autre se débattit mais Félix resserra son étreinte et lui souffla dans l'oreille :

— Chut ! Tais-toi. Ils sont là.

Victor le regarda avec des yeux agrandis par la peur Lentement, Félix retira sa main.

De l'autre côté du portail, les oreilles se tendaient.

— T'as pas entendu quelque chose ?

— Non, rien. Et toi ?

— Il m'a semblé... je suis pas sûr.

— Pierrot ! cria encore La Fusée. Si t'es là, montre-toi. On va pas te faire de mal. On veut seulement causer.

Enfoiré de ta race, articula silencieusement Bouboule. Son appréhension avait totalement disparu. Il ne restait qu'une colère froide, calculée. Il se déplaça sans bruit vers l'extrémité gauche du mur où il avait rangé une dizaine de cocktails Molotov. Il y en avait autant à l'autre bout. Accroupis devant l'entrée du hangar, Félix et Victor ne le quittaient pas des yeux. Il se retourna vers eux et fit de grands signes pour leur ordonner de le rejoindre. Les deux garçons ne bougèrent pas. Bouboule leur montra le poing et l'agita avec fureur. Victor s'accrochait des deux mains à la veste de Félix : « n'y va pas... n'y va pas », chuchotait-il. Bouboule insistait ; son poing hachait l'air et son visage grimaçait d'horribles menaces. Les deux garçons ne bougeaient toujours pas.

— Pierrot ! cria encore La Fusée.

Silence.

— Moi je te dis qu'il y a personne.

— Peut-être qu'en poussant avec le camion, on pourrait défoncer le portail.

— Oh là, protesta La Cigogne. Doucement, les flûtes. Le camion, il est à mon beau-frère. Si on l'esquinte, il va me siffler *Sambre et Meuse*. Déjà qu'il était pas chaud pour me le prêter...

Bouboule eut un mauvais sourire en entendant cela. Il sortit une boîte d'allumettes de son blouson... attends un peu, salope ! Tu vas voir comment je vais l'arranger, le camion de ton beauf' !

Évidemment, sans l'aide d'au moins l'un des garçons, le maniement des cocktails Molotov devenait un peu hasardeux. Les connaissances de Bouboule étaient toutes théoriques ; il n'avait aucune pratique. Il lui faudrait allumer le tortillon lui-même, puis saisir la bouteille et la lancer par-dessus le mur. Entre-temps, il se passerait deux secondes dont il ignorait tout. Est-ce que la bouteille ne risquait pas d'exploser durant ces deux secondes ? Va savoir... tandis que si l'un de ces dégonflés venait l'aider, Bouboule tiendrait la bouteille, l'autre allumerait le tortillon et Zing ! Tout de suite, sans attendre. Surtout pas attendre, sinon... sinon, il va se faire méchamment griller la gueule, le fils à la Zingara. La gueule et le reste ! Ah, les fumiers...

Soudain, devant le hangar, Félix fut pris de frénésie. Il se libéra brutalement des mains de Victor et partit en courant vers Bouboule, courbé vers le sol comme si des balles sifflaient au-dessus de sa tête.

— T'as entendu ? demanda La Cigogne.

— J'suis pas sûr...

— On aurait dit un mec qui courait. J'te dis qu'il est là, le p'tit marlou.

Bouboule grinça des dents : « Ça, mon pote, tu l'as dit une fois de trop. »

— Pierrot ! On sait que tu es là. Ouvre-nous. Je te donne ma parole qu'on te fera rien.

Bouboule tendit la boîte d'allumettes à Félix qui la prit en tremblant.

— Pierrot ! J'te jure qu'on te fera pas de mal. Ouvre.

Bouboule chuchotait ses recommandations à Félix : tu allumes l'allumette, t'attends mon signal et après tu te recules tout de suite. T'as compris ? Félix hocha nerveusement la tête et tenta de refréner ses tremblements.

— Allez, Pierrot, fais pas le con. Si t'ouvres pas, on va être obligé de se fâcher.

— Peut-être qu'ils sont plusieurs, là-dedans.

Cette éventualité fit flotter un doute parmi les assiégeants. Aucun d'entre eux n'avait un goût très marqué pour les batailles rangées. Ce genre d'affrontement causait toujours plus de dégâts qu'on ne le souhaitait.

Bouboule et Félix attendaient. Tous deux avaient les

mains moites et le souffle court, mais ils étaient prêts. Agenouillé devant le hangar, Victor les regardait en frottant fébrilement ses mains sur le sol. Malade d'anxiété.

— Pierrot ! Dernier avertissement.

Bouboule se dressa brusquement, les yeux fous et la bouche tordue. Il leva la tête vers le haut du mur et hurla :

— Va te faire foutre !

— Je savais bien qu'il était là, ce p'tit tordu.

— Z'avez dix secondes pour vous tirer, beugla Bouboule. Dix secondes, pas une de plus.

Puis, à Félix :

— Je vais compter. A dix, tu allumes... un... deux...

— Tu es sûr que ça ne va pas leur tomber dessus ?

— T'occupe. Ils sont tous devant le portail. Y a au moins trente mètres... trois... quatre...

— Allez, Pierrot, cria La Fusée en riant. Sors de là. On va discuter.

— ... six... sept...

— On est même prêt à te filer un p'tit quelque chose pour ton essence. Faut discuter, quoi.

— ... neuf... dix ! Allume !

Félix cassa plusieurs allumettes avant de parvenir à en enflammer une. Il protégea la flamme et leva les yeux vers Bouboule. Celui-ci humecta ses lèvres avec le bout de la langue et tendit la bouteille à bout de bras... merde, j'ai envie de pisser... il déglutit péniblement et gronda :

— Vas-y !

Félix avança l'allumette également à bout de bras et dès que le tortillon s'embrasa, il se rejeta en arrière. La bouteille fit un arc par-dessus le mur et explosa de l'autre côté avec un whouff presque feutré. Une grande lueur éclaira la nuit et des cris confus s'élevèrent devant le portail...

— Mais il est dingue, ce mec...

— Foutez le camp ! cria Bouboule d'une voix presque hystérique. Taillez-vous, sinon je fais tout flamber.

Il saisit une autre bouteille et à nouveau, Félix cassa

plusieurs allumettes avant de parvenir à enflammer le tortillon. Bouboule lança le cocktail Molotov en diagonale afin qu'il explose plus près des Pantinois. Une fois de plus, il y eut cette détonation sourde, presque étouffée. Félix était surpris. Il avait pensé que cela ferait beaucoup de bruit, au contraire. Une sorte de trépidation monta en lui, quelque chose qui l'agitait jusqu'au plus profond de son être. Il se mêlait à sa peur une sensation terriblement excitante, presque enivrante. Félix sentait venir une formidable vague de jubilation. Il eut un rire caquetant.

— On va les ratiboiser...

Devant le portail, c'était la panique. La Cigogne se rua sur son camion et tenta de le faire démarrer. En vain. Il s'énervait trop. La Fusée sauta dans la Juvaquatre ; aussi affolé mais peut-être plus chanceux que son complice, il parvint à lancer son moteur du premier coup. Il fit un demi-tour en voltige qui fit rebondir la voiture sur le trottoir. Les autres s'enfuyaient en courant. La Cigogne s'escrimait désespérément sur le démarreur paresseux de son camion. Bouboule prit une bouteille dans chaque main et courut vers la pile de caisses appuyée contre le mur... ah, je suis un p'tit marlou. Ben tu vas voir ton camion, ma vache... Félix le suivit.

En arrivant au pied de l'échafaudage, il trouva Victor, livide, rabougri, le visage curieusement lisse, comme tiré en arrière. Encombré par ses bouteilles, Bouboule grimpa maladroitement jusqu'au sommet de la pile en marmonnant... attends un peu, démarre pas tout de suite, je vais m'occuper de ta santé, quand j'en aurai fini avec toi il n'en restera même pas assez pour graisser une tartine, ordure... et de l'autre côté, La Cigogne se sentait devenir fou devant cette satanée mécanique qui refusait de partir. De sa main libre, il frappait le volant... démarre ! mais démarre donc, saloperie... Bouboule posa ses bouteilles sur le faîte du mur. Le camion n'était distant que d'une dizaine de mètres... les allumettes, vite... Félix se hissa à mi-hauteur, soutenu par Victor... vite, vite, allume... mais

Félix ne parvenait pas à se contrôler, les mains tremblaient trop, les allumettes sautaient de ses doigts, il en gémissait de rage... allume, bordel... excédé, Félix joignit plusieurs allumettes en faisceau et les frotta ensemble. Une grande flamme jaillit et lui brûla cruellement les doigts, mais il ne lâcha pas. Bouboule tendit une bouteille. La moteur du camion démarra enfin. Le tortillon s'enflamma. Bouboule se redressa et lança sa bombe à l'aveuglette... whouff... elle explosa sur le trottoir d'en face et éclaira violemment le visage terrifié de La Cigogne. Bouboule saisit aussitôt la seconde bouteille... vite, nom de Dieu ! Il se tire... mais Félix, stupéfait de douleur, enfonçait ses doigts roussis dans la bouche et ses yeux étaient subitement emplis de larmes... allume !... le camion s'ébranlait en cahotant... ALLUME !... le camion passait déjà devant Bouboule... il va se tirer... alors, avec un rugissement qui se brisa dans une sorte de sanglot, Bouboule jeta sa bouteille non allumée. Elle éclata sur le pare-brise et l'essence se répandit sur le capot. La Cigogne poussa un hurlement et donna un brusque coup de volant. Le camion monta sur le trottoir et alla râper le mur dans un bruit strident de tôles froissées... brûle !... mais l'engin poursuivit son chemin sous le regard halluciné de Bouboule... brûle !... le camion revint sur la chaussée et s'éloigna, laissant derrière lui les autres Pantinois qui lui couraient après et tentaient de s'accrocher aux ridelles... BRÛLE !... et comme le camion ne brûlait toujours pas, Bouboule se mit à marteler le mur à coups de poing en poussant des cris inarticulés. Il s'agitait tant que l'échafaudage commença à s'effondrer sous lui. Il jeta les mains en avant pour se raccrocher à l'arête du mur, mais ses doigts grifférent la pierre sans trouver de prise. Félix tomba en arrière et s'étala brutalement sur le sol. Avant même qu'il songe à s'écarter, la pile s'écroula complètement. Chargée du poids de Bouboule, l'une des caisses tomba lourdement sur la jambe de Félix et lui brisa le tibia. Net !

***

Abruti par son premier sommeil, la tête encore enfouie dans l'oreiller, Kostia tâtonnait à l'aveuglette pour trouver le téléphone et interrompre cette sonnerie qui lui râpait douloureusement les nerfs. Près de lui, Galina se redressa, alluma sa lampe, regarda l'heure et eut aussitôt la certitude qu'un malheur s'était produit. Kostia décrocha enfin et gueula dans l'appareil :

— Qu'est-ce que c'est ?

— Vous êtes l'oncle de Félix ?

— Félix ? Il est arrivé quelque chose à Félix ?

— Il faut venir tout de suite. Il a eu un accident. Je crois qu'il a la jambe cassée.

— Quoi ?

Kostia se jeta hors du lit, mais oubliant qu'il avait retiré sa prothèse pour la nuit, il s'écroula sur le tapis et entraîna la table de chevet dans un grand fracas de verre brisé. Galina poussa un cri et agrippa nerveusement le drap.

— Félix a la jambe cassée, répétait la voix au téléphone. Venez vite. Il a très mal.

— Mais où ? Où est-il ? Qui êtes-vous ?

— Je suis Victor. C'est Félix qui m'a dit de vous téléphoner. On est à La Courneuve. Il faut venir très vite. Je vais vous dire où c'est.

Le médecin du troisième étage ne dormait pas encore. Il revenait à peine d'un dîner chez des amis lorsqu'il vit arriver Kostia, échevelé, ayant revêtu un manteau par-dessus son pyjama. Le Dr Laclos était un petit homme rondouillard, pète-sec et terriblement snob qui avait axé sa pratique sur les affections élégantes d'une clientèle très mondaine. Il impressionnait ses clients par une attitude distante et un peu hautaine. Pourtant, ceux-ci ne juraient que par lui, convaincus que tant de sévérité apparente était forcément synonyme d'efficacité. Cette confusion d'idées représentait un excellent fonds de commerce, car en fait, le Dr Laclos était un âne qui ne devait le succès relatif de ses études qu'à la sollicitude un peu lasse d'un beau-père qui mandarinait à Saint-Louis. Toutefois, malgré sa morgue de faux cacique, Laclos avait une certaine honnêteté intellectuelle : sans se l'avouer en termes aussi crus, il savait qu'il était un âne et dès qu'un cas s'avérait plus compliqué que la ménopause angoissée d'une bourgeoise ou l'hypocondrie romantique d'une autre, il déléguait immédiatement ses pouvoirs au spécialiste le plus qualifié... contre la ristourne d'un aimable pourcentage, bien entendu. Il éprouva un certain embarras lorsque Kostia lui parla de fracture. La dernière réduction dont il s'était rendu coupable remontait à son stage d'externat et seule l'intervention exaspérée d'un interne de service avait sauvé le patient d'un sort probablement critique.

— ... je vais appeler un confrère.

— Pas le temps ! trancha Kostia. Venez !

Il empoigna le médecin par un bras et l'entraîna sur le palier. Laclos se débattit de tous ses membres, à la fois furieux et effrayé par l'autorité très musclée de son voisin.

— Attendez au moins que je prenne ma trousse.

Kostia le relâcha et se mit à arpenter nerveusement la moquette de l'antichambre tandis que le malheureux Laclos retournait tous les tiroirs de son cabinet à la recherche des attelles... elles sont là, quelque part. J'en suis certain. Ah, ces Russes ! Tous des sauvages !... Finalement, il retrouva les attelles dans leur emballage d'origine et après un dernier regard un peu éperdu vers son épouse, il se fit littéralement soulever du sol par Kostia qui le poussa dans l'ascenseur comme un paquet de linge sale.

Dehors, déjà installée dans la grosse Delahaye, Galina étudiait le parcours à suivre sur un plan de Paris et de ses environs. La Courneuve ! Dix minutes plus tôt, elle ne savait même pas que cela existait.

Traînant le médecin par la main comme un gamin récalcitrant, Kostia déboucha de l'immeuble, fourra Laclos sur le siège arrière, sauta au volant et démarra en trombe.

Après vingt minutes d'une course folle, ayant traversé la ville avec le pied au plancher, Kostia arrêta la limousine devant la brasserie du boulevard d'où Victor lui avait téléphoné. Enfoncé dans son siège et terrifié par le voyage qu'il venait de subir, Laclos avait perdu le peu de contenance qui lui restait et serrait convulsivement sa trousse contre la poitrine. Victor attendait sur le trottoir. Il s'approcha timidement de la somptueuse voiture.

— Monsieur Rou... Rou...

— Roubaïev, hurla Kostia. Monte et indique-moi le chemin.

Un gosse! Un gosse en salopette d'ouvrier. Que diable faisait Félix dans ce quartier infâme en compagnie de... Kostia se retourna pour observer Victor... de ce petit juif pouilleux? Galina regardait également Victor avec un sourcil arqué et Laclos ne put réprimer un mouvement de recul lorsque le jeune garçon assez crasseux vint s'asseoir près de lui. La Delahaye repartit et quelques instants plus tard elle s'arrêta devant le portail que Bouboule avait dégagé de ses poutrelles.

Félix gisait à l'endroit de sa chute, la tête posée sur le blouson plié de Bouboule. Malgré la douleur lancinante de sa fracture, il se sentait curieusement abstrait de la situation. Il regardait le ciel noir et pensait à des choses sans suite, s'abandonnant à une sorte de délire plus ou moins conscient où s'entrecroisaient l'expression blafarde de Blanc Blanc, les mains fines de sa mère sur le clavier du piano, les baraques misérables de la zone... Accroupi près de lui, Bouboule tenait une cigarette dont il lui faisait tirer des bouffées, ainsi qu'il l'avait vu faire pour les blessés, dans les films de guerre américains. Son propre visage était couvert de sang; en se brisant dans la chute, l'une des caisses lui avait entaillé la joue. Galina sortit de la voiture en courant et se précipita vers Félix. Bouboule ouvrit de grands yeux. Qu'elle est belle, pensa-t-il en face de cette cascade de cheveux très blonds qui encadraient des traits parfaits. On dirait une actrice de cinéma. Puis il porta son regard sur le colosse qui la suivait et faillit lâcher un sifflement de respect devant la formidable carrure de Kostia.

Galina s'agenouilla dans la poussière et prit délicatement la tête de Félix entre ses mains. Bouboule était subjugué par tant de grâce. Laclos arriva également, posa sa trousse et adressa une prière fervente au bon vouloir d'Esculape. Il dégagea la jambe meurtrie du jeune garçon, tâta le tibia avec des précautions d'orfèvre... et poussa un soupir de soulagement : fracture simple, sans complications apparentes. Un cas d'école.

— Ce n'est pas trop grave, dit-il avec une assurance retrouvée.

Néanmoins, prudent jusqu'au bout, il ajouta :

— Il vaudrait mieux le transporter dans un hôpital. Je ne voudrais pas prendre le risque de réduire la fracture dans un endroit aussi... insalubre. Je vais lui faire un pansement provisoire.

Tandis que le médecin administrait les premiers soins à Félix, Kostia examina le dépôt. Il vit les poutrelles entassées près du portail et fronça les sourcils en apercevant les bouteilles rangées le long du mur. Ma parole, on dirait que... Il s'approcha, encore incrédule... Mais oui, par tous les diables. Ce sont des cocktails Molotov !... Il se retourna brutalement et s'avança vers Bouboule en serrant les poings. Celui-ci se dressa aussitôt et recula précipitamment, mais Kostia fut plus rapide et empoigna le jeune homme par le col de sa chemise.

— Que s'est-il passé, ici ?

— Mais lâchez-moi...

Kostia le secoua avec violence.

— Réponds ! Que s'est-il passé ?

— On a été attaqué, intervint Victor qui se tenait un peu à l'écart. Nous, on faisait pas de mal. C'est les autres...

Sans lâcher Bouboule, Kostia tourna son regard vers Victor.

— Attaqués ? Par qui ? Pourquoi ?

Apeuré par le ton menaçant, Victor ne répondit pas.

Kostia secoua encore Bouboule qui se rebiffa sèchement.

— Arrêtez, merde ! J'suis pas un prunier.

Kostia le secoua de plus belle en resserrant sa poigne.

— Tu vas répondre, oui ?

Et il le gifla sauvagement. Alors Bouboule éclata de fureur. Il s'arracha de Kostia en déchirant sa chemise et lui décocha un formidable coup de pied dans la jambe. Puis il fonça avec la tête en avant et eut aussitôt l'impression de recevoir une enclume en pleine figure. Il se retrouva étalé à quatre pas, à demi assommé, complètement ébahi par ce qui venait de lui arriver, incapable de comprendre pourquoi son coup de pied n'avait eu aucun effet...

Kostia se détourna de Bouboule et avança sur Victor. Pris de panique, le garçon partit en courant et alla se réfugier sur le trottoir opposé, à saine distance de ce géant en colère. Kostia se préparait à revenir sur Bouboule lorsque Laclos sauva la situation en annonçant :

— On va pouvoir le transporter, maintenant. Aidez-moi.

Kostia se dirigea vers son neveu, le souleva comme une plume et le porta dans la voiture où il l'allongea sur le siège arrière. Puis, il s'installa au volant de la Delahaye et tandis que Galina et Laclos prenaient également place, il toisa les deux garçons avec mépris... un juif et un métèque ! Du beau monde, vraiment... Il cracha férocement sur le sol et démarra.

Bouboule et Victor suivirent la voiture des yeux jusqu'à ce qu'elle disparaisse au bout de la rue. Puis ils échangèrent un regard un peu gêné et revinrent à pas lents vers le dépôt. Bouboule ramassa son blouson et Victor lui signala, presque avec détachement :

— T'as plein de sang sur la figure.

L'autre passa sa main sur la joue et regarda ses doigts maculés. Il haussa les épaules et se dirigea vers le robinet du fond afin de se nettoyer. Victor le suivit, tête basse. Bouboule tâta le col déchiré de sa chemise et ricana avec une certaine amertume :

— On leur a quand même filé une belle branlée, hein ?

— Tu crois qu'ils vont revenir ?

— Qu'ils y viennent ! lança Bouboule avec une voix de défi. Ils se feront rôtir la gueule, une fois de plus.

Soudain, il dressa l'oreille... Ecoute... un lointain « pin-pon » se faisait entendre. Bouboule comprit immédiatement que La Fusée s'était vengé de la manière la plus ignoble. Ce salaud avait alerté la police.

— Les flics ! cria-t-il. Taillons-nous.

Les deux garçons se précipitèrent vers le terrain vague qui se trouvait en face du dépôt. Ils coururent droit devant eux jusqu'à une butte derrière laquelle ils se jetèrent à plat ventre, pantelants, hors d'haleine. Quelques instants plus tard, le car de police s'arrêta devant le portail. De loin, ils virent les agents se répandre dans le dépôt et en fouiller les recoins. L'un d'eux braqua le phare mobile du car vers le terrain vague et Victor enfonça son visage dans le sol en gémissant de terreur. Puis ils entendirent des exclamations sans doute provoquées par la découverte des cocktails Molotov et du stock d'essence. Le phare s'éteignit. Derrière la butte, protégés par la nuit, les deux garçons restaient immobiles, silencieux. Au bout d'un long moment, Victor releva la tête et tourna son regard vers Bouboule. Il vit que le jeune homme avait les yeux pleins de larmes et il en éprouva une sorte de peine.

La fouille dura longtemps et lorsque le car repartit enfin, deux agents restèrent en faction devant le portail refermé.

— Et voilà, soupira Bouboule en se retournant sur le dos. C'est foutu !

— Eh oui, dit Victor sur un ton qui se voulait fataliste. On ferait mieux de s'en aller, maintenant.

Bouboule ne répondit pas et croisa ses mains derrière la tête, les yeux dans le vague.

— Allez, insista Victor. Faut qu'on s'en aille. C'est trop risqué de rester ici.

— Oui, oui, répondit Bouboule d'une voix paresseuse. On va s'en aller. T'inquiète pas.

Puis il ajouta, au bout d'un moment :

— La famille de ton copain... c'est des gens riches, on dirait ?

— Ils en ont l'air, oui.

Bouboule ferma les yeux avec force.

— Un jour, dit-il d'une voix rauque, un jour je serai riche, moi aussi. Aussi riche qu'eux. Plus riche, même. Tu verras... tu verras.

***

# IV

# *L'ÂGE DES HOMMES*

En octobre 47, la France était immobilisée par des grèves à répétition. Sur ordre de la C.G.T. les employés des transports en commun se croisaient les bras. Paris était bloqué. Le reste du pays n'allait pas tarder à l'être également. La force publique occupait les dépôts d'autobus et les stations de métro. Les vélos de l'occupation ressortaient des caves où l'on pensait les avoir rangés pour longtemps et les gazettes s'étonnaient de l'importance des foules qui se bousculaient sur les trottoirs de la capitale. « Il n'y aura pas de reprise du travail avant que nous ayons obtenu satisfaction », disaient les syndicats unis dans la bisbille. Et le président Ramadier, barbiche en bataille et bedaine frémissante, répondait avec fureur : « Il n'y aura pas de négociations avant que le travail reprenne. » Dans ses éditoriaux, *le Figaro* dénonçait « la conspiration du désordre ourdie par le parti de Moscou », tandis que *l'Humanité* appelait ses lecteurs à la révolte contre « la bourgeoisie avide qui se nourrit du sang des travailleurs avec la complicité d'un gouvernement de pacotille ». Les ménagères n'osaient même plus croire que les cartes de rationnement disparaîtraient enfin et elles se plaignaient de devoir dépenser cinq cents francs par jour pour alimenter — fort mal — une famille de quatre personnes. En 1947, deux ans après la fin de la guerre, il apparaissait plus difficile de se nourrir qu'en 1941 et cela, nul ne parvenait à l'expliquer. Alors, on se vengeait. Les tribunaux de l'épuration fonctionnaient à plein régime et s'il est vrai qu'on fusillait maintenant avec moins de facilité qu'à la Libération, les peines demeuraient très sévères : un facteur de Limoges, une bonnetière de l'avenue Mozart, un retraité des Finances se voyaient condamnés aux travaux forcés à perpétuité pour des crimes qui relevaient plus de la stupidité que de la malveillance. Max en venait à s'inquiéter de ce débordement de haine : « Même lorsqu'on est du bon côté du manche, il n'est jamais bon de vivre au milieu d'un règlement de comptes. » Mais Camus s'insurgeait :

— Quand on a collaboré, il faut payer.

Max hochait la tête avec un air de doute et évoquait alors un cas qui le frappait plus particulièrement : celui d'une voisine de la rue de Solferino accusée « d'intelligence avec l'ennemi » et que la justice venait d'envoyer aux galères pour dix ans.

— Elle travaillait pour la *Propagandastaffel,* criait Camus.

— Oui, s'énervait Max. Elle était sténodactylo. Dix ans de taule pour avoir tapé à la machine. Tu trouves pas que c'est un peu lourd ?

— Elle n'avait qu'à travailler ailleurs, répliquait Camus sur un ton définitif. Et puis, je ne vois pas de quoi tu te plains. Ils ne t'ont pas fait de cadeau, les collabos.

— Oh, soupirait Max, si les juifs devaient se venger de tout ce qu'on leur fait depuis cinq mille ans...

Et Camus détournait son regard avec une sorte de gêne. Egalement gêné par l'embarras de son ami, Max lui donnait aussitôt une bourrade en grommelant : « Fais pas cette gueule. Je disais pas ça pour toi. »

Au reste, si le pays semblait en effervescence, Aubervilliers demeurait curieusement calme au milieu de l'agitation générale. Calme et réservé, comme retranché des réalités brouillonnes qui agitaient la grande ville, au-delà du pont de chemin de fer. On discutait, bien sûr, on se jetait des slogans à la tête, mais ces batailles politiques ne sortaient guère du cadre enfumé des bistrots de quartier. Quelques fanatiques prenaient parfois leur bicyclette pour aller manifester pour ou contre quelque chose, mais dans l'univers étroit de leur voisinage, ils passaient plus pour des énergumènes que pour de glorieux croisés. Les grands espoirs sociaux ne prenaient pas vraiment racine à Aubervilliers. Une trop longue habitude de la misère alliée à la résignation faisait dire aux gens : « C'est pas en gueulant qu'on changera quelque chose. D'une manière ou d'une autre, on sera toujours les lampistes. » Et les jours se succédaient aux jours, semblables et insatisfaits, condamnés à l'uniformité à tel point que la moindre démarche sortant de l'ordinaire prenait des allures d'événement. Ainsi, le matin où Max fut enfin autorisé à quitter son lit de douleur, la rue entière participa à la fête. Le mari à Simone organisa un vin d'honneur sur le trottoir et lorsque Max sortit de la maison en s'appuyant sur le bras de Camus, il fut accueilli par les applaudissements et les vivats d'une bonne vingtaine de voisins. Quelqu'un vint jouer du clairon, un siffleur offrit un récital de chants d'oiseaux, l'épicier Valin raconta quelques histoires salaces et Giraudet, le boucher-charcutier, enchaîna en détaillant pour la centième fois la manière dont il avait défloré une bergère sur les coteaux d'Argonne, en 17 : « En pleine offensive, mon vieux. Tous les gars faisaient dans leur froc. Ça pétait de partout. Et pendant ce temps, moi, tranquille, je te sabrais la fille au fond de la grange. Et attention, hein ! Pas à la sauvette. Du travail fignolé. » Et pour la centième fois, son épouse potelée détruisait son effet en informant la cantonade que son mari avait bien changé sur le plan de la bagatelle et qu'au jour d'aujourd'hui, ma bonne dame, il ferait même pas du mal à un ouistiti.

Oui, ce fut une belle fête au terme de laquelle Max traversa la rue à petits pas prudents pour aller s'asseoir dans un grand fauteuil à oreilles que Victor lui avait installé devant le bureau. Le vieil homme ronchonna un peu pour la forme : « J'ai l'air de quoi, dans ce fauteuil ? On dirait Harry Baur, dans *Les Miséra-*

*bles.* » Durant ces trois semaines d'immobilité, Max avait vieilli. Avant il était maigre, mais maintenant il apparaissait décharné, affaibli et fragile. Simone vint lui caler les reins avec deux petits coussins et lui demanda s'il se sentait bien. « Oui, oui », répondit Max d'une voix lasse. Puis il leva son regard et ajouta avec un demi-sourire : « T'as de beaux yeux, tu sais ? » Simone tapota l'un des coussins sans répondre. Elle sortit de la boutique et retourna à son comptoir. Pour une fois, son sourire légendaire était absent et son mari la regarda avec curiosité lorsqu'elle tirebouchonna nerveusement un coin de son tablier pour essuyer une larme.

Victor prit la charrette à bras pour aller chercher trois sacs de charbon chez le bougnat. L'hiver serait bientôt là. Max ouvrit son journal et découvrit à la page deux qu'en prenant la parole à Manchester, le général Eisenhower avait affirmé qu'il ne nourrissait aucune ambition présidentielle : « Un soldat n'a rien à faire dans la politique », affirmait-il sur un ton que le reporter jugeait plein de conviction. C'est dommage, pensa Max. Avec un type comme ça à la Maison-Blanche, Staline aurait trouvé à qui parler. Il laissa retomber son journal en constatant avec une pointe de surprise que cela lui était complètement égal : « Plus rien à foutre de tout ça. » Il poussa un soupir et en levant les yeux, il vit Kiki sagement assis près de la porte de la remise et qui le regardait avec la tête légèrement penchée de côté. Max s'inclina dans son fauteuil et tendit une main.

— Viens, dit-il de sa voix de fonte. Viens ici.

Kiki se dressa sur ses pattes, agita la queue mais ne bougea pas. Intéressé mais perplexe.

— Viens, insista Max. Petit, petit...

Le chien s'avança avec prudence et s'arrêta à deux mètres, soigneusement hors de portée.

— N'aie pas peur. Approche-toi.

Kiki allongea le cou et se rapprocha du bout des griffes, prêt à détaler au moindre signe hostile. Max s'inclina un peu plus et lui gratta le bout du museau.

— Gentil chien. Gentil petit chien.

Abandonnant toute réserve, Kiki vint s'asseoir près du grand fauteuil et se laissa caresser la tête en frétillant.

Lorsqu'il revint dans la boutique, Victor trouva Max assoupi, la main reposant sur le cou du chien qui n'osa pas bouger, sans doute par crainte de réveiller le vieil homme.

*
* *

Kostia était perplexe. Son grand corps avachi dans un profond canapé, il posait un regard morose sur un pied de guéridon et pour la dixième fois depuis deux semaines, il tentait de trouver des arguments rationnels pour convaincre son neveu de ne plus revoir cet ami Victor. Dans un premier temps, Kostia s'était exprimé en termes qui n'admettaient aucune réplique, mais devant le silence buté de Félix il avait clairement senti que ses indignations n'obtenaient pas l'effet souhaité. *A priori,* le fait que Victor soit juif pouvait paraître suffisant pour le rejeter hors de cette amitié. En d'autres temps, ce l'eût été. Toutefois, lorsqu'il en parla à Félix, celui-ci eut une réaction tellement brutale que son oncle en fut désarçonné. Les rappels à l'ordre, les démonstrations d'autorité, les regards sévères n'impressionnaient visiblement pas le jeune garçon. Il se fâchait. En quoi la religion de son ami pouvait-elle avoir la moindre importance ? De plus, Victor n'était nullement responsable de son accident. Bien au contraire, il s'était efforcé d'écarter Félix de cette aventure. Pourquoi en faire un coupable ? C'est Félix qui avait insisté, c'est lui qui avait voulu vivre la grande émotion. S'il s'en sortait avec une jambe brisée, il ne pouvait s'en prendre qu'à lui-même. Et puis qu'est-ce que c'est que ces histoires de juif ? Qu'y a-t-il de honteux à être juif ? Et d'ailleurs, qu'est-ce que c'est, un juif ?

Et là, Kostia s'apercevait qu'il ne trouvait pas grand-chose à répondre ; il réalisait avec étonnement son ignorance presque complète sur le sujet. Par voie de conséquence, il se disait que les préjugés d'un adulte ont bien peu de poids devant l'innocence d'un enfant. Alors, comme il ne trouvait pas de réponse satisfaisante, comme il ne parvenait pas à ancrer dans la tête de son neveu les idées qu'on avait si bien logées dans la sienne, comme tout cela devenait très exaspérant, Kostia s'énervait. Il récitait des chapelets de perversités, détaillait les péchés monstrueux de ce peuple vagabond, parlait de déicide, citait des noms... Zinoviev, Kamenev, Trotski et les autres, tous ces autres youtres malfaisants et richissimes qui avaient consommé le malheur de la Sainte Mère et plongé ses enfants dans l'obscurantisme et la misère. Au nom du ciel et de ses saints les plus parfaits, comment pouvait-on avoir de l'amitié pour des êtres semblables ?

Félix l'écoutait avec stupéfaction et à son tour, il s'énervait. Victor n'était pas russe, il était pauvre, la guerre avait tué ses parents, il n'avait rien de pervers... et puis enfin, sacré nom d'une pipe, à quoi rimaient toutes ces histoires ? Félix parlait haut et fort. Il martelait ses questions d'une voix brutale. Sa jambe plâtrée lui donnait une assurance et une agressivité qu'il n'aurait jamais osé montrer en d'autres circonstances. Egalement stupéfait par la résistance que lui opposait son neveu, Kostia se creusait alors l'imagination pour inventer des démonstrations implacables Félix, de plus en plus irrité, ne comprenait pas pourquoi son oncle s'obstinait avec tant d'insistance sur la religion de Victor. S'il désirait tant décourager l'amitié des deux garçons, il pouvait se servir d'arguments autrement valables : la différence de niveau social, d'éducation, de milieu, autant de choses que Félix pouvait comprendre et éventuellement admettre. Mais la religion. Pourquoi s'obnubiler sur cette affaire de religion ? Dérouté par les réactions de son neveu favori, Kostia en venait à se poser lui-même des questions.

Effectivement, il ignorait pratiquement tout des juifs et de leurs traditions ; d'ailleurs, il ne se souvenait pas avoir jamais éprouvé la moindre curiosité à ce sujet. S'il existait un problème juif, ses données ne l'avaient jamais torturé. Il ne retenait pas grand-chose du génocide sinon un dégoût teinté de fatalisme. Les Allemands avaient massacré au moins autant de Russes que de juifs, peut-être plus. Et puis, pour un Slave, les grands massacres n'étaient pas choses nouvelles.

Les juifs ! Certes, il en avait entendu parler dans l'Ukraine de son enfance, mais avec le recul et l'expérience d'une vie bien entamée, il s'apercevait maintenant qu'on en disait des choses tellement ahurissantes que même le jeune renardeau qu'il avait été jugeait inconsciemment qu'il devait y avoir bien de la superstition et de l'excès dans cette haine viscérale qu'entretenaient les Ukrainiens, surtout les catholiques. Que pouvait-il exister de réel dans cette masse de reproches ? Les séances de sorcellerie, ces morts vivants fabriqués dans les plâtres, les mauvais sorts qui détruisaient les moissons en une seule nuit, ces nourrissons chrétiens qu'on égorgeait à Pâques pour mêler leur sang au pain azyme, la malédiction qui se cachait sous les jupes de filles, ces femmes inexplicablement rasées qui devenaient invisibles pour apporter le choléra dans les églises... Kostia hochait la tête avec accablement. Surpris par les indignations de son jeune neveu, il s'interrogeait pour la première fois depuis son adolescence : que pouvait-il y avoir de vrai dans les délires de cette Ukraine où l'antisémitisme touchait à la démence ? Oui, bien sûr, il y avait eu les pogroms et si, dans la famille Roubaïev, on s'accordait assez pour déplorer ces expéditions sauvages, c'était surtout parce qu'elles avilissaient ceux qui y participaient. On pouvait ignorer qu'elles étaient souvent provoquées et voulues en haut lieu. On pouvait se dire qu'elles étaient le fait de voyous irresponsables ou de quelque bande de Cosaques ivres d'alcool et de sang (et cela se justifiait dans la mesure où bien des Ukrainiens pensaient que les Cosaques étaient souvent plus proches de la bête que de l'homme). Chez les Roubaïev, chaque pogrom était considéré comme un événement cyclique, navrant, brutal mais virtuellement inévitable. A l'extrême, dans les milieux raisonnables, on considérait le massacre des juifs comme le résultat regrettable des nervosités d'une populace excédée par sa propre misère. Toutefois, par un bizarre détour de raisonnement, Kostia avait été élevé dans la pensée que les vrais responsables de pogroms étaient les juifs eux-mêmes. Ils existaient, donc ils provoquaient ; alors on répondait. Kostia avait aussi appris à penser qu'il n'y a pas de fumée sans feu.

Curieusement, il le pensait encore, si bien qu'à court d'argument mais avec le sentiment d'exprimer la voix du bon sens il entreprit de raconter les pogroms à Félix afin de lui démontrer qu'un peuple à qui on faisait régulièrement subir ce genre d'épreuve ne pouvait forcément pas être un peuple innocent. Sa démonstration eut un effet désastreux. Son neveu l'écouta avec une sorte d'horreur. Russe jusqu'à ses fibres les plus intimes, Kostia était assez persuadé que les victimes sont toujours des coupables, mais son assurance et sa bonne conscience s'écroulèrent devant le regard carrément hostile de Félix. Il bafouilla la fin d'une phrase, s'essuya nerveusement le visage avec la main... Sainte Mère de Dieu ! pensa-t-il, pourquoi suis-je en train de raconter ces atrocités à un enfant ? Il se leva du canapé, fit claquer sa jambe mécanique et sortit du salon en boitillant plus qu'à l'accoutumée.

Pogrom ! Le mot tournait dans la tête de Félix. Il le repoussait avec écœurement, mais le mot revenait sans cesse, il s'amplifiait, il hurlait dans son crâne, il s'étirait puis se modifiait, et sans doute par quelque étrange phénomène de rejet il devenait différent. Au bout d'un moment, Félix entendait résonner des sons étranges et sacrilèges... des voix féminines criaient dans des couloirs de théâtre : « Demandez le pogrom, demandez le pogrom... le pogrom n'est pas vendu dans la salle... Demandez le pogrom. »

***

Le lendemain de cet affrontement, Kostia jugea soudain que Félix se portait maintenant assez bien pour être ramené chez lui, rue Alfred-de-Vigny.

— Ce n'est pas trop tôt, déclara la grand-mère Beauchêne sur un ton sec.

Aussitôt avertie de l'accident de Félix, elle avait interrompu son séjour en Sologne qu'elle prolongeait généralement jusqu'à la fin octobre. Elle était revenue à Paris et depuis près de deux semaines, elle tempêtait pour que son petit-fils soit rendu au foyer familial. Depuis le premier passage assez fracassant de Kostia à Paris, la vieille dame conservait de lui l'image d'un dangereux acrobate. La méfiance un peu méprisante qu'elle nourrissait à son égard demeurait intacte. Ni son mariage, ni sa prospérité matérielle, ni sa glorieuse blessure ou son apparente respectabilité ne parvenaient à changer quelque chose dans les opinions de la grand-mère Beauchêne. Pour elle, Kostia serait toujours un hussard, un demi-sauvage et à son contact, Félix ne pouvait subir qu'une influence pernicieuse. Dieu sait que ce curieux enfant semblait déjà suffisamment nanti en idées folles. De son côté, Kostia était enchanté de pouvoir héberger son neveu. Il s'ingéniait à prolonger ce séjour ; il inventa toutes sortes de prétextes pseudo-médicaux et obligea même le pauvre Laclos à lui fabriquer un certificat de complaisance afin de convaincre la grand-mère que Félix devait rester bien au chaud sous les russeries du faubourg Saint-Honoré. Mais les discussions répétées au sujet de Victor avaient insensiblement empoisonné les rapports entre l'oncle et le neveu. Kostia estimait à présent qu'il était préférable de laisser partir Félix avant qu'une brouille véritable ne vienne s'installer entre eux.

Félix fut soulagé de rentrer chez lui. Ces situations de conflit le perturbaient également. Il avait envie de calme et de solitude. Il aspirait romantiquement à la douce musique des sphères... Pétrarque sur sa montagne. Certes, il lui faudrait subir presque quotidiennement les insupportables pavanes d'Olivier. Ce dernier venait d'être admis à Polytechnique et ce succès ne l'avait pas rendu modeste. Il n'était venu voir Félix que deux fois seulement ; mais à chaque visite, il prenait des poses de ministre et abreuvait son jeune frère de considérations ironiques et perfides sur les dangers que présente la liberté lorsqu'on l'accorde à des irresponsables.

— Le goût de l'action est une chose admirable, disait-il en pontifiant. Mais l'action non réfléchie est la pire des choses.

— Fous-moi la paix avec tes sermons.

— Chien hargneux a toujours l'oreille déchirée, insistait Olivier. Et d'ailleurs, comme disait Chateaubriand, à force de jouer au con, on finit toujours par se casser quelque chose.

— Va te faire foutre, crachait Félix. Et emmène Chateaubriand avec toi.

Le lendemain de son retour au parc Monceau, il téléphona au café du mari à Simone et demanda qu'on fasse venir Victor à l'appareil. Il se proposait de l'inviter à venir le visiter ; en principe, ce serait pour lui ramener les vêtements et les objets de toilette abandonnés à Aubervilliers, mais en réalité Félix voulait connaître l'issue de leur aventure. Il avait longuement pesé le pour et le contre ; il savait bien qu'en faisant venir Victor rue Alfred-de-Vigny, il s'exposait à briser l'image d'anonymat un peu mystérieux qu'il avait laissée s'installer dans l'esprit de son ami. Après mûre réflexion, il décida que désormais cela lui était relativement indifférent. La brutalité des événements vécus ensemble rendait ces mystères assez puérils. Et puis, il faudrait bien que Victor apprenne un jour que Félix n'était pas un modeste ouvrier mais un bon fils de bourgeois avec tout ce que cela présentait de honteux. Oui, honteux. Enfin, plus ou moins honteux... En effet, à l'âge encore très tendre où beaucoup d'enfants s'inventent des ascendances en accord avec leurs rêves ou leurs révoltes, Félix s'était également imaginé des origines différentes. Toutefois, à l'inverse des enfants pauvres qui se croient fils de rois, Félix se voulait fils de mineur tué au fond du trou par un coup de grisou et adopté par une famille aisée. C'était un beau songe bien triste et bien déchirant mais qui se gâtait invariablement dès que Félix se regardait dans un miroir : il avait cette ressemblance gênante avec Katia, les yeux très clairs, les pommettes hautes et la bouche large. Impossible de se tromper : il était incurablement le fils de sa mère et il ne lui vint jamais à l'esprit l'idée abominable que son père puisse être un autre.

— Allô ! beugla Victor.

— Salut, c'est Félix. *Quid novi,* camarade ?

— Hein ?

— Quoi de neuf ? Comment ça va ?

— Félix ?

— Oui, c'est Félix. Comment vas-tu ?

Quelle pomme ! Il faudrait quand même qu'il apprenne un jour à se servir d'un téléphone. Et moi je ne suis pas très malin, non plus. Pourquoi est-ce que je lui parle en latin ?

Comme d'habitude, leur conversation fut assez incohérente. Victor hurlait dans l'appareil et Félix ne comprenait qu'un mot sur deux. Lorsqu'il formula son invitation, il y eut un silence inattendu à l'autre bout du fil.

— Victor, tu m'entends ?

— Oui, oui, je t'entends.

Nouveau silence. Félix insista et Victor accepta mais d'une manière qui semblait teintée de réticence. Oui, bon, d'accord, il viendrait dimanche prochain et ramènerait le sac de voyage. Oui, oui, tout allait bien dans la boutique. Max se remettait lentement. Non, non, il n'avait aucune nouvelle de Bouboule. Non, non, les Pantinois n'étaient pas revenus. Il s'était passé autre chose. Il raconterait la suite dimanche prochain, mais pour l'heure il fallait qu'il retourne à la boutique parce qu'il avait du travail. Oui, oui, tout allait bien... oui, oui !

Félix raccrocha avec une mine songeuse. Il s'attendait à un accueil nettement plus enthousiaste et ressentait une certaine déception. Malgré ses hurlements, Victor lui avait paru distant. On dirait qu'il m'en veut, pensa Félix.

***

En fait, Victor en voulait à la terre entière.

Deux jours après l'attaque des Pantinois, il téléphona au numéro que Félix lui avait donné lorsqu'il gisait dans la cour du dépôt, à La Courneuve. Une voix féminine lui répondit avec assez de grâce que Félix allait bien et que, grâce au ciel, sa fracture était sans complications. Victor demanda où il pouvait ramener le sac de son ami et après une brève hésitation, la voix féminine lui donna l'adresse du faubourg Saint-Honoré. Le dimanche suivant, il se lava soigneusement dans un tub en zinc en insistant bien derrière les oreilles et entre les doigts de pied, se sécha vigoureusement comme il avait vu Félix le faire, revêtit son costume bleu et passa un long moment à se brosser les cheveux avec le cadeau de son ami. Il plia soigneusement les vêtements que Félix avait laissés traîner sur une chaise et les rangea dans le sac de voyage. Il prit le métro après avoir attentivement étudié le plan, se trompa de trois stations et dut remonter presque tout le faubourg à pied. Mais la promenade était plaisante : les vitrines débordaient de merveilles, les passants avaient des allures élégantes, les immeubles brillaient de teintes gris-rose sous le soleil et Victor, béat, souriait aux fiacres décapotés qu'il croisait dans la rue. Devant l'Elysée, il s'arrêta un instant pour jeter un coup d'œil timide au-delà du porche et des factionnaires, ressentant une délicieuse insolence à plonger son regard vers ces fenêtres voilées qui abritaient le pouvoir. Il reprit son chemin en marchant à grands pas, gardant la tête haute et respirant de tous ses poumons, légèrement enivré par la contagion de luxe et de puissance qui se dégageait de ce quartier.

Son assurance vacilla lorsqu'il pénétra dans l'immeuble de Kostia. Dehors, le luxe est à tout le monde mais là, dans ce gigantesque hall de marbre et sous l'œil d'une femme de bronze à demi nue qui brandissait un flambeau au-dessus de la rampe en fer forgé, dans ce cadre impressionnant et un peu écrasant, le luxe prenait une qualité privée et Victor avait le sentiment de se trouver en territoire interdit. Il s'avança vers un miroir aussi vaste qu'un écran de cinéma et pour retrouver une contenance, il lissa longuement son écharpe blanche entre les revers de son veston.

C'est au premier étage, avait dit la voix féminine. Il gravit les marches en s'efforçant de ne pas poser le pied sur l'épais tapis d'escalier que retenaient des tringles de cuivre rutilant, se sentant vaguement indigne de fouler cette laine somptueuse. Il arriva devant une immense double porte en bois massif dont les panneaux étaient travaillés de volutes et de coquilles. Il demeura en arrêt, paralysé de timidité et n'osant pas sonner. Durant un bref instant, il fut tenté de fuir, de retourner se réfugier dans le cadre rassurant de sa chambre, au-dessus de la remise. Il n'avait jamais rien vu de semblable. Cet endroit était un véritable château. Sur ces paliers superposés ne pouvaient vivre que des princes et des banquiers. Que venait-il faire ici, lui, l'orphelin ? Il fit quelques pas pour rebrousser chemin, s'arrêta, revint vers la porte, puis, après avoir passé le sac d'une main à l'autre pour essuyer ses paumes moites sur son pantalon, il leva un doigt vers la sonnette en bronze ouvragé et appuya sur le bouton avec le sentiment qu'en accomplissant ce simple geste, il allait libérer des forces inconnues et probablement peu aimables.

La réalité fut encore plus redoutable.

La porte s'ouvrit brutalement sur le terrifiant

colosse qu'il avait aperçu à La Courneuve. Il en fut saisi. Kostia le fixa avec férocité et sans rien dire, il posa une main sur la poitrine de Victor et le repoussa vers le milieu du palier. Il jeta un bref coup d'œil dans l'appartement, referma la porte derrière lui et vint se planter devant le jeune garçon complètement pétrifié. Il lui parla en serrant les dents, le visage marbré par une colère mal contenue :

— Tu vas me foutre le camp d'ici et ne plus jamais revenir. Tu m'entends ?

Il empoigna fortement le bras de Victor et l'entraîna vers l'escalier.

— Allez ouste ! Tu n'as rien à faire dans cette maison.

D'un geste brusque, il le projeta vers les marches. Victor trébucha et dut s'accrocher à la rampe pour ne pas tomber.

— Je t'interdis d'essayer de revoir Félix. Allez, fous le camp !

Blême, la tête vide de sang et les jambes flageolantes, Victor commença de descendre tandis que Kostia ajoutait d'une voix sifflante :

— On ne mélange pas les torchons et les serviettes.

C'est cette phrase qui fut la plus douloureuse. Victor ne digéra jamais complètement l'humiliation qu'elle provoqua en lui. Ces derniers mots résonnèrent longtemps dans sa tête. Il se les répéta avec rage et tristesse lorsqu'il se retrouva dans la rue. Il ne voyait plus le soleil ni les fiacres. Le faubourg était devenu un tunnel sombre qu'il remontait en marchant comme un somnambule. Il ne reprit conscience de son environnement qu'en repassant devant l'Elysée. Il changea de trottoir et détourna la tête comme si, de cet endroit également, une autre humiliation pouvait fondre sur lui.

Il se retrouva dans les jardins du Cours-la-Reine et réalisa subitement qu'il tenait toujours le sac de Félix. Dans une poussée de fureur, il le jeta à la volée dans un fourré. Il repartit avec les mains profondément enfouies dans les poches, chassant la poussière du bout de ses chaussures. Cent mètres plus loin il s'arrêta, leva les yeux au ciel, haussa les épaules et revint sur ses pas. Il dut se mettre à quatre pattes pour récupérer le sac sous un massif de fusains. Il reprit le métro aux Champs-Elysées et rentra à Aubervilliers. De retour dans sa chambre, il laissa tomber le sac sur le plancher et l'expédia d'un coup de pied sous le lit-cage. Kiki lui faisait une fête désordonnée mais il n'y prêtait aucune attention. Il quitta son costume du dimanche, revêtit sa salopette et, en compagnie du chien, il alla se promener vers les fortifications. L'après-midi était encore neuf et quelques couples prenaient le soleil. Victor monta s'isoler sur une hauteur qui dominait les cahutes multicolores de la zone. Il s'assit en tailleur et se mit à arracher machinalement des brins d'herbe tout en contemplant les misérables baraques. Quelque chose bougeait en lui, un mouvement qu'il ne parvenait pas à contrôler, une épaisse tristesse mouvante qui hachait sa respiration. Il se prit la tête entre les mains. Une grande vague l'envahit et vint briser une digue dont il ne soupçonnait même pas l'existence. Un sanglot lui secoua les épaules et, pour la première fois, il pleura la mort de ses parents.

***

Deux semaines plus tard, le coup de téléphone de Félix vint le sortir d'une torpeur qui, depuis ce dimanche maudit, ralentissait ses gestes et ses pensées. Il ne faisait aucun effort pour s'en extraire et se laissait aller à une détresse insidieuse que rien ne venait atténuer. Il ne parvenait même plus à lire. Il prenait un bouquin, le feuilletait avec une mine désabusée, lisait quelques pages mais l'abandonnait aussitôt, incapable de se passionner pour ce qu'on y racontait. Alors, il jetait son dévolu sur un poêle ou une salamandre et se mettait à l'astiquer jusque dans les moindres recoins, dévoré par un perfectionnisme qui oblitérait les idées sombres. Lorsque c'était terminé, il se trouvait désœuvré et avait l'impression que ses mains pendaient le long de son corps comme des outils inutiles. Il prenait un autre livre, au hasard, et une fois de plus, il ne parvenait pas à lire au-delà de la vingtième page. Les mots n'avaient pas de signification, les phrases n'accrochaient pas son attention et souvent, il se surprenait à revenir en arrière, constatant qu'il avait oublié ce qui se passait à la page précédente.

Il fut surpris par le ton guilleret de Félix et dut se forcer pour lui répondre autrement que par onomatopées. Mais ce ne fut guère concluant. Bien sûr, ce coup de téléphone démontrait clairement que Félix n'était pas informé de sa mésaventure avec Kostia. Victor hésita avant d'accepter l'invitation de son ami. Son ami ! Tu parles !

Il n'avait eu aucun mal à se convaincre que Félix lui avait raconté des histoires. Lorsqu'on a un oncle qui vit dans un palais, on ne travaille pas en usine. Et puis, qui a jamais entendu parler d'un ouvrier qui aurait le téléphone ? Il y avait aussi ces vêtements, dans le sac de voyage ; en le rangeant, Victor avait découvert la robe de chambre en soie et, sans avoir beaucoup d'expérience, il se doutait bien que c'était un luxe de bourgeois. Alors pourquoi toutes ces salades ? Si Victor accepta finalement l'invitation de Félix, ce fut sans doute pour avoir l'occasion de lui poser directement cette question. Et quand je pense à tout le cinéma qu'il m'a fait... j'ai plus de boulot, je sais pas où dormir... ah, il s'est bien foutu de moi, le salaud.

A mesure que Victor remuait ces pensées, il sentait monter une mauvaise colère. Je vais y aller, je vais lui foutre son sac dans la gueule et je m'en irai en claquant la porte. Non mais des fois ! Je vais lui apprendre, à ce petit con. C'est en V.O., j'espère que ça ne vous gêne pas, gna gna gna... Pauvre mec, va ! Lui et son oncle, ils peuvent bien se mélanger avec les autres serviettes. Moi, je vais rester ici avec les torchons et j'en serai pas plus malheureux pour ça.

Cette petite crise de rage eut au moins le mérite de chasser la torpeur. Victor se sentait subitement ragaillardi et le soir même, il déploya un beau talent pour vendre un autocuiseur presque neuf à une femme qui était entrée pour se renseigner sur les tringles à rideaux. Dès que l'exploit fut accompli, il ferma la boutique pour aller chercher le gâteau de Max, chez Camus. C'était un énorme chou à la crème dont les dimensions inhabituelles disaient assez bien l'affection du boulanger pour le vieil homme. Victor regarda fixement le gâteau, déclara que ça avait l'air bon et sans hésiter, il le mangea sous l'œil stupéfait de Camus.

— Mais c'est le gâteau de Max, hurla-t-il.

— Oumph, répondit Victor avec la bouche pleine de crème. Y a qu'à lui en donner un autre.

— Mais celui-là je l'avais fait exprès pour lui.

— mmmm... trop tard !

— Ah nom de Dieu ! reprit Camus au comble de la stupeur. Tu manques pas d'air.

Il retourna dans son arrière-boutique et en ramena deux autres choux qu'il enveloppa aussitôt en jetant un regard méfiant vers Victor.

— Ceux-là je me les réservais pour ce soir. Ma parole, si tu les bouffes, je te casse la gueule.

Victor s'essuya la bouche du revers de la main et leva l'autre en signe d'apaisement. Il était ravi d'avoir obéi à une impulsion qui ressemblait fort à un crime de lèse-majesté.

Le dimanche suivant, en reprenant le sac de Félix sous le lit-cage, il fut tenté d'y jeter sa brosse à cheveux, mais il se ravisa et décida que son « ami » lui devait au moins cela. En arrivant rue Alfred-de-Vigny, il ne fut même pas surpris de constater que l'immeuble où vivait Félix était encore plus somptueux que celui de Kostia. Il se fit indiquer l'étage par la concierge, relut trois fois la notice afin de comprendre le fonctionnement de l'antique ascenseur hydraulique et se laissa finalement emmener vers les hauteurs où demeurait cet ouvrier d'opérette. Il se sentait extraordinairement calme. Le premier qui me dit un mot de travers, je lui balance mon pied dans les couilles. Il sonna et un grand bonhomme déguisé en garçon de café lui ouvrit la porte. Victor entra et fut tout de même impressionné par l'immense vestibule. C'est plus grand que la boutique de Max, pensa-t-il. Et ce n'est que l'entrée.

— Monsieur Félix vous attend. Il est dans sa chambre.

Le maître d'hôtel s'engagea dans les méandres d'un très long couloir, frappa à une porte, l'ouvrit et s'effaça pour laisser passer Victor. M. Félix était allongé sur son lit et il agita joyeusement une béquille en signe de bienvenue.

— Salut, vieille branche, cria-t-il avec une bonne humeur que Victor trouva un peu contrainte. Je suis content de te voir.

Vieille branche ? Pourquoi est-ce qu'il m'appelle vieille branche ?

— Assieds-toi. Ça fait plaisir de te voir.

— J'ai ramené ton sac...

— Oui, merci, c'est gentil. Balance-le dans un coin. Tu veux boire quelque chose ?

Victor secoua la tête et le maître d'hôtel se retira.

— Ah, dis donc, reprit Félix, je suis drôlement content de te voir.

C'est la troisième fois qu'il le dit, constata froidement Victor.

— Assieds-toi et raconte-moi ce qui s'est passé après...

Félix en faisait trop ; il en était parfaitement conscient mais ne parvenait pas à se sentir à l'aise devant Victor. Il comprenait qu'il y avait peut-être quelque chose d'insultant à recevoir son ami dans un cadre aussi éloigné de tout ce qu'il pouvait connaître et il regrettait presque de l'avoir invité. Victor percevait très bien cet embarras, mais il se l'expliquait d'une autre manière. Il commençait à croire qu'après tout Félix était peut-être au courant de la manière dont son oncle l'avait traité et qu'à sa façon il tentait de s'en excuser.

— C'est drôlement grand, chez toi.

— Oh, c'est mes parents qui habitent ici. Y a aussi mon frère et ma grand-mère.

— Mais toi aussi tu habites ici ?

— Non, moi j'habite au collège.

— Quand même, c'est vachement grand.

Félix interpréta cela comme une accusation et s'empressa de changer de sujet.

— Allez, raconte. Qu'est-ce qui s'est passé, après ?

Victor raconta. Les Pantinois s'étaient vengés. Ça, c'était la première surprise. Il y en avait eu d'autres. Lorsque, tremblant de peur il avait avoué à Max le désastre de La Courneuve, l'absence de réactions du vieil homme avait été une autre surprise.

— Qu'est-ce qu'il a dit ? demanda Félix.

— J'ai pas très bien compris. Il a parlé d'arbres.

— D'arbres ?

— Oui, il a dit... tant pis pour les arbres.

— Qu'est-ce que ça veut dire ?

— Je ne sais pas, répondit Victor en haussant les épaules. J'ai pas osé lui demander.

— Et alors, après ?

Après, Max avait envoyé Victor chez le ferrailleur d'Asnières afin de le prévenir et là encore, le jeune garçon avait été surpris de trouver un homme serein qui ne semblait craindre ni Dieu ni la brigade économique : « Dis à Max de ne pas s'inquiéter. J'avais pris mes précautions. » Oui, décidément, tout était surprise.

— Et Bouboule ? demanda encore Félix.

— Je ne sais pas. Je ne l'ai pas revu depuis ce soir-là.

Félix devint songeur.

— On a quand même vécu une drôle d'histoire, non ?

— Ta jambe te fait mal ?

— Non, pas du tout. Seulement, ça me démange terriblement sous le plâtre et j'arrive pas à me gratter.

— T'en as encore pour longtemps ?

— Encore quelques semaines.

Puis le silence s'installa entre eux. Victor se leva de sa chaise et fit le tour de la chambre, posant des questions sur les objets qu'il voyait. Félix répondait en phrases brèves. Il n'y avait plus aucune chaleur dans leurs rapports et au bout d'un moment l'un et l'autre avaient hâte que cette visite se termine. Finalement, Victor se lança :

— Il va falloir que je m'en aille. Y a le père Max qui a besoin de moi. J'étais seulement venu te rapporter ton sac.

Félix se dressa sur le lit et empoigna ses béquilles.

— Attends, je vais te raccompagner.

Ils s'engagèrent dans le long couloir. Victor marchait derrière Félix qui se déplaçait avec une aisance très athlétique. Lorsqu'ils arrivèrent dans le vestibule, le téléphone se mit à sonner.

— Attends-moi une seconde, dit Félix. Je vais aller répondre.

Victor se retrouva seul. Il s'approcha d'une large console de marbre sur laquelle reposait une collection de sulfures. Il se pencha pour étudier les motifs géométriques et les couleurs étranges de ces boules. Il en saisit une et la leva à hauteur de ses yeux. On dirait des planètes miniatures, pensa-t-il. On pourrait vivre là-dedans, bien au chaud dans les couleurs, noyé dans le verre, à l'abri des hommes et de tout le reste. Par l'entrebâillement de la porte qui menait au bureau de son père, Félix observait le manège de Victor tout en répondant distraitement à la communication. Il sentit se former un sourire devant l'expression rêveuse de son ami. Puis, subitement, son sourire se figea et il eut un haut-le-corps en voyant Victor empocher la petite boule de sulfure. Il raccrocha lentement l'appareil et revint dans le vestibule.

— Bon, dit Victor sur un ton très dégagé. Il faut que je m'en aille, maintenant.

— Salut, répondit Félix d'une voix un peu étranglée. A un de ces jours.

— C'est ça, oui. A bientôt.

Ils se serrèrent la main sans se regarder et Victor s'en alla très vite.

Félix demeura un bon moment devant la porte close. Il secoua la tête avec accablement et entra dans le salon. Il se dirigea vers l'une des fenêtres et souleva un coin de rideau. Il vit sortir Victor de l'immeuble. Le jeune garçon marchait avec une sorte d'hésitation. Il s'arrêta devant la chaussée et sortit la boule de sa poche. Il la leva au-dessus de sa tête comme pour sonder le ciel à travers ses volutes. Puis il la fit sauter d'une main à l'autre, deux ou trois fois, s'avança un peu plus, s'accroupit au bord du trottoir et, dans un geste très lent, il jeta le sulfure dans une bouche d'égout. Il demeura ainsi pendant quelques secondes, le poignet pendant, l'œil fixé sur le trou noir de l'égout. Il se redressa enfin en prenant une grande inspiration. Puis, sans se retourner, il partit à grands pas et disparut bientôt au coin de la rue.

Félix laissa retomber le rideau et alla s'asseoir dans un fauteuil du salon. Il se sentait horriblement triste et tapotait mécaniquement son plâtre avec l'extrémité d'une béquille. Des idées confuses se disputaient dans sa tête. Au bout d'un moment, il se dressa et se rendit dans le vestibule. Là, il modifia l'ordonnance des sulfures afin qu'on ne s'aperçoive pas qu'il manquait désormais une pièce à la collection. Une phrase de Kostia lui revenait en mémoire avec insistance : « Ce sont des êtres pervers, lui avait dit son oncle. Ils font le mal pour le mal. »

***

L'automne fut humide et froid. Aubervilliers était engrisaillé de pluie et de morosité. Les passants avaient le dos rond et la tête basse. Derrière la vitrine de la boutique, Victor les regardait passer avec un œil critique et se demandait ce qu'ils avaient dans le crâne. Que pensaient-ils de leur propre vie ? Avaient-ils des ambitions, des désirs, des élans ? Savaient-ils qu'ils n'étaient que des torchons et que leur existence s'écoulait comme un maigre ruisseau sale tandis que dans la grande ville, les serviettes vivaient dans des palais et collectionnaient d'inutiles petites boules de verre ? Et lui-même, Victor, que deviendrait-il ? Quelle serait sa vie ? Pour la première fois, il s'interrogeait réellement sur son avenir. Dans les moments de pessimisme, il se voyait condamné à astiquer des salamandres jusqu'à la fin de ses jours. Mais parfois, son esprit s'échauffait et il bâtissait de vastes projets : il s'inscrirait à l'Ecole Universelle et s'éduquerait par correspondance. Il deviendrait avocat, ingénieur chimiste, agronome ou pilote civil. Ses aspirations variaient tout au long de la liste de carrières que proposaient les annonces publicitaires de l'école et il se mettait aussitôt dans la peau du personnage. Le soir, dans sa chambre, il se jouait des comédies chuchotées devant le petit miroir, passant avec facilité de la fougue verbeuse du défenseur d'assises à l'aisance calculée du commandant de bord. Mais en fait, lorsqu'il sortait de ses rêves et se forçait à être réaliste, il envisageait plutôt de devenir expert-comptable, comme M. Chaumière, ce bourgeois anachronique de la rue Baudin, toujours bien habillé, costume trois pièces et lorgnon cerclé d'or, le seul habitant de sa rue à posséder une voiture. Expert-comptable ! C'était tentant. D'autant plus que M. Chaumière était royaliste et que cela lui conférait une aura particulière. Victor savait que tous les ans, au 21 janvier, M. Chaumière arborait une cravate noire pour commémorer l'anniversaire de la mort de Louis XVI mais, pas plus que les autres habitants du quartier, le jeune garçon ne songeait à se moquer d'un esprit de fidélité aussi extrême. Alors pourquoi pas ? Expert-comptable et royaliste — c'est quand même plus enrichissant que d'être astiqueur de poêles à charbon.

A d'autres moments, Victor se voyait vaguement commerçant. Il vendrait des choses dans une boutique bien propre, pas de la brocante, bien sûr. Des choses neuves, ennoblies par un emballage d'usine. Il ne savait pas ce que seraient ces choses, mais il cherchait. Parfois, dans son lit-cage, il retombait dans ses divagations et se représentait médecin. Toutefois, il ne s'attardait pas sur cette chimère et comprenait bien que cette idée était encore moins réaliste que les autres.

La réalité ! Victor était assez dérangé par les jugements à l'emporte-pièce que Max lui débitait sur ce sujet. Le jeune garçon se voulait pragmatique, autant pour se conformer à un esprit de rigueur qu'il trouvait souhaitable que pour tenter de plaire au vieil homme. Mais ce dernier ne cessait de le surprendre par ses contradictions. Il suffisait que Victor dise blanc avec les meilleures intentions du monde pour que Max lui démontre immédiatement que tout était vert. Pas noir, vert ! Victor protestait : comment pouvait-on être aussi contradictoire ?

— Y a que ça de vrai, répliquait Max. L'important, dans la vie, c'est de survivre et de se contredire. La réalité, ça n'existe pas. C'est une invention de percepteur.

Et Victor soupirait. Max disait vraiment n'importe quoi. A son contact, il était certainement plus facile de se former une mauvaise migraine qu'un bon jugement. Mais Max insistait ; il voulait avoir raison et comme toujours dans ces cas-là, il avait une parabole toute prête pour compliquer les choses en prétendant les éclaircir.

— Ecoute, disait-il à Victor. Ecoute-moi bien, espèce de *schlemazel*. Si tu réfléchis un peu avec ta cervelle de moineau, tu vas t'apercevoir que la réalité, c'est toujours la vérité des autres. Tiens, je vais te raconter une petite histoire.

« Il y avait une fois un vieil homme qui était aveugle de naissance. Comme il n'avait jamais rien vu, il se posait forcément des questions. C'était parfois des questions très simples mais il n'osait pas demander d'explications aux gens parce qu'il ne voulait pas avoir l'air bête. Aveugle mais fier. Un vrai *schmok,* quoi ! Tout de même, un jour, il rencontre une petite fille et parce qu'elle est très jeune et pas encore méchante, il se risque à lui demander quelque chose : " Petite fille, pourrais-tu m'expliquer le lait ? " " Le lait ? s'étonne la petite fille. Le lait, c'est blanc ". " Oui, bien sûr, répond l'aveugle, mais blanc, qu'est-ce que c'est ? " Alors la petite fille se gratte la tête, elle réfléchit et elle répond : " Blanc comme la neige... ou comme un cygne ". L'aveugle se gratte également la tête et il insiste : " La neige, je connais. C'est froid. Mais un cygne, qu'est-ce que c'est ? " Alors la petite fille lui explique que c'est un oiseau très con qui flotte sur l'eau et qui possède un très long cou. Puis subitement, il lui vient une idée. Elle lève son bras, elle allonge les doigts, elle courbe son poignet, bref, elle fait un cou de cygne et dit à l'aveugle : " Tiens, tâte mon bras, tu vas comprendre. " Alors l'aveugle tâte le bras de la petite fille. Il le tâte longuement et petit à petit, son visage s'éclaire. Il a un grand sourire et il dit d'une voix un peu étonnée : " Ah, je comprends. Tout s'explique, à présent. Je te remercie, petite fille. Maintenant, je sais à quoi ressemble le lait. "

Et Max se carrait dans son grand fauteuil à oreilles avec un air satisfait.

— Tu as compris la morale de l'histoire ?

— Bien sûr, répondait Victor avec un air maussade Je n'ai pas le choix.

Alors Max levait les bras au ciel et déclarait au plafond de la boutique que vraiment l'ange le plus angélique perdrait patience en essayant d'enseigner les grandes règles de la vie à un tel idiot.

— *Schtik potz !* Tu ne comprends pas ? Cette histoire explique tout. La vérité des autres, elle est faite de préjugés et les préjugés, c'est comme ça qu'ils naissent. Pas par méchanceté, mais simplement par erreur. Comme le cou du cygne. Tu comprends ?

Mais Victor le fixait avec les sourcils froncés et Max finissait par jeter l'éponge.

— Ah, va au diable. Je perds mon temps avec toi. Tu finiras balayeur des rues. Tu as une tête et tu ne sais même pas t'en servir.

Victor ne se laissait pas impressionner. Il pensait avec une pointe de férocité : « Je ne sais peut-être pas m'en servir, mais moi, au moins, je ne l'utilise pas à dire des conneries à longueur de journée. »

De son côté, Félix se disait qu'à quelque chose, malheur est bon. Grâce à sa jambe brisée, il ne serait pas forcé de retourner au collège et il avait été décidé qu'on l'inscrirait dans un cours privé jusqu'à l'année suivante. Ses parents étaient revenus du Brésil dans une forme étonnante, éblouis par le pays et le soleil, gavés de mondanités et très décidés à renouveler ce voyage dès que possible. Il s'était écoulé trop de temps pour qu'il soit encore efficace de reprocher à Félix son inqualifiable conduite mais, comme il leur fallait néanmoins marquer une certaine forme de réprobation, Katia et son mari décidèrent de lui faire la tête. Envoyons-le à Coventry, avait précisé Katia qui venait de lire Toynbee par pur accident. Elle imaginait naïvement qu'elle punissait sévèrement son fils en le mettant ainsi en quarantaine. Toutefois, devant les mutismes égaux et le visage buté de Félix, Katia se demandait parfois qui punissait qui.

— Jé né comprends pas mon plus jeune fils, disait-elle à Jean Gabriel Domergue tandis que celui-ci traçait d'elle un portrait qui allait lui retirer à la fois quelques années et quelques kilos. C'est un enfant bizarre. Peut-être un artiste. Qu'en pensez-vous, cher maître ?

Domergue n'en pensait rien et au fond de lui-même, il s'en fichait dans des proportions infinies. Il avait assez de mal avec son modèle sans se préoccuper des états d'âme de son rejeton. Entourée de brûle-parfum et de jetés d'indienne, Katia trônait en robe de grand soir près d'une large baie vitrée. Katia nerveuse, impatiente, se maudissant d'avoir cédé à ce mouvement de vanité mondaine qui l'avait conduite dans l'atelier du peintre et châtiant le pauvre homme par un bavardage incessant. Il avait tout essayé pour la faire taire, allant même jusqu'à lui jouer du Wagner à pleine puissance sur son électrophone. Il espérait que le chant tonitruant des Walkyries parviendrait à noyer le discours de la tornade slave, mais Katia parlait encore plus fort :

— Cet enfant mé rendra folle, hurlait-elle. Jé né sais jamais quelle bêtise il va commettre. Rendez-vous compte : mon frère l'a ramassé en banlieue avec une jambe cassée. En banlieue, comme un de ces voyous d'ouvriers. Impossible de savoir cé qu'il faisait là-bas. Il est aussi têtu qué son arrière-grand-père, celui qui voulait faire pousser des orangers dans les rues d'Ekaterinoslav. Il avait vu la même chose à Nice et il disait que les Russes né sont pas plus bêtes que les Français. Alors, il s'est obstiné pendant vingt-trois ans...

— Est-ce qu'il y est finalement arrivé ? demandait Domergue.

— Non, bien sûr, jamais. Cher maître, voulez-vous faire taire Wagner ? Jé déteste la musique dé cé salopard.

Félix n'avait rien avoué, à personne. Les interrogatoires les plus violents, les plus insidieux ou même les plus habiles n'étaient pas arrivés à lui sortir autre chose qu'une explication rendue invraisemblable par sa banalité : il avait rencontré ces deux garçons, il se trouvait là par hasard et une caisse lui était tombée sur la jambe. Voilà ! Exaspéré de se heurter à un tel mur, André Beauchêne l'avait giflé avec violence mais sans y gagner autre chose que la furieuse désapprobation de Katia et de la grand-mère.

Félix demeurait imperméable à ces désordres. Une seule chose le perturbait : l'incident du sulfure. Il ne parvenait pas à trouver d'explication rationnelle au comportement de Victor et cela le troublait assez pour qu'il n'ait même pas songé à confier ses interrogations à son journal. Cela démontre sans doute à quel point il aimait se donner le beau rôle dans ses écrits intimes. La perplexité véritable ne pouvait guère y trouver de place satisfaisante.

Un matin, il reçut la visite de Clarisse-Bernadette qui vint lui faire une chronique détaillée de l'été en Sologne. Il apprit sans grande surprise qu'à l'exception de Gallois, ce jaloux, tous les membres du Conseil étaient écrasés de respect devant son audace.

— Ils ont gravé ton nom avec des sabres croisés sur le grand chêne des Baudes. Ils ont mis trois jours pour le faire.

Félix secoua la tête avec dérision. Des jeux d'enfants. Il se sentait étonnamment éloigné de tout cela.

Clarisse lui annonça encore que Chotard s'était également brisé la jambe en tombant d'un arbre, sur la place du village.

— Il voulait faire Tarzan, ajouta-t-elle avec un petit rire.

— Bien fait pour lui, jugea sévèrement Félix. Quand on est obèse, on ne joue pas à l'acrobate.

Clarisse ouvrit de grands yeux surpris devant cette condamnation. Puis elle se reprit et enchaîna sur une longue suite de potins dérisoires, piapiatant à perte de salive afin de se donner une importance qui soit digne de la stature héroïque de son interlocuteur. Félix l'écoutait avec des paupières lourdes et songeait à cette citation qu'il avait un jour consignée dans son journal : « Une personne ennuyeuse est celle dont la présence trouble votre solitude sans vous apporter de la compagnie. »

Félix dans son plâtre... Pétrarque sur sa montagne.

***

.. et l'année s'acheva lentement, sans heurts et sans bousculades, hormis celles de cet univers incohérent qui s'agitait autour des sphères étanches où Félix et Victor semblaient s'être enfermés.

Au cours Hattemer, Félix découvrait des condisciples aux préoccupations surprenantes. Leur objectif majeur était d'en faire le moins possible en classe et de se passionner pour des choses dont il n'avait jamais entendu parler. Il rencontrait pour la première fois les noms de Fats Waller, Errol Garner et Claude Luter, il entendait débattre de surboums et de « compos » harassantes terminées à coups de Maxiton. Félix se mêlait peu aux discussions et ne se faisait pas d'amis. Ses voisins de cours passaient apparemment leur vie ensemble, toujours chez l'un ou l'autre, et le reste du temps au téléphone. Ils partageaient des mystères et des secrets murmurés avec un air sombre et sans esprit de partage. Un autre que Félix se serait probablement senti exclu, mais il était bien dans sa nature de juger que c'est lui qui excluait les autres. Il posait un regard froid sur ces garçons très occupés. Des filles apparaissaient... vernis plats, socquettes blanches et jupes plissées... des filles qui suscitaient le même regard bien qu'elles semblassent curieusement averties sur des sujets que Félix estimait étrangers à leur éducation. Tout ce petit monde l'intriguait, le choquait parfois, mais ne l'attirait pas.

Il était ailleurs. Il laissait vagabonder son imagination, ayant résolu de ne plus la brider comme au temps encore très proche où il craignait d'avoir hérité de la folie de sa mère. Le hasard des pensées le ballottait dans un monde intensément personnel et fermé. Les mots menaient la danse et Félix ne tentait même plus de les canaliser. Il s'abandonnait à leur ondoiement irrépressible comme un noyé déjà consentant s'abandonne à la vague. Son processus de réflexion était inversé. Il ne bâtissait plus de raisonnement selon des idées ou des croyances, mais laissait les mots s'organiser entre eux et adoptait ensuite leurs associations accidentelles comme autant de vérités absolues. C'est ainsi qu'il découvrit une sorte d'écriture automatique. Il posait sa plume sur le papier et laissait les mots conduire sa main, faisant venir à travers l'encre des termes rencontrés dans ses lectures, des tournures et des tronçons de phrases glanés un peu partout. Il se relisait avec une stupeur toujours renouvelée, émerveillé de constater que ces courants inconscients avaient un sens, se plaisant à croire que ce sens était parfois profond :

*La pensée humaine, son chemin, ses détours, ses vérités et ses découvertes, son travail de parturiente obstinée avalant ses douleurs d'enfantement avec un entêtement aveugle, ignorante du chef-d'œuvre qu'elle est en train de mettre au monde... cette pensée susceptible à toutes les superstitions, à tous les fanatismes, à toutes les stupidités, mais qui ne cesse de grandir et de s'amplifier, de se compliquer, de s'interpénétrer en chaîne comme un troupeau d'escargots... cette pensée, je l'assimile au serpent de l'Eden, petit au départ, minuscule reptile ironique accroché à son pommier de carton, lové autour des branches de la connaissance originelle et se nourrissant de l'imagination humaine et de ses curiosités, de ses appels et de ses angoisses. C'est une nourriture riche. Le serpent grandit et s'épaissit ; cette colonne de viande glacée prend du volume et de la longueur. Parfois, il se retourne sur lui-même et regarde sa queue avec orgueil. Il la trouve de plus en plus distante. Autrefois, le corps entier de la sale bête pouvait tenir sur un seul arbre. Maintenant, il lui faut tout un verger. La tête sur l'un des côtés, les anneaux répartis à travers tout le jardin et la queue, là-bas, très loin, encore coincée dans les fourches feuillues de l'origine, la queue lointaine, oubliée, dépassée. Et le serpent grandit, grandit et grandit encore. Il devient énorme, gigantesque, bientôt planétaire. Il encercle le monde, il l'écrase, il en fait le tour presque complet et il continue de grandir et de s'allonger jusqu'au jour où, juste devant lui, il aperçoit un morceau de quelque chose, un volume inconnu dont la forme lui est vaguement familière mais qu'il ne parvient pas à reconnaître. Et comme c'est un serpent, comme il est agressif, bêtement méchant et trop fier de lui pour craindre l'inconnu, il avance sa gueule abjecte et il mord ! Il plante férocement ses crochets et injecte son venin dans ce morceau de chair qui vient de lui apparaître, et c'est seulement à cet instant qu'il réalise sa tragique erreur. Il vient de mordre sa propre queue. Il s'est zigouillé lui-même. Il a fait le tour des choses et il va en crever, l'imbécile !*

Félix pondait ces choses d'une seule traite et ne se lassait pas de les relire. C'était extraordinaire. Ça venait tout seul et de plus, ça pouvait vouloir dire quelque chose. Miracle ! Il en déduisait que si lui-même ne valait pas tripette, son inconscient, lui, était parfaitement génial. Bien sûr, il faudrait apprendre un jour à plier cet inconscient aux nécessités conscientes mais cela, ce serait pour plus tard... à condition que ce soit possible. D'ailleurs, Félix en doutait.

Si Félix se voulait l'acteur unique d'un théâtre très égocentrique, Victor devenait au contraire le spectateur très critique du théâtre des autres. Sans parvenir à le formuler, il commençait à comprendre que rien de ce qui est humain ne saurait être constant. Max, par exemple...

Calé par ses deux coussins dans le grand fauteuil à oreilles, Max caressait distraitement la tête de Kiki. Après avoir voué au chien une haine que Victor croyait authentique, le vieil homme lui montrait maintenant une affection qui l'avait amené à s'attribuer tranquillement la propriété de l'animal. Dans ses discussions de bistrot, il discourait sur les qualités inhabituelles de *son* chien, son intelligence quasi humaine, sa truffe de grand limier, son dévouement sans faille.

— Il comprend tout, disait-il à Sammy qui l'écoutait avec un air narquois. L'autre jour, j'ai perdu un billet de cent balles derrière une commode. J'arrivais pas à le reprendre, alors j'ai dit à Kiki : cherche, mon chien, cherche. Eh bien, tu me croiras si tu veux, mais il s'est mis à plat ventre, il s'est glissé sous la commode et il m'a ramené mes cent balles entre les dents. C'est pas formidable, ça ?

Sammy éclatait de rire.

— A force de vivre dans cette boutique, ce chien est devenu aussi juif que toi. Y a pas d'autre explication.

— Pauvre con ! hurlait Max soudain apoplectique. Qu'est-ce que tu comprends aux bêtes. T'es aussi con qu'un robinet.

Pourquoi un robinet ? se demandait Victor. Mais il se demandait tant de choses et obtenait si peu de réponses. Ainsi, le jour où il s'était enfin aventuré à questionner Max sur ce qu'était le judaïsme.

— Tu veux savoir ce que c'est, hein ? C'est pas facile à expliquer. Autrefois, il y a très longtemps, il y avait deux rabbins qui n'arrêtaient pas de se disputer sur le sujet : Hillel et Chamaï. Ils se chamaillaient sans arrêt.

D'ailleurs c'est de là que vient le mot : *Chamaï*, chamaillerie !

— C'est vrai ? s'étonnait Victor.

— Peut-être, souriait Max. Pourquoi pas ? Je ne serais pas étonné que les *goyem* nous aient pris ça en plus du reste. Enfin bref ! Un jour, un *goy* vient voir Hillel et lui pose la même question : Qu'est-ce que le judaïsme ? Et Hillel lui répond que ça, il faut quarante années pour l'expliquer. Le *goy* lui dit qu'il n'a pas quarante ans à perdre. Il veut une explication très simple et très rapide. Alors Hillel lui dit d'aller voir Chamaï, parce que lui, il prétend qu'il peut tout dire en cinq minutes. C'était d'ailleurs ça le sujet de leurs chamailleries. Le *goy* arrive chez Chamaï et lui dit : « Explique-moi le judaïsme en cinq minutes. » Chamaï lui répond qu'il peut l'expliquer en une seule phrase. « Alors ! dit le *goy*, qu'est-ce que c'est ? » Chamaï boit une petite tasse de thé, il réfléchit et il dit : « Le judaïsme, c'est la justice pour tous. » « Ah bon, dit le *goy*. Mais qu'est-ce que ça veut dire, la justice pour tous ? » « Ah ça, répond Chamaï, il faut quarante ans pour l'expliquer. »

Me voilà bien avancé, songeait Victor avec découragement. Et si jamais je dis quelque chose, je vais sûrement me faire engueuler. Il m'énerve, ce type. Il m'énerve.

Toutefois, Victor n'avait guère le choix en matière d'interlocuteur, et comme il ne pouvait tout de même pas garder toutes ses questions pour lui, il devait en passer par les caprices sibyllins de Max. Mais il y avait parfois d'heureuses surprises ; Max s'envolait dans des pirouettes humoristiques que Victor suivait en hoquetant de rire, guère plus avancé quant aux réponses, mais néanmoins satisfait d'avoir provoqué la verve du vieil homme. Ainsi, le jour où Victor se demanda à haute voix ce qui se serait passé si les Allemands avaient gagné la guerre, Max se sentait particulièrement en forme. Il raconta qu'on aurait évidemment exterminé tous les juifs, mais qu'on en aurait tout de même gardé quelques spécimens. On les aurait installés dans un pavillon spécial, au jardin des Plantes, pour la curiosité des races aryennes et pour leur instruction biologique.

— ... et les gens viendraient là, et ils verraient des juifs tout nus accrochés par les bras aux branches des arbres et se balançant à longueur de journée. Ce seraient de vrais juifs de pure race, avec des grandes barbes et des papillotes. Les gens leur jetteraient des cacahuètes et les juifs, dans les arbres, ils leur rejetteraient les épluchures à la figure en poussant toujours ce même cri curieux : « *schmok ! schmok schmok ! schmok !* »

Et Max imitait la chose en prenant des mines de chimpanzé, se grattant les aisselles, laissant pendre ses bras sur les genoux et sautillant sur place en criant : « *schmok ! schmok schmok !* »

— ... et les aryens se demanderaient ce que signifie ce cri étrange. Il y aurait aussi toute une tribu de juifs sauvages qui vivrait sur le toit de la Bourse. Personne ne songerait à les en déloger. Ils seraient des porte-bonheur... un peu comme les singes de Gibraltar... tu sais, les Anglais disent toujours que leur drapeau flottera sur le rocher aussi longtemps qu'il y aura des singes à Gibraltar. Eh bien, à la Bourse, ce serait la même chose. On dirait que les juifs sauvages qui vivent sur le toit seraient là pour maintenir la tradition. Aussi longtemps qu'ils se reproduiraient et feraient des petits juivaillons, le Grand Reich n'aurait rien à craindre pour ses finances.

Max joignait son rire à celui de Victor, mais au bout d'un moment il se laissait retomber dans son fauteuil et soupirait avec une mine redevenue grave : « Aaaah ! Misère » ! Il hochait la tête plusieurs fois et ajoutait :

— Tu vois, c'est ça notre force. C'est pour ça que nous sommes encore là. Parce que nous savons rire de nos plus grands malheurs. Un peuple qui sait faire ça, c'est un peuple immortel.

Le réveillon du Jour de l'An fut célébré dans le café du mari à Simone. Camus avait réussi à dénicher deux dindes par quelque miracle de troc et la soirée se révéla gaie et braillarde à souhait. Toutefois, après les derniers coups de minuit, Max entraîna Victor à l'écart.

— Tu vois, cette année, malgré toutes tes bêtises, tu es quand même devenu un homme. Un peu comme si tu avais fait ta *bar-mitzvah,* jour après jour. C'est une année importante, pour toi. Des années comme celle-là, tu n'en connaîtras pas beaucoup. Un homme normal en vit cinq ou six dans son existence. Cinq ou six, pas plus. Le reste, c'est du remplissage et de l'attente. Ces années-là, elles sont comme des tranches de pâté qui viennent se mettre entre deux morceaux de pain. Ce sont des années-sandwiches. Il ne faut pas les rater. Il faut savoir les reconnaître quand elles arrivent. Il faut être très vigilant. Tu comprends ?

Victor hocha vigoureusement la tête. Pour une fois, en effet, il comprenait. Max lui tendit un verre de vin et leva le sien.

— Aujourd'hui, tu es un homme, même si tu n'as pas encore de barbe. *Zay a mensch,* Rabinski ! *Lechaïm.*

# V

# *LES ANNÉES-SANDWICHES*

En 1950, quatre Français sur cinq faisaient encore leur toilette matinale dans l'évier de la cuisine, lorsqu'ils avaient une cuisine. Toutefois, pour des raisons parfois subtiles, l'eau leur paraissait moins froide. Ils venaient à peine de réaliser que la Deuxième Guerre mondiale était effectivement terminée. Certes, les plus lucides d'entre eux se doutaient déjà que si la troisième n'était pas imminente, elle était probablement inévitable. Truman et Staline agitaient de grands sabres diplomatiques et les magazines consacraient leurs pages à des études très documentées sur l'art et la manière de survivre en cas de conflit nucléaire. La France comptait dix mille téléviseurs, mais ne possédait qu'un seul émetteur dont les signaux ne portaient pas au-delà d'un rayon de cent kilomètres autour de Paris. Cela n'empêchait nullement Bouboule d'arpenter l'Auvergne et le Cantal au volant d'un 1 000 kg Renault et de vendre des téléviseurs aux paysans.

— Vous recevrez les émissions dans deux mois et à ce moment, forcément, les téléviseurs coûteront beaucoup plus cher. C'est normal. Alors il faut acheter maintenant pour faire des économies.

C'était un langage qui plaisait, dans ces régions. On allait dans le potager, on déterrait la lessiveuse, on en sortait les gros billets de banque et on payait rubis sur l'ongle ce brave garçon venu tout exprès de la ville pour proposer des économies. Outre le récepteur, Bouboule profitait de sa lancée pour leur vendre également une antenne portative, une table roulante, un fauteuil à bascule pour le pépé, un couvre-lit réversible en satin molletonné, douze serviettes-éponges, une table de cuisine en pur Formica et tout ce qu'il pouvait encore enfoncer dans la gorge de ces rugueux fermiers qui bâillaient de convoitise devant tant de trésors. Bouboule empochait prestement les billets et repartait bien vite, craignant que ses clients soient subitement frappés d'un éclair de lucidité. Nombre d'entre eux n'avaient même pas l'électricité. Au train où allaient les choses au cœur de la France profonde, il leur faudrait encore deux ou trois ans de patience avant de pouvoir jouir des plaisirs de la boîte magique. Certains deviendraient tristement enragés en découvrant qu'il fallait également un émetteur et que cela, ce n'était pas pour le lendemain. En attendant, le téléviseur trônerait sur sa table roulante dans la pièce commune, recouvert d'une housse capitonnée amoureusement cousue par la grand-mère.

Bouboule possédait un art admirable pour pigeonner ces paysans pourtant coriaces. Il savait leur parler, faire vibrer les cordes nécessaires en évoquant des notions de prudence, de sagesse et d'épargne. Après des débuts un peu hésitants, il avait perdu toute réserve en découvrant que la terre des potagers cachait des fortunes parfois immenses. Durant la guerre, le beurre, les œufs et les poulets s'étaient vendus au prix de l'or. Si Bouboule avait eu le moindre remords — et ce n'était pas le cas — il aurait pu se dire qu'il profitait des profiteurs et que c'était justice. En tout cas, ils avaient de l'argent à ne savoir qu'en faire. En période faste, Bouboule vidait son camion plusieurs fois par jour et devait retourner faire le plein dans les gares locales qui lui servaient de dépôt. Il écumait les départements, hameau après hameau, puis disparaissait comme un nuage d'été, sachant très bien que s'il remettait les pieds dans certains endroits, il se ferait accueillir à coups de chevrotines. Il travaillait comme un enragé, sans prendre de repos, frappant aux portes des fermes de l'aube à la nuit. Une fois par mois, il remontait sur Paris, rangeait le camion Renault dans un garage de la rue Caulaincourt et se mettait au volant d'une Buick décapotable blanche pour rentrer chez sa mère, à Aubervilliers. Bouboule gagnait de l'argent par valises entières et les rêves de déménagement les plus confortables étaient largement à sa portée, mais la Zingara refusait de bouger. Elle ne voulait pas quitter l'impasse Bordier. Peu lui importaient les promesses de vaste appartement où même de pavillon de banlieue. Les salles de bains et les cuisines modernes ne remplaceraient pas ses voisines, ses « relations » comme elle disait. Elle acceptait mal que Bouboule ait abandonné la sécurité d'une carrière à la SNCF pour courir les routes à vendre toutes ces cochonneries.

— Ça finira de travers, disait-elle à son fils. Tout ça, c'est du vent.

Bouboule la prenait par le bras, l'entraînait vers la fenêtre et lui montrait la Buick rangée devant la maison.

— Et ça ? demandait-il avec une pointe d'exaspération. Et ça, c'est du vent ?

— Ce n'est pas une voiture pour toi. C'est une voiture de riche.

— Mais j'ai les moyens...

— Non, tranchait la Zingara sur un ton inflexible. Ce n'est pas propre. Ça va trop vite.

Rien à faire, se désespérait Bouboule. Rigoureusement rien à faire. Il lui avait offert un réfrigérateur américain de 220 litres qu'il avait fallu hisser par la fenêtre, comme un piano. Mais l'appareil demeurait vide et débranché. La Zingara le trouvait trop grand et jugeait que le vieux garde-manger juché sur l'appui de la cuisine était plus pratique. A chacun de ses retours, il lui amenait des montres, des bracelets et des broches qu'elle rangeait aussitôt dans une boîte à biscuits avec une moue de désapprobation : « Ce sera pour toi, disait-elle. Plus tard. »

— Mais je n'en veux pas, criait Bouboule au comble de la frustration. C'est pour toi. Je veux que tu les portes maintenant. Je veux te faire plaisir.

— Si tu veux me faire plaisir, choisis-toi un vrai métier.

Seul le téléviseur avait trouvé grâce à ses yeux. Le soir, elle accueillait ses voisines avec une sérénité de dogaresse. Le fait de posséder le seul récepteur de l'impasse Bordier et sans doute même de tout le quartier lui valait une déférence qu'elle acceptait avec hauteur. Chaque jour, elle accueillait ses « relations » et faisait régner une discipline de fer sur ses invitées. Les commentaires et les remarques étaient interdits. Elle exigeait le silence absolu. Le temps de la veuve arménienne si noire de peau semblait désormais révolu. Disparue, la Zingara ! Maintenant, on lui donnait du madame Aravanian à la louche et elle sirotait ce nouveau respect comme un breuvage exquis.

Bouboule n'était pas dupe et cette situation l'irritait au point de l'amener à trouver des prétextes pour écourter des séjours déjà brefs. Au bout de deux jours, las de mijoter dans cette sauce faite d'accusations retenues et de faux-semblants, il reprenait le chemin de l'Auvergne et retournait dévaliser les campagnes.

Parfois, Victor et Max le voyaient passer devant la boutique au volant de son immense voiture, mais curieusement, le vieil homme ne portait pas de jugement. Il se contentait de hausser les épaules et se détournait avec une moue un peu méprisante.

Depuis la bataille de La Courneuve, trois ans plus tôt, Bouboule et Victor n'avaient échangé que des rapports de pure forme : un vague signe de reconnaissance lorsqu'ils se rencontraient, quelques phrases échangées sur un coin de trottoir.

— Ça va ? demandait Bouboule avec l'air de quelqu'un qui se fiche complètement de la réponse.

— Ça va, répondait Victor avec méfiance.

— Et les affaires, ça roule ?

— Y a pas à se plaindre

Pourtant, un jour, Bouboule émit une suggestion qui plongea Victor dans un tourbillon de réflexions.

— Placés comme vous l'êtes, en plein milieu du quartier, avec tout le passage qu'il y a dans le coin, vous devriez faire de l'électroménager. C'est l'avenir, ce machin-là.

Il a raison, pensa Victor, toujours habité par son envie de vendre du neuf, convaincu qu'il n'existait aucune noblesse dans le commerce des vieilles choses. L'idée de Bouboule prit rapidement des proportions obsessionnelles, noyant tous les projets de cours par correspondance, reléguant les ambitions comptables au rayon des seconds choix. Victor se cachait de Max pour dessiner de nouvelles dispositions de la boutique, imaginer des enseignes et inventer des raisons sociales... Modern Ménage, Electro Ménage, Au Luxe Electrique et même Electroluxe qui lui plut particulièrement jusqu'au moment où il découvrit qu'à une lettre près quelqu'un d'autre y avait déjà pensé. Lorsqu'il revit Bouboule, un mois plus tard, il se précipita vers lui, l'entraîna en terrain neutre — au Café des Savoyards — et lui posa mille questions. Bouboule répondit avec assez d'obligeance, inscrivit des adresses de fournisseurs éventuels, chuchota des astuces d'échéances et des trucs de vendeur. Gavé d'informations, Victor retourna bâtir ses rêves d'électroménager. Il se représentait déjà le développement extraordinaire de ce nouveau négoce, il se voyait en veste et en cravate au milieu d'un océan de machines étincelantes : il y aurait une camionnette de livraison peinte en blanc, des enseignes au néon, un éclairage entièrement fluorescent et des clients qui l'appelleraient monsieur. Le dimanche, il allait bader devant ces nouveaux palais de l'électricité qui se montaient près de la place d'Italie et sur le boulevard Sébastopol. Il observait, jugeait, supputait, faisait des calculs de rentabilité. Bien entendu, il n'osait pas encore en parler à Max et redoutait cette perspective. Mais à mesure qu'il réfléchissait à l'affaire, il lui apparaissait de plus en plus probable que le vieil homme ne pourrait pas soulever d'objections valables. Il faut aller avec son temps, pensait Victor. On ne peut pas passer sa vie à vendre des *schmatess* et des *schmonssess*. Il faut être moderne, nom de Dieu !

Enfin, un matin, remonté à bloc et aussi chargé d'énergie qu'un gyroscope, il osa déballer sa proposition. Mais il craignait tellement la rebuffade qu'il parla à toute vitesse, avec une sorte de colère dans la voix, déjà furieux du refus qu'il craignait d'essuyer.

Max l'écouta quelques instants sans rien dire, puis il leva la main pour l'interrompre :

— Calme-toi, dit-il. On dirait que tu es fâché. Si tu as quelque chose à dire, dis-le. Mais dis-le calmement.

Un fol espoir envahit Victor. Si Max acceptait de l'écouter, la bataille semblait à moitié gagnée. Il reprit sa démonstration en se forçant à parler lentement, détachant presque exagérément les mots. Lorsque son exposé fut terminé, Max le regarda en silence. Puis il se cala dans son fauteuil et demanda :

— Combien on gagne ?

— A la base, 28 %. Mais il y a des remises supplémentaires, des trucs, des quotas... ça peut monter jusqu'à 33 et même 35 %.

Max leva un doigt souverain et désigna une grosse salamandre électrique :

— Combien on le vend, ce truc-là ?

— J'sais pas, répondit Victor subitement inquiet. Deux mille balles, non ?

— Exactement, répondit Max. On le vend deux mille balles. Combien est-ce qu'on l'a payé ?

— J'sais plus... euh... ça fait partie du stock qu'on a repris à la démolition, au Bourget...

— Ça nous revient à cinq cents francs. Maxi !

— Et alors ? se rebiffa Victor.

Max écarta les mains dans un geste qui démontrait l'évidence.

— Alors ? Alors ça nous fait trois fois la culbute. Et avec ton histoire d'électroménager, on n'arriverait même pas à faire le tiers d'une seule. Je sais que tu n'es pas très intelligent, mais tu sais compter, non ?

Victor vit son rêve s'effilocher et disparaître. Il baissa la tête, fourra ses mains dans les poches, poussa un grand soupir et murmura :

— Bon, très bien. N'en parlons plus.

— Mais si, reprit Max. Parlons-en, au contraire. On pourrait dégager tout le devant de la remise, monter une autre vitrine, casser le mur mitoyen et faire une sorte de magasin jumeau. En plus, on pourrait exposer les articles sur le trottoir et...

— Quoi ? s'exclama Victor stupéfait.

— Ben oui, continua Max sur un ton égal. Tu me prends pour une cloche ? Tu crois que je ne sais pas réfléchir ? Y a longtemps que j'y pensais. Les cuisinières, les machines à laver, les frigidaires et même les radios...

— Mais je croyais...

— ... bien sûr, on gagne des haricots. Les fabricants sont tous des voleurs. Mais ça fera venir du monde. Les gens viendront voir et s'ils achètent un frigidaire on leur vendra aussi des meubles de cuisine et là, je te jure qu'on se contentera pas de 30 %... ni de 50. Et s'ils n'achètent pas un frigidaire dans ce magasin, ils achèteront peut-être quelque chose d'autre à côté.

Il fit un gros clin d'œil malin.

— Tu comprends ?

Victor hocha lentement la tête avec un sourire. Il comprenait même très bien.

Pendant ce temps, Félix se faisait stupidement recaler à l'oral de son baccalauréat en Sciences Ex. Il avait étonné son entourage en optant pour cette discipline. Chacun le voyait en Philo. Mais Félix s'était une fois de plus laissé conduire par son romantisme. Il avait décrypté Teilhard de Chardin, vu trois fois de suite *Rendez-Vous de Juillet,* dévoré les romans de Frank Slaughter et lu tout ce qu'il y avait à lire sur l'œuvre du Dr Schweitzer à Lambaréné. Par voie de conséquence logique — du moins chez lui — il s'était réveillé un matin avec la détermination de devenir médecin de brousse.

Son échec à la première session du bac lui causa plus

d'agacement que de déception. Félix n'était pas une bête à concours. Dans ses études, il en faisait juste assez pour avoir la paix, mais dans ce cas précis il éprouva le sentiment que la fatalité lui jouait des tours. Du moment qu'il avait décidé de l'orientation de sa vie, le moindre contretemps lui apparaissait comme une insulte personnelle. C'est lui-même qui demanda à ses parents de l'inscrire dans une boîte à bachot pour l'été. Ce souhait fut diversement interprété.

— Il est vexé, estima Olivier.

— Il est consciencieux, rétorqua le père.

— Il a une idée derrière la tête, jugea Katia avec plus de finesse.

Félix révisa comme une brute, refusant les invitations et les propositions de vacances, se cloîtrant dans l'étude avec une sorte de rage. Sa seule détente consistait à faire des visites secrètes dans les combles de l'immeuble. Deux ou trois fois par semaine, il montait honorer la femme de chambre d'un conseiller de la Cour des comptes qui demeurait au premier étage. C'était une blonde un peu fripée, pleine de bonne volonté mais tristement dépourvue de toute imagination érotique. Elle remplaçait fort mal cette comtesse milanaise, amie de Katia, qui avait déniaisé Félix lors d'un séjour tumultueux à Paris, l'automne précédent. Elle le recevait chaque soir entre cinq et sept dans sa chambre du Ritz et là, Félix voyait s'entrouvrir les portes d'un monde à la fois terrifiant et délicieux. Rien de semblable avec Fernande ; ses seules qualités étaient la proximité de sa chambrette ainsi qu'une parfaite disponibilité. Cela en faisait un outil pratique dont Félix se servait avec autant d'égoïsme que de hâte. Fernande avait une haleine souvent chargée, si bien que le jeune homme ne l'embrassait presque jamais et lui faisait l'amour en détournant le visage. Ces séances purement hygiéniques étaient vite bâclées. Lorsque Félix se rhabillait, après le sacrifice, il jetait un coup d'œil vers la fille étalée sur son petit lit de bonniche. Elle avait toujours une expression de contentement un peu narquois et regardait le plafond avec les mains croisées derrière la nuque, les seins effondrés dans les aisselles. Cette expression, ce regard vide et ces chairs prématurément fatiguées inspiraient à Félix une manière de dégoût qui le renvoyait à ses livres avec plus d'efficacité que tous les soucis de carrière.

Et pourtant, le surlendemain, il revenait gratter à la porte du sixième étage. Il s'en voulait, mais se disait qu'autant de travail méritait un juste exutoire.

Afin de saluer les efforts de son fils et l'encourager dans une voie studieuse, André Beauchêne promit de lui offrir un scooter s'il parvenait à triompher des épreuves de la session d'automne. Félix n'avait rien demandé, mais la perspective de recevoir ce sucre d'orge adoucissait les migraines de son bachotage. Au reste, il nourrissait peu de craintes. Il était presque certain de réussir, convaincu que sa seule force de volonté était suffisante pour lui permettre d'avaler tous les obstacles.

Il arriva aux épreuves de l'oral avec un calme qui tranchait nettement sur l'angoisse de ses condisciples. L'examen lui apparut comme une simple formalité. Il ne doutait pas et, comme il arrive souvent dans ce cas-là, la chance le servit en lui faisant tirer des sujets qu'il connaissait parfaitement. En sortant de la salle d'examination de Louis-le-Grand, il se mêla à un monôme qui, selon la tradition, pourchassait les filles, invitait les cocus à se montrer au balcon, proposait de déculotter la maréchaussée et faisait éclater des paquets de farine contre les vitres des voitures qui commettaient l'erreur de s'aventurer sur le boulevard Saint-Michel. Il embrassa fougueusement une petite brune qu'il perdit presque aussitôt dans une bousculade, détala en riant devant une charge de police, évita de peu le coup de pèlerine d'un agent et revint chez lui avec l'impression d'avoir vécu la prise de la Bastille. Pour la première fois depuis longtemps, il se sentait réellement jeune.

Quelques jours plus tard, juché sur sa Lambretta toute neuve, il alla prendre ses inscriptions de P.C.B. à la faculté des sciences. Lorsqu'il en sortit, il se trouva un peu désorienté. Un moyen de locomotion indépendant est certes une belle chose... à condition de savoir où aller. Félix avait un goût de l'utile qui lui gâchait un peu le plaisir d'être motorisé. Pour le moment, l'engin ne lui servait qu'à sillonner les rues de Paris sans but précis. Il roulait à l'aventure, se réjouissant de rouler, mais souhaitant confusément que le scooter ait une justification plus fonctionnelle.

Alors, comme il ne parvenait pas à trouver de destination valable il décida de se rendre chez Victor, à Aubervilliers.

Ce jour-là, installé dans le fauteuil où il passait désormais la majeure partie de son temps, Max fronçait le sourcil tandis que Victor mettait la dernière main à un panneau artistement décoré qu'il se proposait d'accrocher dans la nouvelle vitrine :

*TOUT CE QUE VOUS NE TROUVEREZ PAS ICI*
*NE MÉRITE PAS QUE VOUS LE CHERCHIEZ AILLEURS*

— Comprends pas, grognait Max. Qu'est-ce que ça veut dire ?

— Ça veut dire qu'on trouve tout ce qu'on veut dans les deux boutiques et que si on ne le trouve pas, c'est pas la peine d'aller le chercher ailleurs parce que ça n'a aucun intérêt de toute façon.

— J'ai rien compris... C'est complètement idiot.

— Non, c'est pas idiot. C'est de la publicité.

— De la quoi ? demandait Max en haussant le ton.

— De la réclame.

— C'est de la crotte, oui. De la pure crotte d'avant-guerre, voilà ce que c'est. Je comprends rien du tout et si moi je ne comprends pas, comment veux-tu que les ballots qui vivent dans ce quartier comprennent quelque chose ?

— Ce ne sont pas des ballots, s'insurgeait Victor. Ce sont des gens comme tout le monde.

— Ça fait presque soixante ans que je leur vends de

la merde. Si je te dis que ce sont des ballots, tu peux me croire.

Malgré les années et les multiples expériences, les accès de mauvaise foi de Max parvenaient encore à dérouter Victor. Comment pouvait-on dire de telles choses sans rougir ?

C'est à ce moment que Félix vint ranger son scooter devant le café du mari à Simone. Victor se redressa lentement en le voyant. Il posa le panneau sur lequel il travaillait et se dirigea vers la porte.

— Où vas-tu ? demanda Max.

— Voir un copain.

— Un copain ? Quel copain ?

— Lui, là. C'est un copain.

Max se tourna vers la rue avec un air jaloux.

— Je ne l'ai jamais vu, celui-là. D'où est-ce qu'il sort ?

Victor ne répondit pas, quitta la boutique et se dirigea vers Félix qui l'attendait, debout près de sa machine.

— Salut ! dit Victor en gardant ses mains dans les poches.

— Salut ! répondit Félix en croisant les bras.

Victor détailla la Lambretta du regard, lentement.

— C'est à toi, cet engin ?

— ... oui, avoua Félix après une brève hésitation.

— Ça marche bien ?

— Je l'ai seulement depuis trois jours. Elle est encore en rodage.

Victor hocha la tête avec une expression de connaisseur. Il fit le tour du scooter, puis s'approcha de Félix, grimaça un sourire mécanique, sortit une main de sa poche et frappa vigoureusement l'épaule de son visiteur.

— Alors, vieille branche ? Quoi de neuf ?

Félix ne put retenir son propre sourire. Un prêté pour un rendu, se dit-il. Victor lui apparaissait très changé. Le jeune garçon un peu frêle et incertain était maintenant un gaillard aux épaules solides. Il est court sur pattes, pensait Félix. Il n'a pas beaucoup grandi. De son côté, Victor jaugeait également son interlocuteur et trouvait qu'il y avait quelque chose de fragile dans son allure. Mince, grand... racé, peut-être... mais avec quelque chose de vulnérable dans le regard et l'attitude.

— Qu'est-ce que tu viens foutre dans ce coin pourri ? demanda Victor en forçant son accent des faubourgs.

— Je passais. Je me suis dit qu'on ne s'était pas vu depuis longtemps. Je voulais prendre de tes nouvelles.

— Ben, comme tu vois, ça marche pas mal.

Il présenta les deux vitrines d'un geste large et ajouta :

— On agrandit le commerce. Maintenant, on fait aussi de l'électroménager.

— Je vois, répondit Félix sans se commettre. C'est bien.

— J' comprends que c'est bien. On a vendu quatre frigos rien qu'en une semaine.

— C'est bien, dit encore Félix qui se trouvait douloureusement à court de mots. Il regrettait d'être venu et se sentait emprunté. Victor eut un rire bref et lui frappa l'épaule une fois de plus.

— Je sais bien que t'en as rien à foutre, mais ça ne fait rien. Viens, je te paie à boire.

Il l'entraîna vers le comptoir du café et d'autorité il commanda deux panachés.

— Ça nous rappellera notre jeunesse, pas vrai ?

Félix opina sans répondre. Il trempa ses lèvres dans le verre et le reposa sur le zinc tandis que Victor vidait la moitié du sien d'une seule lampée. Il en rajoute, se dit Félix. Victor s'essuya la bouche du revers de la main et reprit, sur le même ton insolent :

— Alors, raconte. Qu'est-ce que tu deviens ? Tu travailles toujours en usine ?

— Non ! répondit Félix avec une pointe d'irritation. Je viens de passer mon deuxième bac et j'entre en P.C.B.

— En quoi ?

— P.C.B. ! Physique, Chimie, Biologie. C'est l'année préparatoire avant de faire médecine.

Victor reçut cette nouvelle comme une blessure. Il hocha la tête et reprit son verre. Il sirota une gorgée, reposa le verre et sortit un paquet de Bleues qu'il offrit à Félix.

— Tu fumes ?

— Non, merci.

Victor alluma posément sa cigarette et tira une grande bouffée qu'il rejeta au plafond en renversant la tête.

— Alors comme ça, tu vas être docteur.

— Je vais surtout essayer d'être médecin.

— C'est bien, ça. C'est un boulot intéressant. Moi aussi, j'y avais pensé... un moment.

— Et alors ? demanda Félix avec une ironie un peu malveillante.

— Ben... je pouvais pas. Y a le père Max... y a la boutique... tout ça... tu comprends ?

Félix se souvint alors d'un échange entre sa mère et le cousin Guidry-Beauchêne, durant un week-end en Sologne.

— Ma cuisinière s'est mis en tête de faire entrer son fils à Normale Sup', disait le cousin avec l'air d'annoncer une chose extraordinairement cocasse.

— Elle a de l'ambition pour son fils, répondait Katia. C'est une brave femme.

— Tu plaisantes ? s'écria Guidry-Beauchêne. A Normale Sup' ? Pourquoi pas à l'Institut, directement ?

— Pourquoi pas ?

— Parce que ce n'est pas dans l'ordre des choses, tranchait le cousin. Si les souhaits étaient des chevaux, comme disait je ne sais plus qui, tous les mendiants seraient cavaliers.

— Tu té trompes, répondait Katia. Si les souhaits étaient des chevaux, les mendiants seraient garçons d'écurie... comme ils l'ont toujours été.

Guidry-Beauchêne hésita un instant, puis il se frappa la cuisse et conclut :

— Ben oui ! Exactement ! C'est ce que je disais.

Victor était devenu silencieux et regardait fixement son fond de panaché.

— A part ça, demanda Félix. Quoi de neuf ? Comment vont les amours ?

— Je ne me plains pas, murmura Victor sans quitter son verre du regard.

— T'as une petite amie ? insista Félix.

— Oui, oui...

En fait, la vie amoureuse de Victor était un désert. Un désert plein de mirages, certes, mais un désert tout de même. Il y avait Marie, bien sûr, mais Marie n'avait d'autre matérialité que celle que Victor lui donnait le soir, dans son lit-cage, avec sa main droite.

Marie !

Ah, Marie !

Marie Marie Marie Marie Marie Marie...

Chaque nuit, Victor se masturbait furieusement et ponctuait la cadence en soufflant le nom de sa bien-aimée :

Marie Marie Marie...

Comme pour le reste, Victor avait découvert la sexualité d'un seul coup, sans préambule. Il avait vu Marie et aussitôt, sa libido était sortie de sa coquille pour prendre une place gigantesque dans ses pensées. Avant, rien ! Depuis la première vision de Marie... une tempête, un ouragan qui balayait les autres préoccupations.

Ah Marie.

Coucher avec Marie. Le rêve ultime. L'accomplissement majeur. Coucher avec Marie, coûte que coûte ! Logiquement, ce ne devait pas être très compliqué. Au comptoir du mari à Simone, elle alimentait souvent les conversations des jeunes apprentis qui travaillaient avec elle aux Etablissements Berthouin — Mécanique en Tous Genres — à l'autre bout de la rue.

— Vachement fastoche, disaient les jeunes gens. Tu siffles, elle s'allonge. Recta !

A les entendre, tous avaient plus ou moins bénéficié des faveurs de Marie. Ce n'était pas très vrai, mais ce palmarès imaginaire s'appuyait sur les aventures assez nombreuses que connaissait Marie aux bals du samedi soir, dans l'arrière-salle du Café des Savoyards. Elle n'était pas farouche, mais ne couchait pas non plus sans un certain discernement. Elle choisissait et se taisait une gloire d'être la seule à décider de la suite des rencontres : « L'homme propose, la femme dispose. » C'était sa phrase favorite et elle la sortait à propos de tout. Mieux qu'un adage, elle en faisait une règle de vie. Non, Marie ne se soumettrait à personne. Elle coucherait avec qui lui plaisait aussi longtemps que ça lui plaisait. Pas question d'être amoureuse, disait-elle. Pas encore. Plus tard, peut-être. Quand je voudrai me marier. A quoi les garçons qu'elle avait refusés répondaient venimeusement : « Et quel est le pauvre mec qui épousera une salope qui s'est farcie tout le quartier ? » Les commères prévoyaient qu'elle finirait sur le trottoir et le vieux Berthouin lui-même commençait à se demander s'il n'était pas embarrassant de conserver chez lui une employée aussi... libérée. Mais Marie se moquait de tout cela, du moins, en apparence. Certains soirs, elle refusait toute invitation et rentrait directement chez elle, dans sa petite chambre de la rue de Solferino. Et là, elle pleurait. Elle sanglotait comme une madeleine et sans trop savoir pourquoi.

Et Victor était amoureux. Victor bavait d'amour. Victor crevait d'amour et se masturbait matin et soir en pensant à Marie...

Marie Marie Marie Marie...

Il osait à peine l'approcher et aux rares occasions où il s'était forcé à lui parler, il n'avait su débiter que des platitudes sur le temps ou la politique. Elle l'écoutait avec une curiosité amusée et vite lassée. Alors, Victor allait se cacher dans un coin et se martelait la tête de violents coups de poing pour se punir de n'avoir pas su dire autre chose que des âneries. Ainsi, faute de courage, il adorait Marie de loin, comme quelque preux chevalier aux idées impures. Il se sentait pourtant capable de toutes les folies pour conquérir Marie, mais dès qu'elle apparaissait, il devenait stupide. Marie et ses petits yeux rieurs, son nez retroussé et cette large bouche pulpeuse qui s'ouvrait sur de fines dents de carnassière. Ah, Marie... les cheveux dorés de

Marie, sa taille fine, ses seins qui pointaient sous le pull toujours trop étroit... ah !

Marie Marie Marie Marie Marie...

Et là, devant le comptoir du mari à Simone, Victor se disait avec jalousie que Félix ne devait pas avoir ce genre de problème. Il est riche, il a plutôt une belle gueule, il roule en scooter et en plus, il va être médecin. Il ne doit pas s'emmerder, la vache !

— C'est une fille du quartier ? demanda Félix.

— Oui, elle habite à côté.

Puis, poussé par quelque étrange démon, Victor éprouva le besoin d'agrémenter les choses et ajouta :

— Mais y a pas qu'elle, hein. Faut pas croire. Les filles, dans le secteur, c'est pas ça qui manque. Le samedi soir, au bal, on drague tout ce qu'on veut.

— Ah bon ? Comment ça se passe ?

Et Victor, qui ne s'était aventuré que deux fois dans un bal et en était revenu frustré d'avoir fait tapisserie toute la soirée, expliqua avec un brin de suffisance :

— Oh, c'est le truc habituel. Tu en repères une, tu l'invites à danser, tu baratines un peu et ça vient tout seul. Tu emballes aussi sec. Tranquille ! Tu vas jamais au bal ?

— Si, si, bien sûr.

Félix était perplexe. Draguer, emballer... ces choses lui paraissaient vulgaires, mais il se disait qu'il aimerait essayer, tout en sachant fort bien qu'il ne le ferait jamais.

— Tu bouquines toujours autant ? demanda-t-il à Victor.

— Oh non, j'ai pas le temps. Si tu savais tout le boulot que j'ai depuis qu'on fait aussi de l'électroménager. Et toi, ta pièce de théâtre ?

— Quelle pièce de théâtre ?

— Ben le truc en alexandrins. Le Festin de Sang...

— Ah ça ! Oh, c'est une vieille histoire.

C'était effectivement une vieille histoire. Le drame historique n'était jamais allé au-delà du troisième acte et Félix aurait été en peine de se souvenir où il avait abandonné le manuscrit.

Ils échangèrent encore quelques lieux communs, se cantonnant l'un et l'autre dans une prudence de paroles dont ils ne parvenaient pas à se dégager. Victor proposa une seconde tournée mais Félix refusa, prétextant un rendez-vous.

Ils sortirent du café. Félix enfila ses gants de pécari, enfourcha sa machine et lança le moteur. Victor le regardait avec les mains dans les poches, la tête légèrement penchée de côté.

— Viens me voir quand tu seras dans le coin.

— Oui, répondit Félix. Sans faute.

Il leva la main en signe d'adieu et démarra. Victor le suivit du regard et lorsque la Lambretta disparut au coin de la rue, il eut l'impression fugitive de perdre quelque chose.

Il revint vers la boutique. Max leva la tête.

— Ton copain est parti ?

— Oui, il avait un rendez-vous.

— Il n'est pas resté très longtemps.

— Bof ! dit Victor en haussant les épaules. De toute façon, on n'avait pas grand-chose à se dire.

***

Ils se revirent par hasard, un soir de mai, en 1959. C'était à Montmartre, au Théâtre en Rond. On y donnait *Ouragan sur le Caine.*

A l'entracte, Félix sentit une main sur son épaule. Il se retourna et découvrit le visage souriant de Victor.

— Il me semblait bien que c'était toi.

— Victor !

— Eh oui, Victor. Comment vas-tu ?

— Ah ça, c'est une surprise. Que fais-tu dans le coin ?

— La même chose que toi ; je viens au théâtre. Comment trouves-tu la pièce ?

— C'est bon, répondit Félix un peu confus. C'est très

bon. Les acteurs sont tous excellents. Surtout Jean Mercure.

— Oui, c'est très bien joué. Et puis la mise en scène...

— Ah oui ! Superbe mise en scène.

Victor s'effaça légèrement et prit le bras de la jeune femme qui l'accompagnait, une rousse flamboyante un peu boulotte.

— Je te présente Myra. Myra... Félix, un vieux copain. On ne s'est pas vu depuis très longtemps.

— En effet, dit Félix en s'inclinant devant la jeune femme. Ça fait très longtemps. Bonsoir mademoiselle.

Puis il se tourna vers sa propre compagne et la présenta à son tour.

— Béatrice de Saint-Aude. Myra... Excusez-moi, Myra comment ?

— Silberberg, répondit la jeune femme rousse avec un large sourire aimable.

— Myra Silberberg, reprit Félix, et Victor... euh...

— Rabinski, compléta Victor en tendant la main. Y a si longtemps qu'on ne s'est vu qu'il ne se souvient même plus de mon nom, cette cloche.

— Mais si, protesta Félix. Je m'en souviens très bien, mais tu ne m'as pas laissé le temps...

— Sacré Félix, coupa Victor en lui frappant l'épaule. Je t'ai aperçu de loin en arrivant au théâtre. D'abord, je n'étais pas sûr que ce soit toi. Et puis, je t'ai vu passer ta main dans les cheveux, comme tu fais toujours.

— Tu n'as pas changé.

— Oh si, j'ai un peu grossi. Mais toi, en revanche, tu ne bouges pas. Toujours le même. Toujours le beau Félix. Il y a combien de temps ? Au moins dix ans, non ?

— Quelque chose comme ça, oui.

Victor jeta un coup d'œil par-dessus son épaule.

— Tu crois qu'on pourrait s'approcher du bar ? Y a un peuple, ce soir...

Il se tourna vers l'amie de Félix et ajouta :

— Vous n'avez pas soif, mademoiselle ?

La demoiselle avait soif d'un quart de champagne et

Myra trouva que c'était une bonne idée. Victor s'enfonça dans la masse compacte de spectateurs et Félix l'accompagna. Ils jouèrent des épaules en direction du bar et laissèrent les deux jeunes femmes dans un tête-à-tête embarrassé.

— Vous allez souvent au théâtre ? demanda Béatrice.

— Le plus souvent possible, répondit Myra. Victor adore le théâtre. Nous y allons au moins une fois par semaine. Et vous ?

— Moi aussi. J'aime beaucoup le théâtre également. Félix est plus difficile.

Puis elles échangèrent quelques lieux communs sur la pièce en lançant parfois un regard vers le bar, impatientes de voir revenir leurs cavaliers respectifs.

— C'est ta petite amie ? demanda Victor en forçant son passage devant un gros homme qui lui barrait le chemin.

— Non, dit Félix en secouant la tête. C'est une amie, tout simplement.

— Elle est jolie. Tu vas l'épouser ?

Félix eut un rire bref.

— Non, c'est une amie, rien de plus. D'ailleurs, je n'ai aucune envie de me marier.

— Enfin, quand même, insista Victor. J'espère pour toi que tu ne l'emmènes pas seulement au théâtre.

Félix ressentait toujours un certain malaise devant ce genre de remarque. Il était d'un puritanisme assez facilement égratigné. Il renvoya néanmoins la balle.

— La tienne... Myra... elle a l'air très sympathique.

— Oui, répondit Victor. Elle est chouette. Elle se marre tout le temps. C'est une bonne nature. Je l'ai rencontrée au Foyer sioniste, il y a trois mois. On se quitte plus.

— Je vois...

Ils obtinrent leurs quarts de champagne, se disputèrent un peu pour les payer et revinrent vers les jeunes femmes. Elles s'étaient enfin trouvé une passion commune et discutaient avec animation de la carrière de

Gérard Philipe. Félix et Victor reprirent leur conversation à l'écart.

— Je suis content de te voir, dit Victor. Je suppose que tu es médecin, maintenant ?

— Non, dit Félix en secouant la tête. J'ai abandonné en fin de seconde année.

— Tu as abandonné ? s'écria Victor. Mais pourquoi ?

Félix eut un geste vague.

— Je me suis fais étendre aux examens et... je n'avais pas envie de continuer.

— Comment ça ?

— Je crois que dans le fond, je n'avais pas la vocation. Et puis... je ne me sentais plus concerné.

Victor rumina cette réponse avec une expression songeuse. L'explication de Félix lui paraissait bizarre, mais il n'éprouvait pas le besoin de lui demander des précisions. Il se sentait un peu trahi. Il poussa un soupir.

— Je te jure que moi... si j'avais pu faire médecine...

— Bah, que veux-tu ? C'est comme ça. Et toi, qu'est-ce que tu deviens ?

— Oh moi, rien de spécial. Toujours la même chose, en plus grand. Tu te souviens du père Max ?

— Je ne l'ai jamais rencontré, mais je m'en souviens. Comment va-t-il ?

— Il est mort l'année dernière. Arrêt du cœur. Il était dans son fauteuil, il s'est endormi et il ne s'est pas réveillé. Il n'a même pas dû s'en rendre compte.

— Je suis désolé. Tu l'aimais beaucoup, je crois.

— Je comprends que je l'aimais. Il gueulait tout le temps, mais c'était le meilleur type que j'aie jamais rencontré. En plus... il était un peu comme mon père.

— Alors, reprit Félix au bout d'un bref silence, que fais-tu, maintenant ?

— Ben, comme je t'ai dit... toujours la même chose. Mais à présent, je fais aussi la télévision et les disques. Tu comprends, Max n'avait plus de famille... tous déportés... il ne restait plus que lui. Alors j'ai hérité de la boutique. Tiens, au fait, tu sais ce qu'on a trouvé en ouvrant son coffre ? Ça va t'amuser. Enfin, je ne sais pas si tu te souviens... juste après l'histoire avec Bouboule, à La Courneuve... au lieu de m'engueuler, il avait dit quelque chose à propos d'arbres... tant pis pour les arbres, ou quelque chose comme ça...

— Oui, en effet. Je me souviens vaguement.

— Eh bien, on a eu l'explication en ouvrant le coffre. C'était bourré de certificats en hébreu. Tous les mêmes. Il y en avait des centaines. Tu sais ce que c'était ? Des reçus d'une organisation israélienne pour planter des arbres. Pendant plus de dix ans, il a dépensé tout son argent pour faire planter des arbres en Israël. Il en a fait planter des milliers, des dizaines de milliers. Des forêts entières. C'est pas extraordinaire, ça ? Le coffre était bourré. Il n'y avait rien d'autre, enfin rien d'important... des photos... et aussi une étoile jaune... tu sais, une de ces étoiles qu'on faisait porter aux juifs, pendant la guerre.

— Des arbres...

— Oui, des arbres ! Des milliers d'arbres. Et personne n'était au courant. Il était comme ça Max. Il ne disait jamais rien.

Une sonnerie grelottante annonça la fin de l'entracte.

— Que faites-vous après le spectacle ? demanda Félix.

— Je ne sais pas, répondit Victor en lançant un bref coup d'œil vers Myra. On s'était dit qu'on irait dîner quelque part.

— Dînons ensemble, proposa Félix. Retrouvons-nous à la sortie. D'accord ?

— Oui, avec plaisir.

Ils se séparèrent pour regagner leurs fauteuils. Béatrice remarqua d'une voix un peu sèche :

— Ils sont gentils, tes amis, mais ils sont un peu ploucs. Tu veux vraiment dîner avec eux ?

— Comme tu voudras, répondit Félix en haussant légèrement les épaules.

— J'espérais que nous irions au Whisky à Gogo. Je les vois mal dans ce décor.

— Comme tu voudras, répéta Félix avec une pointe d'agacement.

Béatrice se fit un peu chatte et ajouta :

— ... et puis j'aimerais que nous soyons un peu seuls.

Elle approcha sa bouche de l'oreille de Félix et murmura en gloussant légèrement :

— J'ai une quantité de choses à te dire. Sans témoins.

Lorsque la pièce se termina, ils se retrouvèrent devant le théâtre. Béatrice s'était composé une expression de souffrance et Félix expliqua :

— Elle a une très forte migraine. Je crois qu'il serait préférable de remettre notre souper à une autre fois.

— Bien sûr, approuva Victor.

— J'ai toujours des aspirines sur moi, dit Myra compatissante en fouillant déjà dans les profondeurs de son sac.

— Non, refusa Béatrice d'une voix mourante. Je vais rentrer me coucher et tout ira très bien. Je suis vraiment désolée. J'espère que vous ne m'en voudrez pas.

— Pensez-vous, se récria Myra. Ça ne fait rien. On remet ça à une autre fois.

Victor et Félix échangèrent des numéros de téléphone et des promesses. Puis ils se quittèrent et partirent dans des directions opposées.

— La pauvre, dit Myra. C'est épouvantable, les migraines. J'en sais quelque chose.

Victor eut un sourire. Il se pencha vers elle et l'embrassa sur le front.

— Tu me plais, toi. Tu es la crème des femmes. Mais il faut dire aussi que tu es un peu poire.

— Pourquoi ? s'étonna Myra.

— Pour rien. Allez, viens. Je t'emmène à la Cloche d'Or. C'est tout près.

Et il entraîna Myra qui demanda encore plusieurs fois :

— Mais pourquoi ? Pourquoi est-ce que je suis poire ?

Victor ne répondit pas. Il passa son bras autour des épaules de la jeune femme et la serra contre lui.

— Une bonne gratinée au vin blanc. Hein ? qu'est-ce que t'en penses ?

*
* *

*Le progrès des technologies, l'avance des pensées plus ou moins vraies, plus ou moins digérées, la complexité des philosophies et des théosophies nouvelles, cette masse entière de contradictions nous amène à rechercher un Dieu qui va nous faciliter l'existence, un Dieu bien élémentaire et bien rassurant, un Dieu sévère qui va nous taper sur les doigts lorsque nous nous conduirons de manière galopine, un Dieu de simple punition et de simple rétribution. C'est dérisoire ! Nous avons inventé le monde, redécouvert ses moteurs chimiques, biologiques, atomiques... et, forts de cette science qui fait de chacun d'entre nous un Dieu à part entière, forts de ce progrès et de cette connaissance poussée aux frontières de l'ultime... nous sommes en train de réinventer un Dieu qui n'a rien de chimique, de biologique ou d'atomique... un Dieu qui aurait le Q.I. d'un artichaut et la sensibilité d'une fleur de tournesol. Nous, les savants, les nantis de la terre et du ciel, nous les incollables... nous réinventons Dieu avec la rigueur structurelle d'un enfant en bas âge. Nous sommes comme autant de marmots braillards et confus pour qui la seule vérité n'existe que dans les structures voulues mais mal réalisées d'un château de sable ou d'une maison en cubes de bois. Ce château fragile, cette maison sans ciment... voilà notre Dieu ! Celui que nous cherchons. Celui que nous voulons.*

Assis sur le petit lit de sa chambre de jeune homme, dans la maison solognote, Félix feuilletait rêveusement les pages de son journal qu'il venait de retrouver dans une malle emplie de vieux vêtements. Il revint en arrière pour rechercher la date de cette inscription :

juillet 1952. Quel tissu de conneries, pensa-t-il avec amertume. Puis il se reprit aussitôt et corrigea son jugement. Non, songea-t-il, ce ne sont pas des conneries. Mais le style est trop... trop artificiel.

Un peu plus loin, il trouva une remarque inscrite en travers de la page dans une écriture désordonnée, comme déformée par la colère.

*Ma famille me prend pour un con et je ne peux pas me défendre sans passer pour un salaud.*

Il n'y avait pas de date. Félix tenta de se souvenir de l'humiliation ou de l'éclat domestique qui avait pu provoquer ce qui lui apparaissait maintenant comme un cri de désespoir. Il fouilla ses souvenirs mais rien ne vint l'éclairer. Cette phrase était sans doute le résultat d'une banale remontrance; une chose violemment perçue et aussi violemment oubliée.

Le journal s'arrêtait là. Le reste n'était que feuilles blanches parfois marquées de dessins incohérents.

Félix referma le cahier et alla le replacer dans la malle aux vieux vêtements. Ma vie fout le camp, se dit-il en descendant rejoindre sa famille dans le salon.

On était en 1970. Félix venait d'avoir trente-sept ans et son existence lui paraissait confortablement insipide. Le pays était prospère, les affaires familiales se portaient bien et il savait qu'il n'aurait probablement jamais faim. Il se sentait au repos, comme un vieux cheval rangé dans un pré après une carrière de courses d'obstacles. Le pré était plaisant, mais c'était toujours le même. Ce serait toujours le même. Il se voyait sagement rangé dans un quadrilatère de barrières blanches après dix ou douze années de trébuchements, d'erreurs, de joies sauvages et trop brèves, ainsi que de déceptions et de regrets qui s'étiraient dans sa mémoire et imprimaient un pli de lassitude autour de sa bouche.

Durant les six mois qui suivirent son abandon de la médecine, il ne fit rien. Il se laissa ballotter dans un monde étrangement inconsistant, soûlé de filles, de musique, d'alcool et de fumées interdites. Lorsqu'il fut temps pour lui de faire son service militaire, il décida avec dérision de laisser agir les influences de la famille. Il fut versé dans la marine et obtint ses galons de quartier-maître en tapant à la machine au service des effectifs du ministère. Peu de temps après, la guerre d'Algérie éclata dans les Aurès et Félix se retrouva au bureau des effectifs de la région maritime, à Oran. Il n'entendit jamais un coup de feu hors du champ de tir et termina son temps en vivant le grand amour avec une institutrice pied-noir qui avait huit ans de plus que lui. De retour à Paris, il lui écrivit plus ou moins régulièrement pendant six mois, jusqu'au jour où il se prit de passion pour une jeune attachée de presse qui le fit tourner en bourrique avant de le quitter pour un riche promoteur immobilier qui nourrissait des ambitions politiques. Ce fut sa première peine de cœur et il trouva une certaine délectation à la faire durer.

Les amitiés de son père lui avaient permis d'entrer à la rédaction du *Figaro* et il ne doutait pas que désormais sa carrière se ferait dans le journalisme. Il se disait qu'il était fait pour ce métier, mais curieusement il ne parvenait pas à s'en convaincre entièrement. Les obédiences courtisanes, les luttes de chapelle et les trucages divers lui faisaient sentir qu'il n'était peut-être pas suffisamment armé pour se hisser hors du marécage. Alors, il forçait son engouement et déclarait, sans trop y croire, que si on lui ouvrait les veines, il en coulerait de l'encre d'imprimerie.

En février 1960, le hasard des routes vint modifier cette situation. A la sortie de Chambéry, sur le chemin qui le ramenait de Val-d'Isère en compagnie d'une jeune actrice anglaise, Jean Guidry-Beauchêne dérapa sur une flaque d'huile et, à 180 km/heure, il planta son Aston-Martin dans un mur de béton. Il fallut quatre heures de travail au chalumeau pour dégager les corps de la ferraille fumante.

On enterra pieusement ce qu'il restait du cousin et, juste après les funérailles, André Beauchêne s'enferma dans son bureau en compagnie de Félix.

— Assez plaisanté, décréta-t-il. La famille a besoin d'un homme responsable. Pas d'un journaliste. Je veux bien sacrifier à la mode et croire, moi aussi, à l'avènement des managers mais uniquement à la condition qu'ils se nomment Beauchêne. Finie la presse. Tu entres aux papeteries.

Félix accepta sans discuter. Il en fut presque aussi étonné que ses proches jusqu'au moment où il consentit à s'avouer que le hasard des routes lui avait apporté un moyen de retraite honorable. La force majeure lui offrait la possibilité de quitter le journalisme sans démériter à ses propres yeux.

L'année suivante, un peu déçu de n'avoir su plaire au jury d'anciens élèves qui l'interviewèrent en vue de son admission à la Business School de Harvard, il se consola en allant à Stanford, en Californie, et jugea peu après qu'il avait probablement gagné au change... ne serait-ce qu'au plan du climat.

A Palo Alto, il eut la surprise de se découvrir une sorte de passion pour les subtilités de la gestion de haut vol. De plus, il était fasciné par l'Amérique, à tel point qu'à l'issue de ses études il décida de rester. André Beauchêne se fâcha et lui coupa aussitôt les vivres. Alors, pendant six mois, Félix vécut en plein Dos Passos. Il fut successivement pompiste, cuisinier de drugstore, projectionniste et chauffeur de maître. Il jubilait. Jamais il n'avait eu le sentiment de vivre aussi pleinement, d'être aussi totalement responsable de sa propre existence. Toutefois, à la première occasion, il revint se placer dans un rang plus conforme à ses connaissances et à ses goûts de confort. Il commença par collaborer à la rubrique internationale du *Chicago Sun Times*, passa au service financier de Steuben Glass, fit un bref séjour sur Madison Avenue aux bons soins de Walter Thomson et, fin 65, il retrouva les faveurs de son père en devenant vice-président adjoint des Papeteries Saundersham. La même année, à l'issue d'un week-end passionné sur l'île de Nantucket, il épousa en dix minutes la sœur d'un de ses anciens condisciples de Stanford.

A vingt-sept ans, parfaitement remise d'un premier mariage avec un psychanalyste un peu torturé, Sheilagh représentait pour Félix tout ce qu'il aimait dans l'Amérique : gaie, dynamique, éclatante de santé. Il en était farouchement épris et s'étonnait de connaître enfin une sorte de sérénité. Ils s'installèrent dans une petite maison de Brooklyn Heights, plantèrent des poireaux français dans le jardin et supportèrent en riant les visites tumultueuses de Katia qui, à travers Sheilagh, commençait à croire que les Américains ne sont pas forcément des débiles mentaux.

Le printemps suivant, Félix emmena son épouse en France afin de la présenter au reste de la famille. La grand-mère Beauchêne qui portait gaillardement ses quatre-vingt-sept ans offrit à Sheilagh trois rangs de perles qu'elle tenait de sa mère. De leur côté, Olivier et André Beauchêne sondèrent la jeune femme avec plus ou moins de finesse afin de savoir s'ils tenaient en elle une alliée qui leur permettrait de convaincre Félix de revenir en France. Elle les rassura sur ce point. Pour elle, la seule présence de Félix déterminait les choses et à condition qu'il demeure à ses côtés, elle accepterait aussi bien d'aller vivre sur la face obscure de la lune. Alors, pourquoi pas en France ?

En Sologne, Félix lui raconta l'épisode du chien et lui montra le tumulus encore apparent sous lequel gisait Titus. Il l'emmena au village et lui présenta Chotard qui était devenu pharmacien, comme son père. A l'auberge du Bon Gîte, les jumeaux Shraeder amenèrent au jour une fine de 1880 qu'ils offrirent cérémonieusement à Sheilagh. Ils avaient repris l'auberge familiale pour en faire un relais qui figurait très honorablement dans le *Michelin*. Avertie d'un coup de téléphone par Matthieu, Clarisse quitta Paris en trombe, laissant mari et enfants se dépêtrer entre eux tandis qu'elle venait assister au dîner triomphal que les jumeaux offraient aux jeunes mariés. Le Conseil était presque complet. Il ne manquait que Gallois, immobilisé sur sa plate-forme de forage dans la baie de Maracaïbo. Ce fut une belle fête, pleine de cris, de rires et d'histoires auxquelles Sheilagh ne comprit pas grand-chose.

A l'issue de leur séjour, Félix eut une longue discussion avec son épouse et il fut décidé qu'après tout la doulce France offrait au moins autant de séductions que Brooklyn Heights. Félix annonça la nouvelle à son père qui la reçut avec une émotion dont il n'était pas coutumier. Katia échafauda immédiatement des projets et promit de se mettre en quête d'une maison.

Deux mois plus tard, un dimanche, tandis que Félix s'évertuait à faire démarrer une vieille Indian 1200 qu'il avait récupérée à la casse, Sheilagh trébucha en sortant de son bain et tenta de se rattraper en s'accrochant à une applique électrique.

Le médecin eut beau répéter à Félix que la mort avait été instantanée, celui-ci ne voulut pas le croire et du fond de son malheur il demeura persuadé que sans la pétarade soudaine de la vieille moto, il aurait pu entendre le cri de Sheilagh et, peut-être, la sauver.

Il liquida tout dans la semaine qui suivit l'enterrement de Sheilagh et alla errer dans le sud des Etats-Unis, passant d'un motel à l'autre, prostré devant la télévision qu'il regardait d'un œil vide, se nourrissant à peine, puis repartant et remontant vers les vastes étendues désertes, arrêtant parfois sa voiture sur un bas-côté pour marteler le volant en hurlant à la fois d'angoisse et de désespoir.

Des choses qu'il croyait oubliées, des détails sans importance lui revenaient en mémoire comme des flashes très brefs et sans suite : le tambour à broder de Katia, la grosse lampe mandarine de la bibliothèque, le sautoir de sa grand-mère, la boule de sulfure que Victor faisait rouler vers l'égout...

Victor !

Petit à petit une idée obsessionnelle vint s'installer dans son esprit. Il voulait revoir Victor, retrouver à travers lui un parfum *d'avant,* l'odeur particulière d'un moment de son enfance, chercher dans les mots de cette rencontre une consolation qu'il appelait de toutes ses forces. Il abandonna sa voiture dans un petit bourg du Texas, prit un vol local pour se rendre à Fort Worth d'où il repartit aussitôt pour New York. Il arriva à

Paris le surlendemain, recru de fatigue, épuisé jusqu'au fond de l'âme.

A Orly, il prit un taxi et se fit conduire directement à Aubervilliers.

La loi des séries, se dit-il en découvrant le spectacle qui s'offrait à lui. Le quartier où vivait Victor avait totalement disparu. Effacé. Complètement rendu au néant. A la place, il voyait de gigantesques tours rosâtres qui commençaient déjà à se décrépir et où une multitude était venue vivre à l'étroit. Seul le marché couvert subsistait encore. Les rues elles-mêmes s'étaient fondues sous le béton nouveau et il ne restait rien. Pas une trace, pas un signe. Félix entra dans l'un des immeubles, vit le sol souillé, les portes d'ascenseurs rayées de dessins crapuleux... ce neuf déjà si gris, si misérable. Il sortit et alla tourner autour d'un bac de sable en pensant... c'était là. Ce devait être là. A cet endroit, il y avait la remise et là, la boutique de Max. Et un peu plus loin, en face, à l'emplacement de ce banc au dossier arraché, il y avait le café du mari à Simone. Où étaient-ils, tous ? Où était sa vie ?

Il demeura assis sur ce banc à demi détruit jusqu'au soir, indifférent aux regards intrigués que lui jetaient les passants. Puis il rentra rue Alfred-de-Vigny.

Lentement, insensiblement, il retrouva un rythme d'existence. Ce fut long et pénible, mais un jour, il s'aperçut avec surprise qu'il distinguait à nouveau ce qui se passait autour de lui. Il entendait ce qu'on lui disait, percevait le chant des oiseaux et les bruits de la vie, constatait que la nourriture qu'on lui servait avait retrouvé un goût.

Six mois après son retour en France, Olivier et son père l'accueillirent dans l'ancien bureau de Jean Guidry-Beauchêne, un bureau qui serait désormais le sien.

Et ce jour-là, en 1970, dans la grande maison solognote, il retrouvait une famille en deuil. A cinquante-trois ans de distance, la grand-mère Beauchêne était allée rejoindre son mari au cimetière du village.

Au même moment, trônant dans le bureau attenant à son vaste magasin du Blanc-Mesnil, Victor chapitrait sévèrement un garçon de quinze ans. C'était le fils d'un voisin qu'il avait engagé pour l'été sur les insistances de son père.

— Essayez de lui mettre un peu de plomb dans la tête, avait dit le voisin. Moi, je ne sais plus quoi en faire. Sorti de la science-fiction, des bandes dessinées et des mobylettes, il n'y a rien à tirer de lui.

Victor prenait son rôle très au sérieux.

— Ecoute-moi bien, *schlemazel !* Il y a six employés dans ce magasin et chacun d'entre eux aurait pu te renseigner. Les fiches roses sont classées par ordre alphabétique. Les fiches vertes sont classées par ordre de date. Les bordereaux sont dans le tiroir du bas et ils correspondent aux fiches blanches. C'est pourtant pas difficile à comprendre.

— Si vous aviez un ordinateur, répliquait le jeune garçon avec un air boudeur, on n'aurait pas besoin de se mélanger les pieds dans toute cette paperasse.

— Un ordinateur ? s'écriait Victor. Tu me prends pour la Banque de France ? Je vais te dire une bonne chose, mon bonhomme : avant de jouer avec des ordinateurs, il faut être capable de tenir sur ses deux jambes et toi, tu ne peux même pas te tenir assis. Regarde-toi... vautré dans ce fauteuil comme une serpillière. Redresse-toi, bon sang ! *Zay a mensch !*

Puis il secouait la tête avec une feinte résignation.

— Ah la la ! Cette jeunesse. Allez, file. Retourne à ton travail. Tu m'énerves. Et ne mélange plus les fiches, tu m'entends ?

Un fils ! Il ne lui manquait qu'un fils. Oh certes, il n'avait pas à se plaindre. Une merveilleuse épouse, grâce à Dieu... deux fillettes adorables... une belle maison avec un jardin... un magasin dans le meilleur emplacement du Blanc-Mesnil... bientôt un autre, à Montreuil... que pouvait-on demander de plus ?

Pourtant, il avait bien failli passer à côté de tout cela. Il connaissait Myra depuis un an lorsqu'un jour, pâle et terrifiée, elle lui annonça qu'elle était enceinte.

Victor fut catastrophé. Enceinte ! Quelle poisse ! Il allait falloir réparer, épouser... et Dieu sait quoi encore. Misère ! Lui qui rêvait de grands desseins et de grandes réussites. Il faudrait maintenant oublier tout cela et se commettre à la nécessité impérieuse de nourrir une famille. Il avait rêvé... oh, je ne sais quoi... mais en tout cas, le mariage n'entrait pas dans ses projets. Et là... cette gourde qui se retrouve enceinte. Ah, j'ai vraiment pas de veine.

— Et si on le faisait passer, proposa-t-il timidement.

Myra se mit à pleurer et aussitôt, Victor s'injuria, se traita de tous les noms, se méprisa profondément pour avoir osé suggérer une telle vilenie. Il la prit dans ses bras pour la consoler et en se demandant qui viendrait le consoler, lui.

— Si mon père l'apprend, dit Myra entre deux sanglots, je suis sûre qu'il me tuera.

Le père en question était un maroquinier en gros de la rue de Turenne. Il était gras, imbu de lui-même et faisait régner une discipline tyrannique sur son épouse et ses trois filles. Lorsque Victor venait chercher Myra dans le grand appartement des Silberberg, avenue Mozart, le père l'accueillait toujours comme un intrus. Ce va-nu-pieds, ce voyou de la zone, ce brocanteur d'Aubervilliers... *Oy vaï !* Pourquoi fallait-il que sa fille aînée aille s'amouracher d'un zigoto pareil ? Sa fille, monsieur, sa fille était un joyau. Même un ministre n'aurait pas été assez bien pour elle. Elle savait jouer du piano, elle avait fait des études, elle faisait la cuisine presque aussi bien que sa mère. Et là, ce *schnorrer* qui venait tourner autour de ses jupes... Oui, bien sûr, ses parents avaient été déportés. Et alors ? Tout le monde a été déporté. C'est pas une raison pour confier sa fille à n'importe qui. Enfin quoi !

Effectivement, la perspective de se frotter au père de Myra n'offrait rien de très réjouissant. Quand le vieux apprendrait que sa fille avait couché avec Victor, il n'y aurait pas un mort, mais deux. Au moins !

Ce fut la mère qui arrangea tout, sortant pour une fois de sa réserve habituelle pour imposer sa volonté avec une autorité magistrale. En apprenant la disgrâce, le père Silberberg menaça bien entendu d'éventrer, d'étripailler, de réduire à l'état de pulpe sanglante avant de se faire lui-même sauter le caisson. Sa femme le coupa avec sévérité :

— *Sha !* Tais-toi ! Il nous arrive un grand bonheur et toi, *alte feyt,* tu veux tuer tout le monde. Regardez-moi ça. Ça se prend pour un tueur et dès qu'il voit une souris dans l'atelier, il grimpe sur une chaise. Tais-toi, tu m'entends ? On va les marier, un point c'est tout. Ils s'aiment et ils seront heureux.

— Ma fille est déshonorée, se lamentait le père.

— *Schtik potz !* s'écria la mère en se stupéfiant d'employer une expression qui n'appartenait ordinairement qu'aux hommes. Ta fille va avoir un enfant. Tu vas être grand-père, espèce de vieux machin. Il n'y a rien de déshonorant là-dedans.

— Elle aurait pu épouser un ministre.

— Pourquoi pas le pape ? Victor est un garçon très bien. Il a sa propre affaire, il est courageux. Ce sera un bon mari.

Et Victor devint en effet un bon mari. Oh bien sûr, il n'était pas toujours blanc-bleu. Il lui arrivait parfois d'aller voir ce qui se passait dans les sillons d'à-côté. Mais ce n'étaient que des passades sans conséquences à la suite desquelles, d'ailleurs, il se culpabilisait comme un malade.

On les maria dans la synagogue de la rue Copernic et six mois plus tard Myra accoucha difficilement d'une rouquine aussi flamboyante que sa mère. On la nomma Hannah en souvenir de la mère de Victor. Deux ans se passèrent et une deuxième fille aussi rousse que la première vint compléter la famille. On l'appela Cécile en hommage au souvenir de M$^{me}$ Collignon, la vieille dame du second étage, rue de Trévise.

Et la vie prit un cours régulier. Après s'être convaincu que son gendre n'était qu'un vaurien, le père Silberberg lui trouvait maintenant toutes les qualités.

— Il est intelligent et malin, oui monsieur, il a le sens des affaires et en plus il travaille comme un cheval. Il pourrait être ministre.

Lorsque les démolisseurs se pointèrent à Aubervilliers, la bourse des Silberberg s'ouvrit toute grande afin d'aider Victor à gravir plusieurs échelons d'un coup en s'installant somptueusement dans la rue la plus commerçante du Blanc-Mesnil.

Il ne lui manquait qu'un fils. Il l'appellerait Max et lui ferait faire des études. Polytechnique, peut-être. Non, plutôt l'ENA. Oui, l'ENA ! Ce serait mieux. Il n'existe pas de meilleur endroit pour bien apprendre à couillonner les autres. Et son fils couillonnerait tout le monde. Ce serait le plus fort, le plus brillant. Il serait peut-être ministre. Il faudrait en reparler à Myra. Ses deux accouchements avaient été pénibles et elle n'était guère encline à supporter ces souffrances une troisième fois. D'autant moins que ce serait peut-être une autre fille. Mais Victor se disait qu'il finirait bien par lui faire entendre raison. Il voulait absolument avoir un fils qui se nommerait Max.

Un jour, il éprouva un choc en croyant reconnaître Félix au volant d'une voiture sur le boulevard périphérique. Il voulut remonter à sa hauteur mais fut bloqué par un embouteillage et perdit la voiture de vue.

*
* *

Un soir de mai 78, trois jeunes gens dont le plus âgé n'avait pas plus de vingt ans vinrent briser les vitrines du magasin du Blanc-Mesnil et s'en allèrent en laissant derrière eux de grandes croix gammées peintes à la bombe.

Prévenu par la police en pleine nuit, Victor vint contempler le saccage avec une sorte de perplexité. Il comprenait mal ses propres réactions. Il regardait les débris et les signes noirs comme si tout cela ne lui appartenait pas, comme s'il était le spectateur étonné du malheur infligé à un autre.

Puis, insensiblement, quelque chose commença de se tordre au plus profond de lui-même. Ce n'était pas lui qu'on avait outragé. Lui était un survivant, ainsi que Max lui avait appris à le devenir. Lui, il pouvait désormais résister à tout. Non, ce verre brisé, ces graffiti obscènes, cette vitrine béante étaient autant d'insultes à la mémoire de ses parents, à la mémoire de Max, à la mémoire des autres... tous les autres. Et ça, il ne pouvait pas le supporter.

Il revint chez lui, embrassa sa femme et ses filles, les tenant étroitement serrées contre lui et fermant les yeux avec force pour refouler la nausée qui montait, s'insinuait en son cœur et menaçait de l'étouffer.

Le lendemain, en sortant de sa maison, un homme le bouscula par mégarde. Victor se retourna comme un fauve et gifla le passant de toutes ses forces. Puis il retourna chez lui, sortit l'étoile jaune de Max qu'il conservait dans un vieux carton à chaussures avec les maigres restes de son enfance. Il épingla l'étoile au revers de sa veste et alla s'occuper de réparer les ruines.

Il porta l'étoile à son revers pendant une semaine entière et devant le regard glacé qu'il posait sur les êtres et les choses, personne n'osa lui faire la moindre remarque.

Les journaux de gauche évoquèrent l'attentat avec un grand luxe de détails, insistant sur la dignité de cet homme qui accusait en silence, simplement en arborant une étoile juive à son veston.

C'est ainsi que Félix retrouva la trace de Victor. Son premier mouvement le poussa à quitter son bureau afin d'aller le voir, tout de suite, sans attendre. Un sentiment imprécis le retint. Il se donna un prétexte pour repousser sa visite au lendemain... ou plus tard, lorsque les choses seraient calmées.

Le soir même, dans un dîner, il en parla à des amis, évoqua d'une voix contenue les souvenirs qui le liaient à Victor. Le trafic d'essence, l'attaque des Pantinois, *La Divine Comédie* trônant sur une caisse retournée dans la chambre, au-dessus de la remise. Les amis trouvèrent cela très pittoresque, mais l'un d'entre eux revint sur l'attentat et jugea que cette étoile arborée avec courage, avec éclat même... dans le fond... en y réfléchissant bien... c'était un peu de la provocation, non ?

Félix leva la tête, regarda son ami dans les yeux et d'une voix presque étouffée il le traita de monstrueux imbécile. Puis il quitta la table et rentra chez lui.

Il se coucha, éteignit la lumière et demeura allongé, les yeux grands ouverts sur l'obscurité.

L'image du visage de Sheilagh vint flotter dans sa mémoire.

Il serra les poings et sut qu'il ne se rendrait pas au Blanc-Mesnil. Il comprit que, contrairement à lui, Victor n'avait désormais plus besoin de personne.

*Achevé d'imprimer en février 1982*
*sur presse CAMERON*
*dans les ateliers de la S.E.P.C.*
*à Saint-Amand-Montrond (Cher)*
*pour*
*les éditions Robert Laffont*

Dépôt légal : 3e trimestre 1981.
N° d'Édition : M.641. N° d'Impression : 289.